地方可持续发展导论

主　编　王伟中
副主编　郭日生　黄　晶

商务印书馆
2006年·北京

主　　　编	王伟中
副　主　编	郭日生　黄　晶
主要编著人员	周海林　樊　平　宁大同　谢洪礼
参加编著人员 （以姓氏笔画为序）	任亚楠　沈正宁　宋雪松　陈秀万 周宏春　赵玉川　段丽平　高　詠 傅小锋

序

  1994年3月,中国在世界上率先编制完成了国家级的21世纪议程:《中国21世纪议程——中国21世纪人口、环境与发展白皮书》,它标志着中国政府在履行全球《21世纪议程》等文件方面所做出的庄严承诺已开始全面付诸行动。作为一个处在改革关键阶段的发展中国家,中国既面临着提高社会生产力、增强综合国力和提高人民生活水平的历史性任务,同时也面临着人口包袱沉重、自然资源不足、生态系统破坏、环境质量下降等相当严峻的挑战。改革开放以来,经济虽保持了连年高速增长,但在经济发展的效益、结构方面还存在着诸多问题,"有增长无发展"的现象在某些地方还不同程度地存在着。凡此种种,都给今后的经济社会发展带来了巨大的压力。中国的基本国情决定了我们必须走经济、社会、人口、资源与环境相互协调的可持续发展道路。可持续发展思想的形成是人类在反思自身发展历程基础上对发展模式认识的一次飞跃,它昭示着全新的发展理念和行动纲领将成为人类永恒的追求。因此,我们有理由期望,继农业文明、工业文明之后,一个关注生态环境保护、谋求人类可持续发展的新曙光将在新时代的地平线上喷薄而出。

可持续发展的一个重要问题是如何将环境的负外部效应纳入经济发展的成本核算中,使人类的发展与自然过程相协调。解决发展中业已形成的各种不协调因素的关键在于经济政策与环境保护的协调,以及科学的系统分析、有力的决策管理与恰当的技术选择。市场经济条件下企业和经营个体受经济利益最大化驱动所造成的对可持续发展的负效应,可以通过各级政府主管部门的政策引导、调控来预防和纠正。市场本身不能解决"市场外部的不经济性"问题,只有依靠政府的宏观调控行为,制定各项政策来引导市场,再通过市场转而引导生产和消费,最终才能消除市场的负外部性,从而使地方发展得以持续。中国可持续发展战略的实施是与社会主义市场经济的建立同步进行的,这一特点使得我们更加需要突出政府在经济、社会和环境宏观调控方面的主导作用,依靠完善的政策和法制体系,强化执法监督功能,建立和健全可持续发展的综合决策及协调管理机制。

1992年人类面对全球环境恶化的挑战召开了联合国环境与发展大会,对环境与发展问题达成了历史性的共识。七年之后,当各国回顾全球的可持续发展,评价《21世纪议程》的实施进展时,并未发现全球生态环境的明显好转,相反,许多环境问题还在继续恶化,这给关注可持续发展战略实施状况的人们带来了或多或少的失望。在回顾与反思之中,全球难以计数的地方 21 世纪议程(Local Agenda 21s)行动给人们带来了鼓舞和启迪,使人们重新看到了里约精神的希望。七年来的事实表明,地方是实施可持续发展战略的主战场,广大公众、企事业单位和经营个体是实施可持续发展的主力军。各级地方政府既最接近人民群众,最了解各地区经济、社会、资源、环境的实际情况,又担负着直接领导和管理当地重大事务、执行有关政策法规的责任。制订地方可持续发展战略和行动计划、确定优先发展项目和规划需要具有全局性的长远发展眼光。推进可持续发展能力建设、协调各行业与各部门在经济社会活动中的复杂关系、促进经济体制由计划经济向市场经济的转变以及增长方式由粗放型向集约型的转变是各级地方政府的中心工作。所以,要自上而下地努力推行可持续发展战略,就必须依靠地方政府机构的组织和领导能力,须臾不能离开广大基层干部和群众的积极参与。推行可持续发展战略本身就是一场思想观念及意识形态的更新和变革,因而必须依靠地方主管部门,对广大干部群众进行大力宣传教育,用可持续发展的新道德观、新资源观、新价值观和新发展观来改变传统的和不可持续的生产方式、消费方式和思维方式,并使之成为全民的自觉行为规范。

中国是世界上第一个制定和实施 21 世纪议程的国家,几年来《中国 21 世纪议程》的实施已从国家推向地方,各地开展了形式多样、内容丰富的地方21世纪议程行动。地方21世纪议程行动计划是保证可持续发展由国家意志转化为有效的地区行动的关键,地方政府的领导和社会动员是使地方行动计划得以顺利实施的基本保障。通过地方的实践和总结归纳,可对传统的区域发展政策和模式进行补充和修正,区分制约地方发展的内部与外部因素,使可持续发展的实践由对价值的认同内化为地方性知识,使地方发展朝可持续性方向迈进。中国是一个地域辽阔的国家,在自然条件、经济发展水平、文化传统等方面存在着明显的地区差异,历史发展所形成的客观条件、问题、优势和特色也不尽相同。因此,地方决策部门在制订当地发展目标和行动计划时,应从当地的客观条件和现有的发展能力出发,构建地方长远的发展战略框架,确定符合实际的发展政策和目标。

迄今,中国3/4以上的省、自治区、直辖市及许多地区和城市设立了地方21世纪议程的组织机构;有一半以上的省、自治区、直辖市及地区和城市已制定完成或正在制定当地的21世纪议程。这些丰富多彩、多种多样的"地方21世纪议程"和"行动计划"反映了中国地方对实施可持续发展战略的积极性和创造性;但与此同时,地方在开展议程编制和战略实施的实践过程中,还存在着一些具体问题,例如,对可持续发展能力建设缺乏深入的认识,对可持续发展战略的实施手段没有进行全面的总结,在实施过程中缺少对可持续发展的定量测度和评估,在开展国际合作中缺乏对不断更新的信息的掌握等等。针对实践中的这些问题,中国21世纪议程管理中心组织有关专家,编著了这本《地方可持续发展导论》。

该书对可持续发展思想和理论进行了全面阐述,并以此为基础,讨论了可持续发展战略制定的依据和原则等。在论述地方21世纪议程的国内外实施进展情况中,本书从全球变化对地方发展的影响出发,讨论了地方21世纪议程的由来、目标和原则以及地方采取的应对措施,对联合国环发大会后全球地方21世纪议程实施情况进行了分析和透视。同时,本书还对中国不同地方类型进行比较分析,提出不同类型地方实施可持续发展战略的特点和途径。地方可持续发展能力建设,是地方实施可持续发展的基础,该书对可持续发展能力建设的内涵和意义进行了分析研究,并对国外可持续发展能力建设的途径和方法以及可持续发展能力建设在中国的实施情况进行了讨论。在对地方可持续发展战略的实施与管理手段的论述中,本书涉及了地方可持续发展战略和行动计划的制定,项目的周期管理,技术创新的作用和信息网络的支持等广泛内容。本书最后还对地方实施可持续发展战略的监测指标体系进行了探讨,介绍了国外可持续发展指标体系的基本概况和中国目前的研究进展。

在前不久刚刚闭幕的九届人大二次会议上,朱镕基总理又再次强调:要进一步实施可持续发展战略,以对人民、对子孙后代高度负责的精神,保护资源和生态环境。当前,中国可持续发展战略的实施正在不断走向深入,各地需要结合新的形势和客观条件不断调整自身发展的战略,以更加科学的管理方法和更加理智的政策选择迎接21世纪的挑战。我相信,本书的出版对推动地方可持续发展战略实施的进程,促进地方可持续发展的各项行动,将起到有益的借鉴作用。

一九九九年三月于北京

目 录

引 言 …………………………………………………………… 1

第一章 可持续发展战略 ………………………………………… 1
  第一节 可持续发展的思想和理论基础 ……………………… 1
    一、可持续发展思想产生的背景 …………………………… 1
    二、人类对环境问题和未来发展的种种思虑 …………… 16
    三、可持续发展的概念内涵及其发展 …………………… 23
  第二节 可持续发展战略的制定 ………………………… 41
    一、可持续发展战略背景和趋势 ………………………… 43
    二、地方可持续发展战略的原则、内容、目标 ………… 55
  第三节 中国的可持续发展战略：《中国21世纪议程》 …… 64
    一、《议程》形成的国际、国内背景 ……………………… 64
    二、《议程》主要内容及特点 ……………………………… 67
    三、中国可持续发展战略实施的现实分析 ……………… 72

第二章 地方21世纪议程 …………………………………… 82
  第一节 全球地方21世纪议程态势与进展 ………………… 82
    一、全球变化对地方的挑战 ……………………………… 82
    二、地方21世纪议程的概念和原则 ……………………… 91
    三、地方21世纪议程规划的步骤 ………………………… 94

四、各国开展地方 21 世纪议程的案例 …………… 99
第二节　中国地方 21 世纪议程行动和进展 ………… 110
　　一、中国地方 21 世纪议程实施和进展 …………… 110
　　二、中国实施地方 21 世纪议程典型案例 ………… 123
第三节　地方类型及其战略特点 ……………………… 130
　　一、地方类型 ………………………………………… 131
　　二、区域发展理论 …………………………………… 140
　　三、区域可持续发展的特点和途径 ………………… 143
第四节　可持续发展实验区 …………………………… 155
　　一、实验区的由来和发展 …………………………… 155
　　二、主要工作领域 …………………………………… 160
　　三、在重要领域形成示范 …………………………… 165
　　四、组织实施方式 …………………………………… 170
　　五、实验区工作的基本经验 ………………………… 173
　　六、建立中国可持续发展实验区 …………………… 174

第三章　地方可持续发展能力建设 ………………… 177
第一节　可持续发展能力建设的概念 ………………… 177
　　一、能力建设的定义 ………………………………… 178
　　二、可持续发展能力建设的特性 …………………… 183
第二节　能力建设的内涵分析及其意义 ……………… 185
　　一、能力建设的内涵分析 …………………………… 185
　　二、能力建设对实施可持续发展战略的意义 ……… 190
第三节　里约会议以来可持续发展能力建设的进展 … 194
第四节　可持续发展能力建设在中国的实施 ………… 207

一、健全可持续发展的法律保障体制 …………… 208
　　二、加强综合决策的能力建设 ………………… 210
　　三、通过教育和宣传促进能力建设 …………… 215
　　四、公众参与是可持续发展成功的保障 ……… 222

第四章　实施与管理手段 ………………………… 233
　第一节　将可持续发展战略纳入地方计划 …… 233
　　一、纳入计划的一般程序 ……………………… 234
　　二、纳入计划的重要方面 ……………………… 236
　　三、地方政府在实施可持续发展战略中的作用 … 245
　第二节　行动计划的制定与项目周期管理 …… 255
　　一、地方可持续发展战略或行动计划的制定 … 255
　　二、项目周期管理 ……………………………… 260
　第三节　科学技术在地方可持续发展中的作用 … 282
　　一、科技进步对人类社会发展的影响 ………… 282
　　二、解决地方经济发展与环境保护等若干
　　　　重大问题的科技途径 ……………………… 288
　　三、地方社会、经济可持续发展的技术途径 … 295
　第四节　信息技术与地方可持续发展 ………… 309
　　一、信息、信息技术、信息系统与信息网络 … 312
　　二、信息技术与地方可持续发展 ……………… 318
　　三、可持续发展信息系统与网络的建设 ……… 333
　　四、实例：空间信息系统促进攀枝花市可持续发展 … 340
　第五节　可持续发展国际合作与融资手段 …… 348
　　一、可持续发展的国际合作 …………………… 348

二、可持续发展的资金机制 ………………………………… 357
三、融资手段 ………………………………………………… 361

第五章 可持续发展指标体系 ………………………………… 381
第一节 可持续发展指标体系综述 ………………………… 381
一、指标体系是实施可持续发展战略的重要工具 ………… 381
二、可持续发展指标的作用与功能 ………………………… 383
三、建立可持续发展指标体系应遵循的基本原则 ………… 384
四、可持续发展指标的基本类型 …………………………… 386
五、可持续发展指标的研究和建立是一个长期的过程 …… 390
第二节 国外可持续发展指标研究 ………………………… 393
一、联合国可持续发展委员会的可持续发展指标体系 …… 393
二、世界银行的新国家财富指标 …………………………… 399
三、英国政府的可持续发展指标 …………………………… 406
四、美国政府的可持续发展指标 …………………………… 410
五、环境—经济综合核算体系与真实储蓄 ………………… 415
第三节 中国可持续发展指标体系研究 …………………… 423
一、国内可持续发展指标研究的简要介绍 ………………… 423
二、建立中国可持续发展指标体系的指导思想 …………… 425
三、建立中国可持续发展指标体系的基本原则 …………… 427
四、可持续发展的定义及各领域之间的关系 ……………… 429
五、中国可持续发展指标体系框架设想 …………………… 433

参考文献 ……………………………………………………………… 455
后　记 ………………………………………………………………… 457

Table of Contents

Introduction

Chapter 1 Sustainable Development Strategy (SDS)

1.1 Theoretical Basis of Sustainable Development
 Background and Concepts
 Human Concerns on Environmental Issues in the Future Development
 Intension and Development of the Concept "Sustainable Development"

1.2 Formulation of the Sustainable Development Strategy
 Background of SDS
 The Objective, Principle and Content of Local Sustainable Development Strategy

1.3 China's Sustainable Development Strategy: China's Agenda 21
 International and Domestic Context of China's Agenda 21
 The Contents and Characteristics of China's Agenda 21
 Review on Implementation of China's Sustainable Development Strategy

Chapter 2 Local Agenda 21

2.1 Introduction to Local Agenda 21 Progress
 Challenges of Global Change to Local Authorities
 Concept and Principle of Local Agenda 21
 Local Agenda 21 Process

Case Study on Implementation of Local Agenda 21 Outside China

2.2 Actions and Progress on China's Local Agenda 21
Progress on Implementation of Local Agenda 21 in China
Best Practices of Local Agenda 21 in China

2.3 Regional Types and Characteristics of Strategies
Regional Types
Regional Development Theory
Approaches and Characteristics of Regional Development

2.4 China's Experimental Sustainable Development Community
Background
Major Experiment Fields
Pilot Projects and Demonstrations
Implementation Approaches
Basic Experiences

Chapter 3 Capacity Building for Local Sustainable Development

3.1 Concept of the Capacity Building on Sustainable Development
Definition
Features of Capacity Building on Sustainable Development

3.2 Analysis on Capacity Building
Intension of Capacity Building
Implications of Capacity Building in Sustainable Development

3.3 International Progress on Capacity Building since Rio Conference

3.4 Implementation of Capacity Building in China

    Establishment of Legal Framework
    Institutional Building in Decision-making Process
    Capacity Building through Training and Education
    Public Participation for Capacity Building

Chapter 4 Means of Implementation

4.1 Incorporating the SDS into Local Development Plans
    Incorporation Process
    Important Steps on Integration of SDS into development Plan
    The Role of Local Government in Carrying out SDS

4.2 Preparation of Action Plans and Project Cycle Management
    Formulation of the Local SDS and Preparation of Action Plans
    Project Cycle Management

4.3 Role of Science and Technology in Sustainable Development
    Influence of Science and Technology on Social and Economic Development
    Application of Science and Technology in Solving the Problems in Environmental Protection and Economic Development
    Technological Approaches for Local Social and Economic Development

4.4 Information Technology and Local Sustainable Development
    Information, Information Technology, Information System and Information Network
    Information Technology and Local Sustainable Development
    Construction of Sustainable Development Information Network
    Case Study: Application of Spatial Information System to Sustain-

　　　　able Development in Panzhihua City
　4.5 International Cooperation and Financing
　　　　International Cooperation in the Area of Sustainable Development
　　　　Mechanism of Financing Sustainable Development Projects
　　　　Means of Financing and Fund Mobilization

Chapter 5 Sustainable Development Indicators (SDI)
　5.1 Comprehensive Introduction to Sustainable Development Indicators
　　　　Indicator as an Important Instrument for Monitoring and Measuring Sustainable Development
　　　　Monitoring Challenges of the Establishment of SDI
　5.2 Review on International SDI Studies
　　　　UNCSD's SDI
　　　　World Bank's Study on New Welfare Indicators
　　　　SDI in UK
　　　　SDI in the United States
　　　　Overview on Natural Resources Accounting and Environmental Cost Internalization Study
　5.3 SDI in China
　　　　Brief Introduction to China's SDI Research
　　　　Principles for Establishment of SDI System in China
　　　　Framework of China's SDI

Bibliography
Postscript

引　言

自从本世纪初发达国家以电气化为标志的第二次工业革命完成以来,科学技术的发展日新月异。电子计算机、信息工程、原子能、生物工程、航空航天等许多领域的重大成就为人类创造了丰富的物质财富,并极大地改变了人们的生产方式和生活方式。与1900 年相比,本世纪末的全球人口增长了 5 倍,经济产值增长了 20 多倍。[①] 随着人类干预大自然的能力和规模空前增长和扩大,在人们创造了辉煌的物质文明的同时,也使人类自身陷入了始料不及的严重困境。正如英国学者波普尔反思工业文明以来人类社会的发展时所说的那样:"科学进展是一种悲喜交集的福音"。长期以来,片面追求提高产值的经济畸形发展既破坏了宝贵的自然资源,又向环境倾注了大量有毒有害的污染物。人类制造的成千上万种化学合成物干扰了地球—生物系统在漫长地质年代所建立的物质平衡与循环,加之对自然资源掠夺式的开发和规模庞大的"征服自然"活动,导致环境恶化、生态破坏、疾病蔓延、资源匮乏、生物多样性锐减、全球气候变化……使人类正面临着一场空前险恶的劫难。

[①] 据世界观察研究所(WWI)编写的《State of the World》(1998)披露,1997 年全球经济总产值已达 29 万亿美元。

2　引　　言

　　为此,在60年代和80年代两次环境保护浪潮的冲击以及经济、社会与环境发展日趋失衡、人类生存环境不断恶化的背景下,1992年在巴西里约热内卢召开的联合国环境与发展大会(UNCED)上,183个国家的代表团、70个国际组织、102位国家元首及政府首脑就可持续发展战略取得了广泛的共识,并通过和签署了《里约热内卢环境与发展宣言》、《21世纪议程》……等5个重要文件。可持续发展战略的提出,使人们在"高投入、高消耗、高污染"的传统发展模式"山穷水尽"的困惑中遥望到了"柳暗花明"的出路。迄今,它正逐渐成为一个使用频率极高的词汇并已成了跨世纪的最强音。

　　里约会议之后的5年中,为推进各国和各地区的可持续发展,有150多个国家建立了与可持续发展有关的国家委员会或协调机构,到1997年止,大约有100个国家政府制定了本国的《21世纪议程》。联合国主办的一系列世界性会议均遵循了《21世纪议程》的基本原则和目标,其下属的许多机构在开展项目活动、提供援助时也纷纷将可持续发展作为优先领域。据国际地方环境行动理事会(ICLEI)的统计,到1997年4月,全球已有64个国家的1 812个地方政府开展了21世纪议程的工作。联合国有关机构、许多国家的各级政府、广大公众以及有关国际组织为此作出了积极的响应,但是除了人口增长率有所下降、臭氧层耗竭的态势以及某些区域性问题有所缓解外,其他许多后续行动均收效甚微甚至裹足不前。新型的全球合作伙伴关系远未建立;南北差距呈现进一步扩大的趋势;全球气候变化、生态破坏、环境污染、森林面积萎缩、水资源紧缺、荒漠化面积扩展等问题仍然日趋严重;在转变发达国家的消费方式方面亦未见明显进展。因而要解决大量现存的经济、社会方面的沉疴积弊都还有待时日。

中国是世界上最大的发展中国家,目前又正处在经济体制转变的过渡期内,我们必须摒弃长期以来所盛行的片面追求经济增长的发展模式,以便确保经济、环境、社会的协调发展。因此,可持续发展模式是中国在发展经济和保护环境的两难境地中唯一正确的选择。1996年,中国政府在《中华人民共和国国民经济和社会发展"九五"计划和2010年远景目标纲要》中,已经把"可持续发展"和"科教兴国"确定为两项基本发展战略,在经济快速增长的同时,高度重视环境保护和社会发展并付诸行动。事实证明,可持续发展战略对于减缓环境恶化的速度、避免出现环境质量急剧下降的局面正发挥着重要的作用。

1996年8月至1997年6月,全国依法取缔及关闭了15种工艺落后、污染严重的65 000多家小型企业;1996年6月,在淮河流域关闭了1 100多家年生产能力低于5 000吨的小造纸厂;结合产业结构优化调整和经济增长方式由粗放型向集约型转变,加强技术改造,推行清洁生产,淘汰了一批能耗物耗高、污染严重的工艺设备,完成了一批污染限期治理项目;加强了城市基础设施建设及环境综合整治。截止至1996年底,城市居民燃气普及率已达73.3%,城市建成区绿化覆盖率达到24.4%,城市污水集中处理率接近20%;在7.19%的国土面积上建立了各类自然保护区799处;全国森林覆盖率已提高到13.9%;水土流失综合治理面积达到6 700万公顷。① 为了探索有中国特色的可持续发展道路,针对中国经济发展过程中所产生的一系列问题,依靠科学技术引导和促进环境、社会的同步、协调发展,截止至1996年底,科学技术部、国家经济贸易委员会与有关部门一道,已在23个省(区)、直辖市建立了国家级可持续发展实验区26个,省级实验区45个。当前,中国正在积极实施《污染物排放总量控制计划》和《跨世纪绿色工程规划》,扎实推进治理"三河"(淮河、海河、辽河)、"三湖"(太湖、巢湖、滇池)的水污染以及"两区"(二氧化硫控制区、酸雨控制区)的大气污染,努力为2000年的全国所有工业污染源达标排放工作及实现"九五"环保目标奠定基础。

当前,各级地方政府正在致力于增长方式的转变,但旧有的粗放经营方式给生态和环境所带来的冲击使我们举步维艰。虽然目前人口自然增长率已降至11.5‰,但是每年仍要净增1 300多万人;以城市为中心的环境污染尚未得到根本控制,许多地区(尤其是中、西部地区)生态破坏的势头仍有增无减;中国许多重要自然资源的人均占有量很低:人均水资源占有量仅及世界平均水平的28%,耕地为32%,森林为14%,草地为32%,许多重要的矿产资源尚不及世界人均水平的一半;② 资源消耗与国民生产总值(GNP)的增长比值过大;③ 一些城市的大气污染和大约30%国土面积上的酸雨影响比较严重;江河湖库普遍受到程度不同的污染,

---

① 张坤民等:"中国的环境保护与可持续发展",《环境保护》,1998.1,第3~6页。
② 甘师俊等:《可持续发展——跨世纪的抉择》,广东科技出版社,中央党校出版社,1997,第267~283页。
③ 周宏春:国务院发展研究中心调查研究报告,第114号,1998.9。

工业发达地区的水域尤甚;一半以上城市将有可能面临水荒的警示决非危言耸听;部分近岸海域存在明显的污染带;点多面广的乡镇企业污染严重,其主要污染物在全国工业污染物排放总量中的比重日益增加;土地荒漠化和植被破坏所造成的水土流失使许多地区本已脆弱的生态环境难以逆转;生物多样性受到破坏;90年代以来,每年由于洪涝、干旱、地震等自然灾害所造成的经济损失超过1 000亿元人民币之巨;在履行国际公约中关于SO_2和CO_2的排放控制上,中国还将承担十分艰巨的任务……。

根据一般国际经验,环保投入在国民生产总值(GNP)中的比例达到1.0~1.5%时,可基本控制污染;当该比例达到2~3%时,环境才可得以逐步改善。而中国目前的环保投入仅占GNP的0.7~0.8%。根据中国环境保护"九五"计划的要求,到2000年环保投入与GNP之比应达到1%。但估计到下世纪初,面对多重困难,环保投入仍不可能有大幅度的增长。由于历史原因,在今后的20~30年内,我们依然要承受巨大的人口、资源、环境压力。对此严峻形势,人们必须保持清醒的认识以及必要的忧患意识和紧迫感。

人口状况是中国考虑一切发展问题的立足点。到下世纪中期,我们仍不能放下沉重的人口包袱。同时,为了控制人口增长,还不得不付出过早老龄化的代价。据预测,到2040年左右,中国将出现16亿左右之巨的人口峰值。届时,60岁以上的老年人口也将达到3.74亿,约占人口总数的1/4。而且在未富先老的速度方面,农村还要快于城市。淡水、耕地、矿产资源、森林、草地等主要自然资源的供需矛盾将更加突出,并成为限制经济和社会持续、健康发展的重要因素。到 2010 年,经济快速增长将使工业污染负荷进一步增加:全国废水排放量可达 650~700 亿吨;SO_2 排放量为 3 400 万吨;工业固体废弃物产生量达 14.5 亿吨。[①] 而 SO_2 大幅度增加又进而使得酸雨危害更形加重;"垃圾包围城市"的现象也将日益突出;随着汽车数量激增和汽车尾气治理措施乏力,许多城市的大气污染也会加重;水土流失的发展势头虽有望得到控制,但估计土地荒漠化面积仍可能扩大;乡镇企业雨后春笋般的发展以及农药、化肥、生长素、地膜等的广泛应用,对于农村生态破坏和环境污染的范围和程度来说,在局部地区虽然可能得到控制或缓解,但总体上恶化的趋势尚难以逆转。除沿海地带外,中国中、西部地区 19 个省(区)、直辖市的面积约占国土总面积的 69.1%,其中大部分为山地、高原、沙漠,是中国主要河流的发源地与资源、能源基地。长期以来,这些地区人口控制、生态恢复、资源开发及脱贫致富发展迟缓,是一个影响到中国可持续发展全局的亟待攻克的难关。

这就是我们站在新世纪门槛前所不得不正视的国情,也正是我们必须努力摆脱的困境。

迄今为止,全国共有 24 个省(区)、直辖市成立了"21 世纪议程领导小组"。为了把可持续发展战略变成可操作的、具体的行动纲领,全国有一半以上的省(区)、直辖市和许多地区及城市已制订和正在制订地方 21 世纪议程以及《中国 21 世纪议程》地方行动计

---

① 刘颖秋等:"世纪之交我国人口、资源、环境的趋势分析与对策",《中国人口·资源与环境》,1996.1。

划。他们大多能结合当地的具体情况,因地制宜地订立自己的可持续发展规划,并结合各自的特点积极行动起来。然而一些地方距离真正自觉实施可持续发展战略的要求还相去甚远。

可持续发展战略的选择和实施将给各地带来发展的机遇。第一,强化环境保护可以创造就业机会,盘活资本存量;第二,通过国际先进环保技术的转移,可以促进老企业改造,提高中国企业的技术水平;第三,向环境保护和可持续发展倾斜的政策,可使我们争取到较多的国际资金,以便用于中国的生态环境建设;第四,通过全球气候变化的研究、臭氧层耗竭物质(CFCs)替代技术与产品的研究开发等国际合作活动,可以提高中国的科技水平和开发能力,从而有益于提高国际竞争力,增强综合国力。

地方是实施可持续发展战略的主战场,各行各业与广大公众是主力军。可持续发展是各级地方政府理性行为的追求目标。只有把各地方行政功能区作为可持续发展的基本组织单元,才能有效地进行"人口、资源、环境、发展"四位一体的综合管理。在建立了省一级宏观计划调控和县及县以下市场调控的社会经济运行机制后,县以下行政建制及各具体生产单位将成为接受市场调节的生产活动主体。由于开放的市场经济是不可能自动实现可持续发展的,因此各地必须充分发挥以政策引导和经济杠杆为主的政府宏观调控作用,对于公共物品及基础设施的建设与维护更应如此。因此,关于制订地方21世纪议程及《中国21世纪议程》地方行动计划,各地应因地制宜,放眼全球,立足本地,不必单纯追求编制文本、成立机构,而应将可持续发展所蕴涵的思想精髓与各项原则落实到日常工作和行动之中。

正如联合国环发大会通过的《21 世纪议程》第 28 章第 1 节指出的那样,因为《21 世纪议程》所探讨的问题和解决办法之中有许多都源于地方行动,因此地方政府的决策和行动是实现其目标的决定因素。同时,地方政府既负有管理经济、修建并维护各种基本设施、执行国家及上级主管部门制定的各项可持续发展政策、制定地方环境法规并监督其实施的责任,又是最接近广大人民群众的一级政府。它们在宣传、教育、组织和推动群众的可持续发展活动方面发挥着无可替代的重要作用。在环发大会召开几年之后,国际社会才逐渐认识到可持续发展的主要职责恰恰应该在各级地方政府的手中。因而截止到 1997 年 4 月,已有 60 多个国家的政府已将环境保护和社会发展的责任和权利下放给地方政府。[1]

可持续发展的思想发端于环境保护,然而其丰富、深邃的内涵又超越了环境保护。它是在发达国家现代化进程中出现了一系列问题以及人民生活水平大大提高的历史条件下自下而上地自然产生的。而当前中国无论是在现代化程度、经济实力方面,还是在人民生活水平方面都还较低,与发达国家相比,实施可持续发展的重点和内容均有所不同。同时,由于中国的政权结构和文化背景特点,要自上而下地推行可持续发展战略,若离开了各级地方政府有力的组织和领导,必将一事无成。

对于全国各地来说,实施可持续发展都应是自身的需要和必然的选择。各级地方行政领导机构既最贴近广大人民群众,最了解各地区基层的实际情况,又负有直接管理当地重大事务、执行国

---

[1] 国际地方环境行动理事会(ICLEI):地方政府实施的 21 世纪议程,1997。

家及上级主管部门制定的各项方针政策的责任。它可以在政策法规、财政预算、贸易税收、经济建设、环境保护、社会发展、城市规划等等方面因地制宜的统筹安排、积极创新、科学决策、不断探索。把战略规划、典型示范、推广辐射有机结合起来,以可持续发展的思想来协调各项工作,促进增长方式和经济体制两个方面的"转变"。制订具体的行动计划,找准当地发展的突破口,确定优先领域及顺序,并从资金、技术和人员安排等方面加以具体落实。此外,地方可持续发展的行动还将直接决定着全国可持续发展目标实现的进程。因而只有当各地区、各行业都能切实行动起来之后,才可使中国真正走上可持续发展的道路。

可持续发展思想的核心是在发展中使环境的外部性内部化,而解决上述各种不协调因素的关键则在于产业政策与环境政策的协调,以及科学的系统分析、管理与恰当的技术选择。市场经济条件下企业和经营个体受经济利益最大化驱动所造成的对可持续发展的负效应,必须要通过地方政府的引导、调控与干预来预防和纠正。市场本身是不能解决"环境外部不经济性"问题的。必须依靠政府的宏观调控行为,制定各项政策来引导市场,再通过市场转而引导生产和消费,最终使政府的计划得以实现。现实生活中还常常遇到这种发展悖论:当每个局部都追求最大利益而有损于整体、长远利益时,到头来每个局部利益目标也随之落空。反之,当每个局部都能顾及整体利益和长远利益并进行自我约束时,其比较理想的结果反而容易实现。① 作为可持续发展理论基础的公平性原

---

① 尹继佐:《可持续发展战略普及读本》,上海人民出版社,1998,第16~18页。

则(代内公平、代际公平、区际公平、群际公平)、可持续性原则、共同性原则以及60年代中国曾经大力倡导过的"一盘棋"精神正是解决这个矛盾的良方妙药。

可持续发展的宗旨是"发展",而途径则是"可持续"。可持续发展包含两大支持系统:社会支持系统(经济、人口、政治、文化……)以及自然支持系统(资源、环境、生态……),二者不可偏废其一。可持续发展过程包括物质文明建设、精神文明建设以及生态文明建设。一言以蔽之,它既追求经济繁荣,也追求社会进步和生态环境系统的良性循环。"贫穷是最大的污染",落后和贫穷不可能实现可持续发展,这是被无数历史经验和教训所确证了的事实。所以对于发展中国家来说,经济增长是一个重要的前提,是发展的必要条件。但值得注意的是:它并不是充分条件。那种把环境保护、计划生育、资源管理、文化教育当作"软"任务,而把增长指标、赢利创收、投资方向、技术选择当作"硬"任务而对立起来的现象,正反映了新、旧发展观念间的冲突。许多地方盛行的"经济行为政绩化"和"行政功能经济化"的政策导向正是这种错误观念的集中反映,是十分有害于可持续发展战略的健康实施的。[①] 它常常使得主管"软"任务部门所取得的工作成就因此而被主管"硬"任务部门的增长追求荡涤殆尽。显然,此时"发展是硬道理"中的"发展"已经被一些人曲解为单一的产值增长,从而又陷入传统的畸形发展模式的泥潭中去了。

地方21世纪议程或《中国21世纪议程》地方行动计划的制订

---

① 许明:《关键时刻——当代中国亟待解决的27个问题》,今日中国出版社,1998,第95~100页。

与实施主要是政府行为,因而各级领导干部和决策者在其全过程中起着至关重要的主导作用。要忠实执行两大战略和实现两个根本转变,首要的是观念的改变。"政治路线确定之后,干部就是决定的因素",这对于那些掌握一定权力的各级政府的决策、管理人员来说,就更为重要。各级领导干部若能自觉地把协调发展、控制人口、善待环境、节约资源的思想贯彻到规划、决策和日常管理过程中去,显然是实施地方可持续发展战略的重要保证。

历史上,片面追求产值所导致的"没有发展的增长"、甚至是"没有增长的负发展"给我们带来的教训太多了。豫、皖、鲁、苏 4 省星罗棋布的污染型小企业排污导致淮河流域大范围严重的水污染;青海可可西里和北疆草原数以千计的淘金者的疯狂开采致使当地植被惨遭破坏;1998 年夏长江流域及嫩江、松花江流域的特大洪灾……这一桩桩触目惊心的"公地悲剧"(the tragedy of the commons)事件不能不引起我们深刻的反思和警醒。近年来,越来越多的人明白了这个道理:以损毁自然资源、污染生存环境、破坏生态系统来换取经济收益无异于饮鸩止渴。其实在一些生态脆弱、环境恶劣的地区,环境保护和促进生态系统的良性循环应该被置于最优先考虑的位置。对此,太湖地区的群众已经发出了响亮的呼声:"既要金山银山,更要绿水青山"。1997 年中国 9 城市环境意识抽样调查结果也显示:有 47.5% 的被调查者认为,即使冒降低经济增长的风险,也应首先保护生态环境;31.9% 的被调查者认为,环境保护与经济增长同等重要,均应给予优先的考虑。① 这

---

① 杨东平:《未来生存空间——社会空间》,上海三联书店,1998,第 239~241 页。

反映了广大群众环境意识的提高和对美好生存环境的需求。

1995～2000年中国发展模型研究结果表明:如果能把中国环保投资占GNP的比例从目前的0.7～0.8%提高到1～1.5%,每年的GNP只会降低0.06%,而此举的环境效益却可使每年至少减少1 000多亿元的污染损失。同时,还能扶植、带动中国的环保产业———一个全世界都看好的"朝阳产业"的发展。[①] 以致在中国产业结构调整过程中,形成一个大有作为的新的经济增长点,[②] 并有利于促进就业和再就业。根据国际金融公司(International Financial Corporation)的估计,到2000年全球环保市场的总值将达6 000亿美元之巨。目前亚洲虽受金融危机的困扰,但环保市场的营业额也在200～600亿美元之间。由于发达国家环保产品的性能和价格不能满足发展中国家对于中、低档环保仪器、设备的需求,因而给中国产品在国际市场上提供了一个难得的机遇。从上述分析与现实中,我们各级决策者是否得到了一些重要的启迪呢?

中国政府于1997年7月在"关于进一步推动实施《中国21世纪议程》的意见"中进一步阐述了可持续发展战略实施的重点,并从配套的立法、政策、制度和管理等几个方面提出了促进其实施的具体措施。各级地方政府应迅速转变观念,把主要精力用于解决那些可持续发展中关系到全局的长远利益和根本利益的问题。在制订区域及资源开发规划、城市和行业发展规划,进行产业结构调

---

① 张坤民,《可持续发展论》,中国环境科学出版社,1997,第90~100页。
② 1998年2月,国家环境保护局在《中国环境保护工作的若干情况》中公布:目前,全国已有从事环保产业的企事业单位8 000多个,固定资产450多亿元,年产值约300多亿元,接近GNP的1%,年利润达40多亿元。

整以及生产力布局等重大决策时,必须综合考虑经济、社会、环境三者的效益。江泽民同志曾指示:"从我国的实际出发,在实行可持续发展战略中,我们要努力做好以下几方面的工作:一是坚持节水、节地、节能、节材、节粮,以及节约其他各种资源,农业要高产、优质、低耗,工业要讲质量、讲低耗、讲效益,第一、二产业要协调发展;二是继续控制人口增长,全面提高人口素质;三是消费结构要合理,消费方式要有利于环境与资源保护,决不能搞脱离生产力发展水平、浪费资源的高消费;四是加强环境保护的宣传教育,增强干部和群众自觉保护生态环境的意识;五是坚决遏制和扭转一些地方资源受到破坏和生态环境恶化的趋势。"各级地方政府应遵照这一指示,准确、全面的理解可持续发展战略思想,努力做好本职工作。

中国地域广阔,自然条件各异,政治、经济、文化发展又极不平衡,理应存在丰富多彩的具体发展模式。不同地区在自然资源、区位特征、经济基础、技术实力、市场与信息状况等方面具有不同的优势和不同的组合特点,因而各自可持续发展的切入点、内容、优先项目排序等均不相同。这就要求地方主管干部要在观念上大胆创新,在政策上加强研究,在方法上不断探索。只要有利于经济、社会、环境的协调发展,有利于人民生活水平的提高,有利于调动广大群众的积极性,都可以大胆实践和尝试。

勇于创新、不断进取是一个民族的灵魂和兴旺发达的动力,是其得以屹立于世界民族之林的根本保障。改革开放近 20 年来,中国之所以能取得如此伟大的成就,正是由于中国人民能够解放思想、实事求是、大胆实践、勇于创新。可持续发展是一种全新的发展战略,大家都刚刚起步,缺乏现成的经验以资借鉴,国内外尚没有、也不可能有一个可适用于各地的通用模式。在理论和实践上有待探索的领域还很多,如:自然与人文复合大系统协调发展的最优化;可持续发展指标体系的建立与客观测度;地方可持续发展能力建设的政策法制、决策规划、科技教育、公众参与、国际合作与融资手段;地方可持续发展优先领域的科学排序;合理消费模式的确立;市场经济条件下地方可持续发展的有效管理等等。因而需要各地方与各行各业在实践中勤于探索、及时总结,需要在理论、方法以及政策、法规、措施等方面不断完善,需要全社会的关心以及产业界和广大公众的积极参与。只有通过不断的实践,才能探索出多种多样适合于自己的发展模式和经验。

人类进步的历程是永无止境的,是一个由低级向高级不断发展的动态演化过程。其追求的目标随着时代的前进而不断提高、不断飞跃。旧的目标达到了,新的、更高的远大目标又会展现在人们面前。因此,地方可持续发展决不可能一蹴而就,也不可能寄期望于毕其功于一役。当前,中国既面临着提高社会生产力、增强综合国力和提高人民生活水平的历史任务,又面临着人口、资源、环境等多重问题的多重严峻挑战。依靠科学决策,在整体最优的前提下,要协调好各地区经济、社会、环境复合系统内各子系统的和谐一致关系是一件十分复杂而艰难的工作。因而,我们对实现地方可持续发展目标的艰巨性、复杂性、长期性必须有足够的认识,要有为之不懈努力、艰苦奋斗的决心和信念。

目前,中国正处在改革的关键时期。在世界格局多元化和国家之间综合国力激烈竞争的大背景下,中国的改革开放也已进入了不进则退的攻坚阶段。努力提高社会生产力、增强综合国力、提高人民生活水平的历史任务已经责无旁贷地落到了我们身上。"中国面临的挑战就是全世界面临的挑战。如果中国成功了,它可成为光辉的榜样,让世界其他国家尊重和效仿;如果失败了,我们都将付出代价。"[①] 历史上,中国已经多次贻误过赶超世界先进水平的大好机遇,今天我们不能再有重大失误。严峻的生存与发展形势要求从中央到地方各级政府、各级领导干部和广大公众应义无反顾地沿着可持续发展道路奋勇前进。迄今,中国在全球率先编制的《中国21世纪议程——中国21世纪人口、环境与发展白皮书》已经面世4年了,它已经为中国今后的发展绘制了一幅宏伟蓝图,并成为制定国民经济和社会发展计划以及规范各项事业、各个部门行动的指导性文件。只要各级地方政府能带领广大干群,深入领会,同心同德,积极转变旧的不可持续发展的增长方式、思维方式和消费方式,并以只争朝夕的精神努力开展各种有关的地方行动,我们这个孕育了四大发明和创造了五千年灿烂文明的中华民族,在新的历史机遇与挑战面前,就一定能发挥出巨大的创造潜能,开创健康、蓬勃的地方可持续发展的新局面。

---

① L.R.布朗:《世界状况》,世界观察研究所,1996。

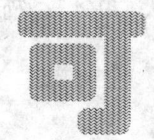

第一章 可持续发展战略

第一节 可持续发展的思想和理论基础

一、可持续发展思想产生的背景

可持续发展概念所涵盖的思想在本世纪60年代或者更早些时候就已经产生。最先感知到环境问题严重性的学者们(例如蕾切尔·卡荪等、巴巴拉·沃德、勒内·杜博斯、舒马赫等),以其敏锐的预见力以及对人类未来所表示的担忧,引起了同仁的强烈呼应。我们不难看出,从《寂静的春天》到罗马俱乐部的《增长的极限》,在70年代这10年时间里,学者、国际机构等连续出版了各种各样的有关环境方面的报告、书籍等,并引起了国际社会的强烈关注。进入80年代后,可持续发展基本思想已被国际社会广泛接受,并逐步向社会各个领域渗透。学术界、政府、工商企业、甚至普通的民众等都在频繁地使用"可持续发展"这一概念,不论其使用的场所是否恰当,解释得是否清楚,这一现象本身说明着"可持续发展"的提出是人类对共同的生存环境所作出的某种反应以及对未来发展的良好愿望。人们在充分理解其概念的实质内涵之前,就急切地将其用于表述自己对当今世界的看法,这充分表达出人类对可持续发展思想的价值认同感。人类社会发展的原因和结果都与人类对自然及自身的认识紧密相关,目前现实状况迫使人们开始全面地重新评估人类的一切行为和活动。

(一) 发展历程的回顾

大约二三百万年前,人类在地球上诞生;大约 1 万年以前,原始的农牧业出现。在这样漫长的岁月里,由于生产力水平低下,认识水平有限,人类完全依赖自然环境,靠着采集野生植物和捕食野生动物生活。人类求生存的活动对自然环境的影响范围小、影响力弱,即使由于短暂的人口增长可能引起局部物种减少和物质资料的短缺,自然界也能很容易利用其自身系统的调节能力来补偿,大自然仍能维持生态系统的总体动态平衡,使得人与环境依然处于原始状态的协调关系中。

到了奴隶社会和封建社会时期,生产工具的进步促进了生产力的逐步提高,人类迈进了由简单利用自然环境到自觉改造大自然的时代。这一时期,人类的生存活动逐渐扩大,主要的经济活动为农业耕种和畜牧业放养,手工业生产多数以小规模进行,在经济中占的比重也不大。由于农牧业产品一般都有可再生性,生产过程中的副产品和废弃物可以被农牧业生产系统自身消化和吸收,容易实现流畅的物质和能量循环。随着人类利用和改造自然的能力与强度越来越大,也相应产生了一些环境问题:大量砍伐森林,破坏草原,引起严重的水土流失;兴修水利事业,往往又引起土壤的盐渍化和沼泽化等。例如西亚的美索不达米亚平原和中国的黄河流域,都是人类文明的发源地,但由于大规模的毁林垦荒,造成了严重的水土流失。不仅影响到当时人们的生活,同时对后来的发展也造成了一定程度的压力。今天,中国每年还要投入大量的人力物力进行黄河流域治理。但总的来说,这一时期的环境破坏范围较小,从全局来看人与自然、环境与发展的关系基本上还是协调的。

1784年瓦特发明了蒸汽机,迎来了英国产业革命,机器生产代替了传统的手工劳动,创造了前所未有的生产力。随后工业革命的浪潮席卷了欧洲大陆,并伴随着殖民者的疯狂扩张,工业生产方式传遍了世界每一个角落。工业的发展,加快了人类改造自然的速度,使人类的生产方式和生活方式发生了很大的变化。特别是第二次世界大战以后,出于重建家园的强烈愿望,世界各国纷纷将全部精力用于经济建设,出现了一股前所未有的"经济增长热"。在最近一个世纪,矿物燃料的使用量增加了约30倍,工业生产增加50倍以上。在这些增长中,矿物燃料的3/4左右,工业生产的4/5以上是50年代以后出现的。经济发展把一个战后破败萧条的世界,在短短几十年里奇迹般变成一个崭新的世界。然而,就在人们为取得的成绩感慨赞叹并尽情享受着由此创造的物质和精神文明时,长久以来一直为人类提供各种生产生活所需的一切原料和载体并默默承受着人类各种活动所造成的破坏的自然环境,终因无法负荷沉重的压力,频频向人类发出了警告。工业生产的集聚效应使众多企业集中到一起,同时,随着城乡差距的加大,大批农民也涌入城市,城市规模不断扩大,交通拥挤,住房紧张,污染加剧等各种城市问题日趋严重;人类活动向空气中排放的许多挥发性有机化合物、烟尘和有害金属造成了严重空气污染,50年代的"伦敦大雾"就是一个例子;农业生产中为了提高产量和消灭病虫害,大量使用化肥和农药,短期内带来了粮食产量的大幅度提高,却导致了土壤退化,也造成了严重的土壤污染和水污染,危及人类和其他生物的健康和生存。

自工业化以来,发达国家走过的发展道路就是常说的"高产出、高消耗、高污染"的传统发展模式,其主要特征就是以实现工业化、谋取国民生产总值的迅速增长为目标,把经济发展就等同于经济增长。联合国第一个发展十年(1960~1970年)要求发展中国家国内生产总值每年递增5%,重点是发展工业,并以牺牲农业为代价。其后果是没有发展的增长,甚至成为没有增长的负发展,许多国家出现日益严重的农业问题、人口和失业问题、城市问题、环境污染和生态环境破坏问题等。这是因为传统的发展模式下,偏重工业、偏废农业,资源和能源极度消耗,片面强调"高积累、高投资"的外延增长,而忽视以提高经济效益为主的内涵增长。当发达国家摈弃了这条道路后,仍然有许多发展中国家沿用这种发展模式,进而使发展中国家和发达国家人均国民生产总值的差距进一步扩大,使环境污染和生态破坏日益严重。

传统的发展模式带来了许多危及人类生存和发展的问题,其原因就在于对发展的内涵理解不正确,没有认识到环境和发展的密切关系。若继续这种不可持续的发展模式,各种问题的最终激化会给人类带来灾难性的后果;因而人类必需重新作出选择。

(二) 全球性的资源短缺[①]

第一次工业革命以来,人类对自然资源大规模、高强度的开发利用,带来了前所未有的经济繁荣,创造了灿烂的工业文明。进入本世纪、尤其第二次世界大战以来,由于人类对自然资源的消耗成倍增长,导致了全球性的资源危机,引起了一系列相关的全球问题,如人口增加与资源不足的矛盾日益尖锐。进入本世纪以来,人口剧增对经济发展的压力,正在超过我们赖以生存的资源基础所能承载的极限。自然资源迅速耗减,越来越多的物种濒临灭绝,能源生产下降,淡水资源不足,森林资源持续赤字,水土流失加剧,气候变化异常,各类灾害加剧。人类所面临的已是一个资源日益短缺的星球。

1. 矿物能源濒临枯竭

1991年世界能源利用结构大体为:煤炭占29.0%,石油39.2%,天然气22.0%,核电7.0%,水电2.4%,地热发电0.4%。人类所需能源的97%来自不可再生的矿物能源,其中石油、天然气又占59.2%。一个世纪以来,人类对矿物能源的消耗一直呈指数增长,油气储量日趋枯竭。据有关资料表明,1992年探明的石油储量为1 368亿吨。第13届世界石油大会预测全球石油总资源量为3 000亿吨以上。按1992年世界石油生产量30.0亿桶计算,

---

① 本部分的数据资料来源于:
甘师俊主编:《可持续发展——跨世纪抉择》,中央党校出版社,广东科技出版社,1997。
尹希成等:《全球问题与中国》,湖北教育出版社,1997。

只能维持46年;如果按2000年需求量计算,目前的探明储量只能维持到2015年;按2010年需求量计算,已有资源储量即使全部转变为探明储量,也只能维持到2035年。天然气只能维持66年。也就是说,21世纪中叶,地球上的石油资源将告枯竭,天然气资源则在21世纪60年代全部枯竭。

2. 重要的矿产资源严重短缺

截至90年代为止,全世界发现的矿产近200种。根据对154个国家主要矿产资源的测算结果,世界矿产资源总储量潜在价值约142万亿美元。在对43种重要非能源矿产统计中,其中静态储量在50年内枯竭的就有锰、铜、铅、锌、锡、汞、钒、金、银、硫、金刚石、石棉、石墨、重晶石、石膏、滑石等16种。

3. 土地资源减少、质量持续下降

土地是地球表面人类生活和生产活动的主要空间场所。土地资源则是指在一定生产力水平下能够利用并取得财富的土地。地球上能够被人类支配的土地大约为1.4亿平方公里,其中耕地0.15亿平方公里,天然草地0.3亿平方公里,林地0.4亿平方公里,城市居民点、工矿交通用地及山脉、沙漠、沼泽等0.049亿平方公里。另有终年冰雪覆盖的土地0.15亿平方公里,这部分土地还不能为人类所利用而不在土地资源之列。

土地是人类祖祖辈辈生息繁衍之地,人类的一切活动都离不开土地。土地资源的过度开发以及人类其他活动的影响,使得土地资源面临有史以来最严峻的形势。水土流失已成为一个全球性问题,几乎没有得到任何有效遏制。世界耕地的表土流失量每年约为240亿吨,中国约50亿吨。土壤过度流失的直接后果是土层变薄,土地的生产能力下降。

土地荒漠化的范围和强度不断扩大。从19世纪末到20世纪80年代,荒漠和干旱区的土地面积由0.11亿平方公里增加到0.26亿平方公里。联合国估计每年有21万平方公里农田由于沙漠化而变得完全无用或近于无用的状态,每年损失的畜牧业产值达260亿美元。不仅如此,全世界35%以上的土地面积正处在沙漠形成的直接威胁之下,其中以亚洲、非洲和南美洲尤为严重。

全世界土地自然退化现象也极为严重。自然退化是由于耕作期过长、过密、掠夺式经营,重用轻养以及灌溉不当,使大片土地变成盐碱地或贫瘠地。土地自然退化每年至少使1.5万平方公里的农田降低了生产力。与此同时,由于人口增加而导致的居民点扩大,工矿、交通用地增加而侵占了原来的耕地,加之粮食需求迫使人们尽量扩大耕地面积,造成陡坡开垦,甚至乱耕滥垦,结果也导致土地迅速退化。许多发展中国家耕地明显不足,据估计,全世界人均耕地约2 800平方米,亚洲人均耕地只有1 500平方米,且全部可耕地的82%以上已投入耕作生产。土地资源,特别是可耕地的急剧减少,直接影响到世界粮食生产。世界资源研究所指出,粮食下降从20世纪70年代始于非洲,20世纪80年代初这种下降扩展到了拉丁美洲,20世纪80年代后期继续扩展到整个世界。进入20世纪90年代以后,由于农田和地球环境状况仍在恶化,产量仍在下降,粮价大幅度提高,发展中国家人均粮食配给水平持续下降,严重的营养不良使非自然死亡的人数达到了惊人的数字——第三世界每天都有成千上万个婴儿死于营养不良!如果土地资源短期内得不到根本性的改善,粮食储备日渐减少将成为定局。

4. 森林赤字,草地破坏

森林和草地作为陆地生态系统中最重要的部分,是自然界物质和能量交换的最重要的枢纽。覆盖着地球陆地表面约84%的森林和草地为人类提供了木材、肉食和牛奶等基本生活品。地球上分布着多种类型的森林和草地。北半球有辽阔的常绿针叶林带和落叶阔叶林带,非洲、亚洲和拉丁美洲北部的干旱或半干旱地区,则分布着热带稀疏草原林地,热带雨林则分布在赤道两侧的低纬度高温高湿环境中。地球上的郁闭林约有0.28亿平方公里,占地球陆地总面积的21%。据联合国粮农组织80年代资料,世界土地资源约有一半可划为草地,约0.67亿平方公里。

与其他自然资源一样,世界各国的森林和草地资源也在遭受不同程度的破坏。据联合国粮农组织80年代统计,地球上每分钟有0.02平方公里森林被毁掉,预测到2000年,森林面积将下降到0.21亿平方公里,到2020年,下降到0.18亿平方公里,人均森林面积将由1975年的0.007平方公里下降到2000年的0.003平方公里。热带雨林覆盖了全球土地资源面积的1/6,它不仅孕育着数百万种动植物,还养育着生活在该区域的近10亿人口。在50年代到80年代中,由于大量的毁林开荒、砍伐林木,已有40%的热带雨林遭到破坏,对热带雨林的滥伐速度为每年6.1万平方公里。如果按这一速度持续下去,热带雨林只需180年就将全部被伐完。发展中国家森林破坏尤为严重,而这一地区的森林占了世界森林面积的一半以上。美洲(南美和拉丁美洲)、亚洲和非洲地区的森林面积正在以平均每年0.62%的速度减少,拉丁美洲2/3的森林已经遭破坏。亚洲每年砍伐的森林达8.5万平方公里。印度森林面积减少了40%。滥伐森林的根本动因是毁林开荒,农业开垦约占每年毁林面积的60%,剩下的40%中,伐木和其他性质的利用各占一半。随着人类对粮食的需求日益增加,大面积草地资源被开垦为耕地。1970～1985年期间,亚洲的可耕地和永久性耕地的总面积增加了3.3%,而永久性放牧地总面积下降了2.8%。用于放牧的土地面积减少最多的是撒哈拉南部非洲半干旱地区,这是由于人口增加、耕地延伸至草地的缘故。在80年代以前的50年中,撒哈拉沙漠南缘约有65万平方公里富饶的土地变成了沙漠。过度放牧,重用轻养也导致了草地退化和水土流失以及气候恶化等生态问题。全球草地资源面临着严重的荒漠化和退化两个趋势:①草地荒漠化趋势:荒漠化威胁着世界1/3的土地面积(4 800万平方公里),影响着至少8.5亿人的生活;②草地退化趋势:草地退化有多种表现形式,除荒漠化与沙化外,主要是草地生产力下降。

5. 淡水分布不均,贫水区和城市水荒日益严重

地球表面70%以上为水覆盖,然而其中97.41%的水是咸水而不能被利用。淡水只占2.59%,但也不能全部被利用。因为在这2.59%的淡水中,冰帽和冰川占了1.98%,地下水占0.592%,湖泊、土壤水、生物水、大气水蒸汽和河流加在一起占0.014%。人类可利用的淡水资源是十分稀少的,据计算,可利用的地表和地下水约为3.5亿亿立方米。而这些稀少的淡水在地球上分布极不均匀,贫水地区和城市缺水的矛盾日益严重。随着人类大量使用各种淡水资源,淡水需求量与日俱增。过去的3个世纪里,人类淡水使用量增加了35倍,20世纪后半期,增加4～8倍。进入80年代

以后,世界淡水使用量每年达4.13万亿立方米。由于世界人口的持续增长,估计到2000年,取水量将达到7万亿立方米。届时全世界淡水资源的人均占有量将比现在减少20%以上。

世界淡水资源所面临的两大难题:一是缺水,二是水质污染。水质污染的3种主要来源是生活污水、工业废水和土地利用的径流。与农村相比,城市是产生生活污水的主要源地。都市化结果造成了废弃物和其他生活污水的累积,由此导致了大量致病的细菌和病菌——大肠杆菌和伤寒沙门氏菌进入水体。在发展中国家,工业废水排放大部分未加控制,这直接影响了水质。与此相关的是汽车和工业中矿物燃料的燃烧所排放出的硫和氮的化合物以及铅通过大气进入了水体,形成了河流和湖泊的酸化作用,造成了水生生态系统的破坏和大量水生物种的死亡。农业灌溉、化肥和农药的大量使用,在世界很多地区对水质已产生了重要影响。土地利用径流中硝酸盐和各种杀虫剂的含量开始增加,农药、聚氯联苯和其他合成有机化学品在全世界很多河流中均有发现。欧洲受监测的90%以上的河流显示出硝酸盐污染的迹象。

水质污染使得全世界能得到安全饮用水的人数变得越来越少,地表水遭受污染使得人们转向使用地下水,结果不仅地下水的数量急剧减少,地下水位降低,而且许多地区的地下水也遭受了污染。由于地下蓄水层不具备河流那样的自我净化能力,因此其污染问题更难得以解决。

缺水已经成为地区性问题。许多国家为了从流经本国河流中多截取一些水源,为边界附近的地下水的抽取而争吵不休,从而在稀缺的水资源管理方面注入了更多的国际政治因素。在90年代的中国,500个城市中有300个缺水,其中100个严重缺水。北京地区农业用水的30～40%将不得不转供给城市居民和工业。

6.海洋资源宝库面临劫难

海洋覆盖着地球表面的71%,面积约3.6亿平方公里。世界海岸线总长59.4万公里,具有广阔的空间和丰富的资源。浩瀚的海洋中生长着18万种动物和2万种植物,世界海洋鱼类可捕量每年达1亿多吨。由于海洋资源异常丰富和对未来的作用,海洋被誉为未来资源宝库、21世纪的资源。然而,这个未来资源的宝库,目前却面临着下列新的严重问题:①海洋生物资源过量捕捞,某些种类濒临灭绝。海洋中约有20万种生物,其中鱼类约1.9万种。许多海洋生物具有开发利用价值,为人类提供了丰富的食物和其他资源。自80年代以来,世界各大渔场的捕捞量不少已接近鱼类资源维持再生的极限,从而严重地危及了资源的再生能力。联合国的一项估计显示,1982～1990年,全球渔船数量增加了30%;1990年,能够统计的鱼产量为9 800万吨。由于过度捕捞,大量经济价值较高的鱼类已接近绝种,60%的鱼类资源已处于枯竭之中。②海洋污染导致海洋健康状况恶化,危及未来资源宝库。辽阔的海洋像是一个有生命的机体,它以自己的呼吸、膨胀、净化、吸热放热、洋流运动,为海洋生物提供生息场所,也为全球环境的净化,气候的调节作出了巨大贡献。然而,由于数十亿人类在海洋上和陆地上的不合理开发活动,带来了海洋的严重污染,不断地损害着海洋的健康。海岸污染多集中于海岸带区域。污染源有由陆地倾泻入海的泥土、污水、工业废物、化学残余物、海洋废弃物、石油等。1990年,联合国的一个海洋污染专家组发表了一份海洋健康报告,报告指出,世界海洋中的开阔海域仍处于比较清洁状态,但是许多沿岸地区已经受到严重污染。

资源的不合理开发利用,导致了日益严重的生态环境恶化;资源的枯竭使贫困化加剧。资源作为一个全球问题,经历了一个逐步发展的历史过程。它是近代工业化对自然资源无节制的过度消耗的产物,只是到了本世纪70年代才发展成为遍及地球每一个角落、每一个国家的全球问题。人类对资源问题的认识同样也经历了一个逐步深化的历史过程。资源作为全球问题的存在基础,不是孤立的,它总是同人口、环境、经济、社会等问题紧密地联系在一起,并构成当代全球问题的基础。

(三) 环境问题多样化和全球化

60年代末以来,美国、欧洲和日本等一些国家相继建立了国家级环保机构,以工业污染控制为中心的环境管理活动也列入一些政府的议事日程。中国一些城市和地方近年来也成立了"三废"办公室,开始进行工业污染源的调查和治理。经过20余年的努力,工业发达国家的环境状况有了部分的改善。首先,空气污染状况的改善。这方面在日本、美国、英国、德国和法国表现得最为明显。在1973～1982年间,日本经济迅速增长,但空气中SO_2、CO和飘尘的浓度一再下降,NO_2的浓度基本稳定,并略有下降。1970～1976年间,美国多数城市中CO和光化学氧化剂的含量大幅度下降,很多城市和地区的光化学氧化剂、CO、NO_2、SO_X、总悬浮颗粒物等五种污染物含量已达到大气质量标准。其次,水体相对变清。许多发达国家的水质都有显著改善。日本目前已很少看到发黑和恶臭的水体。在测定镉、氰化物和其他七种有毒物质的样品中,达到人体健康环境水质的水样的百分数逐年增高。美国从夏威夷到缅因州,从阿拉斯加州到得克萨斯州,有70条河流的水体水质有明显改善。例如流经华盛顿的波托马克河,在60年代末期,河水大肠杆菌含量超过游泳安全标准的1万倍,后来,当局花了10亿美元清理污水,现在游泳和划船的人已经可以安全地使用这条河流了。此外,能源的消耗增长减慢。以美国为例,从70年以来,人口增长了22%,国民生产总值增长了约75%,而能源消耗量仅增长了不到10%,由于美国私人汽车在过去20年间数量剧增,工业能耗的实际增长量大大低于10%。

尽管发达国家的水、空气污染获得了一定程度的治理,但这并没有从根本上解决发展过程中产生的各种问题。在一些问题得到改善的同时,另一些环境问题却变得日益突出:①工业废物、生活垃圾急剧增加。美国工业废物的产生量居世界之冠,1983年已达4.8亿吨,其中约有10~25%是有毒的。美国核废物的产生量在持续增长,据1980年资料,70座有执照的核反应堆产生了226.8万升强放射性废物和7700吨废核燃料,90年代随着90座新建的核电站投入运转,核废料又迅速增加。美国生活垃圾的发生量1985年已超过1.8亿吨。②噪声问题严重。日本公害诉讼案件中,1981年,大气污染占14.2%,水污染占12.5%,恶臭污染占20.1%,而噪声污染占36.7%,其他占16.5%。③水环境问题还未解决。工业生产事故发生率很高,对环境造成污染与危害的可能性极大。例如:1987年瑞士某仓库火灾,将农药、溶剂和汞冲入莱茵河,造成数百万条鱼被毒死,并严重威胁着德国和荷兰的饮用水,使水质本已明显改善的莱茵河,重又处于严重污染状况之中。

从中国的经验来看,以1973年8月召开的第一次全国环境保护会议为开端,经20余年的发展建设,已形成了较完善的环境保护法律、法规体系,并建立了一整套具有中国特色的环境管理体系。从这些体系控制策略的内容来看,环境问题的解决重点在生产、生活活动与环境的交互界面上,把环境保护的人力、物力、财力大多放在了生产过程的末端污染排放的处理和处置上。从中国环境保护几十年的实践来看,把末端处理作为控制目标,在工业环境管理的实践中已遇到了严重的挑战,主要存在的问题是治理的投资和运行费用高,而经济效益小。污染控制的技术差,需要大量投资进行治理,给企业带来沉重负担,企业没有积极性。有的企业宁愿交罚款,也不愿进行污染的治理。资源能源得不到有效利用,有些本来可以回收利用的原材料,变成了"三废"处理掉或者排入周围环境,造成浪费与污染。单纯依靠处理设施,往往不能从根本上消除污染,而只是不同介质间的转移,特别是有毒有害物质往往转化为新的污染物,形成治不胜治的恶性循环。

从70年代开始,虽然各国纷纷采取环境保护的措施,以治理污染,改善环境状况。但结果却不尽人意,从全球范围看,最初的环境问题不仅没有解决,反而处于不断恶化的过程中,打破了区域和国家的界限演变成全球性的问题。这些问题主要包括:

(1)生物多样性锐减:由于自然环境的破坏、对资源的过分开采、人口的激增以及环境污染等原因,使得地球上的许多物种濒临灭绝。据研究,每天有100到300个物种临近灭绝。有些专家认为,如果这种状况得不到改善的话,地球上的全部生物物种的1/4

可能在未来20~30年内有消失的严重危险。

(2)全球性气候变化：由于工业化和城市化的迅速发展以及人口的大幅度增长,使得自70年代以来矿物燃料的燃烧大量增加,由此产生的CO_2气体成为最主要的温室气体之一。从1765年到1990年,大气中CO_2的含量增加了25%,甲烷增加了100%,氮氧化物增加了8%,全球气温在过去的10年间增加了0.3~0.6℃,若仍维持现有发展模式,预计到2000年可能增加2~5℃。如果这一变化持续下去,会造成海平面的大幅度上升,到2030年约上升20厘米,到2100年,预计上升高达65厘米。很显然,这将使临海的大面积土地被淹没,使人类生存受到巨大威胁。

(3)臭氧层耗竭与破坏：为了满足生活需求,人类大量使用气溶胶喷雾器和空调制冷设备,其中含有的挥发剂、溶剂和冷冻剂等造成了臭氧层的严重消耗。自80年代以来,全球上空的臭氧平均减少了3%,在中高纬度地区上空减少达5~10%,并且在南极上空已经出现了臭氧空洞。臭氧层消耗不仅会破坏人体免疫系统,造成白内障和皮肤癌的发病率上升,同时也会加重温室效应。

这些数字为我们提供了一个对现实世界的认识：即人类所面临的环境问题,已不仅仅是自然界的污染和灾害,还涉及到社会经济各个方面。无论是富国还是穷国都面临种种环境问题,二者分别被称为"贫穷的污染"和"富裕的污染"。前者指在发展中国家人口增长给贫瘠脆弱的土地、森林等自然生态系统以及过于拥挤的大城市所造成的巨大压力,因而解决发展中国家环境问题的根源在于摆脱贫困；后者指在发达国家,经济的高速增长和人们的过度消费是造成大多数环境恶化的原因。对不同发展程度的国家而言,环境问题有不同的含义:在自然生态系统被破坏时,对发达国家环境问题意味着生活质量的下降;而对发展中国家,则意味着人民生活将难以维持。因此,在制定国民经济计划和发展战略时,每个国家对各因素考虑的重要程度不同,总的来说,在发展中国家,人口的迅速增长、自然资源的匮乏和环境恶化及由此产生的食物和能源供应不足、人类住区的质量恶劣、环境引致疾病的蔓延流行等是主要考虑对象;而在发达国家,则重点关注空气、土壤和水污染、全球气候变化和臭氧层耗竭与破坏等问题。

正因为环境问题变得复杂化、多层次和全球化,使得人们不得不对以往的发展模式再度进行反思和总结,努力寻找新的发展模式。该模式要在能提高经济效益、改善人们生活的同时保护资源、改善环境,维持全球范围的大生态系统的动态平衡。

二、人类对环境问题和未来发展的种种思虑

人类自有意识、能思考和感觉到自身存在的时候起,就开始推测自己的未来。随着人类对世界及自身认识的增多,渴望知晓自身前途的欲望越发强烈。"迷信"是人类最早认识未来的方式;宗教则是一种认识未来的完整体系,用来确认人类的最终结局;科学是在上述两种无法凭知觉证明结果的方式之后产生的一种逻辑方法,它可以根据物质运动规律和人类的物质欲望,解释人类的未来,于是人类开始沿着科学的逻辑,依据业已发现、认识的自然规律预测人类的未来。生存与发展已不是单纯的哲学问题,不是抽象理念中的概念,而变成了科学(确切地说是自然科学)研究的对

象;科学家们甚至企求精确地估计人类"生存"和"发展"量的概念。生存与发展都依赖着自然界,依赖着这唯一的地球向我们提供的物质基础和条件。不只是经济学家、自然博物学家,甚至是社会学家及政客都关心地球资源和环境的承受能力,资源和环境能为人类的发展所提供的各种物质和条件的"极限"。极限概念是从数学开始的,在物质世界中,不论从微观世界的细分,还是向宏观世界无限延伸(空间),都无法确认其"极限点"。尽管如此,在谈到人类的发展,在面对日益增多的问题,在感觉到外在世界压力日益增加的时候,对未来的预测又成了人类社会一种必然的现象和思维的必然活动。将这一切现象与人类活动的目的结合,由因及果地进一步推及其根本原因,不难发现,人类赖以生存的物质基础"资源和环境"是这一切思考的起点和终点;资源问题也将是未来任何社会无法回避的、需要不断深入思考的问题。

(一) 罗马俱乐部:增长的极限

70年代以前出现的种种环境问题,使传统的发展模式受到了严峻的挑战,于是70年代到80年代,对环境问题的关注、对发展道路的反思总结和探索在世界范围内展开。1963年美国的卡逊所著的《寂静的春天》一经发表,即引起世界的轰动,书中列举了自工业革命以来所发生的重大的公害事件,将环境保护这一严肃的问题摆在了世人的面前。1966年,有经济学家主张用"循环式经济"代替"单程式经济"。随后,J.福雷斯特在其《世界动力学》一书中构造了一个预测未来发展的世界模型;梅多斯在其《增长的极限》中预言增长即将达到极限。二者的论点可以归结为:①世界可以看作一个系统;②如果目前的趋势维持下去,这个系统到下世纪中期的某个时候就会崩溃;③为了防止崩溃,必须立即开始放慢经济增长,以求在一段相对短的时间内达到平衡;④人口必须停止膨胀。

这一观点认为,人类传统的增长方式已经扰乱了人类的生存环境,使资源量在得到更新之前日益减少,因而必须改变这种经济增长方式及人与自然关系,以求得人类的生存;因为,像粮食生产这类基本的物质基础已开始动摇。造成粮食短缺的原因不仅是由于第三世界的人口正在迅速增长,还有一个不亚于此的原因,即人数正在增加的富裕的少数人对食品的需求正在不断加码。在争取获得粮食供应方面,富裕已成了饥饿的主要竞争对手。虽然从数量观点来看,一个人肯定只能摄取一定量的食品,但粮食的消耗要取决于饮食的成份。当然,粮食生产还可望扩大,可以料想到,有四种途径能够增加食品生产:①增加耕地面积。②通过投入各种技术增加农田的单位产量,诸如化肥、高产良种、水利灌溉、保护土壤措施、杀虫剂、除草剂、储运设施、耕作和收获的机械设备等等。③增加海洋动物的生产。④研制人造合成食品。但作者同时认为,大约有15亿公顷土地处于轮作之中,占世界陆地总面积(135亿公顷)的11%;而有80亿公顷土地,占世界陆地总面积的59%,是沙漠、盐碱地、冰川雪原或者山地,剩余的土地大多不适宜耕作。因为大幅度地扩大耕地面积的机会非常有限,增加粮食生产的希望便放到了"技术引进"上,通过革新技术可以使现有耕地面积收获数量远远大得多的粮食。但是技术所带来的环境破坏、资源耗竭,已经使得技术带来的收益大部分要用于环境的维持,以期长久的稳定。对农业生态系统的另一个压力是迅速增长的人口和牲畜,因为它们同样使生态系统变得脆弱。大量使用化肥和化学杀虫剂、除草剂,不仅危害土壤生物,而且还大量溶入到江河、湖泊和池塘中去;大面积土地灌溉会给气候施加很大压力,巨大的水坝和灌溉工程在生态上可能起破坏稳定的效果。海洋鱼类提供着世界动物蛋白供应量的15%,但由于人类频繁地改进捕鱼技术和增加捕捞量,这严重地妨碍了水生生态系统中鱼类繁殖。因此,十年以后,人类的处境甚至将比今天更加困难,而还将进一步传递下去。所以,人类社会的发展要求在一定限度内进行,即资源所确保的限度,因为资源的数量不是无限的。

《增长的极限》的发表,引起世界人们对当代人口、粮食、能源、资源和环境这五大问题的密切关注和激烈讨论,使人类意识到所面临的问题的严峻性:它已不是单纯的环境污染问题,而是影响到生态、社会等的综合问题。从这一点上来看,《增长的极限》是有一定的现实意义和历史意义的。但它得出的结论是过于悲观的,作者忽视了科学技术的作用,否认依靠科学技术进步可以促进解决人类面临的困难;它在研究和探讨问题时,仅仅考虑自然系统中物质能量的影响和作用,没有考虑价值规律和市场机制等社会系统的影响;它将全球的模拟模型简单化了,用有限的几个变量,在许多情况下根本不可能真实地反映实际情况。

因此,罗马俱乐部的这些观点和以此为基础的政策无法为尚处于经济发展初级阶段的发展中国家所接受,因为这些国家的许多问题正是发展不足引起的;不要说"零增长",就是经济过于低速增长,都会使许多发展中国家难以超越现状,甚至在贫困的陷阱中越陷越深;而对发达国家来说,也不可能采纳这一建议,因为在现有的国际政治经济秩序下,一个国家在世界经济格局中的地位直接决定它的政治地位。例如战后的日本,由于它的经济实力的不断增强,在国际事务中已经起到越来越大的作用。发达国家为保持其经济实力的强大以维持其国际上的地位进行着更为激烈的竞争。可见,虽然罗马俱乐部的观点在理论上有一定道理,但却不具有可行性,无法为任何一个国家采纳。这一思想只代表着发达国家的纯环保主义思潮。

(二) 没有极限的增长

朱利安·林肯·西蒙所著《最后的资源》,抨击了罗马俱乐部研究问题的方法。根据他们收集的资料和使用的分析方法,得出人类资源没有尽头,人类的生态环境日益好转,恶化只是工业化过程中的暂时现象,粮食在未来将不成其为问题,人口将在未来自然达到平衡。衡量资源紧缺的最恰当标准是自然资源的劳动成本以及资源相对于工资和其它商品的价格。所有这些因素都表明,到目前为止的长期内,自然资源的短缺状况一直在趋向缓和。资源可以再循环利用,新发明将应资源的"短缺"而生。以铜为例,铜的短缺导致了采取补救办法;这种相辅相成构成了自然资源供应和使用方面的关键进程,贯穿整个历史。其次,资源的重要性在于它们提供某种效用,比如食物中的营养和热量、发动汽车和发电机的能源等等。而资源提供某种效用取决于:①按现有的技术,使用什么原料能够提供这种效用;②这类原料在不同数量的情况下是否易于得到;③开采和加工这些原料的成本;④以现有的技术水平,提供这种效用所需要的原料数量;⑤以前开采的原料可以再循环的程度;⑥再循环的成本;⑦运输原料和服务成本;⑧社会和机构的有效措施。资源的这种效用可替代性、技术不断进步及物质的循环利用,使这个世界上的资源取之不尽。自然资源和污染是同一事物对立的两面。二者概念上的根本差别在于,所谓自然资源大部分是私人和私人企业拥有和生产的,自然资源的供给有很强的利益关系,即利用动机,自然资源的交易通过市场进行。相反,所谓"不污染环境"的产品,大部分由公共机构生产,调节"不污染环境"产品供求的非经济机制远不是自动的,而且很少有用价格体制;自然资源与污染的另一点差别是,自然资源交易只限于买卖双方,而一个人产生的污染都是外在的,可能涉及其他许多人。资源交易有时也会涉及其他人,至少在短期内,某人对资源的需要可能会影响全部该种资源的价格。依此,如果有一个良好的调节系统,能使污染者必须付出相应代价,自然资源与污染就没有多大差别。因此,自然资源与污染的差别在于二者"外部"影响的大小。污染和资源既相同,又有差别。无污染的环境可以看作是一种资源,也要为其付出代价。消除污染的情况很大程度上取决于社会意识和政治权力。同时,由于"无污染"的环境是一种资源,因而富裕的社会同样可以"购买"得起这种"资源",一个国家的卫生状况可以看出该社会的发展状况。随着经济的发展,社会的富裕程度和支付能力提高,人们对清洁环境的要求提高,污染状况将不断改善。

(三) 从与自然和谐的"有机增长"到可持续发展

"有机增长"是一个中庸的观点,它综合了上述两者分别从"自然"和"经济"的角度出发所阐述的思想,抽取其各自"合理"的部分,认为"增长"是可能的,但"增长"是需要条件的,这一条件便是认识"人与自然协调",需要更正人类自身的行为方式,遵循其自然发展的固有规律,促进自身的发展。认为过去的增长方式是"无差异增长",在无差异增长中,增长通过类似细胞增殖来实现:一个细胞分裂两个,两个分裂成四个,四个分裂成八个,这样继续下去,在非常短的时间内就会迅速达到无数的细胞。这种增长的结果纯粹是"细胞"数量的幂增长。无论是在资源、技术、经济潜力、文化还是其他方面,任何部分的不良增长都不仅会危及自己,而且会危及整体。有机增长是一个包括产生"差别"的过程,就是说,不同细胞开始具有不同的结构和功能,细胞在有机体的发展过程具有了特异的机能:肝细胞不同脑细胞,脑细胞不同于胃细胞等等,在产生差异之际及之后,细胞数量仍会增长,器官也会增长;然而,在某些器官增长的同时,其他一些器官却可能衰退。因为有机增长达到的平衡状态是动态的,而不是静态的,一个成熟的有机体总在不断进行新陈代谢。世界系统若能走上有机增长的道路,那么有机的相互关系将起遏制作用,制止系统内任何部分的无差异增长。

人类发展的许多条件已经显示其边界和极限。在资源低效利用、环境污染及不良技术的负作用方面,人类已经面临重重困难,许多好的变化正走向极限,不利的变化层出不穷。我们一旦把时间放远一点,那就必须开始考虑"外部极限"的问题了。人类若要逾越这一极限,就会毁灭自己和生物圈。除去外部极限外,还存在着人类自身"内在"的极限:人的脆弱及不负责感越来越明显。造成这些"极限危机"的根本原因是人和自然间的差距,这种差距正在以惊人的速度扩大,要弥合这一差距,人类必须开始对自然采取一种新的态度,它必须建立在人与自然的协调关系之上而不是征服关系之上;为了建立这种良好的人与自然关系,人与人之间也必需达成一致的行动,也就是说,人与人的关系也必需作相应的调整。可持续发展思想正是在这样的压力情景中脱胎而出的。

三、可持续发展的概念内涵及其发展

(一) 概念的形成和发展

在可持续发展概念的产生和发展过程中,有两个具有历史意义的国际会议的召开起到了巨大推动作用,那就是1972年的联合国人类环境会议和1992年的联合国环境与发展大会。它表明可持续发展概念已从学术思想逐步转变为全人类的共识,并进而从概念到实践、又从实践反馈到概念,使其内容和意义得到不断完善和扩展。

1. 联合国人类环境会议

1972年6月5日至16日,联合国人类环境会议在瑞典斯德哥尔摩举行。会议通过了《联合国人类环境宣言》(简称《人类环境宣言》),呼吁各国政府和人民为维护和改善人类环境,造福后代而共同努力。在此之前,虽然环境问题已为各国政府所注意,并采取了相应的措施予以整治。但这一阶段环境工作的重点主要放在工业污染控制和治理上。当时人们的认识是如果污染问题控制住了,环境与发展就可以协调了,没有把污染与生态、经济、社会问题联系起来。虽然在一定程度上治理了污染,并且在发达国家取得了较大成就，但这都是建立在大量投资于污染治理基础上的，许多发展中国家根本无力承担。直到70年代开始，"发展"的观念中才开始强调社会因素和政治因素的作用，把发展问题同人的基本需求结合起来，把环境问题由工业污染控制推向全方位的环境保护。这一认识在人类环境会议上得到了深化和发展。

《人类环境宣言》郑重宣布了联合国人类环境会议提出和总结的7个共同观点、26项共同原则。其观点主要包括：①人是环境的产物，也是环境的塑造者。由于当代科学技术突飞猛进的发展，人类已具有空前地、大规模地改变环境的能力。自然环境和人为环境对于人的福利和基本人权都是必不可少的。②保护和改善人类环境，关系到各国人民的福利和经济发展，是人民的迫切愿望，是各国政府应尽的责任。③人类总是要不断地总结经验，有所发现，有所发明，有所创造，有所前进。人类改变环境的能力，如妥善地加以运用，可为人类带来福利；如运用不当，则对人类和环境将造成不可估量的损害。现在地球上许多地区出现了日益加剧危害环境的迹象。在人为环境，特别是生活和工作环境中，也已经出现了有害人体身心健康的重大缺陷。④在发展中国家，多数环境问题是发展迟缓引起的。因此，他们首先要致力于发展，同时也要注意保护和改善环境。在工业发达国家，环境问题一般是由工业和技术发展引起。⑤人口的自然增长不断引起环境问题。因此，要采取适当的方针和措施，解决这些问题。⑥当今的历史阶段要求人类在计划行动时更加谨慎地考虑给环境带来的后果。为了在自然界获得自由，人类必须运用知识，同自然取得协调，以便建设更良好的环境。为当代和子孙后代保护好环境，已成为人类的迫切目标。这同和平、经济和社会发展的目标完全一致。⑦为达到这个环境目标,要求每个公民、机关、团体和企业都负起责任,共同创造未来的世界环境。各国中央和地方政府对大规模的环境问题和行动后果负有特别重大的责任。

在共同观点的指导下,宣言提出 26 项基本原则,这些原则可以归纳为以下几个方面:①人人都有在良好的环境里享受自由、平等和适当生活条件的权利,同时也负有为当今和后代保护和改善环境的神圣职责。要谴责种族隔离和歧视、殖民地及其他形式的压迫和外国统治的政策。要全部销毁核武器和其他一切大规模毁灭性武器,使人类及其环境免遭这些武器的危害。②保护地球上的自然资源,包括空气、水、土地和动植物,特别是自然生态系统的代用品和濒于灭绝的野生动植物。保护大自然,保护海洋。对于自然资源的开发利用,在规划时要妥善安排,以防将来资源枯竭。有毒物质排入环境时要以不超出环境自净能力为限度。③经济和社会的发展是人类谋求良好生活和工作环境、改善生活质量的必要条件。一切国家的环境政策都应增进发展中国家现在和将来的发展潜能,鼓励各国向发展中国家提供财政和技术援助,以补充这些国家自己的努力。④各国在从事发展设计时要统筹兼顾,使发展经济和保护环境相协调。在从事人类居住地和城市规划时,要避免对环境产生不利影响,以谋求最大的社会经济效益和环境效益。必须指定适当的国家机关负责环境管理,提高环境素质。⑤因人口增长过快或人口过分集中而对环境产生不利影响的区域,或因人口密度过低而妨碍发展的区域,有关政府应采取适当的人口政策。⑥一切国家、特别是发展中国家应倡导环境科学的研究和推广,互相交流经验和最新科学资料,鼓励向发展中国家提供不造成经济负担的环境技术。⑦依照联合国宪章和国际法原则,各国具有按其环境政策开发其资源的主权权利,同时也负有义务,不致对其他国家和地区的环境造成损害。⑧关于保护和改善环境的国际问题,国家不论大小,以平等地位本着合作精神,通过多边和双边合作,对所产生的不良环境影响加以有效控制和消除,妥善顾及有关国家的主权和利益。各国应确保各个国际组织在环境保护方面的有效和有利的协调作用。

1972年的联合国人类环境大会是世界各国政府共同讨论环境问题、探讨保护全球环境战略的第一次国际会议,标志着环境问题已经开始列入发展的日程。本次会议唤起了世人对环境问题尤其是环境污染问题的觉醒,并在西方国家开始了认真治理。本次会议上人们已经认识到环境问题是与发展问题密切相关的,环境问题的解决必须从社会经济发展来寻找途径。但是,这一阶段并没有找到正确的方法,仍然将环境问题解决的重点放在污染的终端治理上,就环境问题去治理环境,摆脱不了人类面临的困境,因此,还没有从根本上找到解决问题的出路。但它为可持续发展概念的讨论和最终形成提供了基本出发点。

2. 布伦特兰报告

从1972年联合国人类环境会议以后,虽然许多国家,尤其是发达国家,将很大精力投入环境治理和保护工作,但全球环境仍然在恶化。为了了解1972年以来全球环境保护问题的情况,联合国环境与发展委员会组织21个国家的专家到世界各地考察,前后经历900天,于1987年由前挪威首相布伦特兰夫人主持起草并发表题为《我们共同的未来》的长篇报告,指出世界上存在着急剧改变地球环境的趋势,并威胁着地球上包括人类在内的许多物种的生命。该报告中列举了一系列全球重大环境问题,并且进一步揭示了环境与发展的相互关系:传统意义上的发展会导致环境资源的破坏以致衰竭;反过来,环境的退化又限制了经济的发展。在《我们共同的未来》中,给出了可持续发展的确切定义(满足当代人的需求,又不危及后代人满足其需求的能力),并提出了可持续发展战略的框架,指出必须从更广阔的角度出发解决环境问题。该报告基本上规范了可持续发展的内涵和外延,使得可持续发展思想有了一个可以表述的概念。

3. 联合国环境与发展大会

在全球环境继续恶化、经济发展问题更趋严重的背景下,联合国环境与发展大会于1992年6月在巴西的里约热内卢召开,共183个国家的代表团和联合国及其下属机构等70个国际组织的代表出席了会议,102位国家元首或政府首脑到会讲话。除发达国家外,广大发展中国家自始至终参加了会议的筹备过程,并在会议上发挥了主导作用。会议通过和签署了《里约热内卢环境与发展宣言》、《21世纪议程》、《关于森林问题的原则声明》、《联合国气候变化框架公约》、《生物多样性公约》等重要文件。

在本次会议上,彻底否定了工业革命以来那种"高生产、高消费、高污染"的传统发展模式和"先污染、后治理"的道路,《我们共同的未来》中提出的可持续发展的概念得到普遍的接受。会议提出了环境与发展不可分割,要为保护地球生态环境、实现可持续发展建立"新的全球伙伴关系"的主张,并为此确定了指导原则和开展全球环发领域合作的框架性文件——《里约热内卢环境与发展宣言》。该《宣言》提出了对环境与发展进行综合决策,将可持续发展思想及其目标,分解为达到目标的 27 条基本原则。主要包括:人类处于普遍关注的可持续发展的中心,必须同自然和谐相处;各国拥有开发本国自然资源的主权权利,并承担其环境责任;公平地对待今后世代在环境与发展方面的需要;缩小世界上大多数人生活水平上的差距;环境与发展领域的国际行动,应着眼于所有国家的利益和需要;为保存、保护和恢复地球生态系统的健康和完整以及考虑到导致全球环境退化的各种不同因素,各国负有共同的但有区别的责任;各国应当减少和消除不可持续的生产和消费方式,并且推行适当的人口政策;各国应制定有效的环境立法、环境标准、管理目标和优先次序;解决跨越国界或全球性环境问题的环境措施,应尽可能以国际协调一致为基础;和平发展与保护环境是相互依存和不可分割的;各国应和平地按照《联合国宪章》采取适当方法解决环境争端;各国和人民应诚意地本着伙伴精神,合作实现本宣言所体现的各项原则,并促进可持续发展方面国际法的进一步发展与完善等等。

  以联合国环境与发展大会为标志,人类对环境与发展的认识提高到了新的阶段:即环境与发展密不可分,两者相辅相成。要促进发展,就必须同时考虑环境的保护与治理;而环境污染问题的根本解决,也必须通过经济的发展,在发展过程中加以解决。联合国环境与发展大会是人类转变传统发展模式和生活方式,走可持续发展道路的一个里程碑;同时也使可持续发展思想得到广泛认同,并达成实现可持续发展目标的共识。

(二) 概念的理论表述
1. 概念的理论基础

可持续发展从最初提出，一直未形成一致的定义，哲学家、经济学家、生物学家、社会学家等分别从不同角度阐述了可持续发展的内涵。之所以会形成这样的局面，就在于可持续发展突破了传统的发展范畴。发展不仅是经济增长和经济结构的合理化，不仅是经济系统内部的运动。事实上，经济系统的运行，特别是其物质生产活动，始终都必须依托环境系统所提供的条件，依赖环境系统的要素所提供的物质和能量。而在经济系统的运行过程中，又使环境系统的结构和状态不断发生变化，有的变化有利于人群生活质量的改善，有利于提高环境系统对经济系统的支持能力；有的变化不利于人群生活质量的提高，削弱了环境系统对经济系统的支持能力。也就是环境系统与经济系统存在着相互作用和相互依赖，只有调节好二者的关系才能使它们都健康稳定地发展。在环境系统与社会系统的相互作用中也存在着类似的关系。由此可见，环境、经济、社会三大系统是相互作用的有机整体，发展问题不能仅在经济系统内部找出路，环境问题也不能仅依靠治理和保护就能解决。"可持续发展"正是基于这一认识产生的，它作为一种新的发展理论，必然有其建立的理论基础，对理论基础的揭示将有助于对"可持续发展"的内涵的深刻理解。

可持续发展理论首先涉及到的就是资源与环境问题，必须有新的资源科学理论为全面更新人类在资源问题上的陈旧观念提供思想武器，为新战略的实施提供指导。

资源是在一定技术条件下能为人类利用的一切物质、能量和信息,是社会发展的物质基础。由于世界人口数量的增长和生活消费水平的提高,人们对资源的需求和消耗日益增大。目前几乎所有的自然资源都纳入人们的开发和利用范围,而且某些已经探明的重要的矿物储量将在几百年甚至几十年内耗尽。为了实现可持续发展,必须根据资源的特点和地区与国家的发展水平制定正确的资源发展战略。对一些燃料和金属之类的非再生性资源通过科学技术进步提高利用率,通过行政手段和立法提高回收率,并用非耗竭性的资源如太阳能代替非再生性的煤和石油,以保证资源的永续利用。对一些由各种生物和非生物因素组成的再生性资源要做到开发、利用与保护相结合,保持基本的生态过程、生命维持系统和遗传的多样性,以保证资源的不断更新和持续利用。除受生产工艺的限制,自然资源消耗高、利用率低以外,一些发达国家的高消费的生活方式也加速了自然资源的枯竭。因此,抛弃浪费的社会风气和毫无节制的消费主义也是节约资源、保证社会持续发展的一个重要方面。

资源价值论 长期以来,传统的价值理论认为,自然资源没有价值,可以无偿占用,导致了资源的乱采滥挖、掠夺性开发和资源的严重破坏与浪费。应当确定完善的适应于持续发展的资源价值理论。资源是有价值的,其价值决定于资源的有用性、稀缺性以及所有权的垄断性。我们可以在财富论、效用论、地租论的基础上建立资源的价值理论。自然资源是人类共有的宝贵财富,是社会发展的物质基础,是人类生存的必要条件,必须实行资源的有偿使用。

资源资产论 可开发的自然资源是有价值的可为人类提供效益的一种资产。在开发利用自然资源过程中,必须明确资源的产权关系,保护所有者权益,并保证资产的保值、增值。通过保证资源在价值形态上的保值增值,不断扩大资源基础,保证资源在实物形态上的永续利用。

资源产业论 资源的再生产包括自然再生产和社会再生产两个过程。自然再生产过程是在没有人类参与的情况下,由自然界本身完成的,如原始森林的形成。社会再生产过程是指人类同自然界的自然力结合所起的作用,如人工植树造林,土壤改良。矿产资源相对于人类历史来说,是一种不可能自然再生的自然资源,因而其"社会再生产"就采取了一种特殊的形式——地质勘查,发现矿产。森林、草地、水等是可自然再生资源,但自然再生能力也是有限度的。所以对满足人类日益增长的需要,资源的社会再生产具有重要意义。揭示这一再生产的规律性,形成新的机制,不断生产出优质的资源,是实现可持续发展的重要途径。

环境是人类周围一切物质、能量和信息的总和,环境污染是由人的活动引起的物质与能量的增加使环境发生的不良变化。环境污染虽然与人口增长和按人口计算的商品消费量,以及生产这些商品的工艺技术有关,但最根本的原因是自工业革命以来人们长期坚持和追求"高消耗、高污染、高消费"的非持续发展模式。这种非持续的发展模式至今还有一定的诱惑力,一些工业化国家不愿放弃,一些发展中国家还极力效仿。随着全球问题的产生和日益尖锐化,人们逐渐认识到,现代工业文明及其高度发达的生产力和一部分人的富裕是建立在过度消耗自然资源和严重污染环境的基础上的,是以牺牲未来为代价的。人类要摆脱目前的困境,就必须采用"低消耗、低污染、适度消费"的可持续的发展模式。

环境稀缺性论 等同于环境承载力论。众所周知,人类活动要依赖环境为其提供空间及物质能量,同时又需要环境容纳并消化其废弃物。由于环境系统的组成物质在数量上有一定的比例关系,在空间上又有一定的分布规律,因此它对人类活动的支持能力就有一个限度,这一限度就是环境承载力。从另一角度理解,将环境可提供支持的能力也看作是一种资源,在过去很长的时期内,这种特殊的"资源"相对人们的活动是可无限供给的,因而不被看作是资源(传统观念中的概念)。但是,随着人类活动范围的扩大,活动能力的增强,环境资源已日渐显得稀缺,于是就出现了环境资源有效配置的问题。环境是一种极特殊的资源,它不具有流动性,因而当某一特定区域的环境资源需求大于供给且不加控制时,也就是人类活动对环境的作用超过了环境所能支持的极限,超出了环境系统维持其动态平衡的抗干扰能力时,就产生了种种环境问题。因此,可持续发展概念的理论出发点是"环境资源"的供求规律。

环境价值论 环境究竟有无价值?按照传统理论中的价值衡量标准,环境特别是天然环境,既没有劳动的参与,又不能用于交换,所以尽管环境为人类社会的生存、发展提供了所需的全部物质资料,它也是没有价值的。正是由于不承认环境价值的存在,人们在追求利润最大化的原则驱使下,对自然资源进行掠夺性开发,造成了环境污染和生态破坏。随着人们对事物认识的不断加深,传统的价值论已得到修正,完善的价值包括市场价值、存在价值、偶然性价值。从这一层次上看,自然环境能够满足人类的需要,并且是稀缺的,因而是有价值的。现在的问题在于如何将其定量化,籍此将环境与经济利益直接联系起来。由于环境的价值和稀缺性的为人所知,就将环境与经济、社会紧密的联系在一起了。可持续发展就是这一转变的体现,它具有丰富的内涵,既包括经济发展,也包括社会的发展和保持建设良好的生态环境。经济发展和社会进步的持续性与维持良好的生态环境密切相连。

资源与环境是自然系统中两个最基本的要素,它为人类的生存发展提供了全部的物质基础和环境空间,它们主要居于流体地球和固体地球交接带的地球表层。人类认识、开发自然资源和环境的能力可以不断增强,但是,地球表层的资源基础、环境容量不可能在短期内增加,这是构成可持续发展理论的现实基础。因此我们应该树立尊重自然、珍惜资源、保护环境的崇高风尚。

2. 概念的不同维度

《21世纪议程》是可持续发展思想的体现,这一战略蓝图涉及了可持续发展的方方面面。该议程分为四个部分。第一部分:包括经济与社会可持续发展;加速发展中国家可持续发展的国际合作和有关的国内政策;消除贫困;改变消费方式;人口动态与可持续能力;保护和促进人类健康;促进人类住区的可持续发展;将环境与发展问题纳入决策过程。第二部分:资源保护与管理,包括保护大气层;统筹规划和管理陆地资源的方法;制止砍伐森林;脆弱生态系统的管理——防沙治旱;脆弱生态系统的管理——可持续的山区发展;促进可持续农业和农村的发展;生物多样性保护;对生物技术的环境无害化管理;保护大洋和各种海洋,包括封闭和半封闭海及沿海区,并保护、合理利用和开发其生物资源;保护淡水资源的质量和供应——对水资源的开发、管理和利用采用综合性办法;有毒化学品的环境无害化管理,包括防止在国际上非法贩运有毒废料;危险废料的环境无害化管理,包括防止在国际上非法贩运危险废料;固体废物的环境无害化管理以及同污水有关的问题;对放射性废料实行安全和环境无害化管理。第三部分:包括加强主要群体的作用;采取全球性行动促进妇女可持续的公平的发展;青年和儿童参与可持续发展;确认和加强土著人民及其社区的作用;加强非政府组织作为可持续发展合作者的作用;支持《21世纪议程》地方当局的倡议;加强工人及工会的作用;加强工商界的作用;加强科学和技术界的作用;加强农民的作用。第四部分:实施手段,包括财政资源及其机制;环境无害化(和安全化)技术的转让、合作和能力建设;科学促进可持续发展;促进教育、公众意识和培训;促进发展中国家能力建设的国家机制及国际合作;国际体制安排;国际法律文书及其机制;决策资料。从以上四部分可以看出:《21世纪议程》把经济、社会、资源与环境视为密不可分的整体,而它又正是可持续发展思想的集中体现,因此,可持续发展不仅仅是经济领域的问题,它涉及很多方面:能源的可持续发展;农业的可持续发展;工业的可持续发展等等。概括起来,可持续发展包括两个方面,或者说两个维:生态维和人类维,前者指生态系统,包括土壤、生物生产力、生物多样性、淡水、海洋和大气等;后者指人类的需求和愿望,包括食物、水、健康和住房等基本人类需求以及文化凝聚力和文化多样性等高层次需求。从这个意义上说,可持续发展具有多维性。

　　正因为可持续发展在内涵上具有多维性,对它的阐述就可以有不同的角度,但最概括的还是布伦特兰夫人在长篇调查报告《我们共同的未来》提出的。在报告中,对可持续发展提出了这样的定义:可持续发展是指既满足当代人的需要,又不损害后代人满足其需要的能力的发展。该概念得到了广泛的价值认同,在1992年联合国环境与发展大会上达成全球范围的共识。它有丰富的内涵,体现了以下几个原则:一是公平性原则。可持续发展的主要目标是满足人类需求和欲望,然而在人类需求方面存在很多不公平因素。这里所说的公平性原则,既包括本代人之间的公平,也包括代际间的公平。从本代人来看,现实状况是,世界的两极分化严重且有加剧的趋势。人口占全球人口26%的发达国家,消耗的能源、钢铁和纸张等都占全球消费量的89%,国民收入占全球经济收入的85%。人口占全球人口74%的发展中国家却只有很少资源,特别是尚有10亿人口处于贫困饥饿状况。这种贫富悬殊的世界是不可持续的。因此,消除发展中国家的贫困是可持续发展过程中需特别优先考虑的问题。从代际公平看,人类赖以生存的自然资源是有限的,虽然后代人有开发新能源并提高能源利用率的可能性,但其发展仍需大量自然资源的支持,因而本代人不能仅考虑自身的利益,而应从可持续发展的观点出发,合理利用资源,给世世代代以公平利用自然资源的权利。二是持续性原则。可持续发展是要满足人类的需求;而需求的满足并不是没有限制的,主要限制因素是自然资源和环境。发展要以环境的承载力为极限,也就是"可持续发展不应损害支持地球生命的自然系统:大气、水、土壤、生物……"。发展一旦破坏了人类生存的物质基础,发展本身也就衰退了。持续性原则的核心指的是人类经济和社会发展不能超越资源与环境的承载能力。三是共同性原则。由于各国历史文化、自然条件、发展水平各异，可持续发展考虑的各因素的重要性就不一样，发展的具体目标、发展模式和实施步骤不可能是唯一的。但是，可持续发展作为全球发展的总目标，所体现的公平性和持续性原则，却是共同的。并且由于地球的整体性和相互依存性的特点，使得每个国家都不可能独立地实现本国的可持续发展。

由于布氏概念的高度概括性，使得经济学家、社会学家、地理学家等分别从各自学科角度对可持续发展进行了阐述和释义，这些阐述和释义大致可分为以下几个方面：

从自然属性定义可持续发展 持续性这一概念是由生态学家首先提出来的，即所谓生态持续性。1991年11月，国际生态学联合会和国际生物学联合会联合举行了可持续发展问题的专题研讨会。该研讨会的成果不仅发展而且深化了可持续发展概念的自然属性，将其定义为："保护和加强环境系统的生产和更新能力"。从生物圈概念出发定义可持续发展，是从自然属性方面表述可持续发展的另一代表，即认为可持续发展是寻求一种最佳的生态系统，以支持生态系统的完整性和人类愿望的实现，使人类的生存环境得以持续。

从社会属性定义可持续发展 1991年，由世界自然保护同盟、联合国环境规划署和世界野生生物基金会共同发表《保护地球——可持续生存战略》。该书中提出的可持续发展定义为："在生存于不超出维持生态系统涵容能力的情况下，提高人类的生活质量",并且提出可持续生存的 9 条原则。① 在这些基本原则中,既强调了人类的生产方式和生活方式要与地球承载能力保持平衡,保护地球的生命力和生物多样性,同时,又提出了人类可持续发展的价值观和 130 个行动方案,着重论述了可持续发展的最终落脚点是人类社会,即改善人类的生活质量,创造美好的环境。布朗认为可持续发展是指"人口增长趋于平稳、经济稳定、政治安定、社会秩序井然的一种社会发展";而奥尼尔则认为可持续发展就是"在环境允许的范围内,现在和将来给社会上所有的人提供充足的生活保障"。

从经济属性定义可持续发展 这类定义虽有不同的表达方式,但都认为可持续发展的核心是经济发展。巴贝尔在《经济、自然资源、不足和发展》中把可持续发展定义为"在保持自然资源的质量和所提供服务的前提下,使经济的净利益增加到最大限度";皮尔斯的定义为"自然资本不变前提下的经济发展,或今天的资源使用不应减少未来的实际收入";定义中的经济发展已不是传统的以牺牲资源和环境为代价的经济发展,而是"不降低环境质量和不破坏世界自然资源基础的经济发展"。

从科技属性定义可持续发展 实施可持续发展,除了政策和管理因素之外,科技进步起着重大作用。因此,有的学者从技术选择的角度扩展了可持续发展的定义,司伯斯认为"可持续发展就是转向更清洁、更有效的技术,尽可能接近零排放或密闭式工艺方

---

① 世界自然保护同盟等:《保护地球——可持续生存战略》,中国环境科学出版社,1992。

法,尽可能减少能源和其他自然资源的消耗";世界资源研究所则认为污染并不是工业活动不可避免的结果,而是技术差、效益低的表现,因此,他们下的定义为"可持续发展就是建立极少产生废料和污染物的工艺或技术系统"。

正因为可持续发展有如此丰富的含义,对世界上不同国家来说,具有不同背景和利益,就会做出不同的解释。对中国这样一个人口众多而人均资源极少的发展中大国来说,可持续发展的核心是发展,因为可持续发展的目标就在于持续地提高人类的生活质量,满足人类需求,而人的最基本需求即是满足衣、食、住等基本生理需要,因而贫穷是与可持续发展目标相悖的;另外,从对发展中国家的环境问题的调查研究中发现,贫穷正是造成这些国家环境问题的根源,若经济无快速发展,只能陷于"贫穷—环境生态恶化—贫穷"的恶性循环中,正像发展经济学家所指出的那样:"发展中国家贫穷的根源就在于贫穷"。此外,由于发展中国家数目较多,人口占了74%,且人口增长速度很快,若如此众多人口的贫穷问题得不到解决,其引致的环境问题将足以威胁全人类的发展。因此,发展中国家的经济发展显得尤为迫切。中国正是基于这一认识,在可持续发展思想的指导下,毫不动摇地把发展经济放在第一位,在保持经济持续、高速、健康增长的同时,注意资源的合理利用和环境的不断改善。

3. 概念的基本规范

可持续发展作为一种新的发展理念,其目标的实现关键在于实践。但由于其涉及范围很广,且概念中只有"满足当代人的需求,又不危及后代人满足其需求的能力"这一抽象的标准,这就使得在制定战略和处理国家事务时对可持续性的判断难以有一个可参照的准则。因此,就出现了许多对于可持续发展基本规范的讨论。所谓规范,就是指约定俗成的明文规定的标准。可持续发展的基本规范,就是指一些用以判断可持续性的基本标准。这些标准在不同国家和地区,由于具体情况的不同肯定会有差别,但它们仍然要遵循一些共同的原则来制定。这些基本的规范包括:

代际公平 这是持续发展最主要的原则之一。所谓代际公平就是指:若某种选择或某个决策涉及到多代人的利益,就存在一个代与代之间利益如何分配的问题,这时就遵循代际公平的原则,使各代人有同等的满足其需要的权利。很显然,代际公平怎样衡量还是一个争议颇多的难题。现多采用"代际多数"规则,就像在许多活动中采用的"少数服从多数"的规则一样,代际多数就是服从占多数的那些代人的利益进行决策。例如:一项经济建设既能给当代人创造经济利益,同时又会影响自然环境,这种影响可能会危及很多代;那么,按"代际多数"原则,当代人就应当做出让步。但这一规范在实际操作中常常无法实现,原因在于后代人或者还不存在,即使存在的也尚未能意识到自己的利益受到侵害。因而仅靠当代人觉悟无法解决的这一问题,最终要借助法律的力量将代际公平作为一个约束条件。应当指出,由于科学技术的不断进步,人类的物质生活水平将不断提高,按可持续发展的模式,后代人的福利必然会高于当代人的福利水平。因而追求代际间的福利公平是荒谬的。这里所指的公平是生存和发展权利的公平,是代际之间的机会均等。

最低安全标准原则 可持续的经济活动很重要的一个前提就

是不超过环境承载力的限度,以使得该活动对环境所造成的影响,能在一定时间内通过环境系统自身动态平衡得以消除。环境承载力的限度可用最低安全标准来衡量。1978年,R.C.毕晓普运用了在经济分析中广泛应用的最大最小原理,提出最低安全标准,即社会应选择使"最大限度损失额最小"的策略。此原理建立的理论基础是:对某事件发生的概率不知道,但其引发的后果是确定的。在进行策略选择时,应选择使"最大限度损失额最小"的那一个。这也就是常说的"两利相权取其大,两弊相衡取其小"中的后者,实际上是谨慎原则的体现。在自然资源的利用中,不仅事件发生的概率不知,其后果有时也是难以预料的,所以最大最小原则在许多情况下并不适用;但毕晓普认为在没有更好的理论取代它时,仍可在其基础上采用最低安全标准原则。这一原则的内容是:除非某种社会选择的成本使社会无法承受,否则就应选择那些符合最低安全标准原则的决策。最低安全标准最少应包括以下三条:①社会使用可更新资源的速度不得超过资源的更新速度;②社会使用不可更新资源的速度不得超过周围其替代品的开发速度,且替代品使用是可持续的可更新资源;③社会排放污染物的速度不能超过环境对污染物的吸收速度。

基本需要的确定 即对人类基本要求的重视。在此之前,经济学最基本的观点,就是将在自我利益的基础上不断追求最大利润的经济人置于分析的中心位置。所谓经济人就是在无限的欲望引导下,无限地进行消费的人类。以这些特殊的人类存在为前提,完成了无限的资本积累、经济增长等经济学上的展望。在认识到地球社会的生态系统日益恶化、并威胁到了可持续性这一点的基础上,物质欲望的无限满足导致的结果,使得"经济人"观念显得荒谬绝伦,但作为实现可持续发展的必要条件,我们仍要重视人类的基本需求。所谓基本需求,是指衣、食、住、教育、保健、就业等人类在社会上健康地维持文明生活的最低限度的社会水平。如果说,无限消费、无限生产导致了地球资源与环境的浪费,那么,只有通过改变这一关于人类生存的观点,才能走上可持续发展的道路。

对环境极限的特别关注 环境资源不是可以无限制消费的客体,地球环境飘浮在宇宙这一物理性空间中,且具有其自身物理性极限,它是通过人类、生物等有机体与无机体间的相互联合形成的有时空限制的整体。人类只不过是自然的一部分,人类可以无限制地征服自然只不过是人类的一种过激想法。自然是由恒定的生态系统构成的,无视这些,人类行为必将引起生态系统的混乱。环境问题就是地球环境中主体与客体间的平衡遭到破坏而引起的。从这一意义上讲,环境问题实际上是地球上主客关系的反映。地球环境熵的累积超过某一临界点时,恒定的生态系统将遭到破坏。这充分说明环境是有极限的。但是这一极限与其说是自然性极限,倒不如说是社会性极限,我们有必要重新认识主客体关系。

第二节 可持续发展战略的制定

在人类社会的发展进程中,随着科技进步和人类支配自然能力的增强,能够总结形成可持续发展思想是一个巨大的飞跃,使人类对自身的行动能力和与自然的相互影响关系也纳入了科学研究和理性反思的领域。从人类社会第一次大分工开始,经过工业革命,进入到现在的信息社会和知识经济时代,科学技术进步极大地延长了人的感觉器官和劳动器官,生产工具的发明创造提高了人类社会的生产力水平,改变着人们的生活方式,但是以人类社会便利为中心的发展也给自然界留下了累累创伤和肮脏的痕迹。当人类的生产能力和生活方式不仅只是顺从自然,而且能够改变自然时,这种能力已经开始潜在地影响着人类社会的发展方向。人类社会不仅是单个的个人,而且区分为不同的组织等级和制度体系;个人行动需要在有意识地指导下进行行动方案的设计和规划,对于一个大的群体和组织来说,行动不仅涉及人与自然的关系,也涉及社会内部人与人,组织与组织,系统与系统之间的关系,这就需要进行总体的规划设计,这就是战略。可持续发展思想和观念的形成是人类社会发展的一个巨大进步,但是由于人类活动的相互影响,由于利益格局的制约,由于具体的认识和社会行动存在于不同生产方式和文化背景之中,人们已经认识到是正确的东西往往并不能立即投入社会实践,从认识转化为有效的社会行动是一项巨大的社会工程,实现这一目标需要有效地统一人们的行动预期,进行社会动员和资源配置,这就需要社会发展战略。思想与战略的价值认识相同,但是目标不同,思想认识的意义在于把握世界的发展规律,掌握事物发展变化之间的内在联系,而要检验已经形成的认识是否正确,就需要付诸实践,使对客观世界的认识转化成改造世界的物质力量。

一、可持续发展战略背景和趋势

可持续发展战略是一种新的发展战略。发展战略是专门探索如何充分利用自己的潜力和客观环境,以求经济和社会发展的战略研究领域。发展战略不但要解决应当做什么,而且要立足于现在发展所处的阶段和外部环境条件对发展方向和发展速度的制约,明确发展的依靠力量、技术路径、动员能力和约束条件。现实世界由地理和经济制度、发展阶段区分为不同的社会和群体,由此形成了可持续发展的不同层次的问题。在形成可持续发展观念以后,进一步的工作就是完善国际间、国家层次、地方层次、部门层次的可持续发展问题。提出"构筑双赢世界"理论的哈泽·汉德森(Hazel Henderson)博士提出,当前世界正在七个层次上走向生态可持续和公正形式的人类发展,即个人、地方、公司、国家、国际、地球公民和行星生物圈七个层次。在协调人类社会发展的内部关系方面,国际、国家和地方三个层次的发展战略更为重要。要使可持续发展由价值观念转化为有效的区域行动,就需要在这三个层次发现利益制约关系,构造行动主体,改变生产方式和生活方式,确定在新的发展战略中由于减少了资源浪费和增长了总福利而形成的新的行动参与方式和利益分享机制。

可持续发展战略是第二次世界大战以后全球持续探讨发展战略的一个重要结果,是发达国家与发展中国家围绕发展道路对于其它国家和国际社会的影响,对于资源环境承载能力影响长期争论之后达成的一个基本共识。第二次世界大战以来的相当长一段时期,新独立的发展中国家为了实现经济起飞,纷纷采用追求国民生产总值高速增长的传统战略,试图跟随发达国家的发展道路实现现代化。这种单纯以 GNP 为主要目标的发展战略在促进国民经济增长的同时,不仅没有使发展中国家赶上经济发达国家,而且使发展中国家的经济失调和恶化,传统的发展战略片面强调了工业化的带动作用,发展以资源浪费和环境污染为代价,引发了一系列经济结构和社会问题。实践使不同国家和民族的人民认识到,在科学技术进步条件下,一个国家和地区的发展不是孤立的,和更大范围的社会体系存在着内在关系,因此必须注意经济发展与资源环境的承载能力的关系,必须注意顾及现在发展和未来发展的关系,必须顾及当前发展对于未来社会的影响,必须顾及发展不同阶段对于资源环境依赖的不同特点,必须顾及不同国家、不同地区、不同社会群体在经济增长过程中对区域性和全球性公共资源和环境产生的各种破坏性影响,必须注意发展中的公正性原则。传统发展战略的困境表明,发展中国家不能简单重复发达国家走过的发展道路。经过多种形式的国际讨论,经过发达国家和发展中国家的一系列对话,发展中国家从本国发展的条件和国际社会共识两个角度出发,开始探索新的发展模式;多种因素促进了全球战略研究,促使人们探索新的发展战略,可持续发展观应运而生。由于沿用传统的发展模式,许多国家的资源已经不堪重负,资源的短缺和枯竭逼迫人们必须改变旧的发展模式。可持续发展在解决人与自然界的关系,人与社会的关系,人与人的关系和社会平衡问题方面提出了一整套新的思想和价值观念。可持续发展要治理污染,保护环境,限制乱采滥伐浪费资源,限制传统意义上理解的经济发展；同时又为质优、效高、合理、持续、健康发展的绿色产业、环保产业、保健产业提供了发展良机，培育着新的经济生长点。在各种经济发展模式的长期比较中，人们逐渐认识到，人类需要由过去的崇拜自然、征服自然，走向善待自然、实现人与自然的协调发展。在当代社会，科技进步已经使自然边界对于人类社会的制约作用大大降低了，人类社会的相互影响极大地加强了，因此人类社会在依靠竞争增加社会活力的同时，也要形成社会内部国家之间、地区之间、人与人之间的和谐关系。正是在这样的发展背景中，经过对各种发展道路的思考，经过价值观的分析和比较，人们普通接受了可持续发展这一新的发展观。

在可持续发展观念的发展史上，对可持续发展的理解基本是一致的，主要涉及的是人与自然的关系以及人类活动结果对自然界的影响和这种结果对于人类后续活动的反馈作用。在此方面国际社会已经达成了共识，其标志就是一系列国际组织和机构的宣言和承诺的产生。但是在将可持续发展观念导入具体的国家和地区经济社会发展战略时，由于人类社会多种层次的复杂性，在行动纲领方面产生了两种逻辑，一是国际政治战略，也称国家间战略或者国际区域战略；二是地方战略，也称作国家内部战略或者国内区域战略。以民族国家为边界区域的这两种可持续发展战略在价值观表述上没有大的区别，但在行动逻辑和目标约束方面存在着本质性差异。了解国际社会可持续发展战略和国家内部的地区可持续发展战略的关系和异同，就需要区分二者不同的制度环境和社会背景。

1992年6月，在巴西里约热内卢世界环境与发展大会上，布伦特兰夫人给可持续发展下的定义"既满足当代人的需求又不损害子孙后代满足其需求能力的发展"得到了广泛认可。会议通过了在全球区域和各国范围内实现可持续发展的纲领性文件《21世纪议程》，可持续发展成为国际社会的时髦名词。不论是发展中国家还是发达国家，都对可持续发展表现出强烈的认同感。可持续发展的提出不仅是对过去的发展方式进行深刻反思的结果，也必将会对人类今后的生产方式、生活方式、发展模式产生巨大影响。自 1992 年世界环发大会以来，各国政府通过制定新的可持续发展政策及战略和调整理顺政策及规划，在环境和发展协调一致方面做了很多努力。7 年中有 150 多个国家建立了与可持续发展有关的国家委员会或协调机制，以求找到适合本国的通向可持续发展的道路；有 74 个国家向联合国可持续发展委员会提交了执行《21世纪议程》的国家报告，介绍本国在实现可持续发展目标方面取得的进展与成就。全球已有 2 000 多个地方制定了地方的 21 世纪议程，许许多多的非政府组织在世界各地积极活动，造成一种鲜明的声势。国际上几乎各种活动都与环境和发展联系在一起，如世界人口大会、世界妇女大会、人居 II 大会等都把环境与发展作为主要的议题之一。环发大会之后，为履行《21 世纪议程》所确立的可持续发展战略成立了联合国可持续发展委员会（UNCSD）和世界可持续发展工商理事会（WBCSD）。前者每年定期审议《21 世纪议程》执行情况，鼓励和监督国家、区域和全球的可持续发展的进展，促进在环境与发展问题上进行综合决策，沟通和协调相关领域的原则立场，交流信息，并加强有关领域中的伙伴关系。后者则突出企业的自律行为，牵头在全球一些大型或超大型企业内部改革企业管理制度,采用对环境无害的工艺和技术,对生产过程与产品采用整体预防的环境策略,以减少对环境的危害,即用清洁生产的概念改革企业的行为,促进企业之间的交流,促进新工艺、新技术、新管理体系的推广和应用,努力创造一种企业发展与环境相协调的生产和经营机制。这些新的具有约束力的多边承诺的公约、协议和新产生的机构对于促进全球范围的对话与合作,帮助建立可持续发展的新的合作伙伴关系发挥了重要作用,不仅在联合国系统内,也在其系统外产生了广泛的影响,促进了国际社会合作伙伴之间的新的承诺和行动,如跨政府间关于森林问题的论坛和 1997 年日本京都国际气候会议讨论就是典型例证。

可持续发展得到了世界各国广泛的认同,各种专著、论文、会议框架文件如雨后春笋,"可持续发展"在国际互联网上形成了一个十分庞大的索引目录,但是在付诸行动方面却存在着相当大的分歧。可持续发展的国际关系战略(国家间战略)不仅是一个民族国家与自然资源和环境的概念,而且是以环境资源为对象涉及国家动员机制和行动能力等国家主权内容的国际政治关系范畴。可持续发展的国家战略在指向人与自然资源的关系时,必然涉及到国际社会经济和政治关系中的国家行动秩序。此时,对于可持续发展战略的制定也就具有了国际政治体系中的国家主权色彩。从国际政治角度看,可持续发展并不如从哲学角度研究认为可持续发展代表了一种新的发展观那样乐观,国际政治理论认为可持续发展并没有超越国际政治的讨论范畴,而是国际政治权力和利益关系重新划分的一个子命题。"生态环境"是一个广义概念,指以地理条件为基础,人类周围的物理世界。依国际政治学的分析途径,从主权国家的利害关系出发,将它们对生态环境问题的关注,分为地缘政治关注、生态威胁关注和国家主权关注①。

地缘政治的本质,在于揭示国家的政治权力和利益得失与地理、气候、自然资源等外部天然环境之间的关系,地缘政治的内容就是以地理分析为基础、专门研究国际政治力量与地球自然性质之内在联系;地缘政治研究把领土国家视为国际政治力量的主要单元,位置、气候、植被、土壤、矿物资源、海拔高度、陆块分布等因素构成"地球自然性质"的内涵。地缘政治理论的基本观点是,国家的权力和利益牢固地根植于地球的天然物性之中。现代国家的力量恰恰来源于其安身立命的领土,国土是国家实力的必要条件。一个流浪的部落或种族,尽管可能有一个政府,或在其他方面是有组织的,但在没有定居自己的领土以前,它不会被国际社会认定为一个国家。地缘政治研究的实质在于把人与人的社会关系如国家主权关系、国家利益关系、国家地位关系放到自然界的地球环境中去看待。"地缘政治"规定了处在世界体系中的各国筹划国家安全政策时的某种地理基准。从国家的动员体制和资源配置决策看,地缘政治区域是一方面由自然地理所决定、另一方面由实力中心的动态转移所决定的战略区域。地缘政治观的根本,在于在复杂变化的国际关系中各个主权国家如何根据既定的自然地理条件使自己在获得权力与和平的国际斗争中处于相对有利的地位。

尽管可持续发展得到国际社会的广泛认同,但是对于全球性

---

① 关于可持续发展的国际关系战略的观点和资料引自王逸舟教授对可持续发展在国际政治体系中的功能和地位的总结性论文,见王逸舟:"生态环境政治与当代国际关系",《浙江社会科学》,1998 年第 3 期。

资源和环境破坏的原因的分析则形成了发达国家和发展中国家壁垒分明的两大阵营。"生态威胁"关注从60年代末开始,以从罗马俱乐部发表著名的《增长的极限》和《人类处在转折点》两份报告为标志,尤其是在1972年联合国在瑞典首都斯德哥尔摩召开"人类环境大会"以后,世界范围内的人口增长、技术进步、经济发展与生态环境之间的关系开始成为欧美发达国家关注的中心问题之一。由于科学进步、技术改进和经济高速增长所造成的一系列始料不及的负面后果,人类社会与自然环境的关系失调,地球生态开始以各种灾害的形式惩罚"发展的罪孽",迫使国际政治学家从生态危机的角度研究国际关系和权力斗争。在国际社会的讨论和斗争中,生态威胁的出现使两类国际政治问题突出出来。

第一类问题是,生态问题以何种方式作用于国际权力结构的分配,又如何影响联盟与对抗的新组合模式?典型事例之一,是有关全球气候改变原因的争论。基本上分为北方国家(发达国家)和南方国家(发展中国家)的两种基本意见。前者认为,气候的人为改变主要来自于落后、愚昧地区民众对森林的乱砍滥伐和对植被的各种破坏,"荒漠化过程"完全是某些发展中国家错误的发展政策所致。发展中国家则持相反观点,认为发达国家的奢侈性消费结构、工业高能耗结构,以及通过殖民地体系和不平等的世界贸易体系对发展中地区的掠夺性开发,才是气候变暖的真实原因;以城市化和汽车工业造成的严重生态污染为例,工业发达地区各国要对当前生态失衡负主要责任。依照前一种意见,某些发展中国家目前的经济发展方式和由此带来的生态环境破坏速度,已经超出了国际社会的道德容忍度,破坏了国际社会秩序和公正性原则,必须采取措施制止发展中地区的这一发展趋势。这一派意见的国际政治观念表现是,要加强现有的国际制度和国际法的实施力度,加强国际干涉及其哲学基础的研究,加强对不合理开发方式的监督和控制。发展中国家则批评发达国家对发展中国家的指责是一种居于发展的优势地位而力图转嫁责任的虚伪态度,认为发达国家目前实际消耗着世界上绝大部分燃料、原料,却拒绝让后发展地区的人享受(或有可能享受)同样的消费模式及舒适生活机会,这才是"真正的不道德";假如发达国家真的愿意与发展中国家一道解决生态危机,首先必须从自身着手,比如对已经造成的资源和环境破坏承担相应的责任,增加对不发展地区的援助、放弃掠夺性贸易、减少过于奢侈的消费、改造旧的生活观念等等。这就需要改造现在的实力型国际经济和政治秩序,放弃西方发达国家在国际社会中的支配性模式,建立机会均等、权利平等、规则公正的国际社会民主机制,这才是真正的"可持续发展"。最新的例证是1998年11月全球代表4 200多人在阿根廷布宜诺斯艾利斯召开的联合国气候变化框架公约第四次缔约方大会,发达国家与77国集团和中国代表团展开了激烈争论,正如西方一些观察家所指出,气候公约缔约方会议的谈判,"实际上是世界主要国家和利益集团在政治、经济、外交、科技等方面综合实力的较量"[1]。

  第二类问题是,生态环境因素已经成为新的国家间暴力冲突的重要来源,导致一系列的国际社会冲突直至战争。新的国际冲突研究和案例都表明,生态环境的改变会改变国家间的力量平衡,

---

[1] 兰才基:"地球烧得不轻",《环球时报》,1998年11月15日,第6版。

在某个区域或全球范围内导致新的不稳定,并诱发各种冲突乃至战争。气候变暖导致北冰洋不冻航线的紧张并引起对南极资源的争夺;膨胀的人口和土地压力造成移民潮,给接受国的国内秩序和周边地区的稳定带来消极后果;水资源紧张和上游的污染,导致相关国家的矛盾与冲突。有人认为,发展中国家比发达国家更易受到环境遭破坏的影响,因为发展中世界仍然没有充分意识到环境退化的恶果,仍然在使用旧的开发方式加剧生态环境威胁,如滥伐森林、水资源过度汲取、渔业资源枯竭等;也有人认为,发达国家比欠发达国家在环境之战中显得更脆弱和易遭攻击,例如生态问题导致的移民潮肯定向欧美方向移动,核污染主要出现在工业化区域,汽车和电器等现代消费品的大规模使用增加了工业化国家对石油矿物原料的依赖程度,"生态恐怖主义"势力打击的主要目标当然是西方发达国家。这两种观点的立场和结论都有区别,但共同特征是:生态环境在当代所受到的破坏,给国际战争和国家间冲突增加了许多新变量,使具有公共物品效应的生态环境已经成为国际社会和主权国家之间冲突的"人质"。

生态环境给民族国家带来的不止是直接的安全威胁,更重要的在于对传统的国际政治格局形成的基础理论构成深刻挑战,集中体现在对国家主权这种在传统国际政治理论看来是至高无上的权利所受到新的约束和制衡。对此的讨论基本沿两个方向展开:一种是从主权国家利益出发的,另一种主要着眼于全球共同体的利益。

从国家行使管理权利的角度看,以生态环境遭破坏为核心的全球性危机的加深涉及到国家主权,威胁到原有的统治能力。"地球村居民"之间合作的呼声已经由发达国家延伸到发展中国家,"绿党"、各国政府及民间的环保机构、反核组织、各种专门的国际组织已经在承担和发挥着一定的政治功能,而且这种趋势在逐渐发展。在1998年的法国和德国国内选举中,绿党已经进入了政府内阁,绿党领导人开始担任政府重要部门的重要职务,说明生态政治在实际操作中已经开始正式进入国家行政权力领域。但是对于大多数主权国家来说,对于保护资源与环境的呼吁往往采取一种有所取舍的实用主义:当仅涉及生态保护、难民安置、水资源分享等比较具有技术工艺层面的国际间交流与合作时,即通过国际社会的合作行动能够形成总福利增长并且合作者能够有效地参与分享利益时,它们愿意显得慷慨而积极,有参与讨论和合作行动的积极性,会主动或者被动地出让一部分曾经属于主权范围下的权利;而一旦触及比较敏感的国家安全、军事发展能力和政治利益格局时,或者在利益格局调整中自己的绝对利益虽有所增加,但在国际社会的相对地位会有所下降,如国际核监督、资源信息等等,国家主权受到损害的意识便会增强,在国家行动上也变得谨慎甚至有敌意。绿色和平组织在国际社会各个主权国家受到的时冷时热令人难以概括的各种遭遇,就是民族国家这种实用主义战略的典型反应;法国政府默许其情报部门对新西兰等国的绿色和平组织的反核船只实施秘密爆炸行动也是一例。在冷战结束之后,虽然华约和北约的军事制衡解体,但国际干预在当代国际政治关系格局中继续加强,国际法律秩序得到某种程度的强化和固化,其中一个重要原因就是以全球生态关注形式出现的新型国际关系权力格局的生成和兴起,甚至可以说,这是在冷战时期起决定作用的大国联盟权力在新的国际关系格局中的转化形态。这使得国际可持续发展战略难以形成统一的整合逻辑,有限的国际合作行动往往成为多种国家间利益妥协和交换的产物,签字之后的观望和讨价还价多于实质性行动。

发展中国家对国家主权的关注还涉及到由实力决定的国际社会秩序的不平等。表面上看,国际社会的环保决议或各种标准确实是国际社会多数国家的共同意愿所致;问题是其中相当多的东西仅代表着一些西方发达国家的利益和要求。从根本上讲,西方国家凭借其军事、经济实力和信息及技术上的优势,支配着许多国际制度、规章和条约的起草和执行,逼迫发展中国家接受它们本来不应当接受或者不应当全部接受或者在接受的时间上应当有所推迟的环保方案,甚至以预防环境破坏为名、行控制发展中国家之实,即以全球性公共资源环境守护人的名义实施"生态霸权主义"。多数发展中国家认为发展优先,环保只能在此基础上跟进;而多数发达国家则从既得利益出发,在现在国家间发展实力和发展机会不均衡的条件下,以全球公共利益的名义强调环保在前,民族国家发展在后,他们往往将其国内的产业环保标准如 ISO 900X 和 ISO 1400X"平等"地推广,作为国际社会的通行准则来要求甚至强加予发展中国家,实质是剥夺发展中国家的发展机会。因此,国际会议关于资源环境保护的最终国际规则往往是发达国家意志的体现,世界银行近年来关于环保标准在用于发展援助的贷款项目中的强制性要求就是明显例证。在关于国际社会可持续发展战略的决策权力分配方面,也往往有利于发达地区,如与生态环保问题有关的国际组织和国际机构的关键位置均由发达国家出身的专家出任,发展中国家推举的代表往往只是担当一些名义性、礼仪性等比较次要的职务。在对环保协定的执行和监督上，比如国际原子能机构和巴黎统筹委员会及"伦敦核供应俱乐部"等重要国际核管理组织对核原料的控制、对发展中国家核技术的封锁，均体现了发达国家与发展中国家间的不平等关系。在现在的国际关系格局中，可持续发展的国际政治效应已经成为发达国家对于发展中国家的一种新的制裁方式。

因此，国际社会关于可持续发展战略的制定和实施成为国家间政治斗争的一项重要内容，已经不止是资源环境问题，而且成为以环境资源为象征的国家主权范围和国际社会秩序的合理边界及合法性象征问题。自1992年世界环发大会以来，国际社会可持续发展进展速度缓慢，其中有认识问题，更深刻的原因则是基于上述的国际关系背景，从中也可以发现在国际可持续发展趋势中各个国家战略的选择逻辑。发达国家与发展中国家在围绕可持续发展国家战略和国家行动方面的冲突，正是国际政治中利益格局与国家权力冲突的深刻表现。因此，可持续发展的国际关系战略表现出两个基本特征：一是价值认同的普遍性，表现就是有关资源环境的国际会议和国际条约规则大量产生；二是在国际行动中并没有实现有效的整合，在有关国际会议的讨论中，在有关条约的产生原因及执行开始时限的争执中都明显表现出来。在这种国际关系背景下，发展中国家所面临的关键问题是：在生态问题日益严重的经济全球化时代，如何既能够进入国际市场、参与国际竞争、利用比较成本优势，促进自己国家的经济发展和人民生活水平得到改善，又能够学会适应重视生态压力和各种环保标准，把经济发展与环境保护(可持续发展)摆到一个适合本国国情的平衡点上,同时又能够确保本国在国际舞台上的政治发言权,避免陷入某些发达国家设下的"游戏圈套",尤其是防止涉及国家主权与安全的根本权益受到损害,不致成为资本主义世界体系之少数"核心国家"的"依附性外围"。这已成为发展中国家制定可持续发展战略的一个重要着眼点。

二、地方可持续发展战略的原则、内容、目标

可持续发展战略是为了改变传统的经济增长方式(即以破坏和浪费资源及污染环境为代价并通过外部性转移成本的发展方式),代之以通过合作和管理实现社会公平并且有持续发展能力的发展方式。在市场经济条件下,经济人的行动理性不可能自觉接受可持续发展战略,必须通过政府启动和社会的广泛参与来实施。当可持续发展要求以社会行动秩序来保护资源环境时,就必然涉及到公共权力。作为社会公共权力的合法性代表,作为社会公共资源的守护人,社会秩序的管理者,政府在启动实施可持续发展战略中的作用是其它社会组织不可能替代的。在认识和宣传可持续发展观念方面,社会团体和非政府组织可以先行一步;但是在赋予可持续发展行动的合法性和有效性方面,只有政府有能力和资格作为制定可持续发展战略的第一责任人,作为实施可持续发展战略的第一发动者。为了保证地方可持续发展战略有效实施,地方政府需要将可持续发展战略的原则、内容和目标结合当地的实际情况,融入制定战略文本和实施行动之中。

(一) 原则

地方可持续发展战略的性质是行动纲领,是在可持续发展思想指导下的以法人行动为单位,以动员机制为标志,通过利益协调和公共参与来实施的社会工程。区域发展必须贯彻可持续思想;在以经济发展为中心的前提下,要依靠科学技术引导和社会事业的发展,必须兼顾区域经济、社会与资源环境协调发展;必须兼顾代内公平和代际公平;必须处理好发展的速度与质量、局部利益与公共利益的关系。这是制定和实施地方可持续发展战略的基本原则。

当地领导重视可持续发展十分必要。战略是理论者和实践者的对话,也是部门和领导的对话,要通过战略实现沟通和达成共识,最终的检验标准是是否取得实质性的社会进步。政府是地方经济发展和社会秩序稳定的领导者,也是社会资源环境等公共物品的守护人。地方政府要切实承担职能,担负起宏观指导、微观服务、战略发展、管理社会的职能,以适应社会主义市场经济条件下经济发展和社会发展的需要。

战略要反映出当地的发展观,要说明传统发展观和可持续发展观的不同,并要指出实现从传统发展观转变的路线和推动力量。要从三个方面反映:战略中以文字形式体现的指导思想;工作中的动员口号;在现实社会行动中实际发挥作用的重要资源的配置方向和使用规则。第三方面体现的是实质的指导思想。

地方可持续发展战略要总结地方的发展阶段特点,因为可持续发展战略是在发展阶段的特点上形成的。对地方发展阶段的时间区分和特点要明确反映,对制约条件要反映,对目标之间的关系特点要反映。关键要体现出地方自身发展脉络和理论形态,要反映地方发展的内在逻辑,而不是简单的文字综合。对于可持续发展要内化为地方自己的理解,并用语言反映出来。这样才能反映出地方实施可持续发展战略的动机和动力及追求所在。战略要反映地方对于自己发展问题的思考,有自身发展的"问题"意识才会有特色。"问题"决定了地方战略的主题框架,即相应的分析思路和理论依据。判定这种表述是否具有理论意义的一个重要标准就是能够体现和回答当地各级领导和基层群众对地方发展的思考。有的地方可持续发展战略大方向正确,但是针对问题不明显,或者说目标多元化,对于面面俱到的多元目标之间的相互促进作用和制约关系缺乏相互联系的整体综合效益分析。由此导致的结果一是不利于实施,二是实施中不利于发现"瓶颈",不利于利用有限的时间和资源有效率地解决主要矛盾,不能突出重点。

发展涉及地方实力和发展环境条件的关系。要对本区域的实力有所了解,也要对本区域在整体发展中的位置有动态性的准确估计,要对周边地区的经济实力、市场容量、发展态势有所了解。现代区域发展战略是在市场经济体制背景下实现的,突出特点是实力竞争、多元化边界和市场空间,这些是区域发展的外部环境条件,在市场开放、要素流动条件下这些都是非常重要的。领导认识固然重要,但是仅靠领导的认识是不够的,战略中"狠抓""加大力度"这样的行政系统习惯用语尤其需要用操作性措施来支持和具体化,要对自己的发展方向、技术路径、依靠力量、动态适应性有确切的概括。一个地区的发展可以概括为:对自己资源的开发利用,对外部资源的吸纳和对外部市场的开发。

在社会转型时期,对保护环境和资源要区分技术问题和社会结构问题。战略要对当地的传统文化和社会群体性质进行分析。在社会转型时期,科技需要与社会结构结合才能发挥作用,社会中的文化和社会分化下的利益分配格局往往决定了科技实现程度的社会成本,也决定了民众对政府决策的反应方式和响应程度。因此可持续发展需要自然科学、社会科学和决策的有机结合。社会效益决定了可持续发展的动力机制和支撑力。

制定和实施区域可持续发展战略也是培育队伍,积累可持续发展的社会资本的过程。战略要给地方发展留下一个科学的认识、决策和检验方法,确定可以检测发展程度和工作效率的标准,同时需要总结出管理制度方面的积累。地方发展战略要在内容上和全国的总体性问题能够对话,要使全国的结构性问题在地方找到和发现实证性解答,这对于地方的发展和上台阶也是有益的和必要的。

(二) 内容

实施可持续发展战略的关键在于从发展目标转换成有效的地方行动。区域行动要以科技为先导,探索新型社会管理体制和运行机制,探索一条人与自然和谐共存,当代人与子孙共享资源与环境的持续、稳定、协调发展之路。制定和实施可持续发展战略的基本内容就是:将可持续发展思想贯彻到地方建设整体工作中,坚持经济发展与社会管理同步,经济发展与保护资源并重,政府行为和居民行动呼应,使地方发展基本形成良性循环,以科学性认识、整体性观念、可操作性立项为原则,深入调查分析当地情况,形成有针对问题,有解决措施,有动员机制,有责任目标,有评价标准的行动方案。

在社会发展和环境保护领域里打破所有制壁垒和部门界限,提倡横向联合、相互渗透,在建立起地方经济体系的基础上,建立地方环保体系、地方建设体系、地方教育体系、地方科教体系、地方保障体系、地方服务体系和地方管理体系,使地方资源得到合理配置,注意发挥区域内资源的总体效益和综合效益,实现整体效益的优化。推进各项配套改革,全面深化科技、教育、社会保障、医疗卫生等社会事业体制改革,建立社会事业良性运行机制,以创造一个有利于生产力发展的宏观环境,促进经济、社会和环境的协调发展。

可持续发展的指标体系是地方可持续发展战略中的一项重要内容。战略需要指标来表现,在战略中需要将指标所提示的规律和条件的关系反映出来,指标体系是指导思想和目标的具体化。有指导思想,有具体指标,才能提出切合实际的动员口号,并且能够检验落实情况。指标是反映规律的简明形式,但毕竟还不能等同于规律,反映规律需要对条件和意义的解释。基本经济发展指标如 GDP 的连续曲线并不能直接转换成表示不同发展阶段的特点。指标要结合本地发展目标与环境的动态关系。战略指标体系的确定,除坚持最大限度地反映战略的总体思想和总体目标外,还必须坚持下述三个基本原则:第一,有利于操作、监督和评价的原则。各项指标必须可以被明确界定,可以被定量测度。第二,全局和局部相统一的原则。一个地方居民生活质量、经济社会发展水平和环境状况既受本区影响,又受地方外因素的影响。所以可持续发展的战略指标体系具有地域性监测特征,其中包括了在管理调控意义上的本区可控指标和全局性不完全可控指标两种类型。前一类指标通过本区各方的努力就可以实现,后一类指标任务的完成则需要本区和本区外各方的共同努力才可以达成。第三,工具和目标相统一。本指标体系既有目标性指标,又有工具性指标。目标性指标是对本区可持续发展状况的描述,工具性指标是对实现目标的工具的描述。在战略指标体系中,应注意两者的协调统一。

战略实施措施包括:

(1)建立强有力的领导体系,为可持续发展提供组织保证。战略制定与实施是系统工程,各种因素相互影响、相互制约,各项事业相互交错、相互依存,涉及面广,工程量大,只有切实加强领导,加强各部门之间的协调配合、通力合作,才能确保完成任务。

(2)注重制度建设与积累,实施"工程化建设,项目化管理"。要围绕发展的总体目标,设计和建立若干良性循环系统,将社会活动和各个环节有机联系起来,最后形成大系统和整体环境的优化:①将战略中确定的各项任务分解落实,做到"四定",即:定任务内容、定责任部门、定完成进度、定验收标准。②强化目标管理制度,责任部门、责任人要同社会发展综合实验区协调领导小组签订目标责任书,并严格按照战略要求组织实施;实施过程中,实行动态跟踪管理。③加强社会监督,定期邀请人大代表、政协委员视察工作,聘请居民担任义务监督员、评论员,保证战略目标的顺利完成。

(3)筹集资金增加投入,为实施可持续发展提供支撑能力。根据国际和国内试点单位的成功经验,可以借鉴的工作方式是:①建立社会发展专项资金,各部门多渠道地争取业务主管部门拨给各项建设资金,财政每年注入一定的专项资金,专款专用,严格管理,注重使用效率;建立自我积累、滚动发展的投入机制。②动员干部群众义务参加一些重点项目劳动和工作,弥补劳动力资金短缺的不足。③充分利用外部资源。积极开展区域之间合作与交流,争取有关政府机构和国际组织的支持,积极吸引企业参与或赞助,为招商投资创造优良的环境和优质的服务。④对各类社会事业采用不同的管理方式,逐步引入市场机制,使多项事业具有内在的社会组织功能和自我发展机制。一是对属于政府管理的社会事业单位,要充分注重投入产出的综合效益,根据不同事业的特点,制定相应的管理方式和考核办法。二是明确区分事业性质和经营性质的单位。对于事业性质单位,制定合理的收费标准,使单位的消耗和工作人员的劳动得到补偿。对于经营性质的单位,要按价值规律办事,实现自我发展。对于集体或个人兴办的社会事业,可按市场运行机制加以管理,其资金来源、经营方式、规模大小均由主办者根据社会需求确定。三是注重法规和政策引导,变微观管理为宏观管理,变直接管理为间接管理。

(4)充分发挥专家作用,为实施可持续发展提供科学基础。重视发挥全社会专家学者的"智囊团"作用,对战略、方案、目标等进行科学论证和鉴定,为政府决策提供理论依据。积极组织专家引进技术、信息和专业人才,推广成熟的科技成果,为社会发展中的重大问题提供解决方案。根据国际和国内的成功经验,专家的指导咨询作用不仅表现在制定战略阶段,而且要参与战略实施过程,与当地政府和社会组织一起对地方战略的目标和依赖力量、技术路径的动态关系进行跟踪评价,提出相应的建议。通过实施战略,培养一支具有较高学术水平和较宽的可持续发展知识并热心参与区域建设发展的专家队伍,出题目,搞调研,经常性地指导工作,有利于提高当地政府的敏感性和调控能力。

(5)动员民众参与,构造可持续发展的社会基础。①进行可持续发展的宣传工作,更新观念,使人民充分认识可持续发展是一项深刻的社会变革和实践,积极投身其中,共同创造美好的生活环境,增强社会的稳定性和凝聚力。调动、发挥群众的积极性、创造性,将地方可持续发展战略办成民心工程。②通过各种途径,广泛听取群众意见,挖掘群众中蕴藏的巨大潜力,使可持续发展变为全地方人民的行动。③组织群众参与一些具体项目的实施操作过程,调动一切可以调动的积极因素,充分发挥全区人民的主观能动性。

(6)实施与监测:建立实施工作的合作伙伴结构以及内部管理系统。以多个利益主体合作为基础的行动计划的实施,要求有一个调整的过程,而这种调整必须符合标准操作程序,各种机构参与合作的体系也必须正规化。其中应包含详尽的工作进度计划和工作方式以便随时监督,以协调所有参与行动计划各方在实施过程中的活动。监督从计划实施阶段开始,而不是在实施之后才进行。实施行动及其影响的详细精确的文字资料应系统地保存,以便对行动战略、服务体系以及二者对当地状况的影响作出评估,并成为建立新设施或服务体系时的分析依据。评价要与反馈和跟踪结合起来,要采用针对目标的指标体系,阶段性地开展评价工作,向用户提供结果,为进一步分析和修改行动计划服务。评估和跟踪对内部合作和外部影响都至关重要,有助于在合作者参与实施行动计划的过程中始终保持一种责任制。评估和跟踪还有助于向一般公众公布行动计划、进展情况,以加强公众监督,以便具体操作者据此对自己的行动作出相应的调整。评估还用于指导战略和资源分配(预算),以保持这些战略和分配过程对"地方设想"及其相关行动目标的合理性。如果一个行动计划未能成功地解决问题,未能满足优先需求,跟踪体系将协助制定出进一步战略和行动的特殊目标。

(三) 目标

制定和实施可持续发展战略是一项系统的社会工程,地方可持续发展战略的目标可以分解为行动目标、阶段目标和总体目标。

总体目标:地方可持续发展战略的意义不在于可持续发展的意义阐述,而在于将国家意志转化成有效的区域行动,在于化解消极因素为积极因素,在于提高地方经济和社会发展的协调程度,提高发展的质量。总体目标通过行动目标来实现,通过阶段目标来刻画实现的进程和有效程度。

阶段目标:阶段目标是根据总体目标在地方的实施阶段而制定,是行动战略有效程度的承诺,反映着战略的动员程度和实现效率。阶段目标要尽量明确具体,并应包括具体项目、实施的时间表以及有关资金、时间和人员承担的任务和检验的标准。地方可持续发展行动的阶段目标会提高地方公众对行动和发展的期望。

行动目标:行动目标即地方为实现其关于未来的设想所应努

力的方向,"地方设想"在这里转化为与资源分配相适应的优先领域。行动目标引导地方各种组织、专家、专业人员从事其各自的项目,并通过各种方法使这些组织和专业人员成为"地方设想"和具体目标之间的中介,这些具体目标旨在改进地方可持续发展的条件。行动目标可以细分为具体目标与特殊目标。行动目标制定以后,专业人员将与地方代表制定具体时限内的具体目标,整个行动计划将获益于具体目标的确立。这些具体目标使管理者能够对行动的充分性和整个行动计划实施的状况作出评估。特殊目标是一种特殊形式的目标,它针对某一问题而提出,以未来的条件为依据而制定。

第三节 中国的可持续发展战略:《中国 21 世纪议程》

一、《议程》形成的国际、国内背景

本世纪以来,随着科技进步、生产力的提高、物质财富的增加,人类面临着一系列前所未有的、相互矛盾的艰难处境:在社会生产力极大提高和经济规模空前扩大的同时,人口也爆炸性增长,到 1999 年,世界人口将达到 58 亿,并且仍在高速度增长,自然资源的过度开发与消耗、污染物质的大量排放,导致全球性的资源短缺、环境污染和破坏;虽然物质财富日益丰富,但世界上南北贫富差距越来越大。这些全球性的重大问题,严重地阻碍着人们生活质量的提高,威胁着人类的未来生存和发展。在这种严峻形势下,人类不得不重新审视自己的经济行为和过去的发展历程,必须努力寻

求一条人口、经济、社会、环境和资源相互协调的、既能满足当代人的需求而又不对后代人满足其需求的能力构成危害的可持续发展道路。1992年联合国召开的"环境与发展"世界首脑会议,以及通过的《里约宣言》和《21世纪议程》等重要文件,正是在这种严峻形势下,人类走向共识、并企图共同合作改善现实处境,而形成的关于现在和未来发展战略。基于国内经济、社会发展的需要以及全球发展趋势和环境状况的压力,中国政府对环发会议给予了高度重视,国务院前总理李鹏率团出席会议并承诺履行会议所通过的各项文件。环发大会后不久,中国政府随即提出了促进中国环境与发展的"十大对策"。组织300多位代表着各个领域的专家,1994年3月编制和出台了《中国21世纪议程——中国21世纪人口、环境与发展白皮书》。

制定和实施《中国21世纪议程》,是中国在未来和下一世纪自身发展的需要和必然选择的战略。1978年以来,中国坚定地实行了改革、开放政策;1993年,中国政府确定了社会主义市场经济目标和原则。加快经济发展及保持相对较高的增长速度是中国整个社会发展的需要。从实行改革开放到1992年期间,中国经济发展取得了可观的实绩;但经济发展依然面临着结构调整和增长方式的转变。在经济高速增长的同时,人口、资源和环境的压力也在迅速增长,两位数的经济增长速度也使中国付出了很大的代价。发展与环境是一对矛盾,既相互促进,又相互制约。改善环境需要相当的资金投入,很多国家是在人均GNP达到几千美元时,开始全面治理环境的,而中国目前人均GNP却只有几百美元。然而,如果不解决环境问题,它将反过来成为中国发展经济的严重制约因素。但限于资金、技术的短缺,短期内在生态保护、环境治理等方面增加大量的投入十分困难;由于市场经济体制尚未完全建立,产业活动仍沿袭重数量、轻质量的发展模式,人们日常生活中仍不注意节俭和资源综合利用的消费方式;在管理体制上,经济发展与资源环境保护工作还存在彼此相互脱节的现象。中国没有某些国家在工业化过程中所拥有的资源优势和环境容量,不能再走"先污染、后治理"的老路;面对这种严峻的形势,中国人必须努力探索,大胆实践,寻求一条良性循环的道路,这就是将经济发展与人口、资源、环境相协调的可持续发展道路,这是我们唯一的选择。

发展经济、摆脱贫穷、走向富裕是中国发展战略的核心目标。中共十四届五中全会通过的《中共中央关于制定国民经济和社会发展"九五"计划和2010年远景目标的建议》和江泽民同志在五中全会闭幕时的重要讲话,都明确了中国发展的方向。作为实施可持续发展战略的蓝本,《中国21世纪议程》将中国的可持续发展战略目标确立为"建立可持续发展的经济体系、社会体系和保持与之相适应的可持续利用的资源和环境基础"。在总的发展目标中,既包括了经济、社会的发展,也包括了控制环境污染、改善生态环境这些影响长远发展的基础条件建设。中国选择可持续发展道路是历史的必然,也是对未来数代人的责任。《中国21世纪议程》的制定和实施,不单是因为高层领导高度重视这项重大行动,而且也因为全国需要一个有利于经济稳定发展、深化改革和建立社会主义市场经济体制的大环境。越来越多的人认识到,只有将经济、社会的发展与资源、环境相协调,走可持续发展之路,才是中国发展的前途所在。

二、《议程》主要内容及特点

近 20 年来,国际关注热点由单纯重视环境保护问题转移到环境与发展的主题,这是人类社会经济高速发展和社会进步的内在需求,反映了各国在认识上的质的飞跃。国际社会已普遍地认识到,环境保护与治理只有放在包括发展在内的更大的范围内,才能最终解决。可以说,联合国环发大会是人类转变传统发展模式和生活方式,走可持续发展道路的一个里程碑。但由于各国所处的发展阶段不同,可持续发展在不同的国家有不同的侧重点,发达国家更多地侧重环境保护,而发展中国家则必须以发展为核心,在发展中解决好环境保护问题。

《中国 21 世纪议程》提出的可持续发展思想,其核心是发展,要实现人口、资源、环境和经济、社会发展的协调,实现经济和社会的可持续发展。中国的可持续发展战略强调在国际、国内背景下走向可持续发展途径的方式和方法,它既强调了国际环发大会使用的可持续发展概念内涵,更强调了中国的国情。

《中国 21 世纪议程》大体可分为可持续发展战略、社会可持续发展、经济可持续发展、资源的合理利用与环境保护四个部分(见图 1)。它不但提出了总体的发展战略,同时给出了各领域的目标、意义、工作基础及存在的主要难点,并说明各方案领域解决问题的途径和拟采取的行动。

文本四部分主要内容为:

第一部分:可持续发展总体战略。即由序言、可持续发展的战

```
                              ┌── 战略与对策
                              ├── 立法与设施
┌─────────────┐               ├──（经济政策）
│可持续发展总体战略├──────────────┼── 资金来源与机制
└─────────────┘               ├── 教育与能力建设
      │                       └── 公众参与
      │
   ┌──┼──┐
   │  │  │
```

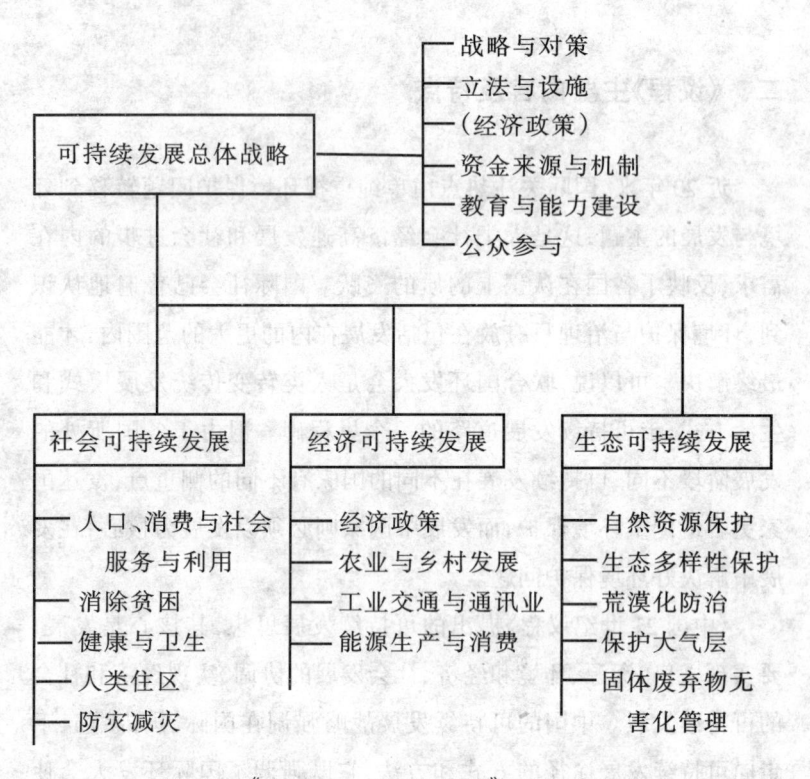

社会可持续发展	经济可持续发展	生态可持续发展
─ 人口、消费与社会 　　服务与利用	─ 经济政策	─ 自然资源保护
─ 消除贫困	─ 农业与乡村发展	─ 生态多样性保护
─ 健康与卫生	─ 工业交通与通讯业	─ 荒漠化防治
─ 人类住区	─ 能源生产与消费	─ 保护大气层
─ 防灾减灾		─ 固体废弃物无 　　害化管理

图 1　《中国 21 世纪议程》的基本框架

略与对策、可持续发展立法与实施、费用与资金机制、可持续发展能力建设以及团体公众参与可持续发展组成。这一部分从总体上论述了中国可持续发展的背景、必要性、战略与对策等,提出了到 2000 年各主要产业发展的目标、社会发展目标和与上述目标相适应的可持续发展对策。这部分包括:建立中国的可持续发展法律体系,通过立法保障妇女、青少年、少数民族、工人、科技界等社会各阶层参与可持续发展以及相应的决策过程;制定和推进有利于可持续发展的经济政策、技术政策和税收政策,包括考虑将资源和环境因素纳入经济核算体系,逐步建立《中国21世纪议程》的发展基金,广泛争取民间和国际资金支持;能力建设作为实施《中国21世纪议程》的重点,强调加强现有信息系统的联网和信息共享,特别注意各级领导和管理人员实施能力的培训,同时加强教育建设、人力资源开发和提高科技能力。

第二部分:社会可持续发展。这部分由人口、居民消费与社会服务、消除贫困、卫生与健康、人类居住区可持续发展和防灾减灾组成。其内容包括:控制人口增长和提高人口素质,引导民众采用新的消费和生活方式;在工业化、城市化的进程中,发展中小城市和小城镇,发展社区经济,注意扩大就业容量,大力发展第三产业;加强城乡建设规划和合理利用土地,注意将环境污染由分散治理转到集中治理;增强贫困地区自身经济发展能力,尽快消除贫困;建立与社会经济发展相适应的自然灾害防治体系。

第三部分:经济可持续发展。由可持续发展经济政策,农业与农村经济的可持续发展,工业与交通、通信业的可持续发展,可持续的能源生产和消费组成。该部分包括:利用市场机制和经济手段推动可持续综合管理体系;在工业生产中积极推广清洁生产,尽快发展环保产业,发展多种交通模式;提高能源效率与节能,推广少污染的煤炭开发开采技术和清洁煤技术,开发利用新能源和可再生能源。

第四部分:资源的合理利用与环境保护。这部分包括水、土等自然资源保护与可持续利用、生物多样性保护、土地荒漠化防治、保护大气层和固体废物的无害化管理。其内容包括:在自然资源管理决策中推进可持续发展影响评价制度；通过科学技术引导，对重点区域或流域进行综合开发整治，完善生物多样性保护法规体系，建立和扩大国家自然保护区网络；建立全国土地荒漠化的监测和信息系统，采用新技术和先进设备控制大气污染和防治酸雨；开发消耗臭氧层物质的替代产品和替代技术，大面积造林，建立有害废物处置、利用的法规、技术标准等。

《中国 21 世纪议程》是根据中国国情并参考《21 世纪议程》制定的中国可持续发展战略，其实质内涵可以用以下几个方面加以说明：①把经济、社会、资源与环境视为密不可分的整体。《中国 21 世纪议程》不仅仅论及在发展中如何解决环境保护问题，还系统地论及经济可持续发展中社会可持续发展的问题，将经济、社会和资源、环境不可分割地结合在一起，提出走向可持续发展的战略、政策和行动措施。②《中国 21 世纪议程》的主题词是发展，充分体现了新的发展观。中国摆在第一位的是要把经济搞上去，各项工作都要以经济建设为中心；这与社会可持续发展、资源持续利用和环境保护并不矛盾，关键在于可持续的发展方式。《中国 21 世纪议程》中表述的"发展"，体现了新的发展观，并力求结合国情，有计划、有重点、分阶段摆脱传统的粗放型发展模式，逐步转变为集约型的经济发展模式。③反映中国的特点。中国是世界上人口最多的国家，解决好人口与发展的关系是《中国 21 世纪议程》的一个战略重点。庞大的人口基数给经济、社会、资源和环境带来巨大压力。尽管中国的人口自然增长率呈下降趋势，但人口增长的绝对数量仍很大，社会保障、卫生保健及教育、就业等还不适应人口增长的需求。需要继续进行计划生育，在控制人口数量增长的同时,通过大力发展教育事业、健全城乡三级医疗卫生妇幼保健系统、完善社会保障制度等措施,提高人口素质、改善人口结构,充分发挥中国人力资源的优势。④客观地表述了中国资源与环境状况,提出了战略对策。环境保护是"发展"自身重要的组成部分,从现在到21世纪初,中国环境保护的主要压力还是来自工、农业发展和城市化引起的环境问题,解决的关键在于产业政策与环境政策的协调、科学管理与恰当的技术选择。⑤充分注意到国家战略和全球环境与发展战略的协调,对诸如全球气候变化问题、防止平流层臭氧耗损问题、生物多样性保护问题、防止有害废物污染越境转移问题以及水土流失和荒漠化问题等,提出了相应的战略、对策和行动方案,表明中国政府以强烈的历史使命感和责任感去完成对国际社会应尽的义务和为全人类共同事业作出更大贡献的信念。⑥强调能力建设。《中国21世纪议程》从机制、立法、教育、科技和公众参与等诸方面提出了能力建设重大举措,并为国际合作创造适宜契机与良好环境。

　　《中国21世纪议程》的核心可以归结为以下几个问题:①经济建设是发展的中心问题。对发展中的中国而言,《中国21世纪议程》是一个时代范畴,也是一个经济范畴;中国必须把经济建设放在第一位,不断提高实施可持续发展的物质基础。②确定人口问题和农业问题以及解决途径。③追求节约型经济结构和产业结构,努力向资源节约型、知识密集型经济发展方向调整。④慎重处理和解决能源问题;⑤重视生态环境问题。在发达国家,环境保护与可持续发展基本等同,环境问题已经逐步转化为社会问题、贸易问题甚至政治问题,事实上环境问题也是发展问题。⑥强调地方的主动推进作用,中国幅员辽阔,地区条件和经济水平差异大,不能采用一个模式。⑦强调科技进步对经济增长以及环境保护的作用。⑧谨慎对待国际环境问题,既强调国际间的合作,同时也坚持关系国家主权问题的原则立场。

三、中国可持续发展战略实施的现实分析

(一)经济发展所处的阶段

从80年代到90年代,国际社会可持续发展战略讨论多,宣言多,但是争论也多,行动少,对于制定中国国内地区可持续发展战略具有重要参照意义。但是国际社会的可持续发展战略和中国国内的区域可持续发展战略有着完全不同的定义域。中国是一个主权国家,不同于国际社会的无政府主义;中国是一个发展中国家,发展道路对于中国现在的发展目标和未来的发展空间选择具有重要影响;中国是一个大国,地区间的发展对于国家全局的影响十分深刻,有的地区发展了,但是以当地资源浪费性枯竭和周围地区的发展能力降低为代价,以社会未来发展的约束性加大为条件。这样的短期收益已经明显地破坏着社会发展的整体利益和发展前途。在社会主义制度下,中国的地区发展战略有条件克服国际社会讨论可持续发展的限制条件,能够将可持续发展由价值观念转变为社会实践,能够将可持续发展由国家意志转化为有效的区域行动。

实现从单纯依赖资源的粗放型经济增长向可持续发展转变是

中国现代化进程中的历史必然。中国现在正处在社会转型时期,追求效率和效益已经成为社会的主流价值观,社会组织在分化,社会流动在增加,这固然是促进经济发展和社会进步的有利因素,同时也增加了合理开发利用和保护资源环境的压力。中国的经济社会发展中也同样遇到了资源环境问题,为解决这样的问题,国家已经将可持续发展战略和科教兴国战略作为中国经济社会发展的基础战略。

十一届三中全会以来,中国社会主义现代化建设取得了巨大成就,经济增长速度举世瞩目,但经济增长主要是靠资源、资金和廉价劳动力推动的外延式、粗放式的增长。现在中国人口已超过12亿,到21世纪上半叶人口高峰时将达到15~16亿。届时粮食需求至少要增加50%,在耕地减少的条件下,没有技术的重大突破根本不可能实现食物基本自给;中国传统工业基础薄弱,产业结构、产品结构不合理,技术水平低、产品质量差,国际竞争力还很低,在复关后难免要受到强大冲击;乡镇工业已占工业经济半壁江山,但普遍存在生产规模小、产品档次低、能耗高、污染重等问题。不从根本上解决这些问题,中国的社会经济就不可能协调发展,一部分地区的经济增长、一部分社会成员的富裕将以资源环境破坏和严重的社会问题为代价,最终还会影响经济的持续发展。

工业化是现代化的必要条件,从传统社会向现代社会转型实质上就是从农业国向工业国转变,这是实现现代化的一个基本标志。中国也要由农业人口占很大比重、主要依靠手工劳动的农业国,逐步转变为非农业人口占多数,包括现代农业和现代服务业的工业化国家。从发展中国家经济发展的一般规律看,经济结构的转型按照先后顺序要经历三个转换点[①]:一是产值结构转换,即农业产值比重下降到国民生产总值的50%以下;二是城乡结构转换,即城镇人口比重上升到总人口的50%以上;三是就业结构转换,即非农产业劳动力上升到社会全部劳动力的50%以上。中华人民共和国成立以后就将工业化作为基本发展目标,产值结构的转换在1956年就实现了,当年农业净产值占国民收入的比重已经下降到49.8%。在近20年中国从农业国向工业国的转型中,乡镇企业贡献突出,1987年,乡镇企业产值达到4743亿元,占农村社会总产值的50.3%,首次超过农业总产值。到1990年,中国工业净产值达到6610亿元,占国民总收入的45.8%,农业净产值在国民收入中的比重已经下降到34.7%。1997年全年第一产业增加值占国内生产总值(GDP)的20%。城乡结构的转换也在逐步接近,1997年,中国建制城市已达666个,建制镇达到近2万个,由于通过各种形式进入城市长期生活、就业和经营而未进行户籍登记的人数不断增多,按统计口径的城市化水平达到29.1%,根据多种调查结果综合推算,中国实际的城市化水平已经达到35～37%。就业结构的转换也有了重大进展,第一产业的劳动者占社会劳动者总人数的比重从1978年的70.7%下降到1990年的60%,1985年以后一直在60%左右徘徊。到1997年中国的就业结构发生了根本性变化,第一产业从业人员占全部就业人员的比重在中国有

[①] 李培林:"社会转型的过程及其特点",陆学艺、景天魁编:《转型中的中国社会》,黑龙江人民出版社,1994年,第34页。

史以来首次下降到50%以下,这个变化在中国就业结构转型史上具有里程碑意义。[①] 根据世界银行制定的标准,现代化国家第三产业在国民生产总值中的比重应该达到45%以上。80年代以来中国第三产业发展速度明显加快,并出现了超过第二产业增长速度的局面。到1997年,全年第三产业完成增加值占国内生产总值的30.8%。第三产业从业人员占社会劳动者人数的比重从1978年的12.1%、1990年的18.76%,增长到1997年的26%。虽然第三产业产值和就业人数增长速度很快,但是与中等收入国家占50%的比重相比仍然有相当差距,说明中国无论城镇还是农村,第三产业发展潜力巨大。

中国的社会结构转型与经济体制转轨紧密联系在一起,这在其它现代化国家是很少见的。改革以前,中国的商品经济发育程度很低,高度集中的计划经济在很大程度上是一种产品经济,实质上仍然是一种变形的自然经济。其典型特征是:城乡经济从原材料到产品销售的自我循环,而且是通过行政区划的机制运作,不是通过市场机制运作。除大城市郊区和沿海少数发达地区外,大部分农村地区处于商品率很低的自给半自给状态,形成了生产以自给为主要目的的封闭经济体系。改革以来,商品经济作为新的社会要素导入,才使传统的经济结构发生巨大变化,这是本质性变化。正是由于这一内在机制转变,推动了社会其它方面的转型。市场经济给人们带来的不仅是交换的便利,而且深刻地影响到了

[①] 李培林:"1997~1998年中国社会形势分析与预测总报告",汝信等编:《1998年:中国社会形势分析与预测》,社会科学文献出版社,1998年,第5页。

社会生活的各个方面。首先,经济改革和对外开放促成了各种新要素导入,激发了原有的生产单位被旧的体制所束缚的活力。在体制要素方面,建立起以公有制为主,多种经济成份并存的所有制结构,改革了高度集权的组织体制,使生产管理体制、流通体制、金融体制、价格体制、分配体制、外贸体制等都发生了深刻变化。在规范要素方面,引入了市场竞争机制,逐步建立起规范的市场规则,市场的扩大使资源的流动性显著增强,以职业分化为主体的各种社会分化成为必然趋势,并催生了各种新型组织,新的规范体系不是以活动领域强制性分割为内在要求,而是以资源的合理流动为前提。农业生产由统购统销到放开经营,结果是粮食多了,菜蓝子丰盛了,农民收入增加了;工业生产引入市场机制,人们的日用品丰富了,也培育起一批民族工业企业,与国际品牌一比高低;中国产品的出口结构由以棉纺织品等初级加工产品为主,逐渐向以机电产品等附加值比较高的产品为主的方向转移,中国产品的国际竞争力逐渐增强,1997年上半年,中国出口增长26.2%,实现了恢复性快速增长。实践证明,市场经济创造了空前的生产力,提高了资源和劳动力的利用效率,建设有中国特色的社会主义市场经济,就要通过改革建立起充满生机和活力的市场经济体制。1993年11月中共十四届三中全会通过了《关于建立社会主义市场经济体制若干问题的决定》,表明社会主义市场经济的体制框架已经基本确立。

随着改革开放的深入,中国的结构转型和机制转轨已经由外在数量比例关系向内在结构性指标深化。农业与工业各自占GDP的比重固然反映了从农业国向工业国转变的主要特征,但仍然是外显标志,在数量比例关系背后从粗放型经济向集约型经济转变的结构特征,才是实现这一转变的实质标志。中共十五大报告根据国情明确指出,中国在社会主义条件下必然要经历一个相当长的初级阶段,去实现工业化、市场化、现代化。这是不可愈越的历史阶段。为实现这一战略目标,必须实现从农业国向工业国转变,从自然经济向市场经济转变。这对于正确认识社会主义初级阶段的含义、特征和发展进程十分重要。这两个转变规定了从初级阶段向社会主义现代化转变的结构转型和机制转轨两大任务。从世界工业化国家发展阶段来看,可以分为六个阶段:即①传统社会,②为起飞创造前提阶段,③起飞阶段,④成熟阶段,⑤高额群众消费阶段,⑥对生活质量的追求阶段。[①] 中国由于地区条件和发展速度不同,基本处于第二和第三阶段。在这样两个阶段,需要特别注意发展速度的稳定性,注意发展数量的结构化特征。就从农业国向工业国转变而言,要重视农业在国民经济中的基础地位,改变第一产业仍然处于低效益、低技术含量、分散化、粗放型的落后状态,增加农民的收入和农村市场的有效需求。现在农村改革与总体改革已经密切关联,单纯靠提价增加农民收入的时期已经成为过去,增加农民收入要着眼于发展农村生产力,提高农业的附加价值,运用科技引导提高农村的工业化水平和农村的城市化水平。工业化正在从数量扩张为主转向结构优化为主,工业发展进入提高整体素质时期。随着社会主义市场经济体制的逐步建立和完

[①] 李善同等:"对当前经济形势的几点思考及1998年经济运行的初步展望",刘国光等编:《1998年中国经济形势分析与预测》,社会科学文献出版社,1998年,第63页。

善,市场竞争日趋激烈,市场需求对经济增长的拉力已经成为经济发展的重要决定因素。工业发展正面临内部结构调整、优化和升级的问题,现在工业发展空间和制度环境已经不允许简单投资,要改变"优能胜而劣不能汰"的状态,提高生产能力的利用率。第三产业在起飞阶段及其后将呈加速增长趋势,也同样存在内部结构优化与升级问题。

(二) 可持续发展战略的现实意义

现在中国经济发展已经到了新的转折点,经济运行机制正在发生实质性变化,人们不只是关心经济增长的速度,更加注意中国经济发展的运行机制的转变,更加注意客观经济环境如何变化及其对经济增长可能带来的影响[①],更加注意经济发展的数量与质量的统一,速度与持续性的统一。当前中国的经济问题,不仅是刺激需求总量、加快增长速度的问题,更重要的是调整结构、提高素质和效益的问题。以往那种靠一两件大事来带动经济高增长的"政治周期"效应将越来越弱;如果不顾市场需求而盲目企求过高速度,无论在宏观层次还是微观层次都会难以为继。十五大之后,中国向市场机制转轨的过程加快,微观经济主体对市场信号的反应趋于灵敏,市场的竞争性增强。保护资源与环境,规范公司投资行为,规范政府管理,建立有序有效的市场规则,为不同类型所有制企业创造平等竞争的环境,推动建立现代企业制度,利用市场机

---

① 刘建国:"经济形势分析与预测 1997 年秋季座谈会综述",刘国光等编:《1998 年中国经济形势分析与预测》,社会科学文献出版社,1998 年,第 31 页。

制引导人们重视结构、提高效益,以增强国民经济整体素质,使中国经济走上持续稳定发展的轨道,这些内容已成为中国经济改革与发展的主旋律。在有效有序的社会管理体制下,市场机制会激发人们的积极性,开拓人们的发展空间,创造一个朝气蓬勃的社会,带动中国社会结构和国民素质向现代化方向迈进。

正是在实现上述目标的进程中,制定和实施可持续发展战略的重要性日益明显地表现出来。1995年9月,江泽民同志在中共十四届五中全会所作的《正确处理社会主义现代化建设中的若干重大关系》中指出,"在现代化建设中,必须把实现可持续发展作为一个重大战略。要把控制人口、节约资源、保护环境放在重要位置,使人口增长与社会生产力的发展相适应,使经济建设与资源环境相适应,实现良性循环。"这是在党的重大纲领性文献中,第一次对可持续发展这一新发展观所作的明确表述。

实施可持续发展战略是顺利实现两个转变的基本保证。1996年3月17日,中国第八届全国人民代表大会第四次会议通过的《关于〈国民经济和社会发展"九五"计划和2010年远景目标纲要〉及关于〈纲要〉报告的决议》中明确提出,要认真实施科教兴国战略和可持续发展战略。要加快科技进步,优先发展教育,调动科教人员的积极性,促进科技、教育与经济紧密结合。各级政府要继续把计划生育工作摆到重要位置,坚持计划生育的基本国策,严格控制人口增长。要切实保护生态环境,合理开发利用资源,使经济建设与资源、环境相协调。这是中国政府根据中国的国情作出的重大抉择,是中国从现在起到下一个世纪甚至更远的将来发展的自身需要,是中国在21世纪实现经济腾飞,完成三步走战略的重要保证。

　　中国的发展首先是要发展经济,而经济发展离不开人以及资源、环境的支持。高素质的人、丰富的资源和优化的环境是经济发展不可缺少的基础和条件。经济发展受到人口、资源、环境的制约,经济发展必须与人口、资源、环境相协调。否则,经济发展难以持久,甚至人类生存将受到威胁。因此,只有把经济发展与人口、资源、环境协调起来,把当前发展与长远发展结合起来,才能使国民经济逐步走上良性循环的道路。可持续发展的核心是发展,但要求在保持资源和环境永续利用的前提下促进经济和社会的发展。当前中国制定环境保护政策是可持续发展的重要组成部分和实施可持续发展的重要切入点。中国虽然建立了比较完整的国民经济发展体系,基本解决了温饱问题,但目前仍然是一个经济比较薄弱的发展中国家,面临完成工业化、城市化和现代化的历史任务。西方发达国家工业化后期所遇到的人口、资源、环境等问题,在中国工业化初期就已出现了。我们面临着发展经济、摆脱贫困和保护生态环境、创造可持续发展基础的双重任务,同时又没有现成的可持续发展模式可供借鉴。因此,只有从国情出发,面向世界,面向未来,才能在探索中走出一条适合中国国情的可持续发展模式。

　　从国家制定可持续发展战略到目前的实施来看,在宣传可持续发展思想和制定地方 21 世纪议程文本方面已经取得了相当大的成绩,但是在推动可持续发展战略的实际进展方面受到了阻力。由于局部利益和全局利益,眼前利益与长远利益,法人利益与公共利益之间的冲突,地方在实施可持续发展战略和贯彻 21 世纪议程过程中难以形成有效的地方行动。其中有利益冲突和利益格局调整的影响,也有国际社会不同国家围绕可持续发展战略形成对话冲突的示范效应。应当看到,国际社会之间关于可持续发展的讨论与国内贯彻可持续发展的国家战略有不同的体制背景和权力格局,因此也就具有了不同的分析逻辑和话语系统。国际社会是无政府状态,而中国是一个主权国家,国际社会长期以来由于历史和产业革命技术进步原因形成的发展差距需要通过谈判机制进行平衡,而中国的地区差距和行业及部门差距可以通过中央财政再分配和转移支付功能进行平衡。中国是一个地域大国和人口大国,资源人均水平并不丰富,科技发展水平并不占有世界领先地位,依赖资源掠夺型经济发展和粗放型生产主要是对国内经济发展和社会进步产生深远影响。因此,中国的可持续发展战略的贯彻实施不能效仿国际社会发达国家与发展中国家讨论的立场冲突,即如同国际社会那样,以资源环境问题作为区域之间经济发展模式和污染治理期限的谈判"人质"。应当加强全国统一规划、协调资源环境影响区域如大江大河流域性的综合性治理。从主权国家角度来看待可持续发展思想和可持续发展的国家战略是根本性的指导思想问题,其余问题是技术问题。这样强调有两个目的:一是要以国家利益、长远利益为前提,二是在具体实施中面对地方性、群体性、法人性质的冲突,要在利益格局调整和资源使用规则方面体现中央政府的调控功能,不能强调根本利益就只强调行政命令服从,在利益分配格局方面无所作为。将这两方面有机和有效地统一起来,是实施国家可持续发展战略,并将可持续发展由国家意志转化成地区行动的关键所在。

第二章

地方 21 世纪议程

第一节 全球地方 21 世纪议程态势与进展

一、全球变化对地方的挑战

当今人类的经济活动正在迅速损害着两个作为人类生活和社会文明基础的发展过程,即生态系统的发展和人类社会系统的发展。众所周知,生态系统的发展再创造了生物的健康发展和地球生命所需的气候条件,而人类社会的发展则构筑了教育、就业、社区、家庭从而最终创造了文明本身。但是,当前的人类经济活动使这些发展过程难以协调并导致了全球性的环境变化,从而威胁着地球上越来越多地区人类自身的安全,严重影响着世界范围内的人类生活质量。为了迎接全球变化的挑战,"可持续发展"这个被认为是人类对发展问题认识质的飞跃的思想应运而生了。1987年,世界环境与发展委员会的著名报告《我们共同的未来》阐明了可持续发展战略思想,并提出了可持续发展的明确目标。1992年6月,世界各国首脑云集巴西里约热内卢,在联合国环发大会上承诺要实施可持续发展的战略行动计划:《21世纪议程》。然而,世界之大，情况千差万别，各国的不同地区，情况也不尽相同，如何实现真正意义上的可持续发展？如何对付威胁人类生存的"全球变化"？本节希望通过对地方21世纪议程的分析来回答这个问题。同时对国际上开展地方21世纪议程的情况及有关观点作一些介绍。

可持续发展从某种程度上来说是一场全球性的经济变革，虽然这种变革行动本身的定义还在不断完善之中，但这种全新行动的主要内容是很具体的，即探索、开发、实践进而推广社会经济发展方式转变的成功模式，以减少对生态系统和人类社会系统的破坏。尽管没有人完全清楚如何实现可持续发展，但越来越广泛的共识已经达成，即没有地方可持续发展的行动实现就不可能有全球范围的可持续发展。

从地方上来说，可持续发展要求在充分利用当地人力和自然资源的基础上发展经济，从而为社会的健康发展和人民生活水平的提高提供支持。如何公平地分配发展所带来的利益以及如何维持这种利益的长期性和广泛性，将是我们面临的重大挑战。要解决这个问题需要尽量避免经济活动对生态系统健康发展的不利影响以及可能发生的对生态系统的消耗和破坏。

地方的可持续发展关键在于处理好经济发展、社会发展和生态发展的相互关系。图2所表示的就是这三者之间的相互关系。在任何地方都同时有这三种并行的发展过程，每一种过程都有其各自的特性。

大多数国家当前经济系统的发展特性是市场扩展、成本外部化和持续的私营部门的盈利。社会发展的特性是满足基本的生活

特性：
- 持续的经济增长
- 最大的企业利润
- 市场扩张
- 成本外部化

经济发展

社会经济发展　　可持续发展　　自然保护主义

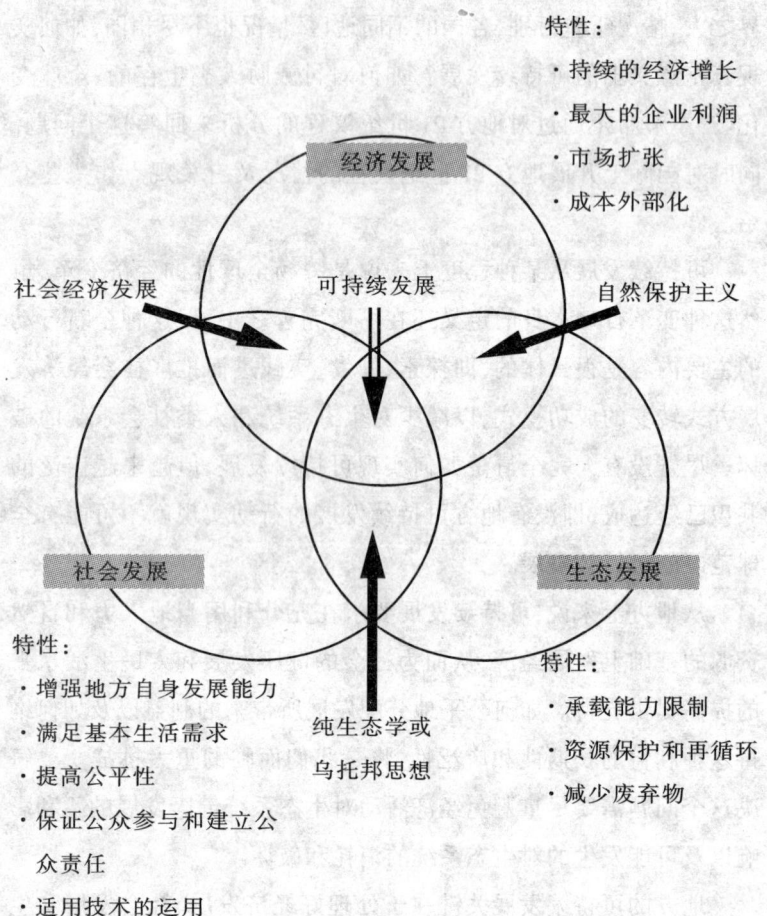

社会发展　　　　　　　　　　生态发展

特性：
- 增强地方自身发展能力
- 满足基本生活需求
- 提高公平性
- 保证公众参与和建立公众责任
- 适用技术的运用

纯生态学或乌托邦思想

特性：
- 承载能力限制
- 资源保护和再循环
- 减少废弃物

图 2　可持续发展的综合协调

需求、增强经济活动和社会活动中的公平性以及增强社区的自我发展能力。生态发展的特性是建立在自然基础上的，人类对自然资源进行有限制的消费以满足自然资源再生的速度,减少废弃物的产生以达到可以自然分解的水平,才能保护生态系统的发展。

但是,这些发展过程的特性经常是相互矛盾的。这方面的例子不胜枚举。例如,成本外部化的目的是保持企业的盈利率,而这一点与生态发展中重视和保持自然资源的特性相矛盾。通过结构调整和自由贸易协定带来的全球市场扩张和经济的一体化将影响许多地方满足其基本需求和自身发展的能力,这又是另外一个矛盾。从图中我们可以看到"三个发展"之间的任何两个的结合都是不协调或都是"扭曲"的"发展",是"不可持续的"发展。健康而持续的发展是三者的"交集",即可持续发展。

可持续发展将以上三种发展结合在一起,使它们之间相互达成一种和谐的关系。因此,可持续发展战略的实施将在以上三种发展的主要参与部门之间进行协调。当制定了一个平衡和协调各种发展的行动计划后,各参与部门必须在实施这个行动计划中负起应有的责任。

地方在制定可持续发展战略的过程中,除了经济、社会发展、环境保护外,还考虑到社会公平性、道德伦理和科学不确定性方面的因素。从目前广泛为国际社会所接受的观点来看,可包含以下几个方面:

从经济发展的角度来说,可持续发展战略的制定首先是为了满足经济可持续增长的需要。传统的经济增长模式在实现经济增长的同时实际上给今后处理其带来的环保后果留下了隐患。例如,能源的低效率利用使得成本难以降低同时还造成环境污染,它已成为经济发展的障碍之一,为了解决这个问题需要投入大量的资金。另外,为了解决土地退化和盐碱化带来的农业生产力下降问题及治理区域污染也需要大量的经费。这些资金的投入无疑还会增加,因为即便是我们现在就采取行动,要抑制环境恶化的趋势并使环境有所改善,还需要一定的时间。传统的发展总是忽略环境成本,现在对于各级政府来说越来越有必要考虑包括环境成本在内的全部成本。一个低成本的投入项目可能在日后需要很高的维护和运行费用,这方面的教训不乏其例。为了避免这类失误应该采用全程成本核算的方法,这种方法要求地方政府对现在采取的行动要有一个长远的慎重考虑。国际社会对高效率产品、环境无害化的生产过程及环境管理服务的需求正在不断增长,为了适应这种需求,发达国家正在设想从满足这种环境需要中受益,并要求其地方政府鼓励工商企业界不断朝着满足这些环境需求的方面发展。如果企业不在这方面做工作,那么迟早将由于需要进口技术和设备或受到经济上的罚款而蒙受损失。

关于环境问题及其责任方面,众所周知,发达国家享有较高的生活水平和较好的环境质量,但这并不意味着他们现有的生活方式对环境没有影响。相反,他们的生产和生活方式已使许多自然资源已遭到了严重毁坏,生物多样性减少,土地和水的生产能力下降。同时发达国家的发展和消费方式也使臭氧层遭到破坏,引起温室效应,并导致有害废物的大量堆积。现在世界各地方上的许多行为正对当地环境造成越来越严重的损害。森林面积的减少、城市和地下水的污染都是严重的问题。资源的消耗和破坏性使用造成浪费,并引起高昂的处理费用,交通和城市扩张对身体健康造成严重影响。这些各地方所面临的问题综合起来会对总体范围内生态和资源的可持续发展造成威胁,目前最重要的问题有:①由于大气中二氧化碳、甲烷和其它化学成分增加而引起的全球温室效应;②氟里昂及其替代物破坏了高层大气中的臭氧层,导致更多的紫外线照射到地球上;③森林的过度砍伐,不但造成生态的破坏,而且减少了森林对二氧化碳的吸收;④由于城市化的迅速发展造成城镇面积不断扩大,导致动植物栖息地的迁移,并引起生物多样性的锐减;⑤土地退化、土壤侵蚀和盐碱化、沙漠扩张威胁着农作物的生长。

从社会需要的角度来说,可持续发展的最终目的是实现社会的稳定、公平和高度文明。随着经济的不断发展和生活水平的提高,社会公众的环境意识也在不断提高,对发展问题的认识也在不断变化。当前的共识是,只有协调好经济发展和生态环境保护,才能最终实现真正的社会全面进步。有的学者甚至认为,生态环境保护是下个世纪的首要问题。在一些发达国家,不仅是国家级的环境保护机构重视环境,几乎在每个社区里都有一些组织专门从事环境保护工作。以社区为基础的环境保护组织通常比较注重地方上特殊的环境需求,在过去的几十年里,这些组织发展很快,使得各地政府越来越重视他们的意见。这是社会发展的一个显著趋势。

从发展的伦理道德角度来说,我们也应该为了将来和子孙后代而立即采取行动。一个多世纪以来,全球的人类活动正在对环境进行不可挽回的破坏,如果不进一步采取环保行动,这种破坏将进一步加剧。这就意味着我们的下一代将可能陷入贫困,并且由于环境的破坏已经超过了自然的恢复能力而无法找到有效的措施来改善其状况。工业化国家的人们应对过去和现在的环境恶化负有不可推卸的责任,他们应有更迫切的义务去改变现有的浪费型的生活方式,降低其自身的资源需求,以满足其它发展中国家的基本发展的需要。我们可以运用我们的技术、知识和经验,通过解决好环境与发展的矛盾,使发达国家和发展中国家人民的生活质量都得到进一步提高。此外,人们相信人类也对保护自然本身负有道义上的责任,在对待其它生物时应该考虑到这些生物的需求,而不能只考虑人类本身的需求和便利。

从社会公正的方面看,可持续发展就必须满足全体人民的基本需求和给全体人民提供公平的机会。以满足他们要求较好生活的愿望。但是当今世界的现实是一部分人富足,而另一部分人(约占世界人口的 1/5)则处于贫困状态。这种贫富悬殊、两极分化的世界不可能实现可持续发展。同时,还要公平分配有限资源。目前的现实是,占全球人口 26% 的发达国家消耗的能源、钢铁和纸张等都占全球的 89%。美国"总统可持续发展理事会"在一份关于《美国可持续发展战略概要》中也承认:"富国在利用地球资源上有优势,这一由来已久的优势取代了发展中国家利用地球资源的合理一部分来达到他们自己经济增长的机会"。《里约宣言》已把公平性原则上升为国家间的主权原则:"各国拥有按着其本国的环境与发展政策开发本国自然资源的主权,并负有确保在其管辖范围内和在其控制下的活动不致损害其他国家或在各国管辖范围以外地区的责任"。目前在大部分工业化国家中,许多社会条件也并不完全相同。失业率居高不下,年轻人的失业问题尤为突出;城市的不断扩张和公共交通不完善之间的矛盾日益严重;低收入的人们常处于高污染的环境之中,从而导致疾病明显增长。这些问题不仅对个人有严重影响,同时将损害全球整体的健康水平及社会的凝聚力,因此迫切需要解决这些问题。

最后,实施可持续发展也有对目前科学局限性的考虑。受科学发展水平的限制,许多事件对未来的影响在科学上有不确定性,这就要求我们对有可能造成长远环境影响的问题采取谨慎和预防的态度。这些科学不确定性的例子很多,例如:科学家们为臭氧洞的出现而感到吃惊,科学家不能解释青蛙这种动物大范围消失的原因和影响,不能准确地预测全球变暖是否一定是由于温室效应而引起的,地球增温后可能产生的影响到底是什么,也难以弄清楚一个动物或植物种类的灭绝所带来的后果等等。在这些不确定性存在的情况下,我们应该为未来保留选择的可能性,这并不意味着不能干任何事或停止发展,而是改变我们现有的资源消耗型的发展方式,从而使我们能避免对环境造成不可挽回的损害。

全球变化给世界各地带来的是不同的挑战和不尽相同的危害后果,变化是全球性的,但各地都面临着不同的挑战。实际上,世界各地的地方政府正在用他们的各种行动解释着上述定义。数以千计的地方政府正投身于地方21世纪议程的行动之中。中国是世界上第一个制定与实施国家级21世纪议程的国家。在实施《中国21世纪议程》的同时,各地方各部门也展开了多种形式的可持续发展战略或行动计划的活动。巴西、哥伦比亚、芬兰、瑞典、丹麦、德国、英国、荷兰、日本、澳大利亚、新西兰等国家都分别制定和实施了国家和地方的21世纪议程行动,开始于1994年的欧洲可持续城镇运动在帮助欧洲各国地方政府开展地方21世纪议程行动方面起到了积极作用。此外,美国、秘鲁、厄瓜多尔、加拿大、波兰、德国、奥地利、匈牙利、保加利亚、意大利、西班牙、希腊、塞内加尔、乌干达、坦桑尼亚、津巴布韦、南非、印度、泰国以及巴布亚新几内亚等国都制定了地方21世纪议程计划。这里所列举的还仅仅是其中一部分。国际地方环境行动理事会(ICLEI)在加拿大国际发展研究中心、荷兰外交部、联合国开发计划署和美国国际发展署等机构的支持下,设立了"地方21世纪议程典型示范项目"计划,由14个国家的14个城市合作探讨完善地方可持续发展的指标、途径和指导方针,并对这些地方的可持续发展进行评估,为开展地方21世纪议程工作进行了有益的研究与探索。

联合国环发大会以来,《21世纪议程》的实施并没有像各国首脑在里约承诺的那样得到全面的实施,发达国家要求大力加强生态环境保护,却又不愿意改变现有的生产与消费方式,也不愿意承担自己的全球责任。在1997年6月联合国召开第19次特别联大审议《21世纪议程》的执行情况之际,德国《焦点》周刊特别撰文指出:环发大会以来,在里约制定的环发目标没有得到切实执行,全球的生态环境状况持续恶化,森林面积仍然急剧减少,从1980年到1995年森林面积消失了31.8亿英亩,相当于一个墨西哥的领土面积。由此导致了沙漠化的严重发展、海洋生物圈的破坏、全球气候持续变暖、大气中温室气体有增无减……这些都已经给人类带来严重的威胁。联合国秘书长安南1997年6月23日在联合国第19次特别联大发表讲话呼吁,为了全球利益,各国政府和联合国、社会各阶层要行动起来,建立新的伙伴关系,共同承担保护环境的责任。

1992年联合国环发大会以来的事实表明,停留在口头上的承诺和争论对于不断恶化的全球环境显然是无济于事的,能够拯救人类的只有人类自己的行动。每一个地方,每一个阶层,每一个行业,每一个人都要行动起来,以全球的高度来思考,以地方的单元来实施(Thinking Globally, Doing Locally),这是实现可持续发展的行动准则。

二、地方21世纪议程的概念和原则

"地方21世纪议程"的概念源于全球《21世纪议程》的第28章"地方当局",该章是由各国的地方政府代表组成的工作小组起草的。该章强调:因为《21世纪议程》探讨的问题和解决方法之中有许多都起源于地方活动,因此地方政府的参与和相互合作将是实现其目标的决定因素。地方当局负责建设、运作和维护经济、社会及环境基本设施,监督规划的进程,制定当地的环境政策和规章,并协助执行国家和地方的环境政策。由于它是最接近人民的一级政府,因此它们在教育、调动和响应群众推动可持续发展方面起着重要的作用。《21世纪议程》的第28章是对世界各国地方政府的直接号召,号召他们与当地人民共同商讨并制定地方21世纪议程。

实施地方21世纪议程首要的问题是转变观念。要避免全球和各地发展的不可持续性,每个人都需要转变传统的观念。这些转变在地方的可持续发展工作中主要体现在以下诸个方面:

政治、经济与社会方面:制定方针政策时应保证各有关方面都全面参与,要制定和采取适合人类可持续发展的战略方针。评价经济发展的标准是产品的质量而不是产量,商品和服务的价格包含其对社会和自然资源产生损害的附加值。在社会风气方面提倡消除官僚作风和陈规陋习,尊重他人。让社会适应人的需要,同时兼顾人对社会应承担的权利和义务。

道德和世界观方面:在注意经济增长的同时,注重社会的全面发展,保证人类社会的公平与公正,平等地对待人类子孙后代的发展权。应把地球看成一个有活力、互相依存的大社会,人们依赖这有限的生物物理环境,约束自身活动。

生活和消费方式方面:朝着可持续性消费的方向发展,重视消费的质量而不是数量。

资源与环境方面:提高可再生自然资源的使用比例和效率,不应过分消耗不可再生资源;从破坏环境向保护环境转变,重建生物圈和生命支持系统。

能源方面:从能源使用低效和过多使用矿物燃料转变到有效利用能源和增加可再生低污染能源,如太阳能的使用。

农业方面:从过分使用化肥和化学农药逐步转变到使用有机肥料和对病虫害进行多方面的综合防治。

运输方面:从使用汽油、柴油等矿物燃料驱动车辆转变到使用对环境影响小的电能和燃料电池等能源。

技术与信息方面:减少并逐步消除使用消耗资源并产生污染的技术,发展有益于环境的技术;改进收集、管理和传播信息的方式,改进教育和交流的手段。

人口与饮食上方面:降低出生率和死亡率,稳定地减少人口,并使之与自然资源环境相适应;饮食结构应从以肉食为主转变到以植物食品为主。

在转变观念的同时,实施地方21世纪议程需要对可持续发展的组成部分和原则有所了解。可持续发展由以下四个基本部分组成:第一,可生存的自然环境:无论是现在还是将来,地球都是所有生物赖以生存的环境,人类的生存取决于地球对所有生命系统的支持能力,因此,必须要维持一个可供生存的自然环境;第二,经济发展的支持:充分发展的经济可以为社区、国家乃至整个人类社会的可持续发展提供支持;第三,社区的发展:培育或引导建立能为所有人们提供认识社会、接受教育以及满足人们精神需求机会的社区;第四,公平的政府管理体系:确保所有公民都能在收入、社会服务以及对政策的发言权等方面享有平等的权利。可持续发展的原则这里主要归纳为如下10条原则:①地球是一个生命支持系统:我们由祖先那里继承了地球这一生命的支持系统,并有责任继续传给我们的后代;②维护和增强国家的财产:我们要对自然资源(如土地、森林、河流、海洋等)、生物多样性资源(植物、动物等)、人类所创造的财产(如建筑、道路、各种规章制度、政府行政体系)以及人类本身(如人力资源、语言、文化、传统知识等)进行维护;③公平与社会正义:(对于当代人和后代人)一个公平、正义的社会将满足所有人精神的、文化的、社会的、心理的、物质的和经济的需求;④量入为出的生活方式:为了不限制下一代人的选择权,我们必须在我们的需求和所受到的限制之间达成平衡;⑤长远的眼光:在考虑到当代人发展的同时,要有长远的眼光考虑到后代人的需求;⑥增强人的能力,提高人的素质:使人们能明确自己的发展需求和行动计划,并能够为自己的行动负责;⑦从基层开始做起:可持续发展需要从基层做起,只有这样才能从心理上和政治上克服人们在发展观念和行动方式的转变中所遇到的障碍;⑧预防为主:应在情况还没有十分恶化之前采取行动,对没有充分的把握或有疑问的事件要谨慎行事;⑨污染者付费:即产品的生产者要对其产品生命全周期(由摇篮到坟墓)的环境及社会成本(影响成本)负责;⑩监测和评价:采用反映相互联系及可以提供过程变化反馈的指标体系来衡量达到共同目标的过程。

三、地方 21 世纪议程规划的步骤

地方 21 世纪议程是各地实施可持续发展的总体框架,它的实施规划也就是可持续发展战略规划,它的目标是在现有经济结构、科学技术和法律政策的框架下进一步拓展地方社会经济规划及决策的空间范围。它的制定过程是将政府经济计划、环境计划和公众的参与结合起来,创造一种前瞻性的、公众参与的、战略性的制定规划的方法,这种方法应体现可持续发展的持续性、共同性和公平性原则。

可持续发展战略性规划也被广泛应用于制定企业的长远设想和目标以及规划实现这些目标的行动。它被认为是充分利用企业资源使企业在竞争中占据有利地位的途径。基于社区的规划则被广泛应用于调动居民参与可持续发展和地方项目的实施。环境规划是 70 年代发展起来的专项评估方法,用以确保在各类发展和建设项目中综合考虑环境条件和环境影响,并确保项目的管理者采

取措施尽量减少发展建设活动给环境带来不利影响。而可持续发展规划是上述三种规划的综合,它具有如下特点:第一,将经济、社会和环境条件视为同等重要的因素,同等地纳入发展建设项目和服务政策的制定之中;第二,充分调动利益享有集团特别是服务的受益者参与满足其需求的服务项目的设计和建设;第三,重视系统性问题而不是表面的问题和困难,注重长远未来效果的服务政策以保证规划本身的可持续性。由此可见,可持续发展规划使地方政府及其合作者得以充分调动当地的人力、财力、智力资源参与建设,以实现共同的目标。可持续发展规划以为社会各方面提供基本的环境、社会和经济服务为内容,并以不损害其赖以存在的生态系统和社区系统的发展为前提。对于各地制定地方21世纪议程或地方可持续发展战略规划的方法和步骤不好一概而论,但是可以概括为以下几个方面:

(1)合作伙伴:可持续发展规划注重调动主要机构、利益集团和当地居民参与其制定和实施,这种组织方式有利于社区各阶层特别是市政服务的受益者的不同愿望、价值观念和期望得到充分体现。组建一个由各部门代表组成的机构以协调和监督上述参与活动是制定可持续发展规划的第一步,这个机构的首要任务是编制"社区设想",描述社区对未来的理想以及关于可持续发展基础条件的共识。这个机构包括社区内的所有参与者如地方政府机构、企业、社区团体、市民团体及妇女团体等。

(2)基于社区的问题分析:地方社区参与当地发展及市政服务问题的分析是解决问题的基本因素,市政投资如果能反映市政服务受益者的真正需要及其所关心的问题,其成功的可能性就更大,也更容易得到公众的支持。相信并依靠当地居民和机构参与解决问题也有利于市政服务的规划。同时,问题分析的方法也可以用于教育公众,使其了解市政服务的建设条件和面临的压力,如生态系统的承载力和经济条件的限制等。

基于社区的问题分析包括两方面内容:一是收集居民对当地现状和各方面条件的看法;二是通过技术性较强的分析咨询向社区代表提供进一步信息,然后由代表对公众的认识和技术分析进行讨论,最终达成关于当地问题的共识。它包括对如下问题的分析:①提供服务的合作者是谁?②人们需要什么样的服务?③目前系统的容量(对环境和人口的承载力)情况?④服务设施对其它社会、经济和环境系统的影响如何?⑤如何建立可持续的服务设施系统?何时可以实现?

基于社区的问题分析有两大好处。首先,有助于地方确定行动的优先领域,很多地方的资源往往都很有限,不足以同时有效解决所有问题,因此优先领域的确定对能否成功实施规划就显得非常重要。其次,在技术分析评估和公众参与问题分析的过程中,自然而然地建立起了一种当地状况的"基准线",为衡量日后的变化提供了依据。

(3)行动计划:对行动的目的达成共识,设定目标和实现目标的技术路线,以及具体战略和具体承担的工作和任务。在确定了市政服务的优先领域和主要问题后,公众应参与行动计划的制定。行动计划的制定过程包括以下三方面内容:第一是行动目标:行动目标即社区为实现其关于未来的设想所应努力的方向,"社区设想"在这里转化为与具体方向和资源分配相适应的优先领域。行动目标引导社区各种组织和专家从事其各自的项目,并通过各种方法使这些组织和专业人员成为"社区设想"和具体目标之间的中介,这些具体目标旨在改进社区可持续发展的条件。第二是确定具体目标与特殊目标:行动目标制定以后,规划专业人员将与社区代表共同制定具体时限内的具体目标以及整个行动计划的重点目标。这些具体目标使管理者能够对行动的充分性和整个行动计划实施的状况作出评估。特殊目标是针对某一问题而提出,以未来的条件为依据而制定。例如,一个空气污染严重的社区,目前可能不会同意限制私人使用机动车,但他们可能会同意,一旦该地区道路使用达到了一定程度,就要制定一套道路收费标准的规章制度。第三是行动承诺:行动计划也应载明不同社区代表的行动承诺,以便他们真正参与到行动计划各目标的实施工作之中。行动承诺要尽量明确具体并应包括具体项目、实施的时间表以及有关资金、时间和人员分配的承诺。理想的状况应该是,这些行动承诺包括市政服务受益者的承诺,保证他们积极参与战略的实施并为此作出贡献。只有这样,行动计划才能一经制定即可投入实施。

(4)实施与监测:建立实施工作的合作伙伴结构以及内部管理系统。以社区代表合作为基础的行动计划的实施要求有一个调整的过程,而这种调整必须符合标准操作程序而且通常是由经重组的机构来执行的。事先已有的管理程序、政府有关部门、合约以及其它所有机构和行动,都必须进行必要的调整,以保证市政服务受益者和合作机构参与行动计划的实施。政府内部机构向着有利于支持社会参与的方向改革的同时,各种外部机构和参与合作的体系也必须更加正规化。详细写明各合作者的责任和投入的协议书也是不可缺少的,其中应包含详尽的工作进度计划和工作方式以便随时监督,必要时可考虑建立一个组织或机构,以协调所有参与行动计划各方在实施过程中的活动。

监督从计划实施阶段开始,而不是在实施之后才进行。包括实施行动及其影响的详细准确的文字资料应系统地保存,以便对行动计划、服务体系以及二者对当地状况的影响作出评估。这些文字资料非常宝贵,而且在需要的时候,可以用来分析在建立新设施或新的服务项目时所出现问题的原因。

(5)评价、反馈和跟踪:采用针对目标的指标体系,阶段性地开展评价工作,向用户提供结果,为进一步分析和修改行动计划服务。监督对内部管理非常重要,而评估和跟踪对内部和外部都很重要,要在社区代表合作者参与实施行动计划的过程中始终保持一种责任制。评估和跟踪还有助于向一般公众公布行动计划在实现具体目标方面的进展情况以及行动计划针对情况的变化所要作出的调整。一个有效的评估和跟踪体系应向市政服务的提供者和使用者提供系统的关于当地条件变化以及计划实施过程中所作出的调整的信息,以便具体操作者据此对自己的行动作出相应的调整。评估还可用于指导规划和资源分配(预算),以保持这些规划和分配过程对"社区设想"及其相关行动目标的合理性。如果一个行动计划未能成功地解决问题,跟踪机制将协助制定出进一步的规划和行动目标。

总之,可持续发展规划方法是一种强调参与的规划过程,它有助于提高地方政府的职能、充分发挥社区各种资源的作用以及清楚地认识地方一级在实施可持续发展过程中所面临的问题和挑战。它强调城市发展和建设中的参与机制,充分肯定居民的参与对当地发展的重要性,突出了保护环境和经济发展相结合的特点,因此对实施地方21世纪议程有重要的意义。

四、各国开展地方21世纪议程的案例

联合国可持续发展委员会(UNCSD)在1997年审议《21世纪议程》执行情况的第19次特别联大召开之前,向各国征集开展地方21世纪议程的成功案例报告。这项征集活动得到了各国的积极响应,大会秘书处收到大量关于各国开展地方21世纪议程的案例材料。联合国政策协调与可持续发展局(UNDPCSD)可持续发展处(Division for Sustainable Development)筛选了部分案例编纂成册,印发大会代表,并在材料的前言中指出:"这么多成功范例的事实说明:可持续发展的目标不是抽象和空洞的。可持续发展的概念和过程是具有可操作性的,只要有坚定的承诺和切实的行动,可持续发展就一定可以实现。"这份大会文件材料收集的案例来自世界各地,参与部门包括社会各界和政府机构。涉及的规模大小不一,我们在这里摘要编译了一些案例,仅供读者参考。

(一)德国柏林——中小企业的环境改善计划

这项中小企业环境改善计划旨在鼓励中小企业改变现有的管理方式以实现一种对生态更为有益的生产方式。该计划主要解决围绕绿色企业战略所产生的一些问题,如清洁生产技术的使用以及可持续的、与自然和谐的生产与经营方式。此项计划的目标是

促进信息的应用,增加清洁生产技术的使用并减少废物总量。

这项改善环境的计划预期:
- 每年减少废物总量 11 000 吨;
- 每年减少饮用水消耗 62 000 立方米;
- 每年减少废水排放总量 50 000 立方米;
- 每年减少初级能源消耗 1 400 亿千瓦,每年减少发电厂和供热系统的 CO_2 排放量 44 000 吨;
- 每年减少 NOx 排放量 23 吨;
- 一些特殊行业减少特殊废物的排放量,如木工行业减少 80% 的木屑量,印刷行业减少 80% 的溶液排放量。

这项环境改善计划从 1989 年起由柏林市城市发展和环境保护部主持实施,1991 年该计划从 220 个申请项目中筛选出 94 个项目进行实施。这项中小企业环境改善计划由欧洲委员会和柏林地区共同出资,总投资达 6 600 万德国马克,另外作为补充,各中小企业也投资了大约 3 400 万德国马克。总的项目预算约为 1 亿德国马克,其中 59% 用于设备购买,20% 用于设施建设,14% 用于支付员工费用,7% 用于原材料的购买。

(二) 葡萄牙里斯本的莫杉托生态公园

从 1996 年 3 月起,由里斯本市议会环境与绿地部主持的莫杉托生态公园计划开始实施。生态公园的建立主要是为了解决公众环境教育问题。生态公园为广大公众提供了一个接受免费环境教育的场所,在那里,人们可以学到有关的环境知识并能认识到人在各种生态系统之中的作用,以及和环境保持一种和谐共存关系的重要性。

目前生态公园的建设已被市政当局作为环境政策的一部分。通过对公众进行环境教育,使广大公众形成一种新的更健康、更有责任感的环境态度,并使里斯本市的生态环境质量和市容得到改善。由于公园自然环境的改善也使公众更积极地接受环境教育,每天的参观者可达 200 人。

实践证明,增强公众的环境意识和加强环境教育是实现社会可持续发展的一条有效途径。里斯本生态公园的建设为许多国家和地方政府提供了很好的经验。

实施该项目总的费用为 6 亿葡萄牙埃斯库多,由里斯本市政府提供。

(三)美国芝加哥——城市绿化行动

在 1989 年以前,芝加哥市民并没有重视对公共绿树的保护。后来由于荷兰榆树发生病情并波及到城市中的其它许多树种,市政府决定采取措施挖掉任何居民提出要移走的树木,因此,市政府移走树木的数量超过了新种树木的数量。直到 1989 年,新一届市政府上台后才停止了这种行为。

由于大量树木被移走,城市缺乏绿化,芝加哥市政府因此制定了两项法令来促进城市的绿化工作。一项强制性美化城市的法令要求在所有的新建居民区和商业区都要种植树木,并要求所有的公园都应有至少 10% 面积的绿地。另一项法令则允许非赢利组织以低价购买欠税者的土地用以对公众开放。

这项绿化行动旨在动员全体市民、志愿者、林业专家以及各部门，使他们都参加到将芝加哥建设成为一个生态城市的活动中来。城市绿化行动最初是出于美化城市的要求，但现在它已在社会、环境和经济相互协调发展方面获得了大量的额外效益，例如在美化庭园和减少城市热岛效应方面都收到很好的效果。通过增加和保护社区内的绿地，发挥了城市绿化在美化居住环境、增加就业、改善邻里关系以及减少空气污染等方面的潜在优势。

通过几年的努力，芝加哥现有树木已达 410 万株，其中 48 万株为道路旁绿化树木。已有足够的树木来弥补由于上次移树行动所造成的损失。有超过 300 个社区组织参加了城市绿化行动，绿化面积达 60 公顷，新种的树木有望在 30 年后完全成材。

芝加哥环境局负责城市绿化行动及各部门间的协调工作。这些部门包括城市区域部门、街道卫生部门、计划和发展部门以及伊利诺斯州交通部门。另外，环境局还制定并实施了社区绿化、街道绿化以及北方乡村公园自然中心三个主要的绿化项目。在资金方面，联邦政府和地方政府共同为这一计划投资每年 150 万美元。

芝加哥城市绿化行动之所以能够获得成功主要是由于得到了政府的承诺、各部门的协作以及地方法令运用得当。

（四）丹麦哥本哈根的垃圾管理计划：全面调整城市垃圾系统

80 年代，哥本哈根处理垃圾主要通过填埋和焚烧两种方式。直到 80 年代末，政府制定了一项新的法律要求所有的垃圾生产者要为垃圾的焚烧和填埋付税后，这种情况才发生了根本的改变。为了减少付税，垃圾生产者们开始重复使用和循环利用原材料。

新的法律直接改变了企业、垃圾运输者以及各管理公司处理垃圾的方式,有效地将城市垃圾的管理权转移到市政当局手中。

1990年,哥本哈根市政府采纳了一项垃圾管理计划,制定了减少环境压力的长期预防性措施。此项计划着重在产品生命周期的全过程贯穿清洁生产技术,将减少总量、重复使用以及循环利用(Reduction,Reuse,Recycling)作为垃圾管理的最佳方式,将易燃废物提供给能源工业。这项城市垃圾管理计划还被纳入了市政府1994年制定的减排温室气体地方行动计划。

哥本哈根市政府设立了大量的垃圾循环使用项目以确保国家垃圾管理办法得到切实实施。为了避免重复别的城市在垃圾处理过程中出现过的成本高和污染物问题,哥本哈根市政府要求所有的原材料在使用之间就分为可重复利用和不可重复利用两类,由各公司自行选择使用可重复利用的原材料或不可重复利用的原材料。

哥本哈根市的垃圾管理计划主要解决以下两个问题:
- 垃圾管理系统成本效益,强调垃圾总量的减少和重复利用,并确定对不可循环利用垃圾和危险废弃物的有效处置方法。
- 以可持续发展为目标,垃圾管理的长期预防性的综合解决方式。

此项计划的目标是到2001年,使58%的生活、商业、工业垃圾实现循环利用,24%焚烧处理,18%填埋处置。另外,由于减少垃圾的填埋处置量可使甲烷的排放量减少40%。

在计划实施后的三年里,这些目标已基本达到。甲烷的排放量减少了42%,温室气体的排放量比1988年减少了10%。

哥本哈根市在垃圾处置方面所取得的经验是:作为一个大城市,对固体废弃物的调控将有效地减少它给城市带来的环境影响;同时,要确保一种有效的废弃物管理系统的运行。电子数据库的运用为监控固体废弃物的生产、运输以及处置提供了一种很好的方式。

在资金方面由市政府的15个部门共同协调管理、计划和监督。

(五) 芬兰波瑞市——可持续消费:改变消费模式计划

地方政府的采购倾向常常对市场有着很大的影响。选择产品时环境影响应是一个至关重要的因素,环境影响包括产品的耐用性及所使用的包装等。波瑞市可持续消费计划的目标是通过避免不必要的消费和将废物最小量化改变市政管理部门的消费模式。市政府采购计划实施时应更倾向于生态产品,目前,大多数这类产品通常由小型企业或个体企业来提供。

通过这项绿色消费计划的实施,收到了以下效果:

- 由于广泛使用电子文件传输系统,减少了纸张消费量;
- 所消费的纸张都是无氯的并被循环使用;
- 纸张的循环使用率几乎达到100%;
- 可生物降解的化学制品的使用量得到增加;
- 生活废物减少到原来的10%;
- 减少一次性产品的使用量;
- 不再使用喷雾罐类的产品;

● 使用用锌处理过的金属建材替代为金属涂油漆。

通过这个计划的实施,波瑞市认识到充分理解可持续发展原则,市政府官员及工作人员达成共识是非常重要的。在市政管理机构中,值得注意的变化是针对产品质量和工作方式已经开展了广泛地讨论和调查。

在改变消费模式过程中所遇到的困难是获得明确可靠的信息。对产品生命周期的评估不断地改变着市场;可靠的生态标签对于制定采购计划是极有价值的。遗憾的是这项计划的后续行动不足,一些被选定的产品因为并不很实用而最终被放弃。

该项计划的预算为新产品试验费2万芬兰马克,最终报告的准备经费2万芬兰马克。此计划已在1991年春至1993年秋实施并完成。

(六) 巴西圣保罗州桑托斯市——海滩保护计划

桑托斯市的海滩直到1950年一直都是圣保罗州的旅游胜地。然而随着沿海污染的不断加剧,严重影响了地方的旅游经济收入。70年代,由于旅游业的衰退导致桑托斯市遭受了一场严重的经济萧条。

在这段时间里,人们普遍认为桑托斯市的水污染问题是由于圣保罗州首府的地下管道和工业污水排放而造成的。然而,通过1990年对排放物污染水平的检测表明这个假设并不成立。检测表明主要的污染源是桑托斯市内的排污系统。桑托斯市的排污管道系统中有大量不合规定的排水沟,有些地区还缺乏市政排污系统。

桑托斯市认识到要改变这种情况必须要通过各政府部门间的合作以及研究机构和广大公众的参与，于是制定并实施了海滩保护计划。

这一计划主要解决由于水质污染所引发的环境和健康问题。该计划的目标是在四年内对桑托斯市海滩污染进行治理。通过这一行动，希望能够重塑桑托斯市环境优美的形象并重振地方旅游经济。

- 第一个步骤是将污水从直接排向海洋改为先通过污水处理厂；
- 第二个步骤是通过排除违规建设的污水沟来提高水质量。这一步骤的实施主要是由当地大学工程专业的学生和社会组织协助完成。大学生们逐户检查了31 000户居民家中的违规管道。屋主被要求在15天内解决问题否则将被处以罚款。作为长期工作的一部分，政府开放了一个水质试验室以更好地监测该计划的实施。

1991年到1993年，由于该计划的实施使海滩水质得到改善。到计划实施完毕时，海滩的污染水平降低了50%。该计划还为30个大学生提供了兼职工作的机会，并为许多城市居民提供了长期的经济效益。

桑托斯市海滩保护计划由州政府和地方政府共同实施。计划费用为19.5万美元，包括工作人员的费用和水质试验室的费用。

（七）日本隅田市——雨水储存和利用系统

隅田市政府研究了多种不同的雨水管理方式以解决雨水的储

存和大量雨水的排放问题。

雨水储存和利用系统主要解决城市水管理问题,它的目标是:
- 促进当地自给水源;
- 预防水灾;
- 减轻水灾带来的危害;
- 通过雨水对地下蓄水层的回渗恢复城市水循环。

通过市政当局的研究表明雨水作为非饮用水是可以安全使用的,在经过杀菌处理后也可作为饮用水使用。使用一定的设备将雨水收集起来防止被污染,再用水泵将雨水抽到一个容器中,通常这种容器设置在较高的地方,储存起来的雨水一般都作为卫生间用水。在旱季,储存起来的雨水可以缓解城市供水不足的困难。目前,一些居民家中、公司、研究所以及市政厅都安装了这种很经济的雨水收集和储存装置,所有的花费相当于10年节约下的水费。整个城市开始安装社区的雨水收集系统以便为消防提供水源并在紧急情况下提供饮用水。

另外,通过对人行道的渗水性进行改造,使雨水能够迅速回渗到地下。现在有1/6的城市人行道具有很好的渗水性,市政府正计划对所有的人行道进行改造。

雨水利用技术相对简单、经济并且有很高的转让性。这种技术尤其适用于雨季和旱季交替出现的城市,这些城市往往面临水灾、供水不足、土地下沉或当地用水受限制等问题。雨水利用计划的实施需要当地政府的支持和各部门的合作。教育部门还要对当地居民和企业开展广泛宣传使他们意识到雨水利用潜在的效益。

（八）南非约翰内斯堡市和开普敦市

约翰内斯堡市建立于 1886 年，是一座相对比较年轻的城市。然而，它规模庞大的工业、矿业、金融业和通讯产业已使该市成为非洲大陆一座发展速度最快的城市。约翰内斯堡现有人口将近 450 万，是南非共和国最大的城市。目前，市政当局所面临的挑战不仅是人口发展的需求问题，而且还有都市化和工业化发展所带来的严重压力，同时还要保证推动可持续的发展。

大约翰内斯堡环境管理委员会在实施地方 21 世纪议程的工作中发挥了重要的作用，它不仅促进了该市的政治家、官员和市民们来考虑城市的环境问题，还主持和协调了大约翰内斯堡地方 21 世纪议程的工作。该市的地方 21 世纪议程中关于城市大量垃圾管理的计划也正在由市政议会审议。此项计划对城市垃圾处理的地区是按大都市（包括郊区）大区域来制定的，但在计划的实施阶段将着重解决该市落后的和不发达地区的垃圾管理问题。为此，还专门召开了一个由 120 人参加的研讨会，着重讨论了大都市垃圾的管理计划。地方 21 世纪议程可持续发展的思想和城市垃圾的管理计划受到了社会的广泛支持。城市垃圾的管理计划由一个新成立的指导委员会来负责具体的实施。该项计划还提出了一个保证广大社会都来参与城市垃圾管理的方案。此项方案大大超出了仅从工程技术上对垃圾收集和处理的工作范围，它包括对垃圾的有效控制和减少垃圾产生的计划，垃圾的再循环和再利用计划，以及环境保护教育计划等项内容，着重于对垃圾的管理和垃圾的污染控制。

约翰内斯堡在实施地方 21 世纪议程的初始阶段，集中致力于以下问题:①制订地方 21 世纪议程项目报告书和实施期限;②落实项目的实施机构和合作者;③对项目合作者进行审定;④扩大项目支持机构的数量,并对项目的合作者明确其作用和责任;⑤争取获得大约翰内斯堡市政议会对 21 世纪议程项目的正式批准;⑥将项目介绍给更大范围的参与者,供他们讨论和参与;⑦制定实施项目和保护性地使用资源的行动计划。

开普敦市位于南非开普的西南地区,人口 340 万,到 2010 年,估计该市人口将超过 440 万。开普敦是南非最大的客运港和立法机关所在地。1995 年 1 月,该市成立了新的过渡市政议会和无种族偏见的市政基层组织。1995 年 11 月,又通过民主选举,成立了新的民主政治的市政议会。开普敦市所推进的重建和发展计划的主要内容包括:①满足基本需求;②促进可持续的经济发展;③保护环境;④最大程度地减少污染和对人类健康与环境的威胁;⑤促进有效的土地利用和城市建设;⑥改变地方政府的结构,以便更好地实施城市的重建与发展计划;⑦把 21 世纪议程纳入城市重建与发展计划。

1995 年 6 月,市政议会正式批准了开普敦的现代化城市发展计划,同时批准把地方 21 世纪议程纳入开普敦的重建与发展计划及环境管理系统。开普敦地方 21 世纪议程的实施给各方的参与者们提供了广泛的合作机会,这包括对城市重建和发展计划的展望、行动和监督等多个方面。

开普敦在推进地方 21 世纪议程中,首先选择 1 到 2 个合适议题的论坛,以增加民众对地方 21 世纪议程的思想和工作的认识,并研究在新的市政机构体制和工作中,如何把与参与者的合作关系进行制度化。计划于1996年1月开始全面实施城市重建与发展计划中1到2个领域的行动方案。

需要说明的是本节归纳收集的都是国际上在有关"地方21世纪议程"的概念、内容和行动方面的情况,仅供读者参考。其中的一些观点需要结合中国的国情,通过讨论和分析,正确地理解和应用。实际上,《中国21世纪议程》出台以来,各地在其总体框架的指导下,已经开展了丰富多彩、各具特色的地方21世纪议程的行动,有关这方面的详细内容可以在本章后面的各节中看到。

第二节 中国地方21世纪议程行动和进展

一、中国地方21世纪议程实施和进展

地方是实施21世纪议程的主体。中国幅员辽阔,各个地方在自然条件、经济基础和社会发展等方面存在着较大差距,发展中所面临的情况和主要问题各不相同。因此,结合各地的情况和条件,制定相应的实施可持续发展的行动计划,推进地方21世纪议程的实施,是中国实现可持续发展的基础。同时,实施可持续发展战略也必须落实到地方,只有地方都行动起来,才能真正推动中国走上可持续发展的道路。对地方而言,走可持续发展之路是自身的需求,同时又有很多管理上的优势,可以在政策、规划、法规、财政、税收等方面统筹安排,因地制宜,积极探索地方实施可持续发展的新途径。

目前,推动地方21世纪议程的实施已成为中国实施可持续发

展战略的重要内容和工作重点之一。几年来,国家有关部门组织开展了一系列的活动,并出台了相应的文件,以推动地方21世纪议程的实施进程。

1994年7月国务院下发《关于贯彻实施〈中国21世纪议程——中国21世纪人口、环境与发展白皮书〉的通知》,要求将《中国21世纪议程》作为制定各地"九五"计划和2010年远景目标的指导文件,贯彻实施中国21世纪议程。在国务院的通知中,提出了实施《中国21世纪议程》的三点要求:

一是要将《中国21世纪议程》作为各级人民政府制定国民经济和社会发展中长期计划的指导性文件,并将其基本思想和内容融入"九五"计划和2010年远景目标之中。

二是各地方、各部门要结合自己的实际工作,通过各种途径组织实施《中国21世纪议程》;要广泛宣传《中国21世纪议程》的基本思想,取得广大干部和人民群众的理解和支持,使贯彻实施《议程》成为各级政府和人民群众的自觉行动。

三是要进一步广泛开展国际合作,吸引更多的国外资金和技术,用于环境保护等方面具有重大影响的项目。

1996年7月,国务院办公厅转发了《国家计委、国家科委关于进一步推动实施〈中国21世纪议程〉意见的通知》,把推进地方实施可持续发展战略作为重要内容,并向各省市自治区提出了四点要求:

一是各地方政府要根据《中国21世纪议程》的精神,针对本地方的社会、经济和人口、资源、环境等特点以及面临的重大问题,提出本地方实现可持续发展的具体行动计划;

二是各地方政府应根据本地区的具体情况,选择并实施对本地可持续发展有重大意义的示范项目,取得经验,并逐步推广;

三是地区间应当加强《议程》实施方面的信息沟通和经验交流,要以可持续发展的思想指导城镇建设,选择有一定基础,具有典型性、代表性和推广意义的中小城镇和大城市的行政区作为可持续发展综合实验区;

四是落实本地区实施《中国21世纪议程》的归口管理部门,加强领导,提供必要的工作条件。

从1995年9月至1998年10月间,党的十四届五中全会、第八届全国人民代表大会第四次会议、党的十五大、第九届全国人民代表大会相继召开,这几次会议是中国决定今后几十年乃至整个二十一世纪大政方针和发展方向的盛会。历次会议从国家主席到国务院总理都多次重申,要实施科教兴国和可持续发展两大战略,并号召各部门、各地方要把贯彻实施这两大战略落到实处。

1997年6月,在原国家科委和国家计委于江西省联合召开的"江西省山江湖工程经验交流会"上,中国21世纪议程领导小组明确提出,要把地方21世纪议程作为中国实施可持续发展战略的重要内容。

1997年11月,为加强对地方实施《中国21世纪议程》的引导工作,进一步推动地方21世纪议程的实施,原国家计委、国家科委联合发文,决定在北京、湖北、贵州、上海、河北、山东、江西、四川、大连、哈尔滨、广州、常州、本溪、南阳、铜川、池州地区16个省、市、地区开展《中国21世纪议程》地方试点工作,逐步积累经验,以进一步推动全国地方21世纪议程工作的开展。试点工作主要包括:

加强地方各部门之间的协调;实施将《中国21世纪议程》的基本思想和内容纳入各地区国民经济和社会发展"九五"计划和2010年远景规划,以及纳入政府决策和管理体系的工作;加强宣传、教育和培训等方面的可持续发展能力建设,支持公众参与,提高全民可持续发展意识;探索促进可持续发展的政策体系;建立和完善相关的法律、法规和制度;加强国际合作,争取国际援助,广泛利用外资。

几年来,各级地方政府结合当地的实际情况,在组建地方实施《中国21世纪议程》归口管理机构,制定本地具体行动计划,开展可持续发展的宣传教育和人员培训,研究可持续发展的有关理论、政策和制定等方面做了许多工作,地方21世纪议程工作已在全国范围内全面展开并取得了不同程度的进展。

(一) 实施地方21世纪议程的组织机构已基本落实

为更好地贯彻《中国21世纪议程》,实施可持续发展战略,许多地方组建了地方实施《中国21世纪议程》的归口管理机构,加强对实施可持续发展战略的领导。目前,全国已有25个省、自治区、直辖市成立了贯彻实施《中国21世纪议程》领导小组并设立了领导小组办公室,许多大中城市也成立了相应的组织机构,如广东省广州市、湖北省武汉市、四川省成都市、黑龙江省哈尔滨市、辽宁省大连市、本溪市、河南省南阳市、四川省攀枝花市、陕西省铜川市等,负责可持续发展的全面实施工作。1998年,为配合国家地方21世纪议程试点工作,四川、河北、江西、哈尔滨、铜川、池州等省市还设立了地方21世纪议程管理和实施办公室,以加强对地方21

世纪议程试点工作的领导。此外,有的省市还设立了专门的机构,如四川省、本溪市、攀枝花市等成立了 21 世纪议程管理中心,具体承担实施议程的日常管理工作。

(二) 可持续发展思想已纳入各地国民经济和社会发展计划当中

在中国,计划是宏观调控的重要手段。因此,将《中国 21 世纪议程》纳入国民经济和社会发展计划,是实施《中国 21 世纪议程》的一项最基本措施。为了充分发挥各级地方政府宏观调控在实施《中国 21 世纪议程》中的作用,全国所有省、自治区、直辖市都开展了将《中国 21 世纪议程》纳入国民经济和社会发展计划的工作。各地方采取宣传、培训、研讨等多种方式提高计划编制人员的可持续发展意识,用可持续发展思想指导各级发展计划的编制,通过规划和计划,将实施《中国 21 世纪议程》转化为政府行为,使可持续发展战略在各地方国民经济和社会发展计划中得到具体体现。其中部分省市还开展了将《中国 21 世纪议程》纳入计划的专题研究活动,如北京、湖北、贵州编写了将《中国 21 世纪议程》纳入当地计划的研究报告,提出了纳入计划的具体的政策建议和措施。目前,可持续发展已成为各地制定各类规划的基本指导原则。

(三) 各地开展了编制地方 21 世纪议程的工作

除了将可持续发展思想和要求纳入地方总体发展规划以外,许多地方还开展了编制当地实施可持续发展战略的行动纲领——地方 21 世纪议程或行动计划的工作。目前,全国有一半以上的省、自治区、直辖市制定了或正在制定省级 21 世纪议程。如山西省根据其资源消耗过度、生态破坏严重、产业结构不合理等特点，编制了《山西 21 世纪议程》；四川省从人口众多、耕地少、人均占有资源相对贫乏、农业人员比重大的省情出发，制定完成了《四川 21 世纪议程》；上海市充分认识到可持续发展对加快实现两个根本性转变和建设现代化大城市的重大意义，动员各方面力量，制定完成了《中国 21 世纪议程——上海行动计划》，并提出了要把一个更加和谐美好的现代化大都市带入充满希望的 21 世纪的奋斗目标；贵州省把消除贫困作为实施可持续发展战略的前提条件，制定了《向贫困宣战——贵州省贯彻实施中国 21 世纪议程行动计划》；安徽省根据人口基数大、经济科技相对落后、资源和环境问题突出等基本省情，制定了《安徽省可持续发展行动纲领》，并于 1998 年 7 月通过专家论证，以此作为贯彻《中国 21 世纪议程》、推进安徽省可持续发展战略的重要举措之一。此外，河北、黑龙江、陕西、北京、山东、江西、云南、内蒙古、西藏等省、市和自治区也已编制或正在编制地方 21 世纪议程和行动计划。在市一级层次上，目前有许多城市开展了相应的工作。如广东省广州市、四川省成都市、辽宁省本溪市、河南省南阳市、江苏省常州市等均制定了各自的 21 世纪议程或行动计划。特别是一些县如广西省南丹县、福建省长泰县、山西省泽州县也制定了县一级的 21 世纪议程或行动计划。

（四）可持续发展能力建设工作得到加强

各地方十分重视加强培训、宣传和教育等方面的可持续发展能力建设。迄今全国已有约 2/3 的省、自治区、直辖市举办过形式多样的可持续发展培训、教育和宣传活动,可持续发展思想在全国各地得到广泛传播。

在组织培训研讨活动中,各地方把对各级管理干部的可持续发展培训放在了突出重要的位置。通过办干部学校、培训班、讲座等多种形式向各级领导宣传《中国 21 世纪议程》,使他们不断增进对可持续发展战略思想的理解和认识。如北京市从 1995～1997 年,先后举办了 10 期北京市贯彻实施《中国 21 世纪议程》培训班,参加培训人员近 500 人,主要是市政府有关部门及区县负责计划、规划的领导干部,其中第 10 期学员为副局级以上领导干部。湖北省则多次在计划等系统采取以会代宣、以会代训的方式,对干部进行培训。在 1996 年全省以工代赈工作会议,1997 年 4 月全省农业资源区划工作会议上,都侧重宣讲了《中国 21 世纪议程》的精神;1997 年 6 月又以"对可持续发展战略理论和实践的认识及其思考"为题,举办了全省计委系统第六期处级干部、计委主任研讨会。上海市采取利用市长办公会议,介绍全国推进可持续发展的工作进展及上海的工作设想,举办全市局级干部可持续发展系列报告会,举办编制上海行动计划业务干部培训班等多种形式开展各级干部可持续发展的培训工作,同时还成立了上海可持续发展培训基地,充分利用高校和社会力量,开展可持续发展方面的系统研究和业务培训。河北省共举办过 4 期 400 多人次参加的实施中国 21 世纪议程培训班;张家口、沧州等市还在党校干部培训班上开设了环保课。河南省南阳市先后举办培训班 20 多期,近千名各级领导干部接受了培训。组织、人事部门已将可持续发展教育列入党员和干部培训规划,并编写了几百万字的培训教材和辅导材料。安徽省池州地区于1998年2月召开了包括地区、各县、各乡镇负责同志共1 100多人参加的三级干部大会,全面动员部署开展实施《中国21世纪议程》地方试点,建设国家生态经济示范区工作。

在宣传可持续发展思想方面,各地方充分利用电视、电影、广播、报刊、书籍等大众传媒,广泛开展一系列宣传活动,提高全民的可持续发展意识,促进公众的理解和参与。如上海市举办以"走可持续发展之路"为主题的"97上海科技节",通过展览活动、传播活动、基层活动,集中向全体市民宣传介绍可持续发展的战略思想,展示上海推进可持续发展的工作成就和未来计划。他们还组织编写了《走可持续发展之路》、《可持续发展与社区建设》等科普宣传读物,向全社会宣传可持续发展的基本思想和主要内容。广东省广州市计委、科委和领导小组办公室联合在《广州日报》组织了广州可持续发展征文活动。此活动得到了社会各界的积极支持与参与,共征集论文80多篇,并召开了广州可持续发展专题研讨会。会后,编辑出版了《广州可持续发展文集》。安徽省池州地区在《池州日报》开辟专栏,采用专题讲座、知识问答、人物专访等多种形式介绍《中国21世纪议程》,宣传区内外典型;地区电视台则不定期制作专题节目对地方21世纪议程试点工作进行宣传;地区宣传部门还在区内各主要路口、城市中心地带和农村人口较为集中的村落,设立醒目的永久性标牌、标识,营造家喻户晓、人人关心的社会氛围。

在教育方面,各地方通过开展形式多样的教育活动,将可持续发展思想贯穿于整个教育过程中,使可持续发展的教育成为提高劳动者素质的一项重要内容。如河南省南阳市在中、小学和大专院校都开设了21世纪议程课程;在中小学成立了环保小记者团,先后收到环保小论文150多篇,印发了《面向21世纪》小记者环保论文集。同时,他们还十分重视在继续教育中加强可持续发展方面的内容:对农村干部群众进行生态农业、保护生态环境和适用技术培训;对企业职工进行清洁生产、资源综合利用与环境无害化实用技术岗位培训;对各级领导干部,重点进行把可持续发展思想纳入计划和决策中的培训。安徽省池州地区为加强可持续发展的基础教育,编写完成了中小学《生态经济》常识教材并于1998年全面开课,同年首届地区生态经济专业中专班及地区旅游学校招生并已全面开课。

(五) 可持续发展地区试点和示范工程工作已经启动

实施可持续发展是一项复杂的系统工程,是发展观念的根本变革,没有现成的经验和模式可供借鉴,一切都需要各地自己探索和实践,在观念上要敢于创新,在政策上要加强研究和总结,在方法上要不断探索。只有通过不断的实践,才能探索出多种多样的发展模式和经验,才能促进可持续发展的实践。因此,可持续发展试点和示范工作就显得尤为重要。目前,全国各地开展了不同层次的可持续发展地区试点和示范工程工作并取得初步进展。

从国家层次上,1997年11月原国家计委和科委经请示国务院同意,联合发文,启动了实施《中国21世纪议程》的地方试点工作。目的是逐步积累经验,以全面推动全国各地区更好地实施《中国21世纪议程》,并选择了16个省(市)作为试点地区。1998年5月,地方21世纪议程试点工作会议在京召开。16个国家级地方

21世纪议程试点省市区的代表及部分其他省市区的代表参加了此次会议,会议主要围绕地方21世纪议程试点工作的思路,地方21世纪议程试点工作近期内容安排、各地方在实施地方21世纪议程中所面临的关键问题、需求、设想等内容进行了充分地探讨和交流。目前,各试点省市区地方21世纪议程试点工作已全面展开。此外,原国家科委、国家体改委会同国家计委等20多个国务院有关部门,在不同类型区选择具有代表性和典型性的县、市和乡镇以及大城市的社区,作为可持续发展实验区,进行可持续发展综合实验,促进实验区逐步实现经济、社会与资源、环境等方面的可持续发展,为中国实施可持续发展战略探索经验,提供示范。迄今为止已有国家级可持续发展实验区29个,省级实验区58个。

在地方层次上,各地也根据当地的具体情况,选择并实施对本地可持续发展有重大意义的试点地区和示范工程,积极推进当地可持续发展进程。如山西省为了寻求解决山西支柱产业单一、资源浪费、生态破坏和环境污染严重,从而造成可持续发展能力弱的难题,有目的地选择了河东煤田、沁水煤田作为清洁煤层气开发利用的实验区,以太钢发电厂粉煤灰处理作为治理环境、产业结构调整的示范工程,以右玉县作为生态农业的实验区,泽州县作为科技引导社会综合发展的县级实验区。目前,这些实验区已不同程度地开展了工作,为山西省可持续发展重点领域的示范工作提供了经验。四川省以"抓好试点,以点促面;加强科学引导,抓好示范工程"为原则,积极开展可持续发展实验区试点以及示范工程工作。至1997年底,已创建国家级和省级可持续发展实验区6个。同时,已在清洁生产、环境综合治理、资源综合开发利用等方面建立了一批各具特色的示范工程。如:广汉市建立了"城市生活垃圾无害化、资源化处理示范工程";成都金牛区实施了"小康住宅建设示范工程——锦城苑小区";乐山五通桥区实施了"酒精清洁生产示范工程"等。安徽省池州地区从自身实际出发,以生态农业、生态旅游、生态工业和生态城乡建设为重点,积极开展试点工作。全区从以上四个重点领域中筛选出74个示范点,每个示范点挂牌明确由一位县级领导主抓,以通过示范点建设摸索经验,推动面上的工作。此外,江西、贵州、辽宁、安徽、北京等省市以及许多地级市如本溪市、铜川市、大连市、哈尔滨市等也都开展了各具特色的可持续发展地方试点和示范工作,以推进当地可持续发展的进程。

(六) 各地开展了广泛的国际合作与交流

实践表明,进一步利用和开拓各种国际合作渠道,广泛吸收国外在可持续发展方面好的经验和做法,引进先进的科学技术和管理手段,积极争取国际金融组织的资金援助,在自力更生的基础上取他人之长,是地方实施可持续发展战略的有效途径之一。目前,许多省市区都开展了可持续发展领域的国际交流与合作,有力地促进了当地可持续发展战略的实施。如湖北省为推进该省可持续发展优先项目的实施,一方面派人员赴国外考察学习,与美国、新西兰、英国等国家和香港地区的有关机构进行了多次接触和洽谈,使湖北省一些项目取得了进展;另一方面先后邀请了新西兰国家大气与水研究所有关专家,就宜昌大气与水污染治理等项目进行洽谈,并达成了合作意向。作为一个经济欠发达的内陆农业大市——河南省南阳市十分注重加强可持续发展的国际合作与交流,并认为这是掌握信息、宣传自己、争取国际社会支持的重要途径。几年来,他们先后与加拿大、瑞典、美国、日本等10多个国家和地区建立了友好关系,并在一些领域和项目的合作方面达成了协议。例如,作为中国瑞典地方21世纪议程合作项目的示范城市,南阳市成功举办了由国内11个城市和瑞典代表参加的"中瑞地方21世纪议程国际研讨会",接着又与瑞典乌姆兰省签署了"友好城市合作协议书"。他们还与美国依阿华州立大学共同实施了"中美可持续发展南阳示范点建设项目",由依阿华州立大学协助南阳理工学院设立环境教育专业,并就环境管理技术、城市垃圾无害化处理、城市机动车废气污染控制、南阳市可持续发展信息网络建设技术等21世纪议程项目开展合作。南阳还作为正式代表,多次应邀参加有关实施21世纪议程方面的国际性会议,为南阳实施21世纪议程工作开辟和扩展了对外交流的新领域。此外,北京、上海、江西、本溪、常州等省市也开展了形式多样的国际交流与合作,通过走出去、请进来,争取国际支持,引进资金、技术和管理经验,提高了当地可持续发展工作的建设和管理水平。

总之,在全国范围内随着可持续发展思想的不断传播和深入人心,各级地方政府已将可持续发展作为当地社会经济发展的重要指导方针,并已开始着手采取各种措施,积极推进当地的可持续发展事业,推进可持续发展的工作已进入各级地方政府的正式议事日程。从几年来地方实施可持续发展的工作实践中,我们发现,一个地方要真正将可持续发展概念纳入各项日常工作当中,成功有效地落实可持续发展的战略思想,最终实现地方的可持续发展,就必须结合当地的实际情况,因地制宜,积极探索,把战略规划、典

型示范、推广辐射结合起来。根据各地几年来的经验,我们概括了以下几条经验供地方参考:

第一,要结合推进两个根本性转变实施可持续发展战略。实施可持续发展战略,从转变经济体制的角度看,就是要通过深化改革,加快形成有利于节约资源、降低消耗、增加效益、保护环境的企业经营机制;加快形成依靠科技进步,提高劳动者素质,建立起良好的企业技术进步机制。同时,在实施可持续发展战略的过程中,既要充分发挥市场对资源配置的基础性作用,又要加强宏观调控,克服市场机制在配置资源和保护环境领域的"失效"现象。从转变经济增长方式的角度看,就是要把资源节约放在首位,从根本上改变过去那种高投入、高消耗、低效益的粗放型增长方式,提高资源利用的集约化水平,建立起集约型的经济体系,减轻经济发展对环境的压力。

第二,要结合产业结构战略性调整实施可持续发展战略。根据可持续发展战略的要求,第三产业要与第一、二产业协调发展,逐步提高社会化服务程度,创造更多的就业机会;第二产业要大力培育和发展低能耗物耗、少污染排放、高技术含量和高经济效益的高新技术产业、支柱产业和城市型工业;第一产业要推进农业产业化进程,发展"高优高"农业,提高土地利用集约化水平,发展绿色食品工程,加快城郊型农业向都市型农业的转变。

第三,要结合城市的布局调整实施可持续发展战略。实施可持续发战略必须与城市的产业布局和形态布局结构调整紧密结合起来。这实际上就是一个城市的可持续发展问题。促进城市可持续发展,提高居民居住质量,首先必须优化产业布局。这里的核心问题是,要坚决实施退二进三战略,中心城区要从提高土地产出率、减少污染排放和运输量的角度调整工业布局。其次,就是要优化城市的形态布局,根据城市的总体定位格局,中心城区各片都要从可持续发展的高度,合理确定各自的功能,防止结构与功能雷同,减少重复建设。为了优化城市布局结构调整,促进可持续发展战略的实施,一定要注意处理好局部最优与整体最优的关系,短期利益和长期利益的关系。

第四,要把可持续发展和科教兴国两大战略有机地结合起来。科技水平和人口素质的提高是实现可持续发展的两大支柱。科教兴国战略的实施,将为可持续发展提供有力的技术保障和人力资源支撑。各地要高度重视科技进步工作,采取有效措施,大力发展清洁生产技术、清洁能源技术和能源有效利用技术,促进资源合理开发、综合利用和环境保护。教育部门也要根据经济和社会发展需求,优化投入结构和资源配置,致力于提高居民的文化素质和受教育的程度;同时,要将可持续发展的战略思想贯穿于初等教育到高等教育的全过程之中,提高全民可持续发展的意识。

二、中国实施地方 21 世纪议程典型案例

(一) 科技引导经济与社会的持续协调发展——四川省实施可持续发展战略初见成效

四川是中国内陆大省,人口多,人均资源少,经济技术水平较低。随着经济的不断发展,资源浪费严重,环境污染程度加重,生态环境受到不同程度破坏。由于所面临的人口、资源、环境等方面

的压力日益严重,走可持续发展之路,已成为四川省经济和社会发展的客观需要和必然选择。四川省自实施可持续发展战略以来,紧紧围绕《中国21世纪议程》,加速可持续发展战略思想的宣传普及工作和科技成果转化工作,结合本省实际情况,以科技为先导,以科技示范工程为载体,积极开展可持续发展试点示范工作,并已取得初步成效。1997年全省实现国内生产总值3 320亿元,比上年增长了10.2%,增长速度超过全国平均水平1.4个百分点。农民人均纯收入1 660元,比上年增加207元。精神文明建设进一步加强,各项社会事业健康发展。

四川省实施可持续发展战略的主要做法是:

1. 建立健全组织领导机构,加强对实施可持续发展战略工作的领导。

为更好贯彻《中国21世纪议程》,实施可持续发展战略,四川省正着手筹建以省长为组长,省级有关部门为成员单位的四川贯彻实施《中国21世纪议程》领导小组。为加强全省可持续发展实验区的领导,成立了由分管科技的副省长为组长,省级有关部门为成员单位的四川省可持续发展实验区协调领导小组。1998年,为切实加强对可持续发展试点工作的领导,省政府在原四川省可持续发展实验区协调领导小组基础上,加以充实,并更名为四川省实施《中国21世纪议程》试点工作领导小组。同时,还于1998年5月成立了四川省21世纪议程管理中心,具体负责贯彻实施21世纪议程和可持续发展试点的日常管理工作。由于省政府高度重视,加强了组织领导,实施可持续发展战略正在逐步成为各级各部门的自觉行动。

2. 确定四川可持续发展战略。

四川省于 1995 年开始全面启动四川实施可持续发展战略的纲领性文件——《四川 21 世纪议程》的编制工作。由于四川行政区划调整,文本也随之作了多次修改、论证,现已编制完成《四川 21 世纪议程》文本,待省政府批准执行。四川省部分地、市如成都、攀枝花等也分别编制了《成都 21 世纪议程》、《攀枝花市 21 世纪议程》文本及优先项目计划。四川省已将可持续发展思想纳入"四川国民经济九五计划及 2010 年远景目标纲要"之中。省委、省政府明确提出四川省的发展战略为:"以经济效益为中心,优化经济结构,改善生态环境,实现可持续发展"。

3. 加强宣传,提高认识。

1996 年以来,四川省为实施可持续发展战略,利用各种宣传媒介,广泛开展了一系列宣传活动。先后举办了由省级各部门 400 多人参加的"可持续发展培训研讨班",并召开了有关可持续发展战略研讨会,散发了上万份学习和宣传资料。四川巴中地区、攀枝花市等地方政府举办了有近千人参加的可持续发展战略报告会。四川电视台、四川有线电视台、《四川日报》等大众传媒都对可持续发展战略进行了大量、集中的宣传。一些学术部门和科研、教学部门的专家以撰写文章、举办讲座等不同形式,参与了可持续发展的宣传和普及工作。通过多角度、多方面的宣传,大大提高了广大干部群众对可持续发展思想的认识。

4. 抓好试点,以点促面。

四川省按照可持续发展战略的原则和要求,积极开展可持续发展实验区试点工作。选择了一批不同类型、具有代表性的城镇,依靠科技引导,通过政府大力组织和社会广泛参与,进行综合配套改革,促进人口、经济、社会、资源和环境的协调发展,为四川省可持续发展、两个文明共同进步和农村提前达到小康探索路子,提供示范。至1997年年底,四川省已创建可持续发展实验区6个,即成都市金牛区和广汉市两个国家级实验区,乐山五通桥、雅安市、广安县协兴镇和攀枝花市四个省级实验区。近年来,各实验区共实施项目50项以上,完成投资4亿元。省领导主持召开了两次可持续发展实验区协调领导小组会议,研究讨论实验区实施方案和管理办法,并对工作中出现的有关问题作了重要部署。还多次召开了四川省实验区工作座谈会和现场会,及时总结实验区工作及取得的经验。在省级试点工作的带动下,成都、攀枝花、广元和巴中等市、区已创建了一批市、地级可持续发展实验区。

5. 加强科技引导,抓好示范工程。

为充分发挥科技对可持续发展的引导和促进作用,加大示范力度,四川省已在清洁生产、环境综合治理、资源综合开发利用、小康型城乡住宅建设、医疗保健、可持续农业、社区安全技防等方面建立了一批各具特色、各有示范重点的新技术综合应用的示范工程项目。如:广汉市建立了"城市生活垃圾无害化、资源化处理示范工程",所采用的生活垃圾无害化、资源化处理工艺与利用技术,应用效果良好,建成了日处理100吨垃圾能力的工厂,使全市垃圾处理率达100%,利用率达90%以上,能年产有机复合肥3万吨,年销售收入2 700万元。乐山五通桥区通过抓清洁生产示范工程,利用酒糟微生物发酵生产蛋白饲料,实现了酒精生产的零排放和利用酒精废液生产高活性菌蛋白饲料变废为宝的目的。攀枝花市重点抓了钒钛磁铁矿资源综合开发利用示范工程。在流域水环境污染的整治上，重点建立了一批涉及污染严重的行业的污染治理示范项目，如"沱江流域污染治理基金"，以基金启动、分期实施、滚动开发的方式支持了14个涉及化工、造纸、酿造、制革等水污染严重行业的优先项目。

在贯彻实施《中国21世纪议程》过程中，四川省筛选了一批地方优先项目，其中四川省酸雨控制示范工程、四川省攀枝花市钒钛资源综合利用、四川省大熊猫迁地保护示范工程等被列入国家优先项目计划。在实施可持续发展战略过程中，四川省还与日本、德国、瑞典等国家进行了较为广泛的合作。其中，攀枝花市与瑞典合作项目已正式启动，成都市府南河的综合整治工程、岷江中段水环境调查等项目已与日本进行合作并取得显著进展。

同时，四川省还以实施《四川21世纪议程》为中心，集中力量，围绕本省经济和社会发展中的关键技术问题组织协作攻关，为四川省可持续发展战略的实施提供技术支持。攻关重点在人口控制、医药卫生、环境保护、资源综合利用、重大自然灾害防御，城乡住宅建设等方面。1996年以来，共安排了重大科技攻关项目46项，产业化项目5项。其中"城市生活垃圾无害化、资源化处理成套设备的研究"、"城市生活污水处理技术及综合利用研究"、"可持续发展城市住宅成套技术研究及其应用"等已取得重大进展。

（二）探索可持续发展的新途径——本溪市可持续发展之路

近年来，本溪市的可持续发展引起了国际社会和国内外各界朋友的关注。人们称本溪市是中国传统经济发展模式的缩影;是一个由于过度开发资源,在经济发展的同时,造成了环境污染、水土流失、水土破坏、资源枯竭的一面镜子;也是向世人进行可持续发展教育的一个生动教材和活生生的标本。近年来,本溪市政府采取了一系列的重大行动,探索、研究和实践《本溪市21世纪议程》,收到了较好的效果。

他们的经验和作法是:

1. 与利益相关者共同探讨摸清本溪在环境与发展中的问题及原因;

2. 由政府牵头,组织利益相关者、大专院校共同收集、整理全部资料,进行系统分析,揭示出本溪环境与发展问题之间的内部关系;

3. 通过不同层次、不同形式的研讨会统一思想,共同编制《本溪市21世纪议程》;

4. 采取切实有效手段实施本溪市可持续发展战略——《本溪21世纪议程》,主要内容包括:

先后制定了一系列可持续发展政策来规范利益相关者的行为,出台了"关于进一步贯彻实施《中国21世纪议程》的意见"、"关于在全市企业中推行清洁生产若干意见的通知"等;

通过行政手段,建立组织、机构,任命协调人员,加强领导和管理。成立了本溪市21世纪议程领导小组及其办公室,负责对本溪市可持续发展的重大问题进行决策,成立了本溪市21世纪议程管理中心,负责本溪市21世纪议程优先项目的组织、协调、实施与管理;

通过经济手段,按照"谁污染,谁负责"的原则,收取排污费;

通过科技手段,积极推行清洁生产和环境无害化技术,贯彻资源减量化、资源再循环、再利用的三R原则,达到开源、节流、节能、减亏、降耗的目的;

通过培训、教育和新闻传媒,建立了本溪市妇女可持续发展中心、清洁生产中心等机构,培训各级领导、项目人员及公众。目前本溪市已举办培训班21期,培训人员达3 000多人次,成为本溪市实施可持续发展战略的中坚;

5. 实施本溪市可持续发展行动计划,将本溪市可持续发展战略直接转化为具有可操作性的行动计划,如实施了广泛采用清洁生产控制本溪大气污染政府能力建设项目等;

6. 广泛开展国内外的可持续发展的国际交流与合作,调动各方资源来实施可持续发展战略;将本溪市实施可持续发展战略规划的管理制度化。具体包括:

通过实施近期、中期、长期可持续发展计划的过程,不断建立和完善包括宏观、中观及微观层次的各系统的能力建设;

通过行政、政策、法律等手段使领导决策、规划、实施与管理制度化;

通过建立各参与部门责任制、承诺制等协调制度和灵活的机制来实现制度化;

通过不断强化现有的跨部门、跨行业、跨学科的部门和机构内部协调、对话、协商机制来实现制度化;

通过开展不同形式、不同层次、不同渠道的培训、研究以及信息交流、加工、传输等手段,强化协调管理的制度化;

尽可能利用现有的部门和机构来实施可持续发展战略与管理,利用现有的人力、物力与财力,减少复杂性和重复性,增强可持续性;

建立本溪市可持续发展的行动程序、监控、评估、评审程序及其管理制度;

坚持"试点—示范—推广"的科学方法,将风险减少到最小。

第三节 地方类型及其战略特点

改革开放近20年来,中国经济增长和社会发展的一个突出特点是地区之间发展不均衡,不同地区之间的经济发展和社会发展出现了明显分化。产业结构、增长模式和科技发展水平以及文化传统的差异,对于各个地区的社会经济发展和资源环境状况有直接影响。党的十五大重申了一个重要经济政策:发挥各地优势,促进地区经济合理布局和协调发展。同时明确指出:中西部地区要加快改革开放,发挥资源优势,发展优势产业。国家也要加大对中西部地区的支持力度。随着市场化改革的深化,经济发达地区需要在保持经济总量增长的同时优化结构,提高素质;欠发达地区要在市场经济体系中发现自己的发展空间和在经济结构中的位置,解决制约发展的瓶颈,挖掘内部潜力。制定地方可持续发展战略,需要结合不同经济发展水平地区的经济结构、社会结构、文化传统和制度积累,形成有效的目标激励和动员机制,促进可持续发展由观念转化成有效的区域行动。

一、地方类型

地区发展类型分化是改革开放以来的一个突出社会现象。这种分化不仅是经济发展水平的差距,而且与地区的资源类型、社会结构和在市场体系中的位置变化有内在联系。制定和实施区域可持续发展战略的一个重要内容就是分析和认识区域的内在结构特征和在市场经济发展体系中的既有位置和未来可能的发展空间。

地方可持续发展战略所涉及的地方不同于宏观经济地理格局中大的区域,也不同于微观研究中的社区和村落。虽然可持续发展问题受资源因素与环境因素的影响,是先整体后局部提出的,但是在可持续发展的实施行动上要求首先从局部做起,这就规定了地方可持续发展战略所选择的区域具有两个特点:一是发展方式对于资源和环境的影响要具备解释能力;二是实施可持续发展的行动要具备整合能力。通常所用的东、中、西部三大地带的区域发展类型对于解释 80 年代沿海发展战略有针对性,但是对于解释"八五"后期转向区域协调发展战略和各地区发展状态的日益多元化就过于粗泛了。经济发展水平是解释区域类型的一个重要标志变量,但是经济发展水平差距的原因往往与区域的资源类型、实力积累和在市场体系中的位置密切相关。制定地方可持续发展战略需要对区域类型进行相应的精细化,区域类型的划分标准应该包括:经济发展水平,经济发展活力和竞争力,社会发展水平,基础设施装备水平,生活质量,资源禀赋条件,区位条件。①

中国的区域经济社会发展水平可以分为七个类型:

发达城市地区(京津沪三个直辖市);

发达省区(广东、浙江、辽宁、海南和江苏五省);

较发达省区(福建、山东、吉林、黑龙江四省);

上中等发达省区(河北、新疆和湖北三省区);

下中等发达省区(山西、湖南和宁夏三省区);

较不发达省区(河南、内蒙古、江西、安徽、青海、陕西和广西七省区);

很不发达省区(四川、云南、甘肃、西藏、贵州五省区和重庆直辖市)。

上述区域分类涉及诸如社会经济综合评价,经济发展水平评价,社会发展综合评价,生活水平综合评价,基础设施综合评价,经济增长活力评价,资源禀赋分类,区位条件分类这样八类综合指标组,所以我们以加入原因解释项的经济增长梯度值来解释区域发展实力和可能性空间时,也要注意区域的外部因素对于区域发展的制约和影响。这种差别不仅是经济增长量的差别,而且也是一种社会结构和资源结构差别。同时这种划分是有弹性的,根据1998年的经济发展情况看,辽宁和海南的经济发展水平受经济基础结构的影响波动较大;受农业产业化激励,河南的经济增长势头又很猛。

---

① 陆大道、薛凤旋:《1997中国区域发展报告》,商务印书馆,1997年,第24~25页。

制定地方可持续发展战略时,不仅要比较区域的经济发展水平,而且要注意造成经济发展水平差距的资源和社会结构特点。从80年代开始,在中国国民经济计划和社会发展规划中,全国各省被划分为三大地带:一是东部沿海地区,包括:北京、天津、上海、辽宁、山东、江苏、福建、广东、广西、河北等省和直辖市;二是中部地区,包括:河南、安徽、江西、湖北、湖南、黑龙江、吉林、内蒙、山西等省。三是其余各省(也包括现在的重庆直辖市),属于西部地区。1996年在《国民经济和社会发展"九五"计划和2010年远景目标纲要》的文件中,适应社会主义市场经济发展的需要,突破了行政区界限,在已有经济布局的基础上,以中心城市和交通要道为依据,提出了7个经济区域,包括:长江三角洲及沿江地区、环渤海地区、东南沿海地区、西南和华南部分省区、东北地区、西北地区、中部五省地区(即湖北、湖南、江西、河南、安徽)。独立的经济区域概念由此在国民经济体系中的地位突出出来。历史上中国就存在着东部、中部、西部之间发展水平的梯度格局,改革开放从沿海向内地推进,从而拉开了地区间的发展差距。虽然不同地区居民的收入水平都有所提高,但从收入增长的幅度看,东部地区仍明显高于中、西部地区,从而使差距进一步扩大。

  首先是国民生产总值的比重发生明显变动。1980年到1991年,东部从52.3%上升到55.8%;中部从31.2%下降到29.3%;西部从16.5%下降到14.9%。地区差距的扩大是由生产差距来决定的,生产的地区差距比收入的差距更大。1979年至1995年各地区国内生产总值(GDP)增长速度排序,全国为9.89%,沿海地区为11.29%,中部地区为9.27%,西部地区为9.03%。以人均GDP为例,在 1994 年上海为 15 204 元,贵州为 1 553 元,相差 9.8 倍,1996 年扩大到 10.64 倍(22275/2093)[①]。1994 年广东省的 GDP 为贵州的 7.7 倍,与 1991 年 3.3 倍相比扩大速度很快,1996 年已经扩大到 4.55 倍。

得改革开放风气之先,加上原有的历史积累和地理优势,经过 20 年发展,在总体经济发展格局中,东部地区的迅速发展引人注目,不仅经济总量有了较快增长,而且地区经济结构也发生了巨大转变。首先是沿海地区形成一批经济发达城市,成为带动东部地区经济迅速发展、促进经济结构调整并且向腹地辐射的增长极。在 1.8 万公里长,50 公里宽的范围内,集中了 8 个特大城市(包括香港)和几十个大中城市,城市总数已经达到了 67 个。目前沿海岸城市带已经成为中国工业、金融、科技和外贸、郊区农业比较发达的产业带和对外开放地区,建立起一批高技术开发区,成为引进利用外资和吸收高新技术的重要基地。以京广铁路、京沪铁路干线和长江为纽带将重要地区的经济发展中心城市连接起来,成为重要的发展轴。上海作为经济中心大都市带动了周边地区中小城市的蓬勃发展,以苏南地区的锡山市为例,依托城市大力发展乡镇企业,促进了农村劳动力转移,形成了一批超亿元的大型乡镇企业集团。现在锡山市乡镇企业已经发展到较高的水平:农村劳动力进入工业领域的比例从 20% 增加到 75% 以上,乡镇企业年产值超过百亿元,农业产值只占到 GDP 的 5% 左右。在东部地区的许多城市,基础设施先行,为经济发展提供了基本保证。经济发展促进

---

① 《中国统计年鉴 1997》,第 45 页。

了人口流动和居住集中,市场经济下就业竞争促使人们将提高教育水平和劳动力素质放在重要位置。人们的收入提高了,对于公共设施的要求也提高了,也更为关注环境状况和生活质量。江苏省防洪设施的巨大投放经受了1998年洪水的考验。在东部地区,可持续发展战略主要解决的是经济发展和社会事业发展的协调和相互促进问题,以及如何满足人民群众日益提高的对于生活质量的要求问题,因此,保持经济发展的领先地位和技术优势,将环境要求纳入生产过程,建立和完善保护资源环境和文明的生活方式成为地区可持续发展战略的重要内容。

经过20年改革开放,农村地区得到迅速发展,同时农村的地区分化也成为农村发展的一个重要特征。在党的十五届三中全会召开前夕,江泽民同志在江苏、上海和浙江进行调查研究时强调指出:沿海发达地区自然条件好,经济实力强,科技力量雄厚,有精耕细作的传统,同国际市场的联系又比较紧密,加快农业发展,建设发达农业,有基础、有条件率先基本实现农业现代化。沿海地区的农业要在现有基础上再提高一步,上新台阶,必须在科学技术上取得新的突破。中国实现农业现代化,必须大幅度提高农业的科技含量,提高科技对农业增长的贡献率,把农业发展真正转到依靠科技进步和提高劳动者素质上来。要推进农业科技体制改革,形成支持农业发展、鼓励农民运用科技成果的新机制。苏、沪、浙3省市农村的不少地区采用农业产业化经营的形式,"龙头企业"加农户,带动千家万户进入市场,实现了农产品加工转化增值,提高了农业的综合效益,农民也从中得到了更多的实惠。浙江省嘉兴市宏达食品有限公司从1990年2万元资金、7个人起家,现已发展成为总资产2 000多万元,年利税超过500万元的食品生产加工企业。公司与农户建立了比较稳定的关系,按市场价收购农户饲养的鸡、鸭、猪等畜产品,带动了当地和周边地区养殖业的发展,直接受益的有1 000多养殖专业户,每年可增收2 000多万元。发展产业化经营,形成生产、加工、销售有机结合和相互促进的机制,推进农业的商品化、专业化、现代化,这是农业和农村经济发展的一个带有战略意义的工作。农业进行产业化经营,是增强农业自我发展能力、增加农民收入的有效途径,是提高农业市场化程度和科学化水平的有效途径,也是在家庭承包经营的基础上实现农业现代化的有效途径。

改革开放以来,乡镇企业异军突起,带动了务工经商的农民向小城镇集聚,农村工业化、城镇化进程不断加快。随着农业生产力的提高和乡镇企业的发展,沿海发达地区有些有条件的地方实行土地适度规模经营,有大量的农业富余劳动力需要转移。有计划、有步骤地把农业劳动力转移到新兴的小城镇和乡镇企业,是实现中国农业现代化的必由之路,是符合中国国情的农村现代化的路子。发展乡镇企业和积极推进小城镇建设,是农村发展的两大战略,成为农村经济社会发展的一个重点。搞好小城镇建设,首先要制订好规划,既要考虑一个地区小城镇的总体布局,又要考虑每一个小城镇的布局,做到科学规划,合理布局,精心建设。

在现阶段,由于市场经济体制基本建立,区域经济的整合、辐射和吸纳作用增强,中部和西部地区的发展面临着更大的压力和挑战。区域分化带有明显的产业结构特征和群体收入分化特征。贫困者则多集中于中、西部欠发达及落后地区。1994年后西部地区的贫困由农村贫困又加上了城市贫困。1993年按省份统计的城镇居民人均收入最高值(广东,人均4 275元)与最低值(内蒙古,人均1 710元)之比已达2.50∶1,而1987年和1991年的该比例数字分别为1.72∶1和2.15∶1。1994年,不同地区之间城镇居民收入差距又在继续扩大。东、中、西部居民的地区收入差距为1.41∶0.95∶1,比1985年的1.15∶0.88∶1扩大了0.26和0.07倍。

进入90年代,随着城市改革和国有企业改革的深入,城市职工下岗和再就业成为重大社会问题。经济效益不好的国有、集体企业在职职工家庭和退休职工家庭成员多分布在中西部地区,原属低收入户或中等偏低收入户的减收比重更大。1995年按行业工会调查统计低于当地规定的最低生活费标准的困难职工已经达到1 000万人,占国有企业、集体企业职工的8%,但是规模分布并不均衡。一是企业亏损面的地区差异:据1995年5月的汇总统计,广东困难企业占企业总数的1.6%,困难职工占职工总数的2.68%;辽宁的相应比例是6.5%和8.5%;甘肃的相应比例是19.43%和14.92%。二是各地根据当地标准统计的在业贫困者群体规模以及占当地城镇居民总人口的比例也不相同:在发达地区,上海市1994年已经将城镇居民最低生活线调整为职工人均月生活费收入180元,职工家属135元,低于这个标准的职工占全市职工总数的1.9%;在欠发达地区,云南省城镇人均月生活费收入低于90元的职工占当地职工总数的6%,内蒙古人均月收入在70元以下的职工占当地职工总数的8%。虽然西部地区内部也存在着不平衡,但是整体上西部地区由城镇贫困造成的生活水平下降的社会影响更大。

全国农村的低收入者主要是中、西部地区的贫困农民。1998年仍有5 600万左右的农村居民温饱问题未能得到彻底解决,这构成了西部地区低收入层的主体。从90年代开始,中国农村的区域差别逐渐扩大,如国家统计局农调总队的抽样调查资料显示,在1993年农村人均纯收入排序中,上海以2 726.98元高居榜首,居二、三位的北京、浙江与上海的差距就达850至1 000元,收入水平最低的甘肃只有550.83元,仅及上海的1/5。1993年全国农村居民纯收入比上年增长3.2%,收入水平达此平均线以上的只有11个省份。另据测算,1993年东、中、西部农民人均纯收入差距之比由1992年的1:0.69:0.66扩大至1:0.66:0.54,1994年东部、中部、西部三大区域之间农民的收入差距继续扩大为1.71:1.10:1。反映农户间收入差距的基尼系数由1992年的0.3135扩大至1993年的0.3304。

全国农村村级组织集体经济水平也相差很大。经济发达的农村地区农民人均收入已经普遍达到3 500元以上,贫困落后地区农民收入仅为300元。不同地区农民的收入结构也有所不同。在经济发达地区,农村农民收入的80%来源于非农产业,农民劳动时间的90%从事非农产业,而且在当地从事农业生产的农民的收入往往高于从事非农产业生产农民的平均收入水平,其原因在于当地农业生产已经是高技术含量的企业化经营。1993年年底,全国每个村委会拥有的资金为人均146.91元。扣除东部沿海经济发达地区人均占有额多的因素,中西部地区的"集体经济"已经成为"空壳"的比重就占绝大多数,这些"空壳村"实际已经丧失了进行行政社会管理的能力,处于瘫痪半瘫痪状态,由此出现的一些问题对农村和城市社会都产生了严重影响。问题的严重性还在于,发展水平和收入水平较低的区域正是农业比重最高的地区。如1992年在东中西部三个地带,农业所占比重分别为27.7%,46.7%和55.3%。农业增产不增收也拉大了地区差距,并且动摇了农业生产的基础地位。

地区间经济水平的差异不仅直接影响着生产部门劳动者的收入差距,现行财政体制对非生产部门社会成员也有重要影响。以1993年年底对机关和事业单位实施工资改革为例,由于财政困难等因素,全国约有50%的地区未能兑现新工资制度,相反,在不少发达地区却认为新工资制度的增长幅度太低。

地区间经济水平的差异形成的收入差距与人才流失形成恶性循环。90年代初期,新疆通过正常手续外流的各类专业技术人员就达6 500人,宁夏达5 000人。这必然会影响当地劳动力素质的提高。而当地劳动力素质下降又会进一步导致生产落后以及环境破坏和污染。这种状况如果不能从根本上得到改善而持续下去,地区之间的利益差距就容易和民族宗教矛盾交织在一起,产生各种不稳定因素。

经济欠发达地区有三个显著标志,一是人均GDP水平较低;二是总体上属于重工原料型粗放经济,工业化程度低,缺乏产业延伸,初级产品外出在经济结构中所占比例大,对于资源和环境的污染和破坏比较严重;三是经济发展环境差,不仅表现在经济组织内部,而且表现在人的教育水平和职业素质较低,缺乏激励经济增长的人力资本投资。由此反映出经济总量不足与经济质量脆弱并存。经济发展低水平和产业结构低度化对西部地区的社会发展、城乡内部结构、城乡关系和政府能力(不仅是财政能力)都有显著影响。

地区间的发展差距也严重影响着增长速度和效益。随着市场化进程的推进、市场对资源配置能力的进一步强化,地区间差距扩大的循环性特点就更为显著。发达地区不仅收入高、增长快,决定进一步发展的投入增长及结构调整速度也快;落后地区的情况则相反,增长慢、收入低、投入少、效益差。在这时,问题的核心在于原始条件的差异导致了竞争初始条件及竞争能力的巨大差异,进而造成收入差距的逐步扩大。

二、区域发展理论

制定地方可持续发展战略需要针对当地发展的特点,明确自己的问题和资源配置方向,也需要将可持续发展的指导思想与以往的区域发展理论内部的合理因素结合起来。目前比较流行的区域经济理论主要有:

增长极理论:即由某些城市、产业、企业率先得到发展,通过它们将资本、人口和技术等重要的生产要素高度集中起来,发挥规模经济效益,形成较高的增长速度和经济效益,这就自然会形成一种极强的经济扩散和辐射效应,从而对周边地区的生产和消费产生拉动作用,从而带动落后地区的经济发展。按照这个理论,政府当然要实行某些政策倾斜,培育和扶植新的经济增长极。

二元经济理论:认为在一个社会中,总会有现代的先进的生产部门和传统的落后的生产部门,如果要加速社会的发展,就需要那些先进的生产部门迅速进行扩张,同时由那些落后的部门提供劳动力和其他原材料,加快实现工业化。

梯度发展理论:主张按照产业结构的优劣来划分各个地区经济发展的水平,新的产业部门总是在经济发展水平较高的地区出现,随着经济的发展,落后地区也会出现较高级的产业结构即称经济的梯度转移。与这个理论相对应,也有反梯度理论。

均衡与非均衡增长理论:均衡增长理论要求各地区经济全面发展;非均衡增长理论一般认为应对基础较好的产业或地区进行重点投资,以带动其他地区的经济发展。

区域经济发展理论是按观点来划分的,但在实际工作中需要针对发展的阶段特点和资源状况以及动员能力来动态修正和落实。在区域经济研究中,最重要的是要准确把握区情,从实际出发,研究生产力区划,并顾及相应的传统积累和社会利益分配格局。中国研究区域经济比较流行的方法主要有两种:一是条带模式,着眼于沿海、沿江、沿边、沿路,配置新的经济增长点和区域辐射;二是区块模式,着眼于区域划分,按照区内各类生产要素的近似性,加速发展区内生产力。在经济转型期,要坚持区域经济协调发展,同时也应采取一些倾斜政策,扶持中部和西部经济的发展,逐步缩小地区经济发展的差距。但是也要看到,单纯依靠体制推动和外部激励的可能性虽然存在,但自主选择发展模式的主动性和重要性已经大大增强。现在中国面临的不仅是地区发展分化问题,而且有行业和产业的经济结构调整问题。在"九五"期间,按照国内财政收入和国际资本进入中国的强度分析,单纯以缩小地区差距为直接目标的大规模向中西部地区倾斜投资的可能性已有所减小。从国内环境看,"九五"期间到下个世纪初,中国经济发展的主要目标是加快实现产业集约化和规模经济,推进资源的优化重组进程。为此,国家只能将有限的资金继续重点投向东部地区那些管理水平和技术水平相对较高、市场占有率高的大中型企业。从国际环境看,随着越南、印度等亚洲国家的开放,国际资本在亚洲的流向趋于多元化,这使中国利用国际资本的规模和速度都会受到影响。如果中国人口继续保持10‰左右的增长速度,按照经济发展的连续性来看,"九五"末期到2005年、2006年到2010年间地区经济之间的绝对差距仍然将继续扩大。但随着国家财力的增强,中西部基础产业逐步发挥作用,2010年后国家才有可能大规模向中西部实行投资倾斜。

十五大之后,中国的市场经济建设已经深入到资本经营和生产要素重组层次,市场对资源配置的作用与能力加强,区域竞争力与效率、效益、收入增长的关系也更为明显,地区发展差距越来越大。区域间经济结构的差距的本质原因不仅存在于经济结构内部,还受到社会发展的制约。1996年地方财政包干制改为分税制,实行中央对地方的返还和转移支付制度,以调节分配结构和地区结构,特别是扶持经济不发达地区的发展和老工业基地的改造,对促进西部地区发展十分必要。但是1997年以后的形势发展可能是,由于经济和社会的结构性问题突出,地区性问题的重要地位虽没有变化,但在全局紧迫性的位序相对后移,国家对经济欠发达地区投入不可能有大的增长[1],地区现代化战略需要审时度势、突

---

① 冒天启:"中部五省经济发展的思想选择——分报告之三",引自中国社会科学院"中部五省经济发展思路"课题组的同名研究报告(打印稿),1997年11月,第57页。

出区位特点。在不放弃国家支持力量和机会前提下,工作重点应转变到挖掘内部发展潜力,发现市场和寻找新的增长点上。在追求地区经济实力和人均 GDP 的目标的同时,需要注意西部地区的社会协调发展,以社会协调发展促进区域现代化。

上述分析强调区域发展要立足于内部推动力,实际上中央对于地方的政策倾斜受多种因素影响而变动。1998 年长江中下游特大洪灾出现以后,政府和社会都认识到可持续发展问题与生存问题密切相关,国民经济是一个整体的系统,在国家的整体发展战略中如果对于西部地区的发展缺乏关注,缺乏有实质意义的投入,西部地区的发展更可能会继续采用依赖资源和破坏环境的竭泽而渔的发展方式,最终长江上游的植被破坏和生态环境受损会影响到长江下游经济发达地区的经济发展和社会稳定。中央已经决定采用转移支付手段帮助和带动西部地区的经济发展,并制定了停止砍伐森林等一系列具体措施。中央财政支持体现出与常规时期不同的力度,这为西部地区发展创造了有利条件。争取中央支持是一个方面,但是发展的基点要把握当代中国经济和社会发展的总趋势,立足于当地的条件,调动一切积极因素,促进经济和社会协调发展。要达到这一目标,基本要求就是要切实了解当地的发展态势和在周边地区发展中由实力和机遇所决定的位置,根据地方类型来确定地方可持续发展的战略重点和特点。

三、区域可持续发展的特点和途径

解决地区差距问题最根本的是需要发挥当地政府和群众的奋

斗精神和创造性,以及宏观协调和对口支援促进欠发达地区的社会和经济发展。没有当地的主动性和创造精神,外部投入往往是无效或者低效的;没有宏观调控和生产结构的转变,单纯的投入在旧的经济结构和社会结构中往往也是低效率的;没有宏观调控,区域经济分化形成的增长极效应,在发展初期会限制欠发达地区的发展,在发展的后期对于辐射地区的资源吸纳也会限制欠发达地区形成新的产业支柱和新的经济增长点。

可持续发展是社会体系多种因素协调发展的过程,包括社会生活中的经济增长、制度变革和价值观念的改变。联合国开发计划署(UNDP)《1994年人类发展报告》指出:"发展概念的表述并非仅仅是收入,也包括生产率、公正、持续性和权能授与;经济增长主要取决于'社会资本'的积累,而不是对个体代理商或部门的投资;在国家发展中要特别注意政治资源的使用能力"。地区发展是现代化的普遍的特征与本地区历史文化有机结合的产物。由于自身所处的经济区位、发展阶段和条件不同,可以借鉴但是不能简单照搬其它地区的发展模式。

以不同的区域在当代中国经济社会发展水平的梯度值(包括经济总量和类型结构)与在城乡连续体中的位置交叉分类,区域发展可以基本确定为如下35个基本类型,确定每个类型的地方可持续发展战略时也必须同时引入区域经济类型和城乡连续体位置两类特征才能完整地定义和解释。

地方政府在制定和实施区域可持续发展战略中承担着启动作用。在确定地方可持续发展的发展类型和约束条件时,需要结合本地区的发展阶段和发展特点注意如下问题:

表 1　区域发展的基本类型

经济类型 \ 连续体区位	大都市(1)	地级市(2)	县级市(3)	乡镇(4)	村庄(5)
发达城市地区(A)	A1	A2	A3	A4	A5
发达省区(B)	B1	B2	B3	B4	B5
较发达省区(C)	C1	C2	C3	C4	C5
上中等发达省区(D)	D1	D2	D3	D4	D5
下中等发达省区(E)	E1	E2	E3	E4	E5
较不发达省区(F)	F1	F2	F3	F4	F5
很不发达省区(G)	G1	G2	G3	G4	G5

第一,经济发展水平的梯度值是一个重要概念。要在大尺度区域范围内确定自己的发展位置,先跳出自己地方的小圈子,明确自己所在的位置中的纵横坐标的分类基本特征是什么,这样的交互定位有利于确定自己的战略地位和大局对地方发展的影响和制约。只注重纵横坐标的一个维度往往导致片面性。一般来说,发达地区的地方单位在制定战略和实施行动中容易片面注重区域的经济实力特征,忽视决定和制约区域类型的结构原因,欠发达地区容易注重由行政级别确定的城乡连续体中的等级特征,以此置换区域的经济实力水平。两个维度的指标有内在联系,但不是简单的对应关系,而是有着重大区别。

一个典型的例子就是江苏常州的可持续发展,按上表常州的标志类型为 A2。常州对建立社会发展综合示范试点有积极性,反映出常州人民及市委和市政府领导的自觉,但是研究常州在长江三角洲发展中的经济区位可以发现,更深刻的原因在于常州抓社会事业发展是周边地区外在压力的结果,常州发展社会事业的积极性来源于对于这种压力的自觉认识。常州和苏州、无锡都是地级市,同处苏南地区,经济结构处于同一层次,但是经济发展水平有差别。常州是以轻工业为主的加工业城市,没有钢铁、石油、化工、汽车类型的支柱产业,因此国家不可能有大的投入。在市场经济飞速发展的今天,大都市的辐射作用日益加强,而常州在地缘联系上不具有苏州和无锡那样与上海的亲和性,因而不可能形成苏州、无锡类型的"大都市—卫星城"的发展定位。这一地理战略地位决定了常州工业虽然进入了以上海为中心的工业体系,但在进出口贸易和外商投资比例上与苏州、无锡相比有相当大差距。1995年自营出口总额苏州是32亿元,无锡20亿元,常州8亿元,由此可见上海辐射能力的重要性。流动人口对城市第三产业发展有重要促进作用,1995年无锡旅游人口100万人,常州为10万人。与上海经济增长极联系薄弱,这是常州与苏州、无锡的最根本的区别,也是常州与苏州、无锡在经济发展速度和规模形成差距的根本原因。虽然常州现在也有六大工业体系和相当规模的外资引进,但是上述差距造成了结构上的不可比,这些指标实质上反映了常州经济发展的相对独立性。上海与常州在经济发展规模上有差距,但是在经济结构方面的落差还没有大到使常州接受上海的淘汰技术。在地理上处于苏锡常地区,行政层次的并列要求常州保持有吸引力的城市凝聚力特征。所以常州对于发展社会事业有"不干不行,干慢了也不行"的外在压力,市领导抓经济与社会协调发展的战略部署实质是审时度势的因势利导,使外在压力自觉转换成常州发展社会事业的内在动力。忽视这种基本战略格局,仅着眼于以GDP和利税率作为相邻地区的通用指标来评价常州实验区的发展水平是不合适的。从这一角度看问题的目的在于,要看到常州在社会发展综合示范试点工作中所取得的巨大成绩[①],更重要的在于发现取得成绩的激励原因。

在制定地方可持续发展战略时,首先要确定自己所在中国经济发展七个层次的梯度位置。容易忽视这一问题的原因在于,有的地方经济发展的绝对量并不低,就认为梯度理论对于当地的经济发展没有解释力。经济发展水平的梯度位次低并不是说不能发展,但客观上又制约着发展的空间和持续能力。从大的空间尺度和时间尺度确定地区的可持续发展战略有利于认识发展所依赖的条件,密切关注条件的变化趋势和特点,增强区域发展的持续能力。

第二,要从城乡连续体关系来认识农村和城市。在以前的计划经济体制中,城市和农村的关联并不密切,在现在的市场经济体制下,由于行政管辖权的限制,也使人们往往忽略城乡连续体的内在关系。制定区域可持续发展战略的一个重要方面就是要将自己地区的发展位置和未来发展机会放在开放环境下的整体发展格局中来考虑,这里所谓"全局"的边界由发展的可能性空间来定义。

世界现代化发展的进程表明,农村和城市都不是独立的概念,是在城乡关系连续体中获得各自的规定性。本世纪以来,世界范围内的城乡格局发生了巨大变化,对于农村和城市也存在多种定义,原因之一就是对于城市农村动态连续体的阶段性特征的认识

---

① 此例引自樊平1996年对常州作为国家社会发展综合实验区十年总结的考察报告。

和定义角度不同。在城市与农村之间既有城市边缘区的过渡地带,也有城乡混合特征的乡村城市。1983年在日本名古屋由联合国区域发展中心(UNCRD)召开的关于发展中国家农村工业化的问题会议上,专家小组提出,将城市与农村作为一个连续体,要比城市与农村的二分法更合适。这样就将城乡连续体划分为一系列彼此相连又相互区别的阶段:乡村,乡村城市,城市边缘区和城市。农村可以定义为:乡村、乡村城市和城市郊区三大部分,城市可以定义为:城市,城市郊区和乡村城市三大部分。结合中国的实际情况看,经济发达地区有的县的经济总量超过了欠发达地区一个地区甚至一个省的经济总量,虽然行政级别后者高,但经济实力前者强。在中国的行政区划中,依据人口规模、人口密度、行政地位和行政区域、职业构成和基础设施等因素对城市和乡村给以界定。城市定义为区域性中心城市,包括中央直辖市,地级市和职业分化明显、现代化水平较高的县级市;乡村城市定义为县域中心城市(县级市)和建制镇;乡村定义为集镇和村庄及其所辖的区域组合[①]。据此定义农村包括了城市郊区、乡村城市和乡村三个组成部分,这三种农村的差别很大。

因此,在制定和实施区域可持续发展战略时不能抽象地论述行政级别层次的区域可持续发展战略的内容,需要根据具体情况来具体分析。检测经济体系是否完备的一项重要内容就是看区域发展中城乡连续体的关系。需要注意的是,UN比(城市人口占总

[①] 苗长虹:《中国农村工业化的若干理论问题》,中国经济出版社,1997年,第22页。

人口的比重)是反映城市化水平的重要指标。城乡连续体理论可以对 UN 比值进行修正,能够解释城市发展的持续能力及其与周围地区的相关性,即没有城乡连续体的城市不宜用"增长极"理论来解释,需要用"渗漏"理论来解释。

四川攀枝花市城市可持续发展能力建设就是这样的例子。按表 1 攀枝花市的标志类型为 G2。1998 年攀枝花市总人口 97.8 万人,其中城市人口 46.8 万人,UN 比达到 47.85%,此指标高于全国平均水平(1995 年全国中等城市平均 UN 比为 38.2%)。单纯就此指标看,攀枝花市城市发展质量是高的,但是从城乡连续体角度看,UN 比高指标是由特定的地理特点造成的。攀枝花市是由攀钢带动的飞地型区域性中心城市,依山临江,没有城乡连续体,没有郊区依托和过渡,以区划定义的城市和农村边界两边经济和社会发展相差悬殊。攀枝花市城市建设存在着"渗漏"效应,决定了其发展不同于"增长极"理论发展初期"吸纳"、后期"辐射"的中心—边缘关系变化过程。攀枝花市城市基本建设投资体现为两个效果:一是以城市地理边界看投资效率低,二是城市建设投资以"渗漏"形式带动了周边农村的经济社会发展。事实上,攀枝花城市建设承担着扶贫和带动区域发展双重任务。

可以用沿历史顺序发展的城乡关系结构的图示方式(见图 3 至图 7),来形象化地解释在不同的经济体制下,自然环境和社会体制约束条件对于攀枝花市区域可持续发展战略目标设定和实现的技术路径的影响。

第三,通常认为欠发达地区的可持续发展需要重视,发达地区的可持续发展因为经济水平高会自然解决。这种观点将可持续发

图 3：没有工业化进入的初始经济地理系统。
平面网络表示小农经济的均质格局。

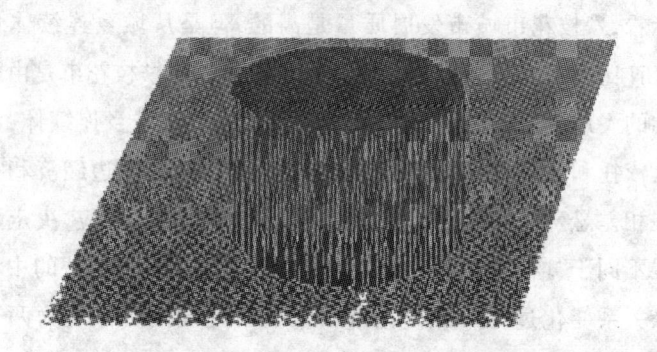

图 4：计划经济体制下飞地型工业化的城乡关系。
圆柱(工业化城区)与平面网络没有结构相关性,飞
地型工业城区与乡村原居民住地是各自封闭的自给自
足系统,通过第三者(中央计划)交换。

展的实施看得过于简单化了。可持续发展在经济发展水平不同的三个地区都有实施的必要,但实施的重点和突破口不同。在经济发达地区,主要是转变消费方式问题;在发展中地区,主要是防止粗放生产浪费资源问题;在欠发达地区,主要是保护生态环境问题。在全球经济一体化进程中,在国内开放市场和社会流动条件

图5：市场经济体制下飞地型工业化的城乡关系。

市场经济体制下的飞地型工业化对周围地区有带动作用，圆柱与平面结构相关，拉动网络隆起。

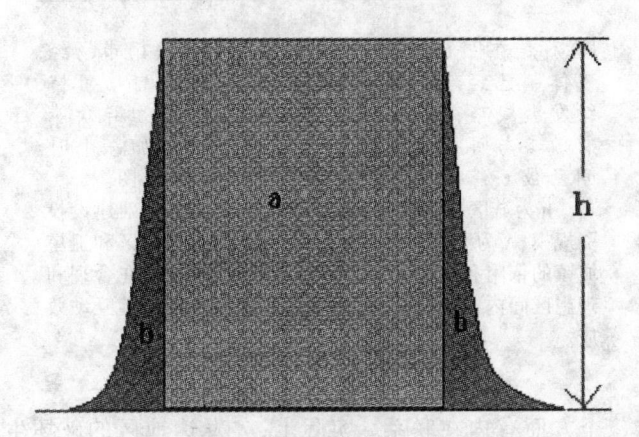

图6：是图5的剖面图。

市场经济体制建立初期，由于城乡连续体关系不完善，城市基础建设形成"渗漏"。h为城区基础建设投资规模；a为城市基础建设的城区收益；由于原地区经济基础薄弱，工业化带动的城市发展缺乏郊区经济的支持，形成的b部分为"渗漏"效应。攀枝花城市基础建设投资体现为两个效果：一是以城市地理边界看投资效率低，二是城市建设投资以"渗漏"形式带动了周边农村的经济社会发展。攀枝花市建设具有扶贫和带动区域发展的双重任务。

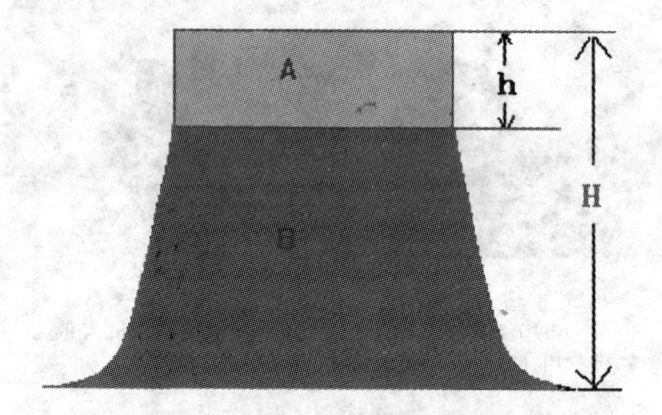

图7:是在图6基础上,加入约束变量:(1)市场经济体制已经建立并完善;(2)地方政府启动可持续发展战略;(3)攀枝花市各社会阶层和群众能有效参与可持续发展战略实施;(4)增加一个时间函数 t;综合如上因素得到的理想演化图。

h 为城区基础建设投资规模;H 为城市基础建设投资规模;A 为城市基础建设的城区收益;B 为郊区和卫星城镇的依附和顶托效应。这时 h 的渗漏很小,在合理和理想区间内,这样的关系形成城乡连续体的良性互动效应。

下,这三个方面有内在联系。实际上,欠发达地区的破坏生态环境,发展中地区的粗放生产与浪费资源,与发达地区的奢侈性消费是相关的。在发达地区的发展模式研究中,要注意经济水平类型分析,即人均 GDP,非农化和城市化水平,经济外部性和发展对于环境资源的依赖程度和需求弹性,也要注意出现的跨区域经济特征。

第四,社会生活类型分析。这与区域内部的社会分化有关,决定了可持续发展实施的行动群体,也涉及到区域可持续发展战略所需要协调的社会利益分配的格局和重要调整。比较而言,这是传统的区域发展战略中最为薄弱的环节。政府推动和公众参与是可持续发展的重要内容,没有政府推动,可持续发展只能成为公众意识形态中的一种价值观念,难以通过动员和协调转化成社会行动;但是如果只有政府推动,缺乏对于社会利益格局的分析、调整和影响,政府推动就很难从文件号召进入实质性领域。可持续发展战略会带来地方经济社会总福利的提高,但是必然会重新调整原来的资源占有量和使用方式,这实质上也构成一种新型的社会分配机制,在触动旧的利益格局和受益群体时必然会遇到社会阻力。这种阻力构成实施可持续发展战略必要的社会成本。可持续发展的公正性就在于:在提高经济发展效率和保护资源环境方面,顾及社会各个群体的目前和未来的利益,在国家、企业和个人之间,在不同的社会群体之间,在不同历史时期的社会主要受益者之间,建立起一种相对合理的发展成本的社会分摊机制,提供和保证资源环境供给人类社会生存条件的持续性和恢复能力。在这个意义上,可持续发展着眼点在于发展对资源环境的影响,但是着手点还需要从社会结构的利益分配格局和社会行动方面形成整合能力。前者需要宣传,后者需要有效的社会管理和公众参与,两者结合,才能保证可持续发展成为有效的区域行动,从而促进区域经济和社会协调发展,在经济总量增长的同时,体现社会进步的公正性,实现社会的现代化。

居民文化传统,可以选择的动员机制和传统组织资源,居民参与方式和程度及行动动机都十分重要,这是决定区域可持续发展战略的内部因素。需要注意的是,对于可持续发展的破坏在机制上固然有政策作用,但从行动上往往是社会基层的自然人和法人行动开始的。要实施可持续发展,就要化解传统习俗中与现在的利益分配格局中形成不可持续发展的消极因素。其中涉及的因素有:①国家与社会关系问题。国民财富的衡量和实际进行的重新调整和分配,涉及总量问题和使用规则问题。②政策和内部规则。内部规则是地方性知识的内在逻辑,其中有的内容对于可持续发展是不合理的,但是对于当地的习俗来说却有其合理性,这样的知识构成地方性知识,对当地人的行动具有效用最大的解释力。③公民和法人行动者。作为公民关心环境,作为法人关心利益,要注意研究法人利益是在交换中实现的,要注意小团体成员在什么条件下可以进行权利和利益的交换。④群体内部的社会分层,要注意当地精英行为对于大众的示范作用。

第五,在经济一体化,边界多元化,个人行为从先赋向自致转变过程中,流动性增加,民主和自治上升,个人行动在社会选择中的重要性增加,对于政府的财政收入能力和调整行为也有相关的显著影响。由于社会流动和个人地位不确定和资源的市场价格的剧烈波动,使环境保护的长期性收益的吸引力和人们对环境的关注程度降低了。由于流动,人们对赖以生存的社区环境的依恋感和关注程度下降了。收入的个人和小团体趋势日益明显,环境容量(承载力)和经济外部性受到更大的挑战。由于在体制上社会流动的选择空间扩大,"能人"和高效率的企业的流动能力明显增强,由于他们对于区域财政的贡献起重要作用,地方政府的政策选择和调控能力也必然受到影响。在这样的背景下,需要根据可持续发展理论,研究和分析规则的约束力与贡献力,义务与责任,经济发展水平与利益主体的流动能力和流动性,行动者的可持续发展技术应用水平和受益率的关系,等等。因此,在研究和分析地方可持续发展的思路和途径时,迫切需要将通过推导形成的规范性分析思路与通过体验积累形成的地方性知识结合起来,由此决定的战略选择才有可能影响地方的行动者和决策者,才能促进地方可持续发展战略转化为切实的社会行动。

第四节 可持续发展实验区

改革开放以来,随着由计划经济体制向市场经济体制转变,粗放的经济增长模式和以区域及法人为单位形成的外部性问题逐渐突出出来。为了改变这种状况,国家有关部门开始试点探索解决这类问题的办法,可持续发展实验区的前身社会发展综合实验区的工作提上议事日程。1994年至1996年,社会发展综合实验区工作与地方可持续发展逐渐结合起来。1996年3月《国民经济和社会发展"九五"计划和2010年远景目标纲要》中正式写入社会发展综合实验区工作,社会发展综合实验区开始承担转变发展方式的职能,成为实施国家可持续发展战略的实验基地。

一、实验区的由来和发展

社会发展综合实验区的建立和发展顺应了中国社会经济发展的内在要求,与中国改革与发展时代背景相一致,它的建立和发展历程在一定程度上是探索有中国特色社会主义道路的具体实践。

社会发展综合实验区的发展经历了三个重要阶段。

第一阶段:社会发展综合示范试点。

这一阶段工作的主要内容是针对经济发展以后所产生的一些社会问题,依靠科学技术引导和促进社会事业的发展,使社会发展与经济发展相协调,逐步建立文明、健康、科学的生活方式,探索有中国特色的社会发展道路。

十一届三中全会以后,党中央决定把工作重点转移到经济建设上来,随着改革开放的深入,经济获得了前所未有的快速增长,但是在相当一些地区经济与社会发展不协调的问题也逐渐突出出来。一些地方领导片面认为只要经济上去了社会发展也就自然而然上去了,因而忽略了对各项社会事业发展的重视和支持,造成经济发展和社会发展之间的不协调。很多地方经济发展了,人民富裕了,却产生了一连串的社会问题,如犯罪率持续上升,人民群众的生命安全得不到保障,基础设施建设严重不足,教育质量滑坡,道德思想混乱,环境破坏严重等等,影响到社会经济的发展。这时,一些经济发展起步较早的地区已经开始思考发展道路问题。

常州对于经济社会协调发展有较早的认识,这和常州的经济发展结构有关。常州在计划经济时期地方工业体系就已经配套完备,改革开放以来一直以经济增长为首要目标,乡镇企业成为经济发展和能力积累的支柱,1986年乡镇工业产值实际占全市工业总产值的50%,1986年常州完成国内生产总值(GDP)49.5亿元,比1978年增长1.8倍。按当时汇率计算已经超过400美元,步入工业化中期的加速发展阶段。在这一阶段,以加工业为主的产业特征和以乡镇企业为主的所有制特征的缺陷也暴露出来[①]:①人口集聚密度大,但是人口素质不高。②长期粗放经营,消耗资源过度,经济增长主要依靠投入增加拉动。③忽视环境保护,污染逐渐加重。低水平工业污染源密度高,乡村工业化初期"村村点火,户户冒烟"形成了小型分散重复格局,城市扩张和生活水平提高带来的生活废弃物日益增多,环境污染趋于严重,生态平衡遭到一定程度破坏。④社会事业滞后,城市功能弱化,基础设施建设陈旧,不能提供有效的社会保障。⑤在社会转型中人们的价值取向也发生了变化,出现了一些不文明的倾向。80年代中期开始逐渐暴露的这些矛盾是长期忽视经济与社会协调发展积累起来的。当1986年国家科委在确定社会发展综合实验区试点时,实验区的指导思想与常州市政府的观点不谋而合。国家行政部门的宏观导向与地方政府行动的有效需求达成了共识,常州在经济与社会协调发展方面已经和国家科委形成了发展观上的价值认同,这是常州在1986年积极参加社会发展综合实验区试点工作的内在原因。这种认识已经包含有经济与社会协调发展的基本内容。

在这样的发展背景下,国家科委等国务院有关部委选择在江苏省常州市和锡山市华庄镇开始了城镇社会发展综合示范试点工作。在常州开展试点的目的是:在改革开放的大潮和全力推进社会主义现代化建设中,在人民群众生活向小康目标迈进时,以科学技术引导和推动社会经济协调发展,探索具有中国特色的社会发

[①] "走向未来的道路——常州探索可持续发展的实践与思考",江海学刊,1996年第2期,第38～39页。该文也是常州实验区第三阶段的总结。

展道路。在华庄开展试点,旨在探索经济发达地区农村小城镇社会发展的新途径、方法、新经验,使农村在经济发展的同时,通过在小城镇建立和完善与现代社会相匹配的社会设施,发挥小城镇的吸引功能、调节功能、倡导功能、辐射功能,在人口、生态、环境、交通、通讯、文化、教育、卫生、体育等诸方面取得综合示范效应。要求在先进的科学技术的指导下,制订小城镇社会发展总体规划,提高人的身体素质、思想政治素质、科学文化素质,实现经济效益、社会效益、生态效益的平衡提高,物质文明和精神文明同时建设,一、二、三产业协调发展,为建设有中国特色的社会主义新农村作出有益的探索。这一时期虽未提可持续发展的概念,但是已经从中国地区发展道路中切实感到实施可持续发展的必要性,关于地区经济社会协调发展的指导思想已经包含了可持续发展的基本思想和内容。

经过三年的试点工作,国家科委于1989年12月在常州市召开了城镇社会发展综合示范试点工作会议,国家计委、教委、公安部等10多个部委与会。在听取了常州市、华庄镇两地第一阶段试点工作汇报并参观、考察了相关的示范项目后,一致认为,常州市和华庄镇在有关部委、局及有关团体支持下所做的工作具有创新意义,迈出了开拓性的步伐,值得借鉴和推广他们的开拓精神。国家科委及江苏省有关领导在会上做了重要讲话,肯定了两地的做法,要求在华东六省一市再各选一、二个地方进行试点。

第二阶段:社会发展综合实验区工作规范化发展阶段。

以1992年5月在广东省珠海市召开的"社会发展科技理论与实践研讨会"为标志,第一次提出在社会发展综合实验区加大改革内容和力度,进行政策性改革试验,把市场竞争机制引入社会发展之中,促进社会发展事业自我积累、自我发展;围绕产业结构的调整,把促进第三产业的发展纳入试点工作之中并作为一个重要内容加以大力推进。

在会议精神基础上,国家科委与国家体改委于同年8月共同发出了《关于建立社会发展综合实验区的若干意见》,决定会同国家计委等有关部门,在试点工作的基础上,逐步建立一批社会发展综合实验区。《意见》提出:根据党中央、国务院关于加快改革开放、加快发展第三产业等一系列指示精神,选择有一定经济实力和较强社会发展工作基础,政府十分重视建区工作,有相应的机构负责组织、协调工作,有明确社会经济发展目标和发展规划,有一定的代表性的地区开展社会发展综合实验区,积极探索通过改革建立新型社会事业管理运行机制,形成良好的社会环境,促进各项社会事业的发展,增加社会事业自我积累、自我发展的能力,释放社会发展工作中的巨大经济潜力,尽快改变"大而全"、"小而全"、"企业单位办社会"的传统封闭型服务模式,建立与市场经济体制相适应、与现代社会发展相适应的新型服务模式;充分发挥科学技术是第一生产力的作用,缓解人口、资源和环境对经济发展的制约;为城镇的改革和发展探索发展模式并提供示范。

会后,由国家科委、国家体改委、国家计委牵头,组成了有国务院23个有关部门参加的社会发展综合实验区协调领导小组(后又增加了5个部门),并建立了社会发展综合实验区管理办公室,负责日常管理工作。实验区工作开始步入经常性、规范化发展阶段。

第三阶段:实验区成为实施《中国 21 世纪议程》的基地。

以 1994 年 7 月 13 日社会发展综合实验区协调领导小组会为标志,第一次提出了"实施可持续发展战略,推进社会发展综合实验区建设"的意见,要求各实验区要率先实施《中国 21 世纪议程》,把实验区办成实施《中国 21 世纪议程》的基地,"走可持续发展道路代表着中国未来发展的方向,是建设有中国特色社会主义的重要内容"。通过科学技术引导和深化改革,促进实验区经济社会相互协调和可持续发展,成为新时期实验区建设的重要指导思想。此后,各实验区在制定总体规划及实施过程中,都按照中央有关文件精神,按照《中国 21 世纪议程》的有关要求,将开展实验区工作和国家战略结合起来。据 1998 年年底统计,已经建立国家级实验区 26 个,省市级实验区 40 多个,遍及全国 20 多个省市,成为实施可持续发展战略的示范基地。

二、主要工作领域

实验区十年来的工作主要在于提高认识,提供能力,形成机制。主要的工作领域是:

(一) 形成新的发展观

1986 年国家科委在确定社会发展综合示范试点时提出了实验区的指导思想,即"建立新型的社会事业管理运行机制;依靠科技进步,促进资源保护和社会事业;提高人民素质,发动群众参与;

为我国城镇经济社会发展提供经验,提供典型示范"[①]。通过办培训班、组织出国考察、建立示范项目等,提高地方干部和企业家对经济社会协调发展和可持续发展的认识,使国家行政部门的宏观指导进入地方政府的决策管理。1986年实验区工作中实质上体现出的可持续发展指导思想,抓住了制约地方经济和社会发展的关键所在,吸引了常州市和锡山市华庄镇积极申请参加社会发展综合示范试点工作。当时常州已经提出了这样的认识,"中国的现代化在企业机制之外,还需要一个社会机制对企业机制来约束"。在新发展观指导下,各个实验区形成了多种有特色的发展模式:如常州的经济社会协调发展类型可以概括为"以人为本"的发展观,以合理的经济结构为基础,通过政府引导和协调,以实业化项目管理为机制操作社会事业,促进城乡经济社会协调发展。

(二) 制定社会发展总体规划

实施地方可持续发展战略的第一步是科学地制定实验区社会发展规划。规划注重整体性和协调,通过体现社会经济协调发展的指标体系,兼顾长远和近期效益,将过去分散在各有关职能部门的工作任务综合形成系统的,有操作程序、有行动效力、有检测标准的行动规划,纳入到当地的国民经济和社会发展计划之中。并以政府批准或由人民代表大会常委会通过的办法,使之具有法律效力。按照社会发展规划的目标,确定了一批重点项目。通过项

[①] 中国21世纪议程管理中心社会发展综合实验区管理办公室:"国家科委、国家体改委关于建立社会发展综合实验区的若干意见",《社会发展综合实验区理论与实践资料汇编》(绿皮书),1992年12月,第2页。

目的实施,落实规划,并探索社会发展的管理运行机制。常州在试点之初就把经济社会协调发展作为"七五"计划的重要内容,并把第二阶段不同类型的试点计划正式列为"八五"的五大重点实施计划之一。由于实验区的发展正式纳入了经济社会发展计划,使实验区的工作规划具有了法理性和权威性,使政府各部门能够按规划分解任务,积极配合互相协调行动,保证了项目的实施完成。

可持续发展作为人类新的发展观,要成为共同行动,必须要有体制和机制保证。各个实验区的一个重要经验就是将可持续发展纳入制度化、法制化的轨道,消除由于小团体谋利而损害区域公共资源和环境的短期行为,为可持续发展提供制度保证。

各地申报国家级实验区必须制定切实可行的社会发展综合规划。在实验区的立项审评和阶段成果考察中注重项目的考察和落实。制定实验区可持续发展规划的一个重要特征就是地方领导与专家理论相结合,兼顾技术和结构两方面的因素。制定规划的工作程序为:专家先根据调查设计和草定计划,然后与地方和社区政府成员一起讨论修订,最后形成有价值标准、有操作程序、有行动效力、有检测标准的行动规划。1998年,各实验区都制定了以可持续发展为指导的实验区发展规划,完成了一批对当地社会发展具有重要影响的示范项目。

(三) 探索促进可持续发展的社会管理机制

实验区工作提出了"依靠科技引导和促进经济与社会协调发展","政府组织,专家指导,群众参与,社会兴办"等要求,并在工作中形成了以下机制:一是实验区管理机制,1992年成立了由国家科委、国家体改委、国家计委牵头,国务院28个有关部委和群众团体参加的国家社会发展综合实验区协调领导小组,下设实验区管理办公室,负责日常组织协调工作。二是审评机制,由参加实验区协调领导小组的各有关部门对申报国家级实验区单位进行集中评审,各部门对实验区从硬件和软件两方面进行支持和指导,体现综合效益和示范性。三是成立专家指导委员会,指导实验区工作。专家指导包括两个层次:一是设立国家级的专家指导委员会,有针对性地组织专家进行实地考察、调查研究,提供咨询指导;二是充分依靠当地专家学者,进行软科学研究,为领导决策提供参考。在实验区工作一开始,就建立了授牌和项目的专家评审机制。1993年以来,又组织自然科学和社会科学专家组成专家组,完善对实验区指导工作的动态跟踪机制。将立项考察、结项审评通过动态跟踪有机结合起来,检验规划落实情况,发现问题,总结经验,加强指导。

有效的组织领导机制促进了地区可持续发展中价值与行动、激励与约束相结合,硬件和软件配套,年度滚动计划和中长期计划相结合,一次规划,分期建设,推动了实验区建设。以常州市为例,高中阶段教育普及率达到72%,其中市区达到92%;职工每年培训率达到30%以上,科技人员的继续教育工程培训率达到25%,人力资本的提高推动了的经济发展。社区布局根据不同功能划分区域,全面规划,合理布局,统一管理,在建设顺序上基础设施先行,一步到位,有效防止了重复建设带来的浪费,节约了土地资源,使社区设施建设水平和服务质量明显提高。对城市规划作了重新调整,城市逐步向分散组团式布局结构和绿色敞开式空间的方向发展,为改善城市生活环境质量创造了条件。

(四) 促进地方可持续发展能力建设

实施地方可持续发展战略不仅需要提高认识,而且需要切实的能力建设。实验区指导管理工作中的一项重要内容就是针对制约不同类型实验区可持续发展的特点,有效配置资源,提供成熟的技术和项目,加强实验区的可持续发展能力建设。十年来,各个实验区的经济、社会、资源与环境保护方面都有明显提高。

一是以先进实用技术支持地方企业发展和产业结构调整。沈阳沈河区1994年新开工项目34个,2个项目投资超千万元。全区有8个项目被列入国家科委计划,21个项目被列入沈阳市重点新产品计划,有2个企业被沈阳市列入首批高新技术企业。1994年以来开发新品种175种,完成技改项目15个,有9种产品填补了国内和省内空白。全区工业利税的科技进步贡献率超30%,城市工业发展已步入良性循环轨道。

二是生态农业建设,推广农业新品种,采用高效无毒农药。江苏大丰试验区是生态示范县,几年来完善了四大经济特区:西部粮区、东部棉区、中部特种经济作物区、东部滩涂养殖区;巩固了五大基地:优质棉花基地、优质啤酒大麦基地、优质蚕茧基地、商品猪基地、水产品基地;重点推广了10种林农复合生态农业种植模式和10种高效主体栽培模式;建立了生态专业村25个,占全县总村数的67.5%,各类生态专业户4.2万个,占全县总户数的21.9%,初步形成了生产与生态的良性循环。

三、在重要领域形成示范

（一）完善社会安全和保障体系，促进社会稳定，形成良好的社会环境

完善社会安全和保障体系，使之与经济体制改革的深化相配套，与生产力的发展水平相适应，调整社会群体之间的利益关系，保证和提高社会稳定和公平程度，增强人们对改革与发展的信心，是实验区建设的一项重要任务。针对群众反映比较强烈的人身安全得不到保障，各种犯罪活动增加的情况，实验区在城区和农村探索了社会安全管理新模式，建立警民协防体系和巡逻制度，并推广和应用了一批社会安全防范技术，通过人防与技防的结合，保障了人民群众安居乐业。常州建立了公安指挥中心，全面开通110报警系统和在居民住宅区安装技术防范设施。江苏大丰市为驻县城派出所和交警大队、中队增加了通讯装备，配备了一批刑侦技术装备，有力地打击了犯罪活动。沈阳市沈河区有7.6万余个居民住宅安装了安全技术防范设施，覆盖面达61.5%，提高了人民的安全感。山东省烟台市牟平区和日照市创造并实施了"细胞工程"，通过强化家庭这个细胞的免疫功能，化"大治安"为"小治安"，以"小稳定"促"大稳定"，有效地解决了市场经济条件下社会治安面临的新问题。

调整产业结构，优先发展第三产业，广开渠道，扩大就业，绝大多数实验区不仅解决了当地的就业问题，还吸纳了一定数量的外地农村富余劳动力，并加强对待业人员及下岗再就业人员的就业

培训。北京市西城区发挥辖区资源,以学校、大企业和科研院所为依托,利用专业人员和教师的既有资源,形成社会化的就业培训、资格认定和劳动就业服务一体化的培训集团,1996年被劳动部推荐向全国推广。

(二) 开发人力资源

现代经济和社会发展的实践证明:在人力资源方面投资是促进财富增长和可持续发展的最重要方式。人口基数大和人均资源少是中国社会经济发展的一个基本矛盾。因此,提高人的素质是最为重要的。按照"可持续发展以人为本"的思想,各实验区无论是在规划制定还是在实施过程中,都把控制人口数量,提高人口质量置于重要位置。各实验区都形成了一套行之有效的计划生育管理办法,四川省广汉市逐步形成了计划生育约束与利益导向互补的运行机制,建立建全了计划生育宣传技术服务网络。从1994年开始,在全市实施"少生、优生、快富奔小康"工程,取得显著成效,1994年全市人口自然增长率为6.06‰,计划生育率为98.71%,1995年分别为4.09‰和97.5%,获得首届中华人口奖。常州全面普及了九年制义务教育,市区及主要城镇基本普及了高中教育,基本消除了青壮年文盲,完善了地方职业技术教育和特殊教育网络,兴建了全国一流的职教中心和江苏省唯一一家国家重点高级技工学校,初步形成了以常州工业技术学院为龙头的地方高等教育基地,建立了常州国际教育交流协会和常州国际合作培训中心。大丰市形成普教、职教、成人教育及特殊教育全面发展的局面,并在苏北率先实施了九年制义务教育。近年来,先后被授予了教育方面的多项荣誉称号。最近又通过了国家教委"全面双基先进县"的考察验收。华庄镇通过多年兴办教育，于1992年在全镇基本消灭了文盲和半文盲。

（三）积极保护和合理利用耕地和水资源

土地和水资源是社会经济发展的重要财富，各实验区十分重视两大资源的保护与合理利用。山东省临沂市罗庄镇和江苏省锡山市华庄镇在确保耕地面积不减少和粮食稳定的前提下，实行耕地保护和耕地平衡制度，严格控制用地总量，切实提高土地利用率，严禁占用耕地，积极开发荒地、山坡等沙滩薄地；实行"谁占用，谁开发"的用地制度，谁用耕地进行建设，必须开发同等数量的耕地用于补偿；向荒地、废弃地要耕地，保持了全镇耕地总量不减，实行了耕地总量的动态平衡；将连片的稳产、高产田列入基本农田保护区范围，坚决禁止占用基本农田进行建设活动，确保优质粮田总量不减。罗庄镇近30000亩优质粮田多年总量保持稳定，同时开发出可耕种的土地2000多亩。华庄镇自1993年以来，复垦土地200亩，并未发生一亩抛荒现象，并初步确立了近10个"生态小区"。

为保护水资源，罗庄镇严禁在水源附近进行任何可能造成水污染的活动，如工业生产、存放或处理垃圾等；把原有的地上渠输水改为水泥管道地下输水，杜绝了可能造成的中途污染。华庄镇为有效保护好太湖水资源，杜绝废弃物和污水向太湖排放，规定治湖与公共区域不得有污染排放工厂。两镇为保证居民的饮用水卫生和工业用水，加快了改水工程，镇区居民100%用上自来水，饮用水合格率100%。

(四) 严格控制污染,加强环境保护,提高各类废弃物的资源化水平,促进良性循环

在发展经济的同时,重视保护生态环境,是实验区的一项重要任务。各实验区通过建立明确的责任规划和有效的监督评价网,强化环境监督管理,通过行政权力促使企业依靠科技进步,采用经济有效的手段治理和控制污染。按照治理和预防相结合,重在预防的方针,在项目建设上,建立严格的审批制度。确保建设项目是节约型、无污染的项目。对于已经形成的环境污染和破坏,通过制度规范将个人利益、集体利益和社会利益联系起来,做到谁污染,谁负责,谁治理,并采取严厉措施停产、转产了一批污染环境、浪费资源、对人的健康有危害的厂矿。山东罗庄镇推掉了上百座污染环境的小炉子,并通过政府和企业签订环保责任书,明确环保责任和义务,将改善环境状况落到实处;目前垃圾处理主要采用可利用资源重复利用、可降解资源废坑塘填埋的方法,处理率为100%。华庄镇于1993年即建立垃圾处理中心,镇区垃圾处理率100%,现正在推行垃圾袋装化和建立垃圾房。河南省巩义市竹林镇对几家大型企业如水泥厂、制药厂、建材厂、耐火材料厂、化工厂等都按环保标准施建,达到建厂与环保设施资金、施工双到位。

(五) 精神文明与物质文明并重,促进社会的全面进步

可持续发展的实现有赖于整个社会教育水平的提高,需要整个社会精神文明的支持。不仅把高新技术用于实现可持续发展,使

社会成员具有较高智力水平,而且要维系一个可持续发展的社会,也需要人们形成相应的道德观念,建立科学、文明、健康的生活方式和消费模式,克服极端利己主义和享乐主义人生观。因此,精神文明建设是开展综合实验,推动可持续发展战略实施的重要任务。

实验区推动文明建设的特点在于把物质文明与精神文明有机地结合起来。一方面实验区进行的各种社会发展项目建设,为广大群众创造了物质生活和精神生活便利,另一方面实验区开展的各种精神文明活动,使人民群众的精神境界不断地与物质生活的丰富相适应。河南省竹林镇提出向城市化生活方式过渡,实行"两高一带"(即企业高度集中、居住高度集中,带动第三产业的发展),在职工居民中广泛开展"五个一"活动,即节约一滴水、一度电、一块砖、一滴油、一盒烟,同时,发扬"爱竹林、比贡献、创大业、求效益、讲文明、共富裕"的竹林精神,极大地增强了职工居民的奉献意识。华庄镇提倡科学文明、移风易俗精神,改革殡葬旧俗,推行火化,完善"安息堂"设施,1992年以来,未因死亡埋葬而占用一分耕地。

江苏省大丰市通过宣传媒介,宏扬先进的人和事,提高人们的思想道德素质,并开展了创建文明城镇、文明乡镇和文明户,评选"十佳公仆"、"十佳科技人员"等活动,大力宣传文明经商,文明服务、助人为乐、见义勇为等好人好事,在全社会形成文明新风氛围。山东省烟台市牟平区选择多种内容和形式抓"细胞工程"——通过家庭文明的建设,以点带面,推动了良好社会风气的形成,取得了良好效果,受到中宣部领导的肯定。

四、组织实施方式

社会发展综合实验区的组织实施机制有以下特点:

(一) 机制转换

在长期的计划经济体制下,中国形成了高度集中统一的政府管理体制,政府职能也较多地体现为它的经济职能。在从计划经济向市场经济的转轨过程中,需要政府转变管理方式。各实验区将政府的主要职责由直接管理经济转变为社会管理,通过创造公平的竞争环境和社会秩序推动经济发展和社会发展。同时,把科学技术的应用同社会组织与管理系统的完善与改革紧密结合起来,通过改革,建立社会事业良性运行机制,为社会事业发展提供各种支持,并实现资源的优化配置。各个实验区采取了多渠道筹集资金的办法,使经济发展和社会事业的发展形成相互促进的内在联系。对部分社会事业实行产业化管理,探索社会事业形成自我积累的发展机制,促进推广和应用有利于实现可持续发展的技术,使应用技术的主体从不同方面获得经济和社会效益。

(二) 综合协调

加强政府部门之间的协调工作,将原先由各部门制定的甚至相互矛盾的政策通过实验区当地政府的协调形成合力,达到系统优化目的。把原由各部门、各地区、各级政府分散进行的改革和实验,逐步在实验区完善成为综合配套的示范,使改革的政策和措施之间相互衔接,相互支持,产生综合效益。在实验区中将广电、邮电、公安等部门通过统一规划,合理使用线路和分配利润,最大程度地开发利用资源的使用效率和潜力。同公安部在部分实验区进行了小城镇综合配套改革试点和社会治安综合治理试点,同国家教委进行了教育综合配套改革试点,同建设部在部分实验区进行了小康住宅示范工程建设,同劳动部建立社会保障制度试点实验。这些工作不仅促进了实验区的全面发展,也为进行综合配套改革积累了经验。

(三) 科技引导

依靠科技进步推进经济效益提高和社会事业的发展,是解决社会经济持续协调发展的重要途径。在各实验区经济发展中,通过制定政策鼓励提高科技进步对经济发展的贡献率,推动经济增长方式转变。另一方面,针对社会发展的各种需求促进实验区管理和决策的科学化,提高管理水平。围绕综合提高人民群众生活质量,结合实验区城镇基础设施建设及环境保护和生态建设,综合采用新技术,建立新技术综合应用示范工程,使科学技术在推动社会发展中的作用充分显现出来。如华庄镇 1986～1988 年乡镇企业被列入部、省、市、县科研中的项目有 34 项,20 项通过鉴定,新产品投产后创价值 4 000 万元,利税 800 万元;1989 年全镇用于技术改造的资金 1.8 亿,完成项目 46 个;1992～1995 年全镇用于技术改造的资金为 4.3 亿,科技进步对经济增长的贡献率由 3.26%提高到 64.7%。科技进步大大节约了资源和资金,促进了经济由粗放型向集约型的转变,奠定了经济社会协调发展的基础。北京市西城区、四川省广汉市、山东省长岛县、黑龙江省肇东市等实验区启动的科技示范项目,也已经逐步显现出良好的经济与社会效益。

(四) 组织领导和操作程序

1992年,根据国家科委和国家体改委文件,经与有关部委协商,成立了由国务院28个部委参加的国家社会发展综合实验区协调领导小组,下设处理日常事务的实验区管理办公室,负责实验区的发展规划,组织专家考察,开展理论研究与宣传,国内外培训等工作,在实验区设有由当地党政主要负责同志任组长的领导小组和实验区管理办公室。有些省还成立了由分管副省长任负责人的省级社会发展综合实验区协调领导小组,协调解决实验区建设中所遇到的问题。

实验区工作有严格的操作程序,申报国家级实验区首先要作为省级实验区一年以上,再向国家实验区办公室申报,实验区办公室进行前期调查,组织专家组进行实地考察,将考察结论提交协调领导小组会进行评审,通过后授"社会发展综合实验区"铜牌。实验区实行项目管理制度。在推进实验区工作中,适时总结形成了"政府组织、专家指导、群众参与、社会兴办"的工作机制。政府组织体现在制定规划,组织协调各方面力量,筹措建设资金等方面;专家指导体现在观念更新,干部培训及规划的咨询指导上;群众参与表现在参与决策、发挥主人翁精神和主动执行上;社会兴办体现在企业、群团和个人共同出资出力上。

五、实验区工作的基本经验

通过十二年来的工作来看,实验区管理工作对于实验区发展的作用相当显著。主要表现在:

1. 通过实验区管理工作领导和专家的指导对于地区经济与社会协调发展的内在需求升华为系统的理论,指导工作实践,并且成为实验区干部和群众自己的语言,证明可持续发展在实验区深入人心,深得民心。

2. 通过社会发展综合实验区管理工作,使宏观部门的指导与地区的积极性有机结合起来,也使部门项目需要的外部配套条件得到了满足,使部门的项目试点更加完善。

3. 通过实验区的引资、项目建设和评审,锻炼了当地经济管理和文化事业的一批干部,通过项目建设培训了一批项目专家。这是实验区工作十年来最突出的成绩,也是中国可持续发展区域行动中最宝贵的财富——社会资本的积累。

4. 实验区管理指导工作在针对性和深入性两方面都有发展。对实验区发展的地区类型,所依赖的资源及使用规则做了细致研究,已经变以往的咨询规划阶段和终期审评阶段的两头参与为社区可持续发展全过程动态跟踪分析。仅由地方自己总结毕竟有局限,由专家对实验区进行动态跟踪总结是不可缺少的。

5. 建立了社会事业良性运行机制,具体落实为社会事业发展资金的引入机制、滚动机制和实业化项目管理机制。实现优化资源配置是可持续发展的物质基础。只有保持对社会事业必要的投入,才能保证社会事业与经济建设协调发展。各个实验区采取了多渠道筹集资金的办法,使经济发展和社会事业的发展形成相互促进的内在联系。对部分社会事业实行产业化管理,积极探索社会事业形成自我积累的发展机制。

6. 注重从中长期的经济增长所需要的条件来确定资源和环境保护战略。以经济建设为中心,依靠经济、社会、人口、资源和环境的协调发展推动经济建设,实现资源的综合和持续利用,不断改善环境质量,通过改变生产方式和生活方式,重新确立人与自然的和谐关系,在经济发展进程中带动解决人口、资源和环境问题,建立新的社会文明。

7. 以科技进步推动经济发展和社会事业管理,提高科技进步在经济社会发展中的贡献率。

8. 可持续发展的保证是制度建设。人的需要是有层次的、有差异的,缺乏有效约束和规范的人的行为具有随意性。不能把人的认识和行动统一起来,就不可能达到预期的行动目标。可持续发展作为人类新的发展观,要成为共同行动,必须要有体制和机制保证。各个实验区的一个重要经验就是将可持续发展纳入法制化轨道,消除由于非制度化造成的社会各领域的短期行为,使制度规范和企业行为形成合力,为实现可持续发展提供制度保证。

六、建立中国可持续发展实验区

在"九五"期间,社会发展综合实验区将更名为可持续发展实验区,并且已经在部分地区开始实施。作为国家可持续发展战略的实施基地,实验区工作内容也有了新的要求。

1. 扩大实验区数量,推广经验,推进省级实验区建设,为其它地方的社会经济发展提供示范。"九五"期间,国家级实验区总数将达到60个,在地域类型上合理分布,力求大部分省级地方政府都将建立自己的实验区,按照国家开展实验区工作要求,总结经验,扩大示范,使实验区工作由点及面,逐步推广,在各地的社会经济发展中产生积极影响。

2. 探索建立社会经济良性循环的运行机制。加强与有关部委配合,在实验区探索综合配套改革的经验,进一步推动建立现代企业制度,以及适应市场经济需求的宏观经济运行管理机制;继续推动社会保障制度、户籍管理制度、城乡教育体制、社会管理模式等改革,建立起经济社会协调运行的新机制,探索公平与效率、城乡协调一体化发展的现代化模式。

3. 充分运用现代科学技术成果,促进实验区管理和决策的科学化,加强实验区可持续发展的能力建设。结合实验区规划的制定与实施,科学地分析和确定实验区发展战略,按照统一标准,逐步建立人口、资源、环境与经济信息系统,用现代装备和办公设备支持决策和管理。建立和完善实验区可持续发展的指标体系;开展多种形式的培训,提高实验区可持续发展意识和实施能力。

4. 依靠科技进步,促进实验区经济、社会与资源、环境持续协调发展,建立起技术创新机制,选择和推广一批成套的实用技术,充分体现科技第一生产力作用,为促进两个转变探索经验。首先,围绕实验区的经济建设,通过新技术、新工艺、新设备的应用,促进实验区产业结构、产品结构的调整,逐步建立实验区资源节约型的工业生产体系,提高资源的再生与综合利用能力,推动实验区科技先导型产业的发展。根据实际需要推广一批对环境无污染的先进技术,如:新能源技术、节水技术,各种类型的垃圾处理技术,等等,并建立一批典型示范工程。其次,围绕提高人的生活质量,推广公共卫生方面的先进技术,建设新型科学化、产业化的小康型住宅,推广新技术,促进住宅、娱乐、健康等产业的发展。推动人口控制、优生优育、妇幼保健、计划生育手段现代化,选择适当的实验区进行示范。

5. 开展各种形式的科普工作,提高人口素质,培育一代新人。积极创造公众了解科学、参与科普的社会氛围,针对各实验区的不同特点,开展内容充实、效果明显的科普活动,形成"学科学、爱科学、讲科学、用科学"的社会风气,建立健康、文明、科学的生活方式,破除封建迷信和落后习俗,使可持续发展的思想及相应的科技知识广泛地渗透到群众的物质与精神生活之中。提高人的综合素质,转变人的价值观念,建立起一种尊重科学、崇尚文明、遵纪守法、奋发向上的良好道德标准。

第三章

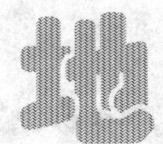

地方可持续发展能力建设

第一节 可持续发展能力建设的概念

可持续发展强调人与自然的协调,强调人的实际生活福利的提高,强调发展的后劲以及维持自然生态系统对人类生活的支持作用,而这一切都依赖于可持续发展能力的改善和提高。要实现可持续发展,各地方迫切需要人力和财政资源的支持以增强其自身管理和把握其发展的能力。也就是说,如果没有自身能力的建立,各地方将不可能最大限度地提高这种支持和保证投资的高效性与发展的公平性,从而使自己陷于依赖外界支持的被动地位。所以,可持续发展的实现需要依靠国家或地方自身的人员及机构的能力,能力建设是实施地方可持续发展的重要途径。

中国政府从制定并实施《中国 21 世纪议程》开始,就非常重视可持续发展能力建设的实施及其在地方的推进,通过多次召开全国性的实施可持续发展战略的经验交流会和地方 21 世纪议程试点工作会议,及实施一系列国际合作项目,开展了从中央到地方、由观念到具体行动的可持续发展能力建设的工作。本章将分析和讨论可持续发展能力建设的概念,介绍国际上及中国在可持续发展能力建设方面的进展情况。

一、能力建设的定义

《21世纪议程》中对可持续发展能力建设也有明确和全面的阐述："一个国家的可持续发展能力在很大程度上取决于在其生态和地理条件下人民和体制的能力，具体地说，能力建设包括一个国家在人力、科学、技术、组织、机构和资源方面的能力的培养和增强。能力建设的基本目标就是提高对政策和发展模式评价和选择的能力，这个能力提高的过程是建立在其国家的人民对环境限制与发展需求之间关系的正确认识的基础上的。所有国家都有必要增强这个意义上的国家能力。"这一概念至少包含了三个方面的重要内涵：第一，可持续发展能力强调了科学技术的能力，即是对经济发展起推动作用的知识和技术能力，能力建设问题不仅是发展中国家的问题，同时也是经济发达国家所面临的问题；第二，重视人力资本与体制资本（或者更广义上的社会资本）的积累，强调人的综合能力，包括对自然过程的认知和把握能力、对问题迅速反应及解决能力等，同时也强调体制对实施可持续发展的作用，即不同的体制对可持续发展战略的实施会有不同的效果；第三，国家所处的自然条件、资源储备等自然系统的供给能力。

归纳起来，可以给能力建设下一个定义：能力建设是指建立国家、地方、机构和个人在制定正确决策和以有效的方式实施这些正确决策方面的能力，是人们不断改善能力、提高效率的整个过程，在这个过程当中不断发现从前低效率的问题症结之所在，并不断加以改进和完善;是一个国家或地方在开发、利用和加强机构与个人实施可持续发展能力的过程中所有努力之总和。它强调人、机构在实施可持续发展战略过程中的参与和贡献能力,以及与外界合作共同解决问题的能力。

按照上述《21世纪议程》对能力建设的阐述和本文给出的可持续发展能力建设的定义,能力建设几乎必然存在并贯穿于所有经济和社会发展的各个领域及其各个阶段。本章所论述的可持续发展能力建设当然是指在追求可持续发展过程中所需要具备的符合上述定义的综合能力。然而在可持续发展涉及的广泛领域和问题之中,恐怕没有哪一个问题像能力建设这样受到不断的重视和强调但却自始至终最难得以实现。关于"能力建设"的文献有不少,但只注重介绍和讨论如何开展能力建设,而较小涉及能力建设本身的研究和评价,而且多半强调培训教育宣传与提高意识,缺乏全面阐述实现能力建设的途径和方法。

在大量日常工作及众多项目实施过程中,能力建设是最难把握和实现的内容之一。迪·费尔曼(D. Fairman)博士在他的《老做法、新教训》一文中将之比喻为希腊神话中阿基里斯的脚踵(Achilles's heel),认为能力建设是可持续发展项目实施中最困难的部分,同时也是可能导致项目失败的最致命要害。世界银行曾经把其实施的项目分为"硬项目"(如基础设施建设等)和"软项目"(即规划、统计、培训和技术援助等能力建设)两大类。结果发现后者的不成功率是前者的两倍。其主要原因便是机构及个人的管理水平和能力不足。加拿大国际发展署的一项调查表明,在其援助的项目中,有1/3的项目在结束后其受援国未能达到预先期望的"能继续独立运行下去"的能力。有的援助者和实施部门甚至对成功实施这种短期内"看不见摸不着"效果的"能力建设"项目失去信心,转而开展一些似乎更"急功近利"的项目。但这种追求短期效益的项目与加强项目执行机构及参与人员能力的长远目标是背道而驰的。有的国际合作项目取消能力建设部分的内容,实际上是援助国急于向其纳税人表明其工作效率并希望尽快输出其本国的技术和设备,其结果是剥夺了受援国机构和人员进行能力建设的机会。而实际上能力建设的作用对于项目的持续运行来说比引进技术和设备显然更为重要。发展中国家在逐渐具备了如何申请得到援助项目能力的同时,缺乏实施项目的能力,特别是援助项目结束后继续维持和运行项目中设计的有关活动的能力。有时他们发现在项目实施结束后继续开展项目的各项工作比申请项目要难得多。因此,可持续发展能力建设本身也是一项长期和持续的工作。要真正推进能力建设就必须设立具备长远目标的可持续的工作计划和实施方案。

环境与生态保护方面的国际合作项目大概是涉及能力建设内容比例最高的项目类别之一。原因是以前环境项目的援助没有重视能力建设,以为不断的技术援助和国际合作就可以对解决发展中国家的环境问题起到较好的作用。实际上能力建设的内容才是真正使发展中国家掌握先进技术和解决环境问题的根本。然而即便是目前认识到国际合作项目中应该加大能力建设的力度,但大多数援助国仍然坚持将项目中有限的经费大量雇用援助国的专家,而拒绝多聘用受援国当地的专家,从而减少了当地工作人员和专家提高自身能力的机会。

世界银行的另一项统计显示：不同类型的能力建设项目及其在不同的部门执行的好坏(或者称为某种程度上的成功率)也相差很大，从部门来看，工业、通讯业、大型企业、城市财政行业的能力建设项目成功率较高，而农业、教育、铁道等部门则较低；从类型来看，技术和财政类型的能力建设项目执行较好，而管理培训、基础设施及设备维护、帮助解决就业问题及部门间协调合作的项目则成功率较低。世行的报告未能解释造成这种现象的原因，不过从中可以反映不同部门的能力方面的差别和不同类型能力建设项目的难易程度。

可持续发展本身就是一个内涵深刻、外延广泛的新型发展模式。因此，可持续发展能力建设的范畴及其实现的难度是可想而知的。实际上，可持续发展能力建设将是一个永无止境的过程，任何一个能力建设项目的完成和达到某一种能力要求时的状态都是这个过程的阶段性发展和螺旋型上升。作为发展中国家来说，可持续发展和环境领域的能力建设是最为薄弱的环节，但又并不是可以通过贸易交换、技术转让和政治协议从发达国家那里得到的。相反，生搬硬套发达国家的方式方法或发达国家企图强加给发展中国家的可持续发展"能力"都被实践证明是失败的。因此，要实施可持续发展能力建设，必须结合各自国家的国情分析影响能力建设的主要因素及探索有效开展能力建设的成功方法，有选择地吸收发达国家的经验，建立和完善支持可持续发展能力建设的机制。

1997年6月在美国纽约联合国总部召开的联合国大会第19次特别会议(UNGASS)通过了一项《进一步实施21世纪议程的计

划方案》(Programme for the Further Implementation of Agenda 21)。该方案包括四个部分：即：承诺声明；环发大会之后五年的进展评价；实施《21世纪议程》中急需采取行动的领域；国际机构的设置安排。其中第三部分将"能力建设"作为一项重要的实施手段进行了如下论述：

"国际社会有必要对发展中国家和经济转轨国家在能力建设方面的努力作出新的承诺和提供支持。联合国开发计划署(UNDP)，特别是通过其 Capacity 21 计划，应注重支持建设参与可持续发展战略制定的能力，在这方面，发展中国家应该得到帮助，尤其是在项目和计划的设计、实施与评价方面得到支持……国际金融机构应该继续优先支持发展中国家和经济转轨国家的可持续发展能力建设，要特别注重加强发展中国家吸收和发展技术的能力。要在各发展中国家开展以推动其自身利用和推广国际先进技术能力的各项工作。发达国家和发展中国家都应与有关国际组织开展合作，进一步加强研究制定和实施有关战略以实现有效的环境信息和技术共享。"

在这次特别联大通过的联合国可持续发展委员会(CSD)1998～2002年工作计划中，还把"能力建设"列为1998年重点讨论的"跨领域"问题之一。

对于一个国家或一个机构来说，首先需要解决的问题是哪些领域是实施可持续发展能力建设的优先领域；采取什么样的方式和措施来进行能力建设；开展能力建设（包括机构建设、政策分析、发展规划、实施管理以及对技术获取与转让中多种方案的评价等）

需要什么样的知识和技能及需要开展哪些方面的研究工作。这些问题应该是有关国际组织及各国政府在开展能力建设时应考虑的主要问题。加强国际合作是增加能力建设的有效途径，比如，开展环境无害化技术转让问题的国际间合作，可以通过参与信息收集、项目与技术评价和多种方案的比较达到个人和机构能力建设的目的。一方面，国际社会应呼吁发达国家履行其承诺以优惠和减让的条件支持环境无害化技术向发展中国家的转移。从另一个方面来说，环境无害化技术转让的国际合作的顺利开展与机构和个人的能力及国家正确制定政策的能力也有很大关系，也就是说，只有当某种技术转让的需求符合一个国家的可持续发展优先发展领域时，并且国家制定了正确的支持这项转让的政策时，这种环境无害化技术的转让才有可能成功，这种成功也正是能力建设效果与程度的反映。

二、可持续发展能力建设的特性

可持续发展能力建设是一个不断改善能力和提高效率的过程，在这个过程中贯穿着三个重要特性：

第一，整体的综合性。《21世纪议程》强调从传统的部门分割的发展模式，转向部门综合协调并将环境与可持续发展概念纳入整个发展过程的模式，强调环境管理必须纳入各行各业和社会活动之中。这种整合性的方法可以使一个国家在制定和实践这种新的更合理的管理方法的过程中，不断增强规划和管理其社会与经济发展的能力,用改进的管理方法取代以前低效的动作方式。这个过程将通过各行各业从事计划及管理的决策制定者本身相互间的合作来实现,并不断得到改进,而且与之有关的环境与可持续发展的法律法规应不断完善并保障这种整合方法和过程的进行。通过这一过程,个人、机构和国家的可持续发展能力建设将得到推动和加强。同时,在对这种发展模式进行评价的过程中,这种能力又得到进一步的提高。

第二,决策过程的参与性。《21世纪议程》认为决策过程中各部门及社会的全面参与是实现一个国家可持续发展能力建设的基本条件。联合国环发大会鼓励政府间各部门的合作,以及政府与社会团体、高等院校及研究机构、学术团体以及其它非政府组织之间的合作,参与可持续发展政策的制定。为使受影响的各部门和个人以不同的、适当的形式积极参与有关政策的决策过程,在决策过程的开始阶段即应鼓励各部门的全面参与。

第三,信息的共享性。信息是当今社会最具价值的资源之一。从国际组织、国家机构到基层社区及企业与乡村,各级部门与人员都有对信息的巨大需求。《21世纪议程》认为,在可持续发展的过程中,每个人都是信息的使用者同时又是信息的提供者。因此,无论是在决策制定还是经济发展活动中,发展中国家都需要加强获取和应用信息的能力。各个国家、各个机构都应该总结分析在实施《21世纪议程》及进行可持续发展能力建设过程中的经验并通过各种形式的会议、出版物、各种媒体及计算机网络进行传播以实现信息的共享。

第二节 能力建设的内涵分析及其意义

一、能力建设的内涵分析

能力建设过程从某种程度上说就是"资本"的积累过程,这里的资本包括自然资本、技术资本、人力资本和社会资本。可持续发展能力建设就是通过提高国家或地方的技术能力和机制效能,获取人类自身发展和生态环境得以维持所需要的"资本"存量,进而使人类具备及时发现阻碍可持续发展的问题、敏感地作出反应和迅速采取行动的能力,以及获得保持人与自然的长期协调和共同发展的能力。这里,"资本"是一个广义的概念,它包含着自然环境所能提供的容量——自然资本;人类已经生产和创造的(包括知识、技术、生产设备的)物质资本;通过教育和社会实践,人类获得的技术、知识等各方面的能力——人力资本;以及保障、促进人类发展的社会资本。由此,可持续发展能力建设可以概括为两个方面的主要内容:技术能力提高与人力资源的开发;制度效能的提高。

(一) 技术能力的提高与人力资源的开发

技术能力是影响国家和地方可持续发展及市场竞争力的根本因素。据世界银行的定义,技术能力是生产、投资、创新三种独立能力的综合表现;也有人认为,技术能力应包括技术使用能力、技术获取能力、技术综合能力、技术生成能力;联合国工业与发展组织(UNIDO)则把技术能力按要素划分为:人员培训能力、开展基础研究的能力、检测设备的能力、获取和适应技术的能力、提供信息支持及网络化的能力。总之,构成一个国家和地方的技术能力基本上包括四个要素:生产设备水平、人员素质、信息获取能力和组织能力。实际上,国家和地方的技术能力反映了一个国家和地方的知识和信息积累的能力,一个国家和地方要有强大的技术能力,必须建立在知识不断积累和储存的基础上。对发展中国家而言,技术能力意味着技术的获取、消化、吸收与二次创新,而就发达国家来说,技术能力则与研究开发(R&D)能力、创新能力同义。在经济学中,通常把技术看作一种特殊资源,通过对技术资源及其操作进行分析,揭示技术能力的本质。

技术能力建设的目标在于促进国家、地方发展所需要的技术知识资源、人力资本的积累以及相应地提高自然资本、物质资本的使用效率,是人们尽可能预先发现、确认人类活动可能带来的不良后果以及为可能出现的问题提供解决方案的技术路线。技术能力的提高不但能够实现经济的快速发展,而且在技术的使用过程中,人们还可以积累认识自然过程的丰富知识,更有效、和谐地与自然交流。在经济迅速发展、人类相互之间以及与自然之间交流日益频繁的当今社会,技术知识成为社会进步的极为重要的因素,它不但成为经济发展的驱动力,同时也在不断地改变人类的生存方式,甚至变成了人类生存的基本条件。自工业革命以来,"知识经济"现象与技术(生产要素)对生产能力的提高以及对经济发展的贡献能力密切关联。当代经济活动正发生着深刻的变化,在漫长的经济发展过程中,人们一直致力于技术、知识的应用,但科技的重要性只局限在资本对劳动的替代上。随资本密集化程度不断加强以及经济发展对资本的无限需求,资本稀缺变成了制约经济增长的主要因素;技术应用、技术创新能有效地缓解资本供给的不足,即通过提高生产要素、单位资本产出的效率来维持经济增长。随着许多国家工业化的完成,经济供给能力的持续提高,新兴国家的供给主导的非均衡增长战略的实施等,知识和技术已逐渐替代资本成为经济增长的主导因素。技术和知识也就成了解决目前人类普遍面临的重大问题的重要途径。

技术能力的提高有赖于人力资源的开发。人力资源与人力资本是两个不同的概念,任何一个国家和地方,都存在着一定数量的人口,它是人力资源的自然基础;人力资源是指包含在人体内的一种生产能力,是表现在劳动者身上的、用劳动者的数量和质量表示的资源。一般而言,人力资源并非人力资本,人力资本是在对人力资源(劳动者)进行投资后(如教育、培训等)而形成的具有一定技能、技术水平和熟练程度的劳动力。人力资本是经济发展的根本动力或关键因素。不难发现,人力资本存量越大,即人口和劳动者科学技术知识水平和生产能力越高,劳动力的质量便越高;劳动者质量的提高,一方面提高劳动边际生产力,另一方面使要素更有效率的组合和运用,同时还会改善物质资本生产效率,减弱或抵消资本收益递减规律的影响,结果将使既定资源下的社会生产可能性边界外移。人力资本的发展还将有助于重塑人的道德品格、精神素质,促进人的全面发展,从而为经济增长与可持续发展奠定良好的基础。当前,中国实现经济增长方式转变的关键因素之一在于人力资源的开发和人力资本的积累。

（二）制度效能的提高

经济学中，制度(institution)是指一系列被制定出来的规则、服从程序和道德、伦理行为规范；制度提供了人类相互影响的框架，建立了构成一个社会和一种经济秩序的合作与竞争关系的规则。制度是个人与资本存量之间，资本存量、物品与劳务产出、收入分配之间的一种过滤器。它旨在约束追求主体(人或组织)福利或效用最大化的个人行为。因此，制度创新或制度变迁能够提高生产率和加速经济增长。

制度变迁与技术进步有相似性，它通过有效率的组织、明确的产权关系等规则和规范形成一种激励效应，从而减少交易成本，使私人收益接近社会收益，同时对经济发展的速度和模式产生重要影响。所谓制度改进或效能提高系指增加"制度资本"或者"社会资本"；合理的经济体制是使人们有效地按照可持续发展的消费原则、资源开发利用原则、环保原则以及长远规划原则等来改进自身行为和经济活动。这里，可以引入一个比"制度资本"更广泛的概念"社会资本"。社会资本在某种意义上是制度资本的扩展或超出经济学范畴的一般性概念，它是指一系列的规范、网络和组织，人们通过它得以接近决策资源。从微观上来说，通过社会资本可以改善市场功能从而对经济发展作出贡献；在宏观方面，制度、法规框架和政府在生产组织中的作用可以通过社会资本来对宏观经济运作发挥影响。

社会资本的如下特性反映了社会资本的积累对可持续发展的影响：第一，社会资本包括了经济、社会和政治领域的一些基本规范，强调社会关系影响经济效果同时也作用于社会关系；第二，它集中反映了经济部门之间的关系如何影响经济活动的效率;第三,"理想社会"的社会关系和制度具有正面的外部性,任何部门本身都不能独占社会资本带来的收益,因而各部门都不愿意对社会资本给予充分的投资,而公众的支持有利于建立社会资本;第四,社会关系中包含着改善发展成果的潜力,同时也存在着产生负面影响的风险,哪一种影响起主要作用将取决于社会关系的特性以及法律和政治背景;第五,社会资本是一公共物品,存在"搭便车"的问题,它与一个国家、地方和城市等的传统文化、习俗等"原始社会资本"密切相关,同时与社会的对外开发程度、系统的外部影响力以及经济发展水平等息息相关。

社会资本的积累是实现可持续发展的社会基础和保障。首先,社会资本包含着信息获取途径的畅通及信息交流与共享机制运行。良好的合作与参与机制可以提高经济部门的决策效率。社会资本虽然不能消除经济中的"不确定性",但它能够使部门在不同的状态下作出相互合作的反应,它还能够建立一种强化机制以保证那些涉及互动行为的期望能够实现,这样可以减少签约的费用。第二,反映行动协调的价值。经济部门互不协调或投机行为都可能导致市场失灵,团体通过各个个体之间建立反复的相互作用可以减少投机行为。社会关系可以减少个体之间的摩擦,从而降低交易成本。第三,社会资本包含了集中决策的机制。这是提供公共物品和管理市场过程外部性的一个必要条件。管理公共物品上的"搭便车"问题可以通过集中决策,兼顾效率与公平原则,最大限度地提高个人、团体和组织等生产力。第四,社会资本如同自然资本、物质资本和人力资本一样,它的价值在于与其他类型的资本结合,使其他类型的资本及其生产力的结合更为有效。第五,社会资本影响宏观经济成果,各国之间人均收入上的差异并不能仅由土地、自然资源、人力资本和产品资本(包括技术)等生产性资源的人均分配量来解释;制度以及其他形式的社会资本和公共政策同样影响着一个国家的经济发展和人均收入。有研究认为:低收入国家由于缺乏公平执行契约和长期保证产权的制度,以及误导性的经济政策,使得他们无法从投资、经济产业化和贸易中取得应该获得的利益。

社会资本的形成与积累需要投入。社会资本产生的数量在某种程度上是时间以及社会资本预期收益的机会成本的函数。社会进步和经济增长的过程需要不同类型资本的结合,社会资本是其中的一种,它的独特作用在于它能够加强这种"结合过程"本身的效率。具体说,社会资本可以提高物质资本、人力资本投资的效益。它类似于"技术进步",但又不同于技术进步。没有一个国家在教育水平不高的情况下实现了可持续的经济发展,但是,在一些高度发达的经济中却有着低水平的、可能其质量还在下降的社会资本。这就要求进行必要的干预,弥补受到侵蚀的社会资本,同时创造出新形式的社会资本,以支持可持续发展。

二、能力建设对实施可持续发展战略的意义

(一) 能力建设是解决资源环境问题的重要手段

环境破坏的负外部性和公共资源的浪费与破坏是可持续发展面临的重要问题,环境污染、生态破坏、资源浪费、公平与效率等问

题的有效解决都依赖于当地可持续发展能力的强弱。目前普遍认为，环境外部性和公共资源管理问题首先是产权问题。产权是经济制度的核心，产权涉及到经济活动的规范、行为准则以及作为监督实施产权的国家管理。没有合理的经济制度和明确的产权关系，就无法确定经济代理人的经济利益、责任和行为准则，对于像公共资源开发中的"搭便车"现象以及由此引起的资源低效使用等问题的解决便无从着手。明确了产权，国家必需有效地行使、监督产权的实施，因而必需建立一套规范和规则，以便有效地解决市场失灵问题。并不是所有私有制国家都有效地回避或解决了经济发展过程中的环境污染问题，也并不是所有发达国家就已经具备了实现可持续发展的能力。制度具有一定的稳定性，以便维持经济运行的稳定，但同时必须有较强的适应性和灵活性，使其能适应和及时解决由制度本身在新的环境下产生的问题。所以，可持续发展的能力建设强调制度建设，使现有制度具有较强的适应能力来解决人类社会进步过程中出现的新问题，保持人类社会的可持续发展。

环境外部性和公共资源管理问题的解决还需要技术能力的支撑；一个国家和地区的技术资源、人力资本的积累是维持和提高技术支撑能力的基础。环境问题的解决需要技术，经济发展过程中为了防治环境污染和生态破坏需要改进生产技术以及需要能够及时掌握新技术、吸收新知识的高素质人员，并需要有良好的机制来获取技术、知识信息。人类在日益步入"知识经济"时代的今天，知识信息的获取能力、学习能力、技术吸纳消化能力、信息快速处理能力等对国家、地区的发展是最基本的。如果缺乏能够适应社会进步的人才库，很难保持地方经济的可持续发展。将人力资源变成人力资本需要投资,也就是需要强调教育的作用,强调对人才的引进和培训,因而需要有效的体制来培养人的能力和发挥人的能力。可见,能力建设,包括技术能力和制度能力的建设,是当地发展的重要保障,是解决环境问题、提高资源利用效率和生产率的重要手段。

(二) 能力建设是经济发展和提高人的福利的重要途径

发达国家和发展中国家之间存在着技术基础设拖、科技支持环境之间的差距。这一差距主要表现为:国家之间物质基础的差距,技术工程化系统完善程度的差距,科技情报信息系统完备程度上的差距,技术分析系统完备程度的差距,能源、交通、资金、熟练劳动力、原材料供应状况以及其他中间投入要素完备状况的差距,以及劳动力成本、人员培训条件、技术推广的服务性机构完善程度的差距。这些能力上的差距使得国家之间和地区之间在经济发展上存在明显的不平等。处于低技术位势的国家或地区为了提高自身的产品技术水平,进而提高市场竞争力,实现其技术能力的增长,总希望从高技术位势的国家或地区获取先进的设备和技术,这在一定程度上可以促进发展中国家的经济发展,但与此同时,发展中国家和地区必然要付出资源补偿上的代价。由于不可能获得当时的最新技术,从而不得不长期依赖于发达国家的技术转移。当发展中国家或地区的生产水平非常低下时,技术转移势差过大,处于低位势的发展中国家或地区很难消化吸收高位势的技术。在消化吸收能力不足的情况下,处于低位势的国家或地区为了提高产品的技术水平和市场竞争力,只有不断地引进高位势组织的技术,其结果是低位势国家和地区陷入了"落后—引进—再落后—再引进"的怪圈。这一怪圈正是发展中国家谋求进一步发展所面临的艰难困境,它造成经济发展上的长期不平等。

摆脱这一困境的唯一途径是提高本国的发展基础和可持续发展能力,通过教育、培训等途径开发人力资源、增加本国的人力资本。教育和培训对经济增长的贡献早在60年代就引起了经济学界的强烈关注,人力资本投资之所以能够促进经济的长期增长,是因为它所形成的收益是规模递增的,这种规模递增不仅能抵消掉物质资本收益的规模递减,而且使整个经济增长的规模收益递增;人力资本对经济增长的作用还表现在它能够降低交易成本,因为现代教育不仅是文化技术的教育,而且还包括思想道德教育,思想道德教育的重要经济功能在于减少由道德风险、机会主义等引起的交易成本,从而使更多的资源用于经济增长。

对个人而言,人力资本投资能够提高个人的获利能力。个人的获利能力包括生产能力和配置能力。生产能力与获利能力没有直接的相关,但它至少反映了潜在的机会;配置能力与人力资本投资呈明显的正相关。所谓配置能力是指发现机会、抓住机会、最有效地使各种资源变成产出的能力,或者说"处理不均衡状态的能力"。在市场经济下这种能力对个人成功与否极为重要,受过较多教育的人,一般来说更易于获得信息,发现并抓住机会,因而更可能获得高的收入。在知识日益膨胀和生产过程的技术要求日益提高的今天,知识和技能不但是现代人谋求收入和福利提高的唯一手段,而且也是人类生存和发展的基本条件。

第二次世界大战几乎摧毁了德国和日本绝大部分物质基础（资本），但他们的经济发展能力依然存在，这是解释战后两国经济迅速发展的主要依据。人力资本的积累和合理的经济制度对外部物质资本通常具有强烈的吸附作用，在一定程度上可以说，物质资本更倾向于流向人力资本和制度资本雄厚的地区，使之形成发展上的"马太效应"。

像中国这样大的发展中国家，走可持续发展道路面临着双重挑战：一方面要大力发展经济，另一方面要预防和治理生态环境的破坏。物质资本的积累能够促进部分问题的解决，但在时间上始终是"滞后"的和被动的。可持续发展要求人们能够预先设防，能够随机应变，能够迅速作出反应，这一切都是对能力建设的挑战。在地域极其广阔、经济发展差距明显存在的中国，地方要实施可持续发展战略，唯有加强能力建设、积累"能力"资本，才是构建地方可持续发展基础和前提的可靠途径。

第三节　里约会议以来可持续发展能力建设的进展

1992年6月在巴西里约热内卢召开的联合国环境与发展大会距今已有六年多了，环发大会以来国际上在可持续发展能力建设方面的进展及存在的问题主要有以下几个方面：

第一，发达国家在这几年中已逐步将从前注重环境为主的"绿色计划"转变为"可持续发展战略计划"。但是除少数国家外，大部分所谓可持续发展战略仍然过多侧重于环境问题，而且并没有真正做到各部门的全面参与。制定可持续发展国家战略是培养可持续发展能力的一项重要工作，也是反映一个国家可持续发展能力的重要依据。Dalal-Clayto 对 12 个发达国家的国家可持续发展战略的内容和制定过程进行了调查，发现这些战略的形式和内容差别非常大。有的是直接响应环发大会的号召编制的，有的则基本侧重各自国内的问题。其形式有的类似于环境规划，也有以法律文件的形式颁布出台等。这些国家战略反映了各国对待可持续发展的观点和侧重点的不同，如澳大利亚的"生态可持续发展"概念，加拿大提出的"可持续发展比较"的观点，美国强调"可持续发展原则"，荷兰的注重"环境空间"，英国的"生态脚印"概念，瑞典的"迈向可持续发展"，新西兰的"2010 年环境战略"等等。然而这些不同内容的国家战略有一个共同点就是都是以长远规划的原则编制的，这也是可持续发展能力的一项重要内容。但是这些国家战略普遍都偏重于"环境"而不是可持续发展。缺乏多个部门的参与是这些国家战略的主要不足，这实际上反映了发达国家仍然缺乏实现可持续发展所要求的能力。

第二，发达国家改变其现行的不可持续的消费模式是实现全球可持续发展的关键，然而如同发达国家在环发大会上令人失望的表现一样，1992 年以来发达国家在改变其消费模式上没有任何进展。发达国家知道必须采取行动以缓解来自发展中国家和国际社会的压力并强调要开展实现可持续生产与消费的能力建设，然而，五年来所取得的进展仍限于讨论"什么是可持续的生产与消费"，"行动计划框架和政策选择方案"以及强调"需要进一步研究……"。

《21世纪议程》提出:"全球环境恶化的最主要原因是不可持续的生产与消费模式,特别是发达国家的不可持续的生产与消费模式。"因此,发达国家在率先改变这种模式的进程中对全球的可持续发展能力建设将起到重要的示范作用。但是不知是可持续发展生产与消费的能力建设做得不够,还是不愿意改变现有的浪费型的生活方式,发达国家在这个问题上的进展一直徘徊不前。1995年经合组织(OECD)召开了一个"关于可持续的生产与消费概念"的讨论会。会后得出结论,"为了鼓励更可持续的生产与消费,需要制定有关政策,国际合作在这些政策制定工作中将发挥重要作用",仅此而已。世界可持续发展工商理事会(WBCSD)召开了一个关于"生态效率"方面的研讨会,会议得出的结论更是反映了这些以追逐商业利润为目的的企业集团的代表们对改变生产与消费方式的抵制。也就无怪乎此次会议仅提出:应该从讨论"工商企业界在可持续生产与消费方面遇到的困难"转向讨论"可以带来的商业机会",研究一项"既不损害消费者利益,又满足社会需求,同时能促进环境安全"的战略。H.M.斯特瓦特(H.M.Stewart)批评这种进展是仍在"布置会议桌"和讨论"谁坐哪里"。

与"改变消费模式"相反,发达国家在"环境和贸易"问题上却十分积极,并提出了许多环境与贸易问题关系的原则并声称这些原则的采纳将大大推动全球可持续发展能力的提高。由于广大发展中国家的强烈反对,使得贸易、投资等与环境问题的挂钩未能实现,于是发达国家认为发展中国家在这方面需要"加强能力建设"。发达国家在这个问题上的主要观点是:发展中国家实现可持续发展的能力与其处理贸易的社会经济和环境影响问题的能力有密切联系,包括贸易对本国家社会经济及环境的影响和出口产品时对进口国的社会经济及环境的影响。贸易与环境的问题一直是发达国家和发展中国家争论的焦点,在1997年6月的第19次特别联大上,双方对这个问题有如下最后妥协的案文:

"为了加速各国特别是发展中国家在消除贫困、保护环境和发展经济上的步伐,有必要在发达国家和发展中国家建立一个有利于经济结构调整和措施实施的宏观经济条件,以使各国特别是发展中国家,能够从全球经济一体化中受益。联合国组织、世界贸易组织、世界银行、世界货币基金组织及各国政府应该对贸易、环境和发展问题的能力建设给予新的全面的支持,加强在该领域中以可持续发展为目标的能力建设的国际合作。要在经济发展、环境保护和贸易自由化相结合的基础上采取综合和协调的方式处理贸易与可持续发展问题,要认识到为了从经济和环境的角度都更加有效地利用地球的自然资源,必须消除贸易障碍。贸易自由化的进程需要有环境和资源管理相一致的政策,这样才能通过更有效的资源利用和分配来实现贸易自由化对可持续发展和已取得的环境保护成果的潜在贡献。多边贸易系统应该具备的能力是在不影响其开放、平等及非歧视特点的同时,进一步将环境因素纳入其过程使之为可持续发展作出更多的贡献。应该全面执行与实施给予发展中国家特别是最不发达国家的特别待遇条款和乌拉圭回合多边贸易协定的规定,以便使这些国家可以在其环境得到保护的同时也从全球的贸易系统中受益。有必要继续消除国际贸易关系中的歧视和保护主义行动,以便改善发展中国家的出口贸易,这也有利于促进世界经济一体化的进程。为了使贸易、环境和发展相互促进,必须采取措施以保证与环境有关的贸易措施的透明性,并且应该研究造成环境恶化的根本原因,以防止导致带有伪装的贸易壁垒。应该说明的是在某些发达国家有效的环境标准可能会对其它国家,特别是发展中国家,产生难以承受的社会与经济成本。要加强国际合作,避免单边贸易主义。"

这段案文的通过不难说明发达国家积极推进的贸易与环境问题在国际场合受到来自发展中国家的极大阻力,从而常常是以类似上述措词的文字收场。但这样说并非否定贸易、环境与发展之间可以相互促进的关系,而是尽量避免将这种关系用于设置贸易障碍,使发展中国家处于不利地位。贸易、环境与发展关系的本身是一项重要的研究课题,因此,上段案文在开始部分强调要加强该方面能力建设的国际合作。

第三,在发达国家可持续发展战略实施总体进展不理想的情况下,这些国家的地方可持续发展活动(Local Sustainable Development Initiatives)似乎开展得很活跃,对这些国家的可持续发展能力建设起到了重要的推动作用。从这些活动的过程和近期效果来看,它们是非常有益的。然而对这些活动的长远效果各国尚无法提出肯定的结论。对许多人来说,关于全球可持续发展的讨论确实显得有些抽象,在许多国家一级的可持续发展的讨论中也觉得缺乏具体内容。然而在各地人们每天的生活和具体行动中,则随时可以发现应该纠正的不可持续的现象。因此,发达国家许多可持续发展的成功例子都是地方首先发起和开展的,这也许是在这些国家,地方政府相对于国家政府更容易被说服并支持开展可持续发展的项目。因此,有人说发达国家的可持续发展能力建设是自下而上,推动政府去做的,也就不足为奇了。但是地方发起的项目可能往往有注重短期效益的不足,因此最好的结果是,将国家的中长期战略与地方的具体行动结合起来,这种结合的实现需要长期的可持续发展能力建设。

第四,许多发展中国家自1992年环发大会以来已经制定了各自国家的可持续发展战略,并在制定可持续发展战略的过程中积累了很多经验,提高了自身的能力,但是还需要国际社会在资金和技术上给予支持和帮助。

联合国开发计划署(UNDP)在环发大会之后在其可持续能源与环境局(SEED)下面设立了一个"21世纪能力建设计划(Capacity 21)"。其主要任务就是帮助发展中国家建立和提高将21世纪议程的思想和原则纳入其国家社会经济规划的能力,并帮助发展中国家制定实现这种可持续发展能力建设的计划。其经费来自于参与"21世纪能力建设计划(Capacity 21)"的捐助国。迄今为止已经有14个国家和2个国际组织及一个基金会为其提供了共6 800多万美元的资金,六年来共支持发展中国家可持续发展能力建设的项目近70个。21世纪能力建设计划(Capacity 21)在中国的项目被认为是最成功的项目之一。21世纪能力建设计划(Capacity 21)在其1997年年度报告中专门评述中国实施可持续发展战略的成功经验,指出"曾经有人认为,21世纪能力建设计划(Capacity 21)项目只能在相对较小而易于操作的国家实现,中国的实践证明21世纪议程完全可以在一个人口和经济大国中实施。"

经合组织(OECD)的发展与援助委员会(DAC)曾制定了一份援助发展中国家能力建设的计划,但是这份计划中对能力建设的定义仅局限于"环境能力建设",而不是"可持续发展能力建设"。

第五,发达国家和发展中国家有着不同类型和性质的可持续发展战略,这也反映了各自关心的问题的不同以及观点的不同。发达国家注重谋求更高的社会福利、更安全的生态系统等,而发展中国家则更加关注解决贫困、债务、温饱及卫生安全保障等。由于这种战略选择的内容和标准不同,导致对进行这些战略制定和实施所需求的能力和由此开展的能力建设的内容也有所不同。

表2 发达国家与发展中国家制定和实施可持续发展战略过程的比较

发达国家	发展中国家
方式(Approach) 　国内资金支持 　国内技术 　政治行动 　商业利润驱动	方式(Approach) 　需要外部援助 　较多外来技术参与 　政府部门和技术部门推动 　多数国家是以项目为单元操作
目标(Aims) 　试图改变生产与消费模式 　解决污染问题 　强调环境问题	目标(Aims) 　扩大生产和增加消费 　改善生态环境及促进农村发展 　强调发展问题
措施(means) 　机构的完善与调整 　指南及手则编制,较侧重地方各自目标的制定和实现 　追求低成本 　加强与地方21世纪议程实施的联系 　提高公众意识	措施(means) 　有新机构的建立 　提出一系列的优先实施项目 　积极寻求援助 　地方可持续发展能力需要进一步加强 　普及宣传、提高意识

在过去的近十年中特别是环发大会以后的六年里,在发展中国家与发达国家的国际合作项目中,开展了大量的以环境管理、环境政策研究等为主要内容的可持续发展能力建设项目。同时,发

达国家也开展了自身的可持续发展能力建设活动。表2反映了发达国家和发展中国家在制定和实施可持续发展战略的过程中的区别。

第六,始终将可持续发展置于国家和地方政府的重要战略地位,也是反映国家和地方能力的一项指标,同时可持续发展战略需要不断的滚动、调整以保证社会、经济、环境在变化的形势下始终紧密地结合。这方面似乎各国做得都还不够。

既然可持续发展是一项长远的战略,那么就需要各国政府对实施可持续发展战略有政治上的长远性承诺和支持。但是环发大会以来的进展使得有人对这种政治承诺表示怀疑。哈罗德·威尔森(Harold Wilson)曾撰文批评有的发达国家对可持续发展承诺不负责任,指出:"对于政治来说,一星期就算长了。"意即如果一星期后另外一位人物当选后是否继续承诺对可持续发展和《21世纪议程》的真正支持就值得怀疑的了。Dalal – Clayton更是具体指出了澳大利亚和加拿大不列颠哥伦比亚省的类似例子。因此,在讨论发达国家如何带头推动全球可持续发展能力建设时,H.M.斯特瓦特(H.M.Stewart)悲观地写道:"我们用一年的时间可以把一大块岩石搬到山峰的高处,可以当第二年新选举出一批政治家时,我们发现自己又在山脚下重新挣扎……"因此,他主张为了保证可持续发展战略在发达国家长期延续下去,这些发达国家也必须大力开展可持续发展的能力建设,也就是将可持续发展思想植根于社会之中,而不能依赖于政治团体本身。同时,一个好的可持续发展战略不仅是综合的和反映全面参与机制的,而且还应该是不断滚动和周期性更新的。布伦特兰领导的环境与发展委员会在年前就强调这一点,并指出只有这样才能使可持续发展始终被保持在发达国家优先的领域之中,从而推动可持续发展的能力建设。

第七,无论是发达国家还是发展中国家,今后在可持续发展能力建设方面有以下几个方面的工作要做:

(1) 加强对地方可持续发展活动的支持。在国际社会对发达国家实施国家可持续发展战略状况持批评态度的情况下,发达国家在地方 21 世纪议程方面却出现了很多成功典型范例。发展中国家在地方 21 世纪议程方面也开展得很有生气。因此,呼吁各国大力支持地方 21 世纪议程活动,也是国际社会积极推进可持续发展实施的工作之一。地方 21 世纪议程活动的开展对于各国的地方可持续发展能力建设有着重要的作用,它将为国家实现可持续发展奠定"坚实的基础"。

(2) 开展可持续发展能力建设的评价。可持续发展能力建设评价是一项复杂的内容,目前有两方面的问题值得注意:①提高评价的可信度问题。尽管世界各国在可持续发展能力建设方面已经提出并实践了丰富多样的理论与方法,但绝大多数都处在开始及试验阶段,其长远效果尚未得到证实。在这些实践过程中不断发现和总结了各种方法的优势或弱点,但是要避免把对这些问题的评价和总结与长远效果及结论相混淆,许多对可持续发展能力建设的分析与评价实际上是针对过程而不是最终结果,比如,国家可持续发展战略的制定,多数的讨论是评价其过程的好坏而不是这个过程的长远效果,尽管能力建设在这个过程中的重要性毋庸置疑,但这并不是能力建设本身的终结。由于在现阶段还非常缺乏足够有说服力的资料及数据,评价某种可持续发展能力建设的长远效果的好坏尚为时过早。目前在可持续发展能力建设评价方面出现的问题是往往把人为希望实现的结果与实际所做的工作混为一谈。②要提倡评价与分析结果的严密性。这个问题牵涉到可持续发展的各种评价"指标"问题,特别是使用数量指标时需从正确客观的角度入手并采用尽可能准确的数据。目前对于可持续发展能力建设的评价还是一个难题,定量指标的研究才刚刚开始。但是必须在开始的阶段树立一种严谨的工作方式和科学态度,过分追求数量型指标容易造成数据的不真实性,因此不应该为量化而量化。同时,"指标"并不是评价方法的全部,成功的评价方法应该包括严谨的指标计算以及一系列案例分析、跟踪、实地调查和图片及视像资料。

(3) 加强公众对环境和可持续发展历史的了解。关于提高公众可持续发展意识的讨论已经有很多,其重要性是不言而喻的。在提高意识过程中的一个薄弱环节是缺乏对环境历史及可持续发展历史的研究及宣传。C.潘廷(C. Ponting)于 1991 年出版的《世界绿色历史》(Green History of the World)应该是一本值得推荐的环境历史参考书。提高公众意识的一个重要方面是应该从现在起,使人们从做学生时代起就不仅学习经济史、政治史和其它各学科的历史,还要了解环境史,不仅要了解"经济大萧条"、"第二次世界大战"及"文艺复兴",也要了解"伦敦烟雾事件"和"切尔诺贝利核泄漏"等重大环境历史事件,了解加拿大和巴西如何开展可持续森林管理、美国的可持续农业发展、法国的可持续工业政策、中国的可持续发展战略等这些对当今经济与社会发展以及今后发展模式与趋势产生重大影响的问题。这样才能更深刻地理解可持续发展的含义和其战略意义。这也是可持续发展能力建设的一个重要的组成部分。

第八,目前国际上有不少组织把可持续发展能力建设作为一项重要的研究工作,如国际环境与发展研究所(IIED)、经合组织(OECD)、国际可持续发展研究所(IISD)等等。然而这些能力建设的研究多半是侧重于发达国家关心的问题,比如"贸易与可持续发展"、"环境标志"和"生态安全"等。实际上发达国家和发展中国家应该开展更全面的合作,以便在增强可持续发展能力建设方面尽可能地减少分歧、相互学习、取长补短。按照里约会议达成的"新的全球伙伴关系"的精神来实施和开展有利于人类发展的真正意义上的可持续发展能力建设。

第九,联合国环境规划署(UNEP)在环发大会后制定了一项能力建设计划,提出环境法的不足和无效性是实现可持续发展的有效管理的主要障碍之一。保护环境是实施可持续发展的重要组成部分。环境立法是可持续发展的法制建设中最具重要性的跨部门的工作之一,涉及大多数同发展有关的部门。因此,环境法制的能力建设对于实现可持续发展尤为重要,它包括对于实现可持续发展至关重要的三个既明显又密切相关的活动领域,这些领域是:

(1) 制定追求可持续发展目标的国家政策和战略,并在此基础上建立国家的立法和组织机构制度;

(2) 制定、颁布和实施适合国情的、以可持续发展为目标的国家的环境管理立法和制度;

(3) 各国积极参与有关可持续发展的国际法律文书的谈判和缔约,并予以有效实施。

环境法和组织机构建设的主要目的是适当地发展各国的,特别是发展中国家的人力和物质资源能力,以便根据国情,确保国家环境与发展政策和战略的制定,并通过从国家到地方各级适当的法律和管理政策、手段以及实施机制,使环境和发展有效地结合;从而确保在可持续发展领域内各项国际的和国家的法律规章制度的实施;确保各国参与对可持续发展领域国际法律文书的谈判、现有法律文书的审议或必要的修改,以及有效地参与这些法律文书的国际运作和在国家一级的有效执行。

联合国环境规划署在可持续发展能力建设方面提出了国家立法和组织机构领域的能力建设的要求,主要包括以下几个方面:

(1) 国家在政策和实践上将环境和发展有效地结合起来的能力;

(2) 审议现有的法律和组织机构,考察如何对其重新进行构筑以促进可持续发展目标的实现;

(3) 从国家到各级地方,促进使环境和发展相结合的、符合国情的、适宜的管理政策和立法及其实施机制;

(4) 根据各国不同国情确定其发展需要的优先领域,提供和推广各国在环境与发展领域内的有关信息和做法;

(5) 向司法官员传播有关涉及可持续发展的法律和制度方面的司法裁决的信息,以便通过司法解释和决议来推进可持续发展的环境法工作的开展。

联合国环发大会之后,联合国环境规划署(UNEP)积极提高自己作为国际社会环境保护推动机构的作用,提高全世界对有害于环境的行动的认识,促进各国在可持续发展的前提下对某些紧迫的环境问题作出响应,制定和实施必要的政策,使各国遵循可持续发展道路,在这些工作中加强能力建设。这些能力建设的内容包括:①确认现有的国内环境法律及其在执行方面的空白和缺点;②在国家环境立法的制定、颁布和实施以及建立或加强为实施可持续发展而进行有效的环境管理所需的相应制度体系等方面提供帮助;③提供咨询,并通过机构间的合作特别是同联合国环境规划署(UNEP)的"21世纪能力建设项目"以及世界银行的"国家环境行动计划"合作,来提供各国政府所要求的帮助,以便高效率地实施法律和制度体系,包括相应的环境管理所需的设备和其他物质资源;④在环境法和制度领域内提供法律培训及其他人力资源开发项目,以便从事这些工作的单位和个人能够更加有效地发挥其职能;⑤在环境立法和相应制度的制定及实施中提供信息网络和资源,包括环境标准的制定、采纳和应用;⑥加强有效参与国际环境协议的谈判、制定和实施的能力。

这些能力建设的具体活动包括:①国家立法。联合国环境规划署对其援助计划进行了重大调整,使援助集中在可持续发展问题,而不再是污染控制和环境管理;以前那种主要依靠国外咨询专家制定国家法律的做法也已经被代之以国内专家组成的工作组。②人力资源开发。主要目的是加强各国的,特别是发展中国家以及经济转轨国家的,人力资源和物质资源能力,以保证在可持续发展的背景下,在国际和国家层次上制定环境法并加以有效实施。③伙伴关系。联合国环境规划署一直不仅同各国政府而且同一些联合国机构、国际组织、大学和专业团体保持着良好合作的伙伴关系。其目的在于运用联合国各机构和其它组织的经验,加强各个项目的有效性,并在各个机构工作的基础上开展项目工作,避免重复和浪费。

第四节 可持续发展能力建设在中国的实施

建设可持续发展的能力是顺利实施《中国 21 世纪议程》的必要保证。可持续发展能力建设的内容涉及政府决策、管理、经济社会发展、国家的资源与生态环境、科学技术水平的提高、人力资源的开发、教育事业的发展等可持续发展的各个方面。改革开放以来,中国政府从实际国情出发,开展了加强法制建设,通过制定社会经济发展与环境保护相结合的国民经济发展计划,将可持续发展的思想纳入各级政府及各部门的日常工作之中。发展中小学义务教育和广泛的环境与可持续发展宣传教育,开展大规模的国土整治与生态环境保护,大力开展科学技术研究,积极促进资源信息共享,严格实行计划生育,有效减缓了人口增长对生态环境的压力,积极参与可持续发展的国际行动和开展国际合作。这些卓有成效的工作都为中国可持续发展的能力建设奠定了坚实的基础。同时我们也认识到,能力建设是贯穿于社会经济发展各个阶段中的一个长期的过程,如果说以往的大量工作从能力建设的角度来说,已经将国人对中国"地大物博、人口众多"的概念转变成了"人口负担过重、资源相对短缺",而且从政策上已经从以前的只注重"增长的数量"转向要注重"增长的质量",从而最终提出以可持续发展战略来指导社会经济的发展,今后能力建设的方向和目标就应该是促进与建设"如何最有效地利用相对短缺的资源"和"如何将经济发展同资源、环境和人口因素相结合,走靠内涵扩大再生产之路"的能力。实施这个意义上的能力建设至少必须开展以下几个方面的工作:

一、健全可持续发展的法律保障体制

可持续发展强调综合,既涉及经济领域,又特别重视社会及生态领域,既要求经济上数量的稳定增长,也更重视增长的质量。这种相互之间的复杂关系要以长期和稳定的可持续发展政策来处理。而这种符合可持续发展的长期政策只有通过法律来加以规范和保证。当今世界,各类经济主体的运作都与市场机制及竞争紧密相联。要在国家、地区和全球范围内建立起公平竞争的经济秩序和社会秩序,唯有通过在相应的范围内积极加强法制建设,才能有效维护正常的有利于可持续发展的经济社会秩序。可持续发展在国家范围内需要宏观调控的支持,同时可持续发展有必要变革现行的一些政策和行为规范。因而必然涉及一些部门的利益,为了推出新的可持续发展政策,必须依靠法律的权威性。建立健全可持续发展的法律体系是国家开展能力建设的一项重要内容。可持续发展的法律是否完善也反映出一个国家可持续发展能力的强弱。

环境法是调整因保护和改善生活环境和生态环境、防治污染和其它公害而产生的各种社会关系的法律规范的总称。环境法在法律体系中是一个新兴的而又相当独立的法律部门,自身具有一套完整的体系。中国的环境法体系主要包括宪法、环境保护基本法、环境保护单行法律法规,包括保护生态环境和自然资源方面的法律(已有9个)和一系列法规、条例以及防治污染和其它公害方面的法律(已有6个)和法规、条例(已有20多个)、环境保护标准、环境管理机构组织法规、处理环境纠纷的程序和方法法规、其它法律法规中有关保护环境的法律法规、地方环境保护法规、中国批准加入的国际环境法律文书共九个方面。

中国环境保护法的制定遵循以下基本原则:

(1)经济建设与环境保护协调发展。经济建设、城乡建设与环境建设必须同步规划、同步实施、同步发展,以实现经济效益、社会效益和环境效益的统一。

(2)预防为主、防治结合。以"防"为核心,采取预防性手段和措施,防止环境问题的产生及恶化,或把环境污染和生态破坏控制在生态平衡可以允许、人体健康能够确保、社会物质财富持续稳定增长得以保证的限度以内。

(3)全面规划,合理布局。这是"预防为主"方针的具体实施,也是环境管理的根本措施,要把可能造成严重污染或生态破坏的建设项目规划和布置在适当地方,而绝不能放在环境敏感区域。

(4)谁污染谁治理,谁开发谁保护。前者明确了污染者应负的环境责任,同时也能解决污染治理的资金渠道;后者明确了资源开发利用者负有的保护义务,以促进自然资源的可持续利用。

(5)各级政府对所辖区的环境质量负责。这澄清了环境质量由环保部门负责的模糊认识。

(6)依靠群众保护环境。环境保护是全民的事业,只有在公众广泛参与、支持和监督下,才可能有强大的生命力。

《中国 21 世纪议程》对于与可持续发展有关的立法及其实施有具体的叙述:"与可持续发展有关的立法是将可持续发展战略和政策定型化、法制化的途径,与可持续发展有关法律的实施是可持续发展战略付诸实现的重要保障。"可持续发展有关的立法涉及面很广,包括人口、经济、环境、资源、社会保障等领域。《中国 21 世纪议程》在可持续发展立法方面拟订了目标和行动,设立了如下两个方案领域(参见专栏一)。

二、加强综合决策的能力建设

可持续发展能力建设简要地说就是培养可持续发展综合决策(Integrated Decision-making)的能力和有效实施这种综合决策的能力。可持续发展强调人口、社会、经济与生态环境的结合,中国政府从 1992 年 8 月开始组织编制《中国 21 世纪议程》,到 1994 年 3 月国务院批准出台《中国 21 世纪议程》后着手实施《中国 21 世纪议程》及其优先项目计划,经历了两个阶段的综合决策过程。这两个过程是中国可持续发展能力建设的重要阶段。

(一) 制定《中国 21 世纪议程》本身就是开展可持续发展能力建设的重要组成部分

《中国 21 世纪议程》是参照联合国《21 世纪议程》的框架结构和格式编制的。我们都已经熟悉了《中国 21 世纪议程》的主要内容和结构。内容分为四个部分,共 20 章、74 个方案领域。四个部分依次是:可持续发展总体战略、社会可持续发展、经济可持续发

专栏一 与可持续发展有关的立法和实施

一、与可持续发展有关的立法

1. 行动依据。近十几年来,中国逐步加强了与可持续发展有关的立法;制订了经济法律法规,对各种经济关系进行调整;制订了《科学技术进步法》、《农业科学技术推广法》等法律,依法推动了科学技术在可持续发展中的作用;制定了6部环境保护法律、9部资源管理法律和多项环境与资源管理的行政法规,初步形成了环境与资源保护的法律体系框架和保障社会可持续发展的法律框架。当前面临的挑战在于:立法尚待进一步完善;已有的相关立法中,还应该引入符合市场经济规律和市场机制要求的法律调整手段;地方立法需要进一步加强;有关立法以及技术规则和标准的制订中,要尽快与国际立法和管理接轨;中国已经加入的、有关可持续发展的国际公约,需要通过制订国内立法和国家行动计划予以实施。

2. 目标。在2000年前后初步建立起与可持续发展有关的立法体系;加强经济领域的有关立法,完善环境和资源保护立法;完善地方上有关的立法;基本实现与国际立法的接轨;通过传播有关可持续发展的思想和资料以及培训等措施,增强相关的立法能力。

3. 行动。研究与可持续发展有关的立法现状、趋势和需要,制订有关的立法行动计划;把可持续发展原则纳入立法体系之中,完善法律法规体系;提高各级政府在可持续发展领域方法方面的行动能力;进一步扩大公众和社会团体的作用;加强法制科学研究和教育,推动有关的立法理论建设;扩大有关的国际交流与合作。

二、与可持续发展有关法律的实施

1. 行动依据。与可持续发展有关的法律,只有真正得到实施,才能实现其价值。因此,必须把执法和立法置于同等重要的地位。

2. 目标。建立健全可持续发展法律的实施体系和保障支持机制,保证法律法规的贯彻;通过有关法律的实施,实现自然资源的合理利用,使环境污染和环境破坏得以有效控制,从而实现生活环境和生态环境的保护和改善,保障经济、社会的可持续发展。

3. 行动。研究有关法律的实施问题,建立健全相应的理论体系,加强宣传和教育,提高全社会的法律意识和可持续发展意识;加强执法队伍的建设,提高执法能力;促进司法和行政程序与可持续发展有关法律实施的结合;扩大公众和社会团体的作用;建立健全有关法律实施执行的监督体制,进一步完善执法检查制度,定期对执法情况进行有针对性的检查;扩大有关的法律实施的国际合作。

资料来源:《中国21世纪议程》

展以及资源与环境的合理利用与保护。每个部分由若干章组成,每章包括若干方案领域。方案领域由行动计划构成,包括设定的目标,拟采取的主要行动或措施。实施措施主要从管理、科技、示范工程、人力资源开发与能力建设、国际合作等方面着手。

现在的《中国 21 世纪议程》是一份综合体现中国可持续发展战略规划的文件,高度概况和反映了国家宏观社会经济发展与人口、资源环境的状况和为达到可持续发展而必须采取的行为措施,受到国际社会的高度评价。可是当翻开《中国 21 世纪议程》的第一稿时,我们发现当时的长达 2 000 多页的《中国 21 世纪议程》并不是一份综合性很强的文本,而是一份部门色彩较浓的规划。尽管其内容确实是根据可持续发展的思想来编写的,但每一个部门的可持续发展规划加起来并不等于国家的可持续发展战略。在中外专家广泛深入讨论的基础上,《中国 21 世纪议程》编制领导部门采纳了专家组的意见,对第一稿进行了修改,加强了文本的综合集成。在这个修改调整的过程中,可持续发展的综合决策思想得到了充分的体现,修改后的第二稿综合了各经济发展部门的问题,结合中国国情,突出了中国可持续发展进程中需要解决的迫切问题,删去了大量分部门的章节。同时又撰写产生了《可持续发展经济政策》、《工业与交通、通讯业的可持续发展》及《可持续的能源生产和消费》等原来没有的综合性章节。《中国 21 世纪议程》的第三稿和以后几稿修改是在第二稿综合性的修改基础上,征求各部门意见,吸收国内外专家建议,最后在编制领导小组的指导下完成的。每一稿的修改都是能力建设的一个环节。因此,《中国 21 世纪议程》的最终定稿是在不断的可持续发展能力建设循环过程中实现的。通过这种有效的能力建设,参加整个编制的个人和部门得到了认识上的螺旋式上升。可以说,编制《中国21世纪议程》的过程是环发大会以来可持续发展能力建设的最典型和成功的一个案例。

(二) 实施《中国21世纪议程》必须把《中国21世纪议程》的主要思想纳入各级计划

要保证《中国21世纪议程》的贯彻实施,最根本的途径在于将《中国21世纪议程》的思想纳入各部门、各地方的国民经济与社会发展规划之中。这个纳入的过程也是可持续发展能力建设的过程。提高管理决策层的能力对于加速可持续发展战略的实施具有重要的作用。作为能力建设的主要手段之一,培训活动能起到有效的作用,它首先将新的思想和观念向学员传输,使学员转变传统的观念,提高其可持续发展意识;其次是通过培训,使学员具有在自己的工作领域按照可持续发展的要求顺利开展工作的能力。在培训工程中,知识的传播是基础,而能力的传播则是核心。

从1994年11月开始,国家计委、国家科委举办了"将《中国21世纪议程》纳入国民经济和社会发展计划培训班",为各级政府和有关部门不仅培养了具有可持续发展思想的干部,更重要的是为可持续发展的继续培训培养了首批教员,并提供了系统的教材。可持续发展的培训从一开始就是一个滚动的、开放的和可持续的过程。最早的5期培训,使得来自国务院有关部门、各地计委和科委负责规划和计划的200多位学员,不仅树立了人口、资源和环境的危机感,而且加强了他们的使命感。来自国际组织、科研院所和政府机构研究、编制和执行国家可持续发展战略的专家,结合典型案例向学员们系统而深入浅出地讲授了有关可持续发展方面的人口、法律、资源、环境、经济、工业、农业、管理等知识,并组织学员结合自己的实际工作,就实施各部门和各地方可持续发展的作用、目标、困难和对策进行了深入的讨论,不仅澄清了学员们的一些模糊认识,而且培养了他们在新的发展观下,认识、分析和解决有关可持续发展问题的能力。此外,国家计委、国家科委组织了国务院各有关部门负责计划编制工作的高级干部和各省市专门负责编制和实施计划的领导,研讨了如何将《中国21世纪议程》纳入到国民经济和社会发展计划的问题,研讨会上有关部门的领导和著名专家分别报告和阐述了有关可持续发展立法、经济发展、国际经贸形势、环境与发展领域的国际动向和环境保护问题。通过研讨加深了在建设有中国特色的社会主义市场经济中对可持续发展思想的理解和认识,并对在推动可持续发展战略的实施中如何发挥政府的宏观调控作用进行了有益的探讨。

从1995年5月开始,以将《中国21世纪议程》纳入国民经济和社会发展计划培训为基础,北京、天津、河北、山西、四川、甘肃、浙江、黑龙江等省、市和林业部、国家海洋局等部门,不断组织各类可持续发展的培训与研讨,有的省市和部门还组成了以受训人员为骨干的推进其地方和部门的21世纪议程的组织机构,并结合"九五"计划和2010年远景目标制定本地方和本部门的21世纪议程和行动方案。对政府决策者和管理人员的培训,极大地提高了政府在推进可持续发展战略方面的能力和作用。

三、通过教育和宣传促进能力建设

从人的文化教育和精神方面来谈可持续发展的问题看起来是间接的,但却是影响可持续发展的根本的问题。可持续发展实质上是人类如何与地球这个大自然和谐共处的问题。在这里人类依靠和利用自然不断改善自己的生存条件和生活水准,同时使自然资源不仅不因为人们的无限利用而枯竭,而且能在人类自觉活动参与下维护、再造并成为循环不息、永葆青春的自然再生体系。要达到这个目的,人们必须对自然和社会的本质和变化规律有深刻的理解,也就是说,人们必须掌握较多的自然科学知识,深入了解人类活动对自然系统所产生的影响和后果,并从技术上能使其危害影响降到最低限度或能使遭破坏的自然环境获得再生;同时人们必须有正确的道德观念,认识到自己对自然和社会及其未来的繁荣负有责任。要努力去达到或接近这种思想境界,教育是根本的手段。这种教育不仅使人们获得科学知识,也使人们具备高度的道德水平。它既包括学校教育这种主要形式,也包括各种类型的培训,还有广泛的潜移默化的社会教育,这些都是可持续发展能力建设的重要形式。

教育对经济发展的影响,人们对此已经有了充分的了解。根据世界银行的分析,教育作为一种人力投资,在人均国民收入低于1 000美元以下的国家和地方,对经济发展的回报率要比物质投资高得多。教育投资是经济增长的因素而不单是一种消费已为人们所公认。在中国,"发展经济要依靠劳动者素质的提高"以及"经济建设必须依靠科学技术、科学技术必须依靠人才"已经成为人所共知的口号。这是因为经济增长归根结蒂要依靠劳动生产率的提高，而劳动生产率的提高又有赖于劳动力的知识程度、技能水平和管理能力的提高。在经济相对落后，资源相对贫乏，而人口基数又十分庞大的中国，今后发展经济必须摒弃传统的带来环境破坏的工业化道路，而采取可持续发展的道路。这就必须采用高新技术和社会环境协调发展的综合技术，因而对人们的教育水准提出了更高要求。

亚洲新兴国家和地区经济发展的经验表明，教育投资是经济增长的重要因素，依靠教育投资，才可能使高新技术得以推广和提高，从而提高劳动生产率。另一方面，人们在教育水平不高，缺乏足够自然知识的情况下，受改善生活、发财致富的经济动力的驱使，容易发动破坏生态环境的生产，诸如盲目采伐森林、开垦荒坡造成植被破坏、水土流失、沙漠化扩大；滥采矿藏造成的矿产资源浪费与耗竭；盲目生产造成的能源损失和环境污染等。因此，教育既是使经济增长的因素，又是使经济和社会可持续发展的重要战略内容。

宣传是促使可持续发展政策得以实施的重要手段。研究表明，宣传对可持续发展政策和环境政策的有效实施起着重要的推动作用。对政策目标群体及时有效的宣传将有助于政策的实现。宣传可以帮助公众增长知识、提高认识、改变思想观念和行动方式；可以使成年人醒悟到自己对地球的责任，积极参与可持续发展的实施；可以使青少年了解、认识地球，从小培养可持续发展的意识，建立可持续发展的道德观、价值观和行为方式。

宣传是提高公众意识的有效手段。主要是通过文化宣传和科学普及活动，编写、出版通俗的科普读物，利用报刊、广播和影视等大众传播媒介，结合中小学教育，进行可持续发展方面的文化宣传和公众教育，举办各种类型的短训班，逐步提高全民的文化科学水平和可持续发展意识，加强公众在可持续发展方面的伦理道德水平。重视宣传人力资源在可持续发展方面的重要作用，提高全民的科技意识和重视人的能力建设的意识，发挥各类人才的个人专长和整体优势。人类从热衷于经济的增长到对环境问题的认识，从对环境问题的认识上升到对传统发展模式的怀疑和摈弃，直到达成全球可持续发展的共识，宣传和教育起了很大的作用，它们都是人类可持续发展意识传播的有效工具。

培训是教育的一项重要形式，目前的重点对象是各级决策和管理人员，目的是健全各级干部的培训制度，提高其可持续发展意识、理论修养和实施能力，保证正确决策的顺利执行。积极利用国际交流和合作，不断吸取国外新思想、新做法。经常对规划人员、管理人员，特别是各级领导干部，开展系统的培训，交流做法和管理经验，造就一批具有历史责任感和战略思想、知识广博且具有组织能力、应变能力和现代意识的决策领导人才，提高各级政府可持续发展决策水平和组织实施能力。培训的重点之二是在基层、社区和有关工作岗位建立职业培训机构，促进职业培训和技能训练。并向社区和民众提供最新培训教材，介绍人力资源和能力建设方面成效显著的活动和项目成果；注重对农民进行可持续发展的实用技术和技能的培训与服务。同时，随着经济和技术的发展，不断更新培训手段，提高培训成效。

几年来,宣传在协调人口、资源和环境保护以及实施《中国 21 世纪议程》等方面发挥了重要的作用。在《中国 21 世纪议程》制定前后,特别是 1996 年 3 月,八届人大第四次会议把"可持续发展"和"科教兴国"作为指导国民经济和社会发展中长期计划的两项重大战略后,各类新闻媒介对可持续发展进行了广泛的宣传,极大提高了公众的可持续发展意识。公众从对环境公害的认识,逐渐上升到对可持续发展思想的认识。

1995 年 2 月 15 日,中国人口达到了 12 亿,电视、电台和报纸等各种传媒进行了广泛的报道和评述,在肯定中国 1972 年实行计划生育政策以来在控制人口增长方面所取得的巨大成就的同时,也着重渲染了人口膨胀的忧患意识。中国资源的不足、环境和生态的脆弱、人口的膨胀加重了发展的压力。宣传使得广大民众认识到人口对经济发展的压力,对计划生育政策的认识从被动变为主动。进入 1998 年,中国少数经济发达地区已出现了人口负增长。

中央电视台《中华环保世纪行》向公众展现了经济迅速发展中,中国生态和环境方面的变化——滇池的变黑,淮河的污染,阿拉善的尘暴,震惊了迷茫的国人。工业化和城市化车轮碾过之后留下的是荒凉的土地、枯黑的流水和浑浊的空气,国人开始意识到环境的破坏意味着生活质量的下降和丧失。《中华环保世纪行》像一颗闪亮的火种点燃了大江南北、长城内外的地方世纪行活动,北起黑龙江"龙江绿色环保潮"、"世纪行在辽宁"、"三晋世纪行"、"燕赵世纪行"、"齐鲁世纪行",南到"中原世纪行"、"大特区世纪行",特别是"三晋世纪行"直接促使 40 多个环境问题得到妥善解决。

各类世纪行活动树立了弘扬保护环境和生态、治理污染、珍惜和爱护自然资源的正面典型,揭露和抨击了污染环境、破坏资源和生态的反面事例,促使公众意识不断提高,一批污染源得以治理。

宣传使得中国公众对"地大物博、人口众多"的认识发生了质的变化。公众认识到,庞大的人口基数使得中国本来就已非常紧缺的资源更显不足,中国人均可耕地的占有量仅为全球人均水平的 1/3,而且相当一部分又是中低产田;人均占有森林量仅为全球人均水平的 14%,淡水为 28%,石油为 1/5,煤炭的占有量也仅处世界中游水平,每年人口以 1400 万的数量增长不仅抵消了经济的增长,而且加剧了资源短缺的状况,同时给中国本已脆弱的环境造成了更大的压力。《中国 21 世纪议程》出台后不久,公众很快就感受到《中国 21 世纪议程》为中国在发展的十字路口找到了推动人口、环境、资源和经济可持续发展的金钥匙。

为使《中国 21 世纪议程》顺利实施,中国政府要求各地方、各部门要结合自己的实际工作,通过各种途径实施《中国 21 世纪议程》,广泛宣传《中国 21 世纪议程》体现的可持续发展的基本思想,取得广大干部和人民群众的理解和支持,使贯彻实施《中国 21 世纪议程》成为各级政府和广大群众的自觉行动。1994 年 7 月的中国 21 世纪议程北京高级国际圆桌会议,向国内外广泛宣传了中国政府实施《中国 21 世纪议程》的信心和决心,帮助广大人民群众认识中国传统的高投入、高消耗、高污染、低效率、低产出的数量型发展模式难以支撑中国经济的持续快速发展,转变经济的增长方式,改变生产和消费方式,走经济、社会、人口、资源和环境相互协调的可持续发展的道路,是中国今后的必然选择;同时告诉国际社会,中国已用行动来履行自己在环境与发展大会上作出的承诺。这次大会的意义不仅仅是开拓了中国在环境和发展领域寻求国际合作,共同推动中国乃至世界实施可持续发展战略的新途径,更重要的是推动了国际社会和广大民众在认识层次上实施国家级可持续发展战略的进程。

许多省、区、市和有关部门也充分利用各种宣传渠道和舆论工具,多渠道、全方位地向广大干部和群众宣传《中国 21 世纪议程》的有关内容,不仅使群众逐渐认识实施可持续发展战略的必要性和紧迫性,而且使其自觉地投身到推进《中国 21 世纪议程》的实际行动中去。

为了系统深入宣传《中国 21 世纪议程》,1994 年 4 月 15 日国务院新闻办主持召开了《中国 21 世纪议程》中外记者新闻发布会,1994 年 11 月 20 日《人民日报》用一个整版的篇幅刊登了《议程》纲要;《人民日报》、《中国日报》、《光明日报》、《中国宏观经济导报》、《中国科技报》、《中国环境报》、《中国青年报》、《自然辩证法》等杂志报刊也刊登了大量宣传《中国 21 世纪议程》和可持续发展思想的文章,积极宣传可持续发展战略,唤起全民族珍惜资源、保护环境、从每个人做起的责任感。通过各种宣传媒介的传播,提高了广大公众对可持续发展思想的认识和走可持续发展道路的紧迫感和自觉性。

1996 年 1 月,由中国 21 世纪议程管理中心、中国可持续发展研究会、北京电视台联合摄制推出了 30 集大型系列片《21 世纪不是梦》,向 12 亿人民讲述了我们今天面临的现实和未来发展的选择。中国所有的资源,从耕地、矿产、淡水到森林,在巨大的分母——近13亿人口面前,都显得非常稀缺,非常珍贵;中国的生态环境,经过传统发展车轮的碾压,已经不堪重负。这套电视系列片用活生生的事实告诉民众,中国跨世纪的蓝图和梦想只有通过全面实施可持续发展战略才能实现。

1997年10月在北京举办的"辉煌的五年——十四大以来成就展"中专门开辟了"可持续发展展馆",收到了很好的效果。1997年12月,由中国21世纪议程管理中心组织编写的《可持续发展——跨世纪的抉择》一书由中共中央党校出版社和广东科技出版社联合出版;国家教委也在组织有关专家在中小学教材中增加人与自然协调发展的内容;在大学和许多研究机构可持续发展已逐渐成为综合的重点研究领域。可持续发展的思想已经逐渐深入人心。

中国可持续发展的教育工作也取得了很大进展。1994年6月,全国人大环资委、国家环保局、最高人民法院、最高人民检察院、司法部等9部门联合举办《中国环境法制电视教育讲座》,报名者达25 000人。此外,专业教育的规模也在不断扩大。中国已有126所高等院校设置了各种环境类的系和专业,共有本科专业点178个。国务院学位委员会批准了39种环境学科(专业)的77个博士授予单位,51种学科的223个硕士学位授予单位,还设置了多个博士后流动站,在校研究生达500人。有40多所中专和160所职业高中设置环保专业,在校学生达12 000多人。近20年来培养出各级环保专业毕业生2万余人。

四、公众参与是可持续发展成功的保障

(一) 公众意识的提高是公众参与的基础

80年代,可持续发展这一概念对中国的广大老百姓,甚至对知识界来说,都还是一个新名词,而今天已逐渐为广大的民众所认识。然而,要实现可持续发展的目标,还必须坚定不移地依靠公众及社会团体的参与和支持。

当前,人类社会已开始采取实际行动,大规模、有步骤地投入到自然资源和生态环境保护的活动中。中国的公众也从经济增长带来的生态环境问题中,认识到了保护生态、环境和资源的重要性,"地大物博、人口众多"变成了"人口的基数大、人均资源少"的现实,公众在资源和环境方面的危机感日益增强。人们已经认识到人类生活质量的提高并不仅仅是物质和文化的不断提高,而且更需要一个和谐、优美、洁净而且不对后代的发展能力构成威胁的生态环境。1994年3月,中国政府通过了体现中国国情的可持续发展战略《中国21世纪议程——中国21世纪人口、环境与发展白皮书》,"21世纪议程"和"可持续发展"这两个陌生而新鲜的名词开始走入千家万户。随着《中国21世纪议程》的出台,研究、介绍、宣传中国可持续发展战略的文章、书籍和材料不断涌现。学者们在理论的高度上阐述和分析了中国的可持续发展战略道路;决策者和政治家们则力求从实践方面探索中国的可持续发展道路;而广大干部和群众逐渐认识并开始接受可持续发展这一概念,公众可持续发展意识在不断增强。1996年3月全国人大八届四中全

会正式把可持续发展作为制定中国国民经济和社会发展计划的重大战略。

虽然中国公众的可持续发展意识不断加强,但目前公众意识总体上仍很薄弱,这是制约可持续发展实施的主要因素之一。在实施可持续发展战略的过程中,无论是加强与可持续发展有关的立法与实施,还是推行有利于可持续发展的经济政策,无论是自然资源的保护与可持续利用,还是消除贫困,几乎在所有的领域,公众都缺乏可持续发展意识,很难参与可持续发展战略的实施。同时,许多与可持续发展观念背道而驰的行动,比如违反法律法规的行为、不利于环境和生态的行动、不利于人口控制和不遵守社会道德的行为等等,最后都可以归结为其可持续发展意识薄弱。在许多方面,公众可持续发展意识的提高成为中国能否顺利推进可持续发展战略的关键。

中国的绝大多数环境污染事件都是由于公众环境意识薄弱造成的。90年代发生的淮河水污染事件以及治理工作的困难,在很大程度上就是由于淮河两岸公众环境意识、法律观念淡薄造成的。小造纸厂是污染淮河的主要污染源之一,按照《淮河水污染防治暂行条例》必须关闭,而淮河流域的山东省枣庄市台儿庄区某造纸厂是一个很小的造纸厂,1995年11月,在未办理环保手续的情况下,筹建麦草制浆造纸,上了一个10立方米的蒸球,当地环保部门虽多次令其关停,但由于其环保意识和法制观念薄弱,1996年3月强行投产运行,其工厂工人和部分群众还阻挠记者的采访。

有时,人们总是把焦灼的目光投向那些造成危害和显而易见的环境问题上,而对公众的可持续发展及环境意识提高重视不够。

据《人民日报》报导,在有"动植物王国"美誉的云南省,专门从事环境宣传教育的机构只有省环保局宣教中心,每年的经费只有二、三万元,在各级中小学里,环境教育的师资、教材都非常缺乏。1996年底,国家环保局、中宣部、国家教委联合发布了《1996～2000年全国环境宣传教育行动纲要》,将以大中小学生和幼儿为对象的基础环境教育放在突出的地位,将环境教育列为素质教育的一个重要组成部分,要求加强中小学各科教材中环保内容的教学研究。部分大专院校还计划逐步把环保和可持续发展的课程列为必修课。目前全国有20所学校加入了有益于环境的"全球性学习与观察计划"。在云南,有关部门对省内主要地区的中小学校长和任课教师进行专门培训,这迟到的开始应该唤起社会各界的关注、参与和支持。

总结历史的经验,每一次社会历史变革都伴随着一次思想或意识形态的重大改变和更新,人类意识观念的更新为历史的进步提供了动力,人类的进步和意识的更新是建立在广大民众共同参与的基础上的。在历史的进程中,对进步思想和观念的广泛宣传是人类思想意识提高的主要手段;现代社会,人类的思想意识体现为公众意识宣传和培训,是促进公众意识提高的重要途径,公众意识的提高为公众的参与创造了条件。现代社会在向可持续发展方向转变时,更需要公众的积极参与和公众意识的不断提高,公众参与是实现中国可持续发展战略的保证。

(二) 公众参与是实现中国可持续发展战略的重要内容

可持续发展实际上是以人为中心的发展,因此它强调以人力资源开发和利用为中心的机构和公众的能力建设。各地可持续发展的战略目标和行动方案,需要依靠公众及社会团体最大限度的认同、支持和参与。公众、团体和民间组织的参与方式和参与程度,将决定可持续发展目标实现的进程。团体及公众不但要参与有关环境与发展的决策,特别是那些可能影响到他们生活和工作的社区决策,而且更需要参与决策过程和对决策执行过程的监督。以宣传、教育培训、公众参与为核心的能力建设几乎体现在《中国21世纪议程》可持续发展的所有领域。

在中国,公众参与一直受到广泛的重视并发挥着极其重要的作用。一方面,中国的有关法律和法规已经在公众参与国家事务方面作出了明确的规定,民主选举和监督在社会生活的许多方面都得到了保障。另一方面,公众参与可持续发展的内容也不断丰富,在参与社会、经济、环境、文化等许多方面,公众都被作为参与的主体。中国在动员公众参与社会、经济以及可持续发展活动方面开展了大量的工作并积累了许多经验。

1. 全民植树造林运动树立了公众参与可持续发展战略的典范

为了绿化祖国、美化家园、改善生态环境,从80年代初期,中国各地开展了全民参与的植树造林活动。1981年第五届全国人民代表大会第四次会议作出了《关于开展全民义务植树运动的决议》,并将每年的3月12日定为"植树节"。在1982至1997年的16年中,中国有50多亿人参加了义务植树,义务植树达260多亿株,全民义务植树极大地推动了中国林业建设的发展,使得中国的森林覆盖率达到了13.92%,比1984～1988年的森林清查结果提高了0.94%。中国的义务植树作为植树造林的重要组成部分对改善生态环境、保障社会和经济的可持续发展,作出了巨大的贡献。

2. 公众在参与地方的计划生育和消除贫困等方面创造了中国的特色

(1)在控制人口方面,各地的广大家庭特别是广大妇女的积极参与,使计划生育政策得以顺利推行,人口自然增长率从70年代初的20‰以下降到1995年的10.55‰,有效地控制了人口的增长。到1994年底,中国人口成功地控制在12亿之内。

(2)各地公众在参与消除贫困、发展贫困地区教育方面也发挥着巨大的作用,中国《国家"八七"扶贫攻坚计划》就是一个全社会、全民参与的行动计划。一方面,国家有关部门分别制定并实施相应的扶贫计划、规划。其中,国家计委把"八七"扶贫攻坚计划纳入中国的"九五"计划;同时,国家科委制定了科技扶贫计划;电力部制定并开始实施"电力扶贫共富计划";交通部制定了交通扶贫规划;邮电部制定了贫困地区通讯规划;水利部制定了解决人畜饮水的规划;农业部开始实施"乡镇企业东西互助示范工程",并扩大了"温饱工程"的规模;国家教委会同财政部开始实施"国家贫困地区义务教育工程"。此外,卫生部、民政部、国家民委等也制定了相应的规划和措施。另一方面,社会团体以及公众广泛参与的社会扶贫也发挥着积极的作用。"希望工程"、"文化扶贫工程"、"万人培训计划"、"光彩事业"等由社会团体发起、公众积极参与的全民性扶贫活动,对促进贫困地区的教育和提高脱贫的能力起到了积极的作用。同时对口单位利用科技扶贫、智力扶贫和信息扶贫等多种方式,促进了贫困地区的经济社会发展,经过几年的努力,中国贫困人口减少了2 200万,一些贫困地区初步走上了可持续发展的道路。

3. 公众参与立法与执法是中国社会主义法制建设的重要环节

(1)立法方面。中国宪法规定:"人民行使国家权力的机关是全国人民代表大会和地方各级人民代表大会。"人大代表来自人民,代表人民。公众可以通过他们选出的人大代表反映意见和要求,使之在立法中体现可持续发展的原则。在立法过程中重视民主协商,加强立法民主化,各级政协在立法过程中可以发挥重大作用,民主党派、无党派人士、非政府组织以及各行各业的专家、学者可以对立法充分发表意见,并通过政协提案反映出来。另外,通过报纸、电台、电视台等新闻媒介,公众可以及时了解立法的目的、内容和进程,并参与讨论,提出建议。例如《大气污染防治法》、《水污染防治法》的修改过程中,在《中国法制报》、《中国环境报》等报纸上安排了长达2个月的讨论专栏,便于公众充分发表意见、参与立法,其中一些有价值的意见和建议已被采纳。

(2)执法方面。从70年代起,中国开始了环境影响评价制度,规定了公众参与是《环境影响评价报告书》中的重要内容,在开发建设项目中要充分考虑公众和社会团体的利益。"九五"期间还将试行评价过程中听取附近居民意见的制度。

人大代表建议、政协委员提案代表着公众的建议和要求。1994年,中国国家环保局共承办人大建议、政协提案35件,其中有关保护江河、湖泊、水资源及水污染防治的18件,有关大气污染防治的5件,有关加强环境综合管理及执法监督的5件,有关噪声污染、固体废弃物进口、自然保护、增加环保资金投入、对环境与发展进行综合效益审计的各1件。35件建议、提案均按要求办理并答复代表和委员。公众可以通过来信来访对环境保护工作提出建议,对已经造成的环境污染进行控告。随着公众环境意识的提高,通过来信来访形式参与环境保护的人数日益增多,1994年1月至10月,国家环保局共受理来访45次,来信494件次。同年,北京市受理的来信来访3753件次中,关于大气和噪声污染的占94.2%。1993年3月12日,国务院发出了《关于开展加强环境保护执法检查、严厉打击违法活动的通知》,明确当前和今后几年"环境保护工作的重点是充分运用法律武器和宣传舆论工具,强化环境执法监督,采取切实有力措施,大张旗鼓地进行宣传和检查环境保护法律、法规的贯彻执行,严厉打击那些造成严重污染和破坏生态环境,影响极坏的违法行为。"从1993年起,连续4年,由全国人大环资委和国务院环委会加上有关省、区的人大联合举行执法检查,已检查了23个省、区。1996年全国人大常委会组团对京、津、沪三市进行执法检查,在执法检查期间,宣布热线电话,公开接待群众来访。如1996年6月天津执法检查团在津期间开通热线电话,6天中共接待来电、来信、来访893件,其中有258件反映环保问题,足见公众对环境问题的关注和参与的热情。

(三) 各社会公众团体的参与对实施中国可持续发展战略起到了推动作用

公众是推动社会进步和可持续发展战略的主力,公众能否有效地参与可持续发展是实施可持续发展目标的关键。公众参与可持续发展的程度包括参与的深度和广度,所谓参与的深度是指公众在可持续发展战略具体实施过程中在某一方面发挥作用的大小,包括参与决策、参与行动的程度,以及参与监督作用的大小;参与的广度是指公众在参与可持续发展过程中所能发挥作用的范围和公众参与的比例。

公众是由不同的社会团体组成,不同的团体在参与可持续发展战略及其相关领域时,所具有的参与能力和发挥的作用是不相同的。社会各团体和阶层都积极参与了可持续发展的宣传和各项活动。工人、农民、少数民族、妇女、青少年、科技界等都在提高可持续发展意识和推动可持续发展战略实施过程中发挥了各自重要的作用。

(1)妇女占到人口数量的一半,是促进可持续发展战略不可缺少的重要力量。虽然中国妇女的社会地位有了很大提高,但传统的男尊女卑仍使得妇女的受教育水平、就业机会、家庭负担、社会地位等受到影响,不能适应中国经济与社会可持续发展对妇女的要求和妇女自身解放的需要。帮助和促进妇女参与可持续发展,首先是要提高妇女的整体受教育水平,同时用法律来保障妇女参与可持续发展决策过程和行动过程机会的公平性和参与途径的有效性。比如保证妇女参与决策有足够比例;保证妇女在参与可持续发展行动方面具有相同的机会和平等竞争条件;在参与有关可持续发展公众监督方面,妇女所占比例应与人口的比例相适应。

妇女由于其性别特点以及在人类社会繁衍与发展中的特殊作用,在可持续发展中扮演着重要角色。她们的参与有助于教育下一代人参与可持续发展。占世界人口 1/10 的中国妇女,对保护地球环境和人类未来肩负着重要的责任。1994 年 6 月 5 日"世界环境日"之际,"首届中国妇女与环境会议"在北京召开,发表了《中国妇女环境宣言》,指出:"中国妇女有理由关注,也有义务推进中国从传统模式向可持续发展模式的转变。""保护环境是全人类的共同事业,也是妇女们应尽的义务。有必要对妇女运动的发展战略和妇女解放思想进行变革和充实,以期建立符合人类社会现代文明思想和可持续发展的道德观念、价值标准和行为方式,为当代及后代人的生存和发展创造更加有利的条件。"1995年9月,第四次世界妇女大会在北京召开,会议提出有关妇女参与可持续发展的一些建议,如妇女应具有平等的参与环境与发展的权利;妇女和女孩有权接受可持续发展教育等,反映了世界妇女可持续发展意识的提高和进步。

作为消费者,妇女也起着重要作用。至少有上千万妇女深刻认识到,在满足人们生活的最基本需求的基础上,必须尽力降低消费,节约能源。

"计划生育"是可持续发展的必不可少的部分。世界人口的超速增长已经影响了经济、社会、环境的协调发展。在中国,这一问题尤其重要。中国采取了积极有效的人口控制政策,把"计划生育"作为一项基本国策。妇女的经济地位和文化素质的提高无疑是这一政策得以实现的关键。

妇女还更应该参与可持续发展的决策。应该认识到妇女作为可持续发展的生力军、环境资源的管理者、社会活动的积极分子、生存环境的保护者,在可持续发展的决策中应当发挥更大的作用。

(2)青少年是社会的未来,是实施可持续发展战略的接班人,青少年参与可持续发展首先是接受可持续发展的思想,从小培养并逐渐掌握实施可持续发展的能力;其次要逐步培养青少年参与决策、行动和监督的能力。在青少年参与可持续发展中,应特别重视和保护女童、女青年接受教育、参与可持续发展的渠道和能力。

在中国,14～28 岁的青年达 3 亿之众(这超过了美国和加拿大人口总和)。中国重视政府与青年的联系和沟通,使男女青年在国家、地方的有关环境与发展问题上参与决策过程,努力为青年、儿童创造受教育机会,创造就业机会,提高青年的生活质量,保护青少年和儿童的合法权利。

中国在 1993 年成立了"中国青年环境论坛",并召开过两次会议,分别对"中国青年与环境保护"、"青年企业家与环境保护"开展讨论。1995 年国家环保局组织上百万名中小学生参加了"我需要地球、地球需要我"的环境保护征文比赛。在政府的倡议与支持下,各地成立了诸如徐州矿务局中学生环保小记者团、武汉大兴路小学红领巾环境观测站等非政府组织,促进与各国青年儿童的交流。这两个单位都获得了联合国环境署的"全球 500 佳"荣誉称号。

(3)工人、工会、农民和社会服务行业是参与社会生产和分配,实施可持续发展的主力军。但从总体上讲,他们还不能适应可持续发展对其思想、意识和具体行动的要求。比如目前,工人追求产品的产出,农民追求粮食的产出,而社会服务行业则追求的是销售收入;在社会向可持续发展方面转变时,生产和分配活动需要按照可持续发展的目标和方案进行调整时,利益的变化,特别是其局部利益受损时,这些团体尚难以自觉地接受,可持续发展的思想也就很难体现在他们的具体行动上。因此,对于工人、农民和社会服务行业,要加强可持续发展知识方面的普及教育、职业教育和培训,使得他们首先能够在认识上逐渐接受可持续发展思想,然后在具体工作中体现出来。

(4)教育界、科技界是最先了解和接受可持续发展思想、具备较高可持续发展能力的群体,也是传播可持续发展思想,提高全民可持续发展意识的核心,在推动可持续发展方面具有特殊的重要意义和作用。教育是提高公众可持续发展意识的主要途径。科技是实施可持续发展的根本手段,中国已经把科教兴国作为基本国策。在推动可持续发展方面,要特别重视教育界、科技界的积极参与。首先,要保证教育界、科技界广大知识分子有与其工作相适应的工作和生活环境;其次,要加大科教投入的力度,保证可持续发展方面决策和行动的科学性;再次,鼓励创新和科研成果的转化,使教育和科技真正发挥作用。

第四章 实施与管理手段

第一节 将可持续发展战略纳入地方计划

改革开放以来,中国的经济体制改革取得了很大的进展,逐步实现了由高度计划经济向社会主义市场经济的转变,国民经济和社会发展计划在社会经济活动中的作用已经发生了明显的变化,市场在社会经济活动中的作用越来越大。然而,计划在中国社会经济活动中的宏观调控作用仍不可忽视,计划管理仍然是中国国民经济运行调控的一种重要手段。总体说来,国民经济和社会发展计划是国家宏观调控的重要手段,是资源配置的一种重要方式,是各级政府及其职能部门制定经济和社会发展的主要依据。即使在那些完全市场经济的国家,国家对于社会经济活动,特别是公共生活活动、资源环境管理等领域,仍然要进行必要的宏观干预,利用"看得见的手"对公益性事业进行调控。

因此,将可持续发展战略纳入地方计划,通过计划的实施,实现地方经济社会发展与人口、资源、环境的协调和良性循环,具有非常重要的意义。

一、纳入计划的一般程序

前已述及,将可持续发展思想纳入地方计划是实施可持续发展战略的一条重要途径。那么,从哪里入手,如何纳入地方计划,则是在具体操作中应当重视和明确的问题。下面,我们将按照纳入计划的一般程序作一些介绍。

从根本上说,编制和实施地方21世纪议程或地方可持续发展战略和行动计划,是一个工作过程,主要内容包括:制定战略;采取行动或实施行动计划;在实施战略和行动计划的过程中发现问题,找到解决问题的办法;修改或不断调整地方的发展战略并采取行动,等等,使人们赖以生存的环境质量不断改善,能够可持续地改善和提高人民生活水平,最终达到人与自然的和谐发展。

由于各地方和各部门的情况不同,制定和实施各自的发展战略或21世纪议程的过程千差万别,所以实施地方21世纪议程的具体做法也不尽相同。但是,一般说来,世界各国实施地方21世纪议程的大致步骤,包括以下方面:
- 制定地方21世纪议程或地方可持续发展战略的文本文件,提交地方议会或相应机构批准,作为中长期发展的纲领或指南进行实施;
- 筛选制定并实施地方21世纪议程的行动计划;
- 实施优先项目。

从中国各地方实施21世纪议程的进展情况看,大多数地方都是从编制地方21世纪议程的文本着手,把编制地方21世纪议程作为提高意识、实施地方可持续发展战略的一个重要步骤。从国际经验来看,许多国家并没有把编制文本作为实施可持续发展的重要一环,而是直接制定行动计划或确定和实施优先项目,从一些迫切需要解决的问题入手,采取公众参与的办法,广泛听取公众的意见,实施地方 21 世纪议程。

为了编制地方的 21 世纪议程或相应的发展计划,从国家到地方都开展了必要的准备工作。如果将这一阶段称为纳入计划的准备阶段,则本阶段所要做的工作主要包括:编制计划人员的培训、舆论宣传以及相应的科研先行等。在纳入计划的准备阶段,公众参与是不可缺少的一项内容,特别是在西方发达国家更是如此;在中国国家级的 21 世纪议程编制中,团中央、妇联、科技界的广泛参与,也积累了大量的经验。

- 培训。1995 年,在中国国家和各部门将《中国 21 世纪议程》纳入《国民经济和社会发展"九五"计划和 2010 年远景目标》前,国家计委和国家科委开展了大量的培训活动,北京、上海、天津、江苏、湖北、山西等省市也都相继举办了培训班和研讨会,为计划和规划的编制准备了大量的人才队伍,使纳入计划的工作得以顺利实施。
- 科学研究。由于中国地域广大,各地方的情况和条件千差万别,因此,各地方应根据本地区的实际情况,通过深入研究,科学论证,因地制宜地制订地方 21 世纪议程或相应的发展规划。如东南沿海经济相对发达,生产力水平较高,但自然资源相对不足,环境污染较为严重;东北地区是中国的老工业基地,产业结构的优化调整是当前面临的主要任务,如本溪市正是在这种背景下通过科学研究,提出产业结构调整,实现可持续发展的。
- 公众参与。广大人民群众参与计划的制定和实施,计划的目标才能得到实现。中国农村改革的发端,就是来自广大的农民,安徽的18个农民联产承包合同,揭开了农村改革的新的一页。这一壮举还说明,出自于广大人民群众内心要求的参与活动,才可能成为划时代的创举;同样,随着人民生活水平的提高,人民群众对于改善环境质量有了内在的要求,因此,在广大人民群众的参与下,中国环境保护的计划就能得到更有效的实施。

二、纳入计划的重要方面

(一) 地方发展计划中应当体现可持续发展原则

实现地方的可持续发展,一方面要体现各地方内部人口、资源、环境与社会经济发展的协调性;另一方面,要注重地区之间发展的平衡,即既要各具特色,又要共同富裕,既要符合发展阶段,重视适度的"梯度发展",使有条件的地方先得到发展,又要使贫困地区的人民生活水平得到有效的改善和提高。根据中国可持续发展的基本原则,地方计划所体现的可持续发展原则应当包括以下方面的内容:

原则一:发展是前提原则。可持续发展是指既满足当代人的需要,又不对后代人满足其需要的能力构成危害的发展。这一原则包括两个部分:一是强调发展的必要性,也就是必须通过发展以提高当代人的福利水平,停止经济发展以保护环境的观点是不可取的;二是在追求经济发展时必须具有长远观点,既要考虑当前发展的需要,又要考虑未来发展的需要。要考虑发展的后劲,不能以牺牲未来的发展能力为代价来换取一时的高速度;不能以牺牲后代人的利益来满足当代人的发展。这既是可持续发展的一般原则,也是实现中国现代化,避免发展中途夭折的必要条件。这一原则可进一步表述为,发展是硬道理,没有当前的发展,未来的发展也就没有基础;人类的发展是历史的积累过程。但是,发展必须是可持续的,不能竭泽而渔。如果现在的发展破坏了人类生存的物质基础,发展就将难以持续下去,也就违背了发展的根本宗旨,发展本身就失去了意义。正如江泽民同志所说,不可持续的发展是"吃祖宗饭,造子孙孽",是对人类历史的犯罪。

原则二:协调性原则。经济和社会发展不能超越自然资源和环境的承载力。应当适当投资于自然资源的保护和改善,以扩大资源和环境的支撑能力,这是经济和社会发展的内在要求。中国人口众多,人均耕地资源、水资源、矿产资源以及森林覆盖率等均远低于世界平均水平,资源和环境对经济社会发展的制约作用明显。放眼未来,我们必须在现实的经济发展和提高资源承载力之间合理配置资源,适当投入资金来维护自然资源资本。投资于资源勘察、环境整治以及旨在防止自然资源枯竭和减少的技术创新等项活动。投资于技术创新有助于增加可资利用的自然资本,因为能够用于经济活动的自然资本部分地取决于技术的水平,在不同的技术水平条件下自然资源的可用量是不同的,并随着技术水平的提高而增加的。

原则三：质量原则。可持续发展强调经济发展的质，而不仅仅是经济增长的量，这正是中国政府反复强调的"积极促进经济增长方式的根本转变"的关键所在。可持续发展应该是避免单纯依靠扩大资源投入和消费来增大经济的总量，而要以尽可能低的资源代价达到提高人民生活质量的目的。在传统的经济发展模式中，环境保护被看作是发展的制约。在可持续发展的概念下，生产过程及其产品对环境的影响程度与产品的耐久性、功能、可靠性、易于使用的程度等质量要素，同样被看作是经济发展的质的一个重要方面。从长期看，要使全球人口都达到发达国家目前的健康水平和物质资料的丰富程度，各种经济活动就必须更加有效，单位经济增长所消耗的能源和原材料就应当更少，产生的废弃物更少，从而达到最佳的生态效益。

原则四：公平性原则。所谓公平包括本代人之间的公平、代际公平、资源利用和发展机会的公平等方面。从世界范围看，分享资源利用和经济发展中的公平机会，既是发展中国家的利益之所在，也是保持全球经济协调发展的必要基础。里约热内卢宣言的第五条原则强调，"所有国家和所有人民应把消除贫困作为可持续发展的一项不可或缺的基本任务，在这一领域里携手合作，以缩小生活水平上的差距，更好地满足世界大多数人的需求"。发达国家优先利用了地球上的资源，这一长期以来形成的国际分工，剥夺了发展中国家公平利用地球资源来促进自己经济增长的机会。目前全球的贫富悬殊、两极分化的状况是不可持续的。因此，应当把消除贫困作为可持续发展的最优先领域，同时给世世代代以公平的发展权。从国内看，使广大人民群众的生活水平得到普遍提高，特别是改善低收入阶层的物质文化生活状况既是发展的目的,也是保证足够动力、拓宽发展空间的要求。因此,政府应当重视区域发展的均衡性,保护承受能力差的阶层,在政策上给予落后地区以支持,促进地区间的协调发展。

综上所述,可持续发展的核心是发展。可持续性的经济发展已不是传统意义上的以牺牲资源和以环境破坏为代价的经济发展,而是不降低环境质量、不破坏自然资源基础的经济发展;不仅重视发展的数量,更强调发展的质量。"在保持自然资源的质量及其提供服务的前提下,使经济发展的净利益达到最大"。要实现具有可持续意义上的经济增长,就必须改进资源开发和使用方式,提高资源能源利用的效率,使增长方式从粗放型转变为集约型,实现废弃物的减量化、资源化和无害化,减少单位经济活动所产生的环境压力。

(二) 将可持续发展战略纳入国家计划的研究和对策建议

为了将《中国21世纪议程》纳入中国国民经济和社会发展"九五"计划,联合国开发计划署专门立项,进行有关的研究和试点,其主要内容有三项:一是培训国务院有关部门的计划管理和研究人员,二是选择北京、湖北、贵州三省市作为将《中国21世纪议程》纳入计划的试点,三是根据《中国21世纪议程》以及可持续发展战略的要求,结合中国发展的现状、趋势和面临的问题,编写研究报告,并提出一系列将《中国21世纪议程》纳入国民经济和社会发展计划的对策和建议。研究报告提出的对策和建议共有十条,它对于将可持续发展战略纳入地方计划仍然具有指导意义。现将该报告中提出的建议的有关要点论述如下。

(1) 积极推进经济增长方式的转变,把经济工作的中心转移到提高质量和效益上来。应当通过经济体制的改革,形成有利于节约资源、降低能耗、增加效益的良性运行机制;加强环境保护和国土整治,建立可持续发展的国民经济运行体系;控制石油、煤炭等化石能源的过度使用,改善环境质量;发展节水农业,开发生态技术以替代化肥和杀虫剂的使用;明晰土地、森林和渔业产权;对"市场失效"的公益性领域,如环境污染控制、清洁能源开发、废弃物综合利用以及自然资源和生态环境保护等,应当进一步实行税收及贷款等财政优惠政策。

(2) 实施科教兴国战略,提高可持续发展的科技支撑能力。应当加强教育,提高人民的文化水平和素质,重视人力资源的开发,这是实现中国可持续发展的最重要的能力建设。认真实施国家重大科技计划,吸引和鼓励一批优秀人才从事可持续发展领域的科学研究和技术开发,重视现有适用技术的整合,实现资源合理利用、循环利用和环境保护的协调统一,开发和利用清洁生产技术,开发低污染和资源节约型的生产工艺和产品,引导广大公众的可持续消费;加强教育和科技立法,促进不同领域的科研人员进行交流,参与国际合作,提高中国的科学技术水平,搞好科学技术的推广和应用工作。

(3) 加强可持续发展领域的法制建设。应当建立健全有利于可持续发展的经济法规、政策和财税制度,加大可持续发展能力建设的投入,形成多元化的资金筹措机制,开拓国际资金利用渠道;

充实和完善经济发展、人口、产业以及社会保障等方面的法律法规,研究制定与可持续发展有关的立法行动计划、方案和措施,加强与可持续发展有关的法律、法规的宣传和教育,加强执法队伍的建设,强化可持续发展法律的实施,加强执法的监督检查。

(4) 运用经济手段保护资源和环境。按照资源有偿使用的原则,开展自然资源的核算并逐步纳入国民经济核算体系,制定自然资源开发补偿机制和环境税收政策,运用市场和价格信号来实现资源的合理配置;制定不同行业和地方污染排放的浓度和总量控制标准,排污费的征收和使用应当与环境治理的要求相适应,应当加大对污染治理的基础设施建设,使环境质量恶化的趋势得到有效的遏制;改革资源价格体系,取消不利于可持续发展的扭曲的价格机制,实施有利于废弃物最小量化、资源化和无害化的有关政策。

(5) 确定优先发展领域。"九五"期间,应把加强农业放在国民经济的首要地位,进一步加快农业和农村的发展,提高农民的收入水平。加强水利、能源、交通、通信等基础工业和基础设施的建设,把社会全面发展放在重要的战略地位;抓紧解决社会发展过程中的人口、就业、医疗卫生、社会保障、消除贫困、地区差异以及水资源保护、土地退化等方面的问题,实现经济社会的协调发展。

(6) 实现区域经济的协调发展。应当充分利用各地区的区位优势和比较优势,重视并逐步缩小地区发展差距。在强调"梯度发展"、重视东部优先发展的同时,国家应制定有利于缩小地区差距的倾斜政策,使中西部也得到迅速的发展;应当积极推进城市化进程,走出一条适合中国国情的城市化发展模式和道路,在城市化进程中应当坚持"统一规划,合理布局,综合开发,配套建设"的方针,严格控制大城市规模,合理发展中等城市,积极发展小城市。

(7) 加强能力建设。可持续发展管理需要综合利用经济的、行政的和法律的手段,要求有相应素质的决策和管理人员,配套的管理机构和适用的技术,以形成一个高效的管理机制,使其具有推动可持续发展的协调和综合管理能力。各部门和各地方应定期和不定期地组织有关决策和管理人员,结合各自的工作实际,探讨实施可持续发展的战略和具体措施,并监督有关战略实施的进展,及时发现问题并解决问题。

(8) 提高全民族的可持续发展意识和公众参与的能力。要加强可持续发展的教育,充分利用广播、电视、报纸等大众传媒和各级各类学校进行可持续发展的宣传和教育,特别是对妇女和少年儿童的教育,普及可持续发展的知识。建立公众参与可持续发展的机制,充分发挥公众在可持续发展中的作用。

(9) 对可持续发展的进展进行评估。在经济、社会发展中,许多问题的出现是由于政策的不协调、不合理,特别是失误造成的,由于社会发展问题具有明显的滞后性,政策的作用往往具有明显的滞后性,需要很长的时间才能显示出来,例如人口政策需要一代人至几代人的时间才能产生作用。因此,需要对各项社会经济政策进行可持续发展的评估,以避免政策的失误,避免事情出现不可逆转的变化。

(10) 应按照计划管理的范围和层次,将可持续发展战略分级纳入各部门、各地方和企业的发展计划。要适应中国由计划经济向社会主义市场经济转变的需要,将《中国 21 世纪议程》纳入国民经济和社会发展计划,要符合计划体制向长期性、指导性和政策性转变的改革方向。注意在产业政策和区域规划中体现可持续发展战略的思想和原则。

上述建议对于编制国家"九五"计划和2010年的远景目标起了一定的指导作用。

(三) 地方21世纪议程的制定方式与基本要求

1. 战略制定的方法

可持续发展涉及社会经济生活的各个方面,需要全面的、整体的协调发展,是能让每一个人的聪明才智都能得到充分发挥的发展方式。与此相适应,地方可持续发展战略的制定不能单纯依靠政府、少数几个政府部门或组织来进行,必须尽可能多地让广大人民群众参与,地方21世纪议程或可持续发展战略应能充分反映社会各阶层的利益和需求。地方21世纪议程的这一特点,就要求广泛地吸收社会各界对地方发展的建设性建议和意见,并要求可持续发展战略的制定过程具开放性,以加强社会各阶层、社会团体在自然生态、社会公平、资源的可持续利用和环境保护以及社会经济发展中的主导地位。

在积累和交流实际经验的基础上,国际地方环境行动理事会(ICLEI)在1992年至1996年期间,确定了制定和实施地方21世纪议程的五个关键性要素:

- 为制定长期的可持续发展行动计划,各部门都应参与到计划过程中去;
- 向社会团体、非政府组织、工商业、教会、政府机构、专业团体组织展开咨询活动；
- 对地方社会、经济以及环境状况和需求进行参与式评估；
- 为了在行动计划中顺利完成目标，与主要的参与者展开协商；
- 对整个过程进行监测和报告，包括监测指标的确定，跟踪整个过程和使参与部门相互监督。

从国内外可持续发展战略制定的经验中反映出，政府在战略制定中既是组织者，又是直接参与者。政府通过组织，收集民众意见，让民众尽可能地感到编制的发展战略能够反映其需要和愿望。因此，建立一个新的、相互合作的决策程序，帮助我们以更好的判断、更迅速地作出反应和更有理性地利用人力、自然资源和财政资源，以达到战略所提出的共同目标。

2. 地方可持续发展战略的基本内容

尽管地方可持续发展战略有多种形式，但也存在一些共同的东西，或者说是基本内容。首先，强调"发展"（经济发展）这一主题，是几乎所有国家或地区可持续发展战略或21世纪议程的核心。即便像美国这样的经济强国，在可持续发展战略中也特别强调经济繁荣的重要性，并将经济繁荣作为其可持续发展十大目标的第二个目标，认为提高效率、可扩充市场的经济增长是通向经济繁荣、公平和良好环境的必要条件。其次，强调对自然资源基础的保护，以充分体现环境、自然生态系统变化与人类社会经济发展相适应等内容，因为这是人类发展赖以存在和发展的基础。根据世界各国各地目前的实际需要，战略内容都强调了改革税收和补贴政策，采用市场激励手段等改革目前的环境管理体制，并确定新的、有效的政策框架。第三,注重公平性与合理性,强调平等参与机会和发展机会,共享利益、共担责任。同时特别强调企业参与可持续发展战略的制定和实施。《日本环境基本法》中规定了企业对可持续发展的责任,包括商业活动中的责任、生产活动中的责任、物质循环利用的责任以及减少环境排放负荷的责任等方面,明确提出企业也就是商品的生产者要与消费者建立共生关系,企业的价值不仅在于向社会提供产品,而且还有责任创建美好的社会和改善人的生活质量。第四,强调教育、科技、信息等内容对可持续发展的支撑作用。观念转变、生产技术提高、调控能力的提高也是可持续发展战略所强调的重要内容之一。所以,要强调国际合作,获取信息、技术,扩大产品市场,促进经济繁荣。第五,充分反应可持续发展制度建设的重要性,能力建设是可持续发展的基础,是存在和发展得以维持的重要保障。第六,既有发展的中长期目标,也有短期目标,可持续发展战略的实施不能停留在文本上,而是要强调项目带动、制度保障、政策刺激等方式,使得地方的可持续战略具有可操作性。

三、地方政府在实施可持续发展战略中的作用

(一) 加强地方可持续发展战略实施的制度建设

几乎所有实施可持续发展战略的国家和地区,都注重制度建设,因为制度建设是实现可持续发展的社会基础和保障。首先,良好的制度包含着信息获取途径的畅通及信息交流与共享机制。良好的合作与参与机制,可以提高经济部门的决策效率。制度虽然

不能消除经济活动中的"不确定性",但它能够使有关部门在不同的条件下相互合作,从而建立起一种互相联动式的关系;它还能够建立一种强化性的机制,减少部门之间、个人之间的相互摩擦,提高资源的配置和使用效率。第二,经济部门之间的互相扯皮或投机行为都可能导致市场失灵;加强团体内各个个体之间的相互交流和沟通可以减少投机行为;建立良好的社会关系可以减少不同个体之间的摩擦,降低交易成本。第三,它包含了集中决策机制,而这又是提供公共物品和市场过程外部性管理的一个必要条件。公共物品管理问题上的"搭便车"可以通过集中决策来解决,以兼顾效率与公平原则,最大限度地提高每个人、各团体以及各级组织等的工作效率。第四,制度是一种社会资本,它同自然资本、物质资本和人力资本一样,它的价值在于与其他类型资本的结合,使其他类型的资本及其生产力的结合更为有效。第五,社会资本影响宏观经济成果。各地人均收入上的差异并不能仅由土地、自然资源、人力资本和产品资本(包括技术)等生产性资源的人均分配量来解释;制度以及其他形式的社会资本和公共政策同样影响着一个地区的经济发展、人均收入等。有研究认为,低收入的地区由于缺乏公平执行合同和产权长期保证的制度,以及宏观经济政策的不正确,使得人们无法从投资、经济活动和贸易中取得应该获得的利益。

社会进步和经济增长需要有不同类型的资本的结合,社会资本是其中的一种资本,它的独特作用在于它能够加强这种"结合过程"本身的效率。具体说,社会资本的积累可以提高物质资本、人力资本投资产生的效益。在教育水平不高的情况下没有一个国家能够实现经济的可持续发展。但是,在一些高度发达的新经济体中却可能存在着低水平的、其质量甚至还在下降的社会资本。这就要求政府进行必要的干预,以免社会资本受到不必要的损失,并创造出新形式的社会资本,以有利于可持续发展。

鉴于以上考虑,在实施地方可持续发展战略时,应当加强体制建设。目前应该注意的问题包括以下方面:

(1)为了加强地方21世纪议程行动计划的实施,地方政府需要正式将地方21世纪议程活动纳入年度财政预算和法律规章之中。

(2)公共部门政策的协调。建立与国家、省以及其他地方政府之间的合作关系,来确定、审定影响可持续发展资源管理和社会发展有关政策、法律框架、财政计划等。

(3)增强地方的财政能力。按照可持续发展的需要对财政进行合理的预算,加强城市财政方面的能力建设工作。

(4)为地方21世纪议程的实施建立一个灵活的法规调控框架。在可持续发展中,法规调控工作需要进一步加强,并尽量采用创新的、以自愿为基础的协议与计划,建立一个灵活的实施框架。

(5)增强私营企业在地方21世纪议程中的责任与义务。建立一个在部门对口基础上的地方政府和工商企业界组织的合作协议,以鼓励所有工商企业界,尤其跨地区公司、企业加入到地方21世纪议程的制定和实施工作中来。

(6)制定地方政府可持续发展的购销措施。通过法律手段使各种消费品的生产厂家和零售商,在产品设计、生产和包装等过程中提高效率及执行废弃物最小化标准。

同时,还应该注意在战略的实施中,规范私人和市政活动的公共法规,这是改善地方环境和社会秩序、保证可持续发展战略实施走上正规的最基本的方法。法规体系应成为所有人的活动和行为的最基本标准。人类居住和经济活动对地球生物产生的影响越来越大,地方政府在市政建设和开发审批过程中应将居住区保护和物种繁殖考虑进去,建立人和野生生物共存的整体环境。

政府应适应形势发展的需要,改革现有的政策和金融制度,使资源得到更有效利用,经济得到更有效的发展。应当将地方 21 世纪议程和可持续发展作为发展目标的市政发展计划和优先项目纳入财政预算。在地区建设中,改变旧的土地使用、建筑和公共卫生标准,在供水、供暖和废物管理等基础设施建设方面应用和推广新的实用技术。

(二)地方政府在实施可持续发展战略中的作用
1. 协调社会发展

中国属于单一制的政府体制;在单一制的国家,宪法不对中央政府与地方政府各自的责权作出明确的规定,中央政府可以根据需要对地方政府进行授权,地方政府作为中央政府在各地的代表,执行中央政府作出的各项决策。但生产的社会化和市场经济的进一步发展,对政府行使其经济职能的效率和管理协调水平提出了越来越高的要求。市场经济发展对政府经济职能、中央与地方职能分工有某种共同的要求,两者都必须面对市场以及由市场经济延伸的各种问题,不断调整其自身的适应能力,并充分发挥其在国家和地方长远发展规划方面的作用。

可持续发展战略要求地方政府有足够的能力处理公共物品和对地方发展进行长期规划,在总结国家、地方政权经济建设的经验中,按照公共物品在生产、供应和使用上的不同性质,人们将地方政府的职能大致作如下的划分,地方政府在生产和提供地区性公共物品方面的主要职能包括:基础设施的建设和服务;教育、科研、卫生、医疗、文化、环保等事业的管理;地方治安保卫、消防服务;对地方政府资产的管理;对地区性财政金融等部门的管理;结合本地区实际贯彻实施中央政府制定的微观经济规章制度和宏观经济调控的各项政策措施;具体实施全国统一的社会保障及社会福利制度;对地方政府所属行政机构、对下级政府的管理及对当地其他事务的管理等。

在市场经济进一步发展和完善过程中,一些西方国家认为政府的作用越来越小,但事实并非如此。虽然市场经济要求政府在一定程度上缩小其职能范围,但实际上,战后政府规模扩大的趋势非常明显。发达国家的福利提高趋势和发展中国家的政府主导发展战略,均使政府规模显著扩大。一个有效的政府是事关发展成败的决定性因素。高效的政府不是人类的奢侈品,而是发展的必需。没有有效的政府,经济和社会可持续发展都是不可能的。这一现实使得人类在追求经济自由化和无限发展过程中,重新认识到协调机构的重要作用,而政府正是在这种"协调"需求中显示其重要地位。

2. 促进地方经济发展

在传统的计划经济体制下,地方政府是中央政府在地方的代表机构,它主要依据国家战略目标及其重点而非市场信号来规划地方的发展,实现地方经济发展取决于政府所能动员和使用资源的能力。1978年以后,中国进行了经济体制的改革,市场边界不断扩大,市场机制对经济增长的调节作用逐渐加强。但经济增长在本质上仍然属于传统的政府推动型,所不同的只是推动经济增长的主体发生了变化,由中央政府变成了各级地方政府。地方政府在行政性分权的改革过程中被赋予了前所未有的经济权力,承担起推动经济增长的责任。尤其是在中国财政改革的过程中,分权化的财政体制对中国地方经济增长产生了巨大影响。

财政体制的分权使得地方政府在主观上要求推动地方的经济发展。首先,因为提高增长速度可以缓解地方政府的各种经济压力,其中包括就业压力、物价水平、收入水平、基础设施建设等等。其次,可以增加地方财政收入。在现行的中央与地方的分税制中,地方政府可支配的财力取决于本地区的经济发展水平。本地区的经济增长速度越快,可增加的地方财力就越多,从而也就可以保障地方政府的财政支出。第三,中央政府采取不同的地区政策造成区域间增长反差明显,在中央政府"政策供给"的诱导下,各级地方政府形成了强烈的产值速度意识、速度攀比情绪和旺盛的投资冲动。权威部门调查资料表明,改革开放以来地方政府的职能发生了很大变化,地方政府普遍提出的第一位职能是"提高经济发展速度",其次是"增加地方政府的财政收入"。因此,地方政府在当地经济发展、产业结构调整等总体协调发展上起着越来越重要的作用。

地方政府必须顺应市场发展的需要,针对经济发展过程中的不可持续的因素进行调控,推动经济发展。地方政府应努力为企业疏通市场渠道,在推进区域的市场开放中促进经济增长。在促进经济可持续发展的过程中,政府的作用不在于要不要参与,而在于是不是理性参与,是不是用市场手段来参与,或者说,这种参与是否有利于统一市场的建立,是否有利于市场经济体制的最终建立。地区经济增长的快与慢并没有绝对的标准,关键要看处在什么样的发展阶段,具备什么样的资源条件,其中包括体制条件。诺贝尔经济学奖获得者诺思教授认为,制度变迁和技术进步一样都是经济增长的源泉,"有效率的经济组织是经济增长的关键"。目前,大部分地方既处于经济快速增长的起飞阶段,又处于经济体制急剧变迁的过程之中,在这特定体制环境和特定发展阶段,政府的参与作用有其客观必然性和长远的必要性。随着市场化改革的不断深入,地方政府经济发展中的协调作用不断增强,尤其是分权化的财政体制改革,使地方政府在推动本地经济持续发展中,起着关键作用。

随着社会分工的进一步深化和规模经济的进一步扩大,政权在协调经济发展、保障经济福利的公平性中,日益显示其不可替代的作用,这也对提高政府的效率提出了新的要求。发展不仅仅是搞好经济、技术投入,还与基本制度环境有关。制度(体制)环境决定了经济、技术投入能否实现、有无高效率的激励机制,而制度环境主要是由政府营造的。政府在解决市场失灵,即提供公共物品,使外部效应内部化、克服自然垄断、解决信息不完全问题,直至采取积极的产业政策方面;在促进社会公平,即消除贫困、提供社会保障、实行收入再分配,乃至资产再分配方面,应负起主要职责。

地方政府促进发展的作用包括:①提供为有效经济活动设定

正确激励机制的宏观和微观经济环境;②提供促进长期投资的机构性基础设施,如财产权、和平、法律、秩序和规则;③提供社会基础设施(基础教育和医疗保健)和经济基础设施,并保护自然环境。相反,政府的过多干预也会妨碍发展,如:错误规则扭曲市场信号和主体行为;公共机构及其人员错误地执行正确的规则;规则朝令夕改,政策环境不确定性影响合理预期等等。因此,可持续发展需要有效的政府以保证市场以尽可能低的交易成本顺畅运行;同时要高度重视政府的能力建设,提高政府的有效性,使其作用与能力相符;在政府能力不强时,缩小干预范围,将精力集中于发展的基本条件,即核心功能、核心公共活动上;作为政府促进地区可持续发展的长期战略的职能而言,政府应能够构建规范的激励约束机制,提高公共机构活力,更有效地发挥政府的职能,更积极有效地起到地区发展的协调作用,以进一步促进经济发展和提高社会福利。

在可持续发展战略实施中,政府对优先项目的确定至关重要。在确保重要公共活动的前提下,政府要进一步培育市场,并寻求在公共服务的提供方面利用市场、吸引私人和其他非政府组织加入。具体的办法有:①采取宽松的经济政策和发展方针,进一步将经济活动市场化的范围放宽以及放开市场。向最优先的行业开放公有资源,确保公共物品和服务的公共资金来源;为更好、更价廉的服务业铺平道路,促进竞争,提高效率;为私营部门的发展创造机会。②在经济市场化的同时,必须完善市场法规。法规可以通过促进竞争和创新以及预防滥用垄断权力网,使市场运行更具效率,它同时有助于促使公众认同市场利益的公平性和合法性。在最大限度地利用私人来提供基础设施和社会服务的同时,往往也要注意良好的法规框架,金融、公用事业和环境法规尤其重要。③实施新的产业政策,进行积极干预。在市场经济发育完善的过程中,信息交流不畅妨碍协调分工和市场发展。政府在帮助企业了解信息、促进协作、加强市场作用、支持地方工业发展方面提供服务,在保护新兴工业的同时,鼓励提高效率,提高地方工业技术水平和产品的市场竞争力。政府行为有效性主要表现在,如果政府机构能力强大,就将有利于社会经济保持良好的运转状态;反之,就会行之无效,并有可能为大的私人集团所左右或成为势力利益集团的保护者。这样,政府就不能促进当地经济社会合理和公平发展,这样的经济增长也不是高质量的,因而也不可能持续。

(三) 可持续发展战略要求规范政府行为

在推进地方可持续发展战略实施过程中,政府的作用要与其机构能力相适应。如果政府要进一步促进经济发展和提高社会福利,必须提高能力。地方政府的可持续发展能力,系指政府以最小的社会代价有效地采取并促进集体性行动、有效地提供公共物品的能力。这种能力不仅包括政府官员的行政管理或技术能力,更包括深层次的政府机构和官员行为的约束和激励机制,即促使政策制定者和公务员按照集体的利益,行使机构性机制或机构性能力。

在地方实施可持续发展战略过程中,地方政府制定地区发展战略、经济和其他政策措施时都必须将可持续发展思想纳入其全过程,并进一步提高其自身的能力,形成有效规范政府行为的制度,其中包括建立有助于发挥公共部门能力的体制。提高政府机构的活力有三个基本激励机制:实施有效的法则和限制措施;规范自身行为;政府在共同规则下参与竞争,包括建立竞争性的公务员制度,在公共物品提供方面引入竞争,尽可能地吸纳民众的意见,鼓励更多的民众参与,主要包括让民众拥有发言权和广泛参与的权力。

提高地方政府机构的能力主要包括:①加强决策体制,提高决策能力。政府必须确定合理的规则,依据市场规律和可持续发展原则使个人行为服从于公共利益。因此,要有正确决策的保证机制,即要有规范的决策程序和有效的决策机构;政府同外部利益相关者建立起联系制度,提高决策透明度和可信度,并注意信息反馈。②改善提供服务的体制,提高执行能力。在采取以政府为主导的发展战略情况下,政府规模不断扩张,要通过分解公共事务,分别和交叉采取市场纪律、行政纪律和舆论监督这三种机构性机制来约束其行政行为以及改善执行状况。③培养积极主动和精明强干的管理人员队伍,提高人员能力。要实行基于个人才干的、透明的、竞争性的招聘和晋升制度,在可信的监督和执法基础上给予公职人员足够的报酬,并树立自律、奉献、敬业的团队精神。

密切联系群众,使之成为改进政府机构能力战略的一部分。让民众参与政策制定和实施过程中,减少政府决策时的盲目性,加强民众与政府之间的信息交流和沟通,鼓励建立民间机构和社区基层组织,通过他们有效地反映民众的利益需要。公共物品和服务应当由能够完全支付成本和赢得收益的最低层政府提供;权力下放能够使政府摆脱不必要职责,集中履行核心职能,从而提高政府效率。

第二节 行动计划的制定与项目周期管理

地方可持续发展战略和实施《中国 21 世纪议程》地方行动计划是两个不同的概念范畴。一般来说，地方可持续发展战略是关于当地的经济、社会和资源环境协调发展，可持续地改善和提高当地人民生活水平和生活质量的长远规划。与国家计划的长期性、宏观性、指导性相比，地方可持续发展战略更强调地方综合考虑和解决自己的经济社会发展，以及资源环境问题。各地实施 21 世纪议程的行动计划则是将地方可持续发展战略付诸行动，或者说是实施地方可持续发展战略的具体行动安排，应包括的主要内容有：目标；具体的活动、任务和职责等；包括人力和财力资源在内的资源需求和配置；行动的时间表以及如何对这些行动进行评估监测等，它所强调的是如何采取行动来实施已制定的战略。

一、地方可持续发展战略或行动计划的制定

国际经验表明，通过地方的可持续发展战略和行动计划的制定，有助于地方政府和广大人民群众进一步明确当地所要追求和期望实现的可持续发展目标；有助于确定当地为实现可持续发展目标所需优先采取的行动，采取这些行动所需的各种投入，以及由此可能引起或带来的社会经济和环境效应；有助于合理使用和配置当地各类有限的自然资源、人力资源及资金资源等；有助于加强

各级地方人民政府和广大人民群众对可持续发展内涵和原则的更深刻的理解,并达成对实施可持续发展战略的必要性以及实施重点的共识;有助于改进和完善地方政府的科学决策和有效实施的运行机制;有助于建立各地在经济社会发展和环境保护等方面的目标以及为实现这些目标所采取的行动之间的有机联系;有助于制定各部门内部及部门之间的相关计划,并采取协调一致的行动来解决当地在不同发展阶段所面临的人口、经济、社会、资源和环境等方面的问题。

在制定地方 21 世纪议程和行动计划的过程中,以下几个方面的问题值得引起地方政府和参与者的重视。

(一) 地方 21 世纪议程的类型选择

相对于国家而言,地方的人力、物力和财力都较为有限,同时一些地方的经济、社会发展水平还不高,因此,各地在制定地方 21 世纪议程的过程中,应该有自己的优先选择,考虑的基本原则大致有以下方面:

- 在综合考虑当地的经济社会发展和资源环境条件的基础上,选择几个重点领域和有代表性的问题,集中有限的资源解决一些影响地方发展的关键性问题,否则,如果地方 21 世纪议程涉及地方的各个方面,将其变成一个"筐",无论有关的问题还是无关的事情都往里装,其结果往往是适得其反,收效甚微或事倍功半。
- 尽可能多地选择当地政府和普通老百姓都比较关心的、对当地人民生活影响较大的问题,以便调动所有参与者的积极性,更主要的是通过对大家所关心的问题的解决激励人们更努力地工作,主动和积极地参与到实施地方 21 世纪议程中去。
- 尽可能多地选择对当地的可持续发展影响较大,有典型性、代表性的问题加以解决,在地方发展战略的实施过程中总结经验和教训,形成有利于地方可持续发展的运行机制,避免或少走弯路,加快地方的工业化和城市化的进程。

(二) 地方可持续发展目标的确定

各地应当在综合考虑人口、经济、社会、资源和环境各方面的综合因素的基础上,确定切实可行的可持续发展目标,针对各自所要解决的问题设立目标特别是近期目标,以便有计划分阶段按重点地加以实施。具体说来,考虑的原则主要有:
- 目标尽可能具体。对要达到的目标表述应当具体而明确,不能泛泛而谈,定性的多,做了或没有做都是一样。
- 可测度。对所要达到的目标应能够以某种方法测度或统计,最好是能通过反映数量和质量的综合指标来检测,成为各地实施可持续发展进展的一种极为有说服力的证据。
- 切实可行。对所设立的目标应该是通过努力能够实现的,也就是说,"跳一跳能够得到的",换句话说,所确定的目标不应该是极其美好但却无法实现的,这样就失去了努力的动力,也就失去了奋斗目标的意义。
- 注重结果。各地确定的目标应该清楚地表述出所预期的结果,这种结果可以是一种物质文明(如一建筑物或堤坝),或精神文明(如制定政策能力的提高),或者是一种过程(如在政策制定过程中的咨询、协商活动,公众参与等),并将此作为检验的标准。
- 时限性。所确定的目标应有一个预期实现的时间,这种时间不应太长。

(三) 地方行动计划的制定

行动计划是实现地方 21 世纪议程所确定的目标的具体行动和步骤,因此,在制定行动计划时,应当考虑的因素主要有:
- 为了实现地方 21 世纪议程所确定的目标,行动计划应当有具体而明确的产出或成果,这是一些保证目标实现的直接的、可识别的和可测度的结果;
- 应包括具体的行动或活动,如培训,机制建设,制定政策,实施项目等,可以采取多种多样的形式;
- 应包括如何对产出成果和行动所预期的结果进行监测和评估方面的内容;
- 应包括对实现目标可能存在的风险和制约因素的分析和管理方面的内容;
- 还应包括资金安排方面的内容,针对每一项产出成果和行动,是利用当地资金,还是申请国家或国际上的资金援助,在行动计划中应当予以考虑;
- 也应该包括采取每一项具体行动的时间进度和安排;
- 此外,行动计划最好还能对实施行动计划的职责分工有所考虑,特别是要明确政府各部门以及利益相关者在其中的作用。

（四）地方各部门和广大人民群众的参与

地方21世纪议程的编制是一种政府行为,同时需要各部门和利益相关者的广泛参与。编制地方21世纪议程是一个过程,在这一过程中应该逐步发现和分析地方发展中面临的主要问题,明确各地应当追求的可持续发展目标,确定相关的政策建议和应当采取的行动措施。因此,各政府部门、各相关利益群体的充分参与不仅有助于地方政府和广大人民群众对当地实施可持续发展战略形成共识,而且有助于地方各部门和利益群体在实施地方21世纪议程中以主人翁的态度,承担起各自应负的职责。此外,还可以在通过编制地方21世纪议程中的广泛参与,增强地方对可持续发展的理解和认识,使地方21世纪议程的编制过程同时也成为一个地方可持续发展培训和研讨的过程。所以,在编制地方21世纪议程和行动计划过程中,应该注意到:

- 首先要确定并编制与实施地方21世纪议程和行动计划有关的部门和利益相关群体(如企业、社会团体、乡村等),同时对他们在编制和实施地方21世纪议程和行动计划全过程中的作用进行分析,以确定其职责和参与程度。
- 按照以上分析结果,应对编制地方21世纪议程的全过程进行认真的考虑和设计,因为有了一个好的过程和行动方式,才能产生一个好的结果,才能起到地方21世纪议程所应起到的作用。

二、项目周期管理

(一) 一般概念

项目周期管理是进行项目的规划、设计和管理的综合系统。一般说来，在项目的计划和实施的每一环节都应当充分考虑国家、省、市等各级人民政府的利益；对于外援项目而言，还应当顾及援助机构的意图。因此，在项目周期管理的各个阶段，如项目的选择、项目建议书的编写、项目的实施、项目执行过程中的监督、项目的总结评价和验收等，都需要与项目有关的各个方面，包括地方政府、企事业单位、工商界、社会团体以及项目受益者等的积极参与。

按照项目执行的时间顺序，可以分为项目的选择、项目建议书的准备、项目设计、项目执行或实施、项目的总结评估和项目完成6个阶段。通过项目的筛选、评估、项目的执行监督、总结和评价这一过程，人们可以及时地总结经验教训，并反馈到项目的设计和实施中。从这一角度看，项目周期同时也是一个学习过程。在项目准备、设计、执行监督和管理过程中，逻辑框架分析是一种非常有效的工具，它是确定项目组成要素及其相互关系的一种系统分析方法。管理工具指用于项目管理的一系列方法，包括工作计划、经费预算、职责分工、权限、监测战略、人财物资源的需求及安排等。

1. 项目周期管理的基本原则

项目周期管理应当体现的原则，从不同的角度可以列出许多，但基本原则主要有四项：

可持续性原则 所谓可持续性是指项目的成果能产生持续的影响，也就是说在项目结束后项目的影响仍能持续存在。要达到这一效果，就需要有关各方都能够参与项目管理的每个阶段。

参与性原则 要想使项目正常运行，并产生持续的影响或效益，那么参与项目的所有人员都应该"拥有"项目并承担相应义务，这就要求相关各方参与从项目的设计到实施的所有过程，这可以通过建立伙伴关系来实现。

伙伴关系原则 通过建立伙伴关系，以保证与项目相关的各方都能选择其需求，并制定满足这些需求的战略。实施项目并不是我们为别人做什么，而是为了实现大家共同的目标所做的努力。因此，在建立伙伴关系时，需要考虑对项目的人财物投入，以表明地方对项目所有并作出承诺；在项目的选择、评估和设计阶段，组织有关各方参加研讨和座谈，这也是充分参与的体现；在项目筛选或管理机构中吸纳有关各方代表参加，以确保他们在整个项目实施过程中积极行动；在项目结束后，将项目所有权交予有关各方和项目受益人，以确保项目成果的可持续性。

强调能力和机制的建设原则 这是保持项目可持续性的先决条件，主要包括将项目所有权移交给利益相关者；对利益相关者进行培训，以确保他们能够管理和实施所执行的项目和未来的项目。通过制度建设和新的组织机构的设立，以保证在项目结束后，利益相关者能够依托现有机构，继续管理项目并进一步发展项目所取得的成果。

2. 项目周期

所谓项目周期是指从项目筛选开始到项目结束的整个过程，

其中可以有不同的阶段。这些不同的阶段是一个连续的过程,每一阶段都起着承上启下的作用。项目周期包括以下几个阶段:

项目选择 这一阶段,将选择与各省市的优先发展领域相符合的项目,通过召开有关各方参与的研讨或座谈会,确定项目的总体目标和阶段目标。

项目准备 对项目设计进行全面的认识,分析项目将产生的主要影响。在这一过程中,所有利益相关者,包括项目潜在受益者的参与是十分重要的。这一阶段还需对获取资金的多种渠道进行分析和筛选,以确定最佳的方案。

项目设计 这一阶段在与相关各方协商的基础上将完成项目设计,交代清楚为实现项目的预期目标应采取的行动和相应的资金投入。

项目实施 在所有相关各方的积极参与下,通过对项目设计中投入和行动的管理,完成项目的预定任务并实现项目的目标。

项目总结 在这一阶段将评估项目的进展,项目的成果以及项目所产生的社会、经济和环境影响。在项目的总结过程中,应该广泛征求有关各方的意见。在这一阶段还可以对项目进行修改和调整。

项目完成 在这一阶段,项目应该达到预期的目标,即为项目受益人提供了可持续发展的生活基础。

3. 学习周期

前已述及,项目的实施也是一个学习过程,或称之为学习周期。通过从"干中学",经过反复筛选和调整,将项目不同阶段之间的联系和信息反馈到项目管理周期中。学习周期可以使项目的设

计和管理人员保证项目的实施效果,并对政府部门和项目受益者的需求和优先领域作出相应的反应。学习周期的不同阶段包括:

项目筛选 在这一阶段要对项目的可行性、项目对地方21世纪议程所起的作用以及预期成果的可持续性进行评估。

项目评估 通过反复筛选以及在逻辑框架中概括的一系列分析,对影响项目的主要因素进行评估。从不同角度对项目所要达到的目标、项目如何实施以及项目成果如何评估进行详细的分析。所要采用的评估和分析方法主要有以下一些:

- 问题分析。确定所需解决的主要问题,分析问题产生的根源及其影响。
- 相关各方分析。确定所有与项目有关的个人、团体和组织,分析在项目实施过程中,相关各方的责任及利益关系。
- 技术可行性分析。在当前及预期的条件下,项目的技术可行性。
- 资金可行性分析。对项目进行资金可行性分析,特别要考虑到一旦项目资金短缺,如何寻求资金的可持续性问题。
- 风险分析。确定项目的主要风险和制约因素以及如何进行控制。
- 机构评估。对实施项目和达到预期效益的可持续性所需机构的能力及组织结构进行评估。
- 人力资源评估。对实施项目以及项目结束后保持其持续性所需的人力资源进行评估。
- 性别分析。评估项目对男、女所产生的不同影响,包括他们在团体中的角色、获取的利益以及对物力财力资源的占有和控制情况。

- 分析潜在的经济、社会、环境和政治利益、费用、风险和制约因素。

这种对项目的多角度的分析思考过程将有助于确保项目的质量。当利益相关者制定项目以及专家进行具体的分析和评估时,均可以提出上述问题。

项目监测 在这一阶段主要监测项目的投入,所采取行动的效率和有效性,项目达到预期目标的进展和项目对社会、经济、环境的影响。监测需要运用一系列指标,以保证能够科学地监测和评估项目的进展。监测指标用于监测质量、数量和时间。

项目总结 在项目进行到一定阶段时要进行项目总结,通常在项目中期进行。项目中期总结的目的在于总结经验吸取教训。在项目周期中,项目负责人和项目受益者将回顾项目实现预期成果的进展,并检验项目的初步影响。这些信息将有助于在项目设计和实施阶段对项目进行必要的修改,以有助于项目目标的实现并确保项目效益的可持续性。基础信息和地方 21 世纪议程战略框架将为之提供监测的基准。

项目评价 在项目完成阶段要对项目的目标完成情况以及项目效益的可持续性进行评价。此外,还要评价项目对实施对象(团体及地区)或更为广泛的地区所产生的社会、经济、环境影响。在评价中发现的经验和成功范例,反馈到地方 21 世纪议程战略实施的总体进程中,以有助于今后项目的设计和实施。

4. 逻辑框架

逻辑框架分析可以将项目周期管理的各个环节有机地联系在

一起,它是进行项目计划、设计、管理的有效工具。这种系统分析方法是保证项目在准备和实施阶段能够取得成功的基本要素,且可简化不同时期的管理决策。

表3　逻辑框架

项目组成要素	指标	监测手段	风险和制约因素	风险管理
总体目标: 项目所要达到的总目标	监测目标实现程度的指标(这将在项目评价中使用)	信息源(国家的统计数据)	影响主要目标和阶段目标之间联系的风险和制约因素,还应包括项目无法控制的风险和制约因素	在项目内部可以控制以及无法控制的要素和战略
阶段目标: 项目的最终目标是为当地长远利益奠定可持续的基础;阶段目标应说明不同阶段项目目标实现的时间表	在项目结束时,表明项目目标已经达到的条件(在项目结束阶段的评价中使用)	信息源(项目数据、评估)	影响阶段目标和产出之间联系的风险和制约因素	降低风险和制约因素的项目具体的产出和行动
产出: 可以衡量的项目的直接成果;产出的有机联合有助于达到项目的目标	项目产出的质量和数量(用于项目的总结和评价)	信息源(项目数据、总结)	影响产出和行动之间联系的风险和制约因素	降低风险和制约因素的具体的行动
行动: 实施项目的行动(要说明行动的投入、时间、职责分工)	实施的方式和质量(用于项目监测)	信息源(项目数据)	对项目行动成功有影响的风险和制约因素	可以通过采取其他行动,或者通过改变采取行动的方式予以解决

逻辑框架分析是一种运用系统的分析方法,为确定项目的各个组成要素及其相互之间的联系提供客观、清晰的逻辑分析。这种系统的分析方法对于项目管理周期的各个阶段,从项目选择、评估、设计、监测到评价都是十分有用的。它关注的是项目目标而不仅仅是项目的投入和产出。

逻辑框架的表现形式是逻辑框架矩阵,是一种确定项目组成要素的简便方法。它可以根据项目实施的需要进行调整,而不是一种任何情况下都必须严格执行的蓝本。

运用逻辑框架对项目设计进行概括时,可以表述为一个四行五列的矩阵。在矩阵中列出了项目的组成要素,如何进行监测项目、项目的风险和制约因素以及如何管理等(详见表3)。

5. 管理工具

项目管理工具是项目负责人、地方政府更加有效地管理项目资源的实用方法,其目的在于确保项目效益的可持续性。其常用的方法主要有:

工作计划 工作计划要列出实现项目产出和目标所要完成的任务、完成时间以及由谁来负责完成,通常包括项目实施的时间安排、重要的成果、常规的报告等。项目负责人、实施者和受益者都要对项目有一个清晰的认识,并且知道自己应该做什么和什么时候做什么。

资源清单 应使项目负责人和团体了解需要多少投入(人力、资料、仪器、设备等)以及什么时间需要。资源配置可以事先计划好并安排到位,以便能及时使用。资源清单可以是工作计划的一部分,也可以单独列出来。

经费预算 经费预算是对项目所需资金投入的概算,包括行动和投入的开支、资金需要的时间以及来源(中央、地方政府、社会团体、援助机构等)。应该详细地说明负责筹措资金的人员。

人力资源 包括来自地方政府和团体的人员,项目管理和实施所需的人员,项目外部和内部的技术支持以及能力建设活动(如培训和支持体系)所需的人员等。

专家作用 项目负责人有权确定和安排国内和国际专家应完成的任务,包括对项目背景(包括项目目标)的简介,清晰地阐明聘用的原因(为什么),专家的任务(做什么)、产出(如报告、研讨班等),如何完成任务(怎么样)以及咨询的人员(谁)和时间安排(何时)等。

职责分工 应使所有参与者都清楚他们应该做什么以及什么时间做。这样可以确保按计划完成任务,避免重复劳动,一旦出现问题可以及时解决。

监测战略 监测可以确保项目的所有参与者都能吸取经验教训,进一步改善当前和今后的工作。持续的监测有助于在项目中采取正确的行动。监测通常包括为什么要进行监测(项目的目标)、需要监测的关键领域是什么、如何进行监测以及由谁来负责等。

(二) 项目周期管理的内容与方法

下面,我们将按项目的不同阶段,分别论述每一个阶段应涉及的内容和方法。

1. 项目选择阶段

一般说来,在项目选择阶段应做的主要内容,应回答下列问题,以确定项目的总体目标和阶段目标得以实现。

- 为什么要实施该项目?这一问题主要要阐述项目的合理性,包括项目所要解决的主要问题以及为什么要优先解决这些问题?针对当地长远的社会、经济和环境利益,对项目预期成果的可持续性进行评估,包括该项目对地方可持续发展战略或行动计划以及中国 21 世纪议程的作用和影响程度如何等。
- 项目的受益者是谁?项目受益者包括项目的直接和间接的受益人,同时要阐明如何使这些受益者都参与到项目的设计和管理中。
- 如何实现项目的总体目标和阶段目标?
- 项目对社会、经济、环境诸方面的潜在影响及其主要风险和制约因素有哪些?这些潜在的影响应当在进行项目设计时予以充分考虑。项目所面临的风险应当在项目内部得到有效控制,如果这些风险和负面影响无法在项目内部得到有效控制,那么就需要重新检验项目的合理性和正确性。

在项目选择和确认阶段,学习周期共有两个步骤:第一步是进行项目筛选,根据《中国 21 世纪议程》及地方 21 世纪议程的基本原则确定项目的筛选标准,然后从诸多项目中筛选出符合这一标准的项目;第二步要对筛选出的项目进行初步的评估,以明确需要进一步分析和研究的问题。

在这一阶段,需要评估的有:对问题的分析,技术可行性,机构运行能力,人力资源能力,潜在的社会、经济、环境影响,性别分析,项目设计的关键因素分析,在项目准备阶段所需的更为深入的分析评估等，为项目准备及设计阶段进行更详细的评估确定重点。

在项目确认阶段，逻辑框架涉及项目的总体目标和阶段目标。逻辑框架的制定应该与项目的预期受益者及实施者共同研究确定，目的在于阐明项目的逻辑关系。风险和制约因素的分析有助于项目设计人看到项目的各个组成部分对项目的总体目标和阶段目标的作用。本阶段逻辑框架所确定的项目风险管理战略有助于确定项目的组成要素，以实现项目的预期目标并对项目的总体目标有所贡献，并为项目设计以外的其他研究提供指导。

风险分析还需确认一些来自外部环境的社会、经济、政治因素，这些对项目的成果将产生影响，忽略它们则影响项目的实施。这些因素在项目设计中是不可预料的，但要在不同阶段加以解决。如果这些因素严重到影响项目的可行性和可持续性，这表明所选项目缺乏合理性。因此，就不需要再进行下一步骤工作，而应当重新挑选其他的项目。

2. 项目准备阶段

项目准备阶段的目的在于确定项目成果的可行性和可持续性；收集并分析数据以检验和完善项目选择阶段所确定的项目；准备项目设计，以保证项目在技术、经济、组织机构、社会、文化和性别以及环境诸方面均具有可行性；准备项目设计文本草案，包括项目的设计、预期效益及评价以及一个详细的逻辑框架。

(1) 项目评估内容

项目准备阶段需要由一个多学科小组对项目建议书进行评估。评估内容包括以下几个方面：

技术可行性分析。在对项目的投入、行动、产出、需求以及参与项目的机构或团体的先后顺序分析的基础上,进行项目的技术可行性分析。

利益相关者分析。确认与项目有利益关系的人员、团体或组织并确定他们的利益所在。分析还包括确认在项目实施的不同阶段参与项目的人员以及决定项目成败与否的人员。

机构可行性。机构可行性评估包括项目对机构的需求,参与项目的机构和团体的技能,必需的决策和运行机制以及项目所需的法律、政策机制等。

财政分析。包括详细的项目预算,日常开支,恢复项目活力的资金,以及对参与项目的私营和国有企业创利能力和资金流向的评估等。

经济分析。对项目进行成本—效益分析,确定项目的经济可行性。同时对避免和减轻社会和环境负面影响所采取的手段的成本和效益进行评估。如果项目的效益无法估算,可以进行成本—效果分析。

社会分析。运用参与的方法,进行一次综合的社会调查,以了解当前的社会和经济状况,并确定监测项目行动的适宜的指标。

性别分析。评估项目对男、女产生的不同影响。包括男、女在项目行动中的角色,对项目资源和利益的占有和控制程度以及项目行动对男、女产生的不同的潜在影响。

环境分析。项目的投入、行动、产出对环境的影响;对项目外部环境以及当前环境状况的描述。对项目潜在影响的意义及可能性的评估,对减少或避免项目消极影响的方法的评估。

(2) 逻辑框架

在项目准备阶段，逻辑框架分析主要是在前一阶段的基础上进一步细化。本阶段的逻辑框架将明确项目的预期成果（如产出等）、用于衡量项目实现总体目标、阶段目标、产出的指标以及监测的手段等。在本阶段，逻辑框架应该包括以下一些内容：

监测指标。用于监测项目实施过程中采取行动的类型、数量、时间、质量以及效率等，还用于监测项目行动产生的正面或负面影响。

监测的手段。包括在进行可行性研究时收集的基础数据。

风险和制约因素。对实现项目产出以及圆满完成项目行动有影响的风险和制约因素。这些因素应该在项目内部得到控制。他们将会影响项目行动所采取的方式以及如何使用项目资源。

提出一些具体的行动。这些行动有助于降低风险和制约因素，或者是项目行动所必须的前提条件。

3. 项目设计阶段

在这一阶段，将前两个阶段收集和整理的信息用于项目的设计。本阶段将把实现项目产出和预期目标所需的行动、产出和资源联系起来。

在制定项目的行动和投入以及确定主要影响和监测标准时，应当充分考虑地方21世纪议程及当前的"九五"计划，应体现所有利益相关者（包括预期的受益者、项目实施者、政府部门）等的需求和优先顺序，并应当尽可能多地在他们的充分参与下开展这些工作，其最终目标是为项目受益者获取可持续的、永久的利益奠定基础。

(1) 学习周期的重点

在项目设计阶段,学习周期的重点集中在以下三个方面:一是确保项目设计与《中国 21 世纪议程》、"九五"计划和地方 21 世纪议程中提到的地方政府发展的优先领域相一致;二是确保在项目准备阶段确定的风险和制约因素在项目设计中提及;三是确保用于避免和减轻经济、社会和环境负面影响的方法将包含在项目设计的行动和投入当中。

以上三个方面的分析将有助于确定在项目实施过程中应当监测的主要领域。监测标准应当对项目准备阶段确定的项目的目标和主要问题有所反映。

(2) 项目的管理工具

在本阶段项目的主要管理工具是项目设计文本。项目设计文本通常包括以下内容:①清晰而准确地说明项目的总体目标和阶段目标;②项目组成要素(项目产出、行动、投入等)的详细说明;③详细的逻辑框架矩阵,说明项目的阶段目标、产出和行动以及来自不同部门的投入,并应明确项目的风险和制约因素及其管理措施,特别是针对那些在影响分析中提到的风险;④组织和管理机构,并明确不同利益相关者的职责分工;⑤项目工作计划,其中要列出项目执行的时间表,主要的成果以及定期的汇报。工作计划还应包括项目的年度计划,该计划将根据实施和监测中所获取的经验进行必要的修改;行动和资源安排,其中应包括对有形资源的需求。安排应清楚地列出地方政府部门、地方团体以及省政府和国家对项目所作的贡献;⑥经费预算。应明确说明地方政府和团体所作的贡献,并且清楚地表明落实资金的责任人;⑦人力资源开发的需求以及所需的机构能力建设。在此之前,要对所有参与项目的主要利益相关者进行培训需求分析;⑧项目评估所确定的对项目的经济、社会、环境影响以及项目实施进展状况进行监测的监测体系和监测指标。监测包括时间、责任及资源需求,对于项目管理人员的常规的项目进展报告以及项目管理顾问的阶段性报告的需求;⑨项目总结计划,包括总结的时间安排。

(3) 项目的逻辑框架

在项目设计阶段,要完成详细的逻辑框架矩阵,包括项目的投入、资源需求、时间以及职责分工等。这些内容可以以概括的形式加在逻辑框架矩阵中,也可以单独地列出更为详细的表格。

逻辑框架应该包括监测的具体指标以及在项目实施过程中如何进行监测。这些指标将在 2~3 年后进行项目进展情况总结或是进行项目中期总结时用到。

在本阶段将完成逻辑框架中横行和纵列的连接。设计小组应当详细检查逻辑联系以确保所有列出的投入和行动是达到预期产出所必须的和充足的。设计小组还应当对逻辑框架中确定的风险和制约因素进行再一次分析,以确保它们能够在项目设计中得到充分地表述。在项目设计阶段,应当确保项目设计中的主要要素都已经融入项目设计文本当中。

4. 项目实施阶段

本阶段是通过对项目设计中的投入和行动进行管理,以获得预期的产出,实现项目的目标。成功的项目管理需要对不同的利益相关者(地方政府、社会团体、企业和受益人)的职责分工有明确的界定。

项目的开始可以有两种形式:一是项目设计研究提出的项目

文本初稿被批准并无需任何修改。这种情况一般在项目比较简单或规模较小时才能出现，项目设计后几周时间就开始实施。二是在项目的开始，项目文本初稿需要重新检验并进行修改。当项目较复杂或是有较大的政治、文化、环境风险时，往往采取这种方式。在项目设计和批准之间有较长的时间间隔。

项目的实施首先要制定一个年度计划，提供一年中项目行动的详细安排。年度计划应当包括项目行动、任务、有形投入以及经费预算等。在准备年度计划的过程中，特别是在项目运行了一年或两年以后，可根据对项目的监测改动设计，并加入项目文本和逻辑框架中。因为这些变动要尽早地纳入项目实施过程中，所以需要有一种灵活的管理措施。

（1）学习周期的工作内容

在项目实施过程中，对项目行动和投入的监测是供项目负责人学习和总结的基本手段。监测要以根据地方21世纪议程战略确定的标准以及对项目的主要影响、项目行动和投入进行监测的指标为基础。监测用于衡量项目行动和投入实现项目预期产出的效率。

项目监测的目的在于：

提供不同利益相关者同意的目标的实现进展情况的早期反馈。这将有助于在项目的早期阶段就明确问题所在，以便及时采取相应的行动和安排上的措施。

密切关注项目行动和投入产生的可能的积极和消极影响，包括在评估过程中确定的主要的经济、社会和环境影响。这将有助于及早地采取相应的措施以减小和避免消极的影响。

说明地方政府和社会团体需要了解项目行动是否按项目设计在逐步实施以及项目资源是否得到有效地使用。

监测咨询专家完成合同规定的任务的情况。

向地方21世纪议程领导小组提供有关源于地方21世纪议程战略的标准和指导原则在当地的使用效率的反馈。这些反馈将有助于修改项目缺陷。

监测应当纳入项目管理的过程当中,这样监测活动就可以作为项目实施的一部分,从而在不断发展的基础上顺利实施。这项措施意味着负责项目实施的人员能够了解并密切关注他们的行动。

(2) 管理工具

在项目实施阶段的主要管理工具包括以下方面:

短期和长期的咨询专家的职责说明。该说明提供有关项目管理和实施的指导原则,详细说明监测和报告的需求以及主要的产出。

项目文本。项目文本包括项目设计的主要要素、基础的社会、经济和环境信息、具体的行动、资源需求、工作计划、预算、资金来源、时间安排、监测和报告。

逻辑框架。逻辑框架总结概括了项目设计的主要要素并为项目行动的实施提供了一个有用的清单。它还有助于确定对项目进展和影响进行监测的主要领域。

年度计划。年度计划提供了下一年度的行动、投入、时间表以及经费预算的详细清单。年度计划为衡量项目的进展情况以及评估项目管理情况和咨询专家的工作情况提供了一个标准。

咨询专家和项目负责人的报告。该报告提供了项目的阶段进展情况、预算、对主要影响的监测、存在问题的分析及解决办法。这项报告可以给地方21世纪议程领导小组提供项目当前项目进展的总体情况的。

(3) 项目的逻辑框架

本阶段,逻辑框架对整个项目进行概括,以便使项目管理机构能够对项目有一个总体把握。通过这种方式,项目实施者可以看到他们每天的行动是如何与项目预期目标的实现相联系并为之作出贡献的。

除了对项目组成要素的逻辑表述外,逻辑框架还对项目潜在的影响以及如何管理和监测进行了概括。同时,逻辑框架还包括对项目的管理者和专家的表现以及实现产出的进展情况进行监测的指标和监测手段。

逻辑框架还使项目管理机构认识到项目所面临的风险和制约因素以及确保其在项目内部得到管理和控制所需采取的行动和投入。

5. 项目总结阶段

项目总结通常在项目执行的过程中进行。进行项目总结的决定由领导小组在与利益相关者协商的基础上作出。其目的在于:一是评估项目实施两至三年后的进展情况,作为项目管理周期的一部分,是对项目进行质量控制的措施;二是解决出现的具体问题,这样的总结需要在项目周期中随时进行,以对项目外部(例如政治条件)或项目内部(例如人员的变动)的变化作出反应。

项目总结为项目负责人提供在项目实施的关键时期项目执行

情况的全面评价,以及是否需要对项目的设计进行根本性修改的意见。

项目总结的目的在于,总结实现项目总体目标和阶段目标的进展情况,对项目成果的可持续性进行评估。判断项目的基本原理是否仍然有效以及最初的项目总体目标和阶段目标是否仍具有相关性。对迄今为止项目产生的影响进行评估,包括技术、经济、社会、环境和组织机构等方面的影响。总结时还应当考虑到逻辑框架中提到的风险和风险管理的措施。在逻辑框架中提到的监测项目产出效率的指标也可以用于项目总结中。对项目设计、实施、人员、外部环境等方面的具体问题进行评估。这将取决项目总结所要检验和解决的是什么样的具体问题。对于如何修改目前的项目设计以提高其运行效率、影响及其可持续性提出建议。这些建议的范围是很广阔的,小到项目进程中很小的变动,大到对项目的原理和设计的改动。对于当前项目的资金支持水平是否应该继续下去还是做一定修改提出建议。

项目总结通常由一个独立的多学科的专家小组进行,小组成员包括技术方面的专家、社会发展以及环境方面的专家。

(1) 学习周期

从根本上讲,项目总结是在项目周期循环过程的某一特定时刻进行的一种学习方式。它提供了一个机会对项目的原理和设计进行重新评估,对项目行动和投入的效率进行评估,并且评价项目行动产生的影响。然后,可以根据所取得的经验教训对项目设计作出任何必要的修改。

因为项目总结是在项目实施的过程中进行的,因此它是进行项目质量控制的重要手段。其主要内容：①项目管理人员的表现。②项目行动和投入的经济、社会和环境影响。在项目可行性阶段收集的基础信息可以作为衡量项目影响的标准。虽然在进行项目总结时，项目可能只运行了两年时间，在这一阶段有意义的影响可能还不很明显，但是项目总结为在早期阶段对项目的潜在影响进行检验提供机会。通过这种方式，任何消极的影响都可以通过对项目设计的修改加以管理。③在实现项目目标的过程中项目产出的效率。这是对项目目标实现的进展情况的评价，而在可行性分析阶段所收集的基础数据为项目进展情况的测量提供了背景。

(2) 项目的管理工具

在项目总结阶段使用的管理工具主要包括：

总结的职责说明。职责说明中应当详细说明进行总结的目的（比如是常规的总结还是为了解决一个具体的问题）、项目设计的主要要素、重要的潜在影响以及需要对其表现进行评估的主要人员名单。

逻辑框架将对总结小组回顾的项目设计的主要要素以及项目面临的风险进行概括。在逻辑框架中还将列出潜在的主要影响。

总结报告将评估项目的产出及其对项目目标所作的贡献，为获取这些产出所需的项目行动和投入的效率，项目潜在的影响以及项目成果的可持续性。

(3) 逻辑框架

项目总结将使用项目逻辑框架作为总结分析所需的工具。总结将检验项目原理和逻辑框架中列出的主要要素，并且使用逻辑框架中的指标和风险来确定分析的主要领域。

总结小组要负责对逻辑框架进行修改,以反映项目外部和内部的变化。主要对项目的行动和预期的产出方面进行修改,而对项目目标除非必须修改,且修改要小。对逻辑框架的修改应当在地方项目管理机构以及项目受益者的参与下进行。

表4 逻辑框架和项目总结

项目组成要素	指标	监测手段	风险和制约因素	风险管理
总体目标:项目所要达到的总目标——通常在进行项目总结时不要修改	监测目标实现程度的指标(这将在项目评价中使用)	信息源(国家的统计数据)	影响主要目标和阶段目标之间联系的风险和制约因素	在项目内部可以控制以及无法控制的要素和战略
阶段目标:实施项目的基本原因——该部分可以根据项目外部环境以及所取得的经验进行修改	在项目结束时,表明项目目标已经达到的条件	信息源(项目数据、评估)	影响阶段目标和产出之间联系的风险和制约因素	降低风险和制约因素的项目具体的产出和行动
产出:可以衡量的项目的直接成果——这部分可能在项目总结阶段根据项目外部环境的变化以及所取得的经验进行修改和重新制定	项目产出的质量和数量(用于项目的总结和评价)	信息源(项目数据、总结)	影响产出和行动之间联系的风险和制约因素	降低风险和制约因素的具体的行动
行动:实施项目的行动(要说明行动的投入、时间、职责分工)——该部分在总结阶段可以进行修改	实施的方式和质量(用于项目监测)	信息源(项目数据)	对项目行动成功有影响的风险和制约因素	可以通过采取其他行动,或者通过改变采取行动的方式予以解决

如果项目的逻辑框架还没有作为设计的一部分准备完成,那么在总结阶段就可以由总结小组来完成逻辑框架。完成逻辑框架的分析过程将有助于总结小组对项目进行评估,特别是当地方项目管理机构和项目受益者也参与到这一过程当中。

6. 项目完成阶段

项目周期管理的最后一步是项目的完成。这包括两个主要步骤:一是由项目经理准备项目完成报告,该报告将结束项目实施的过程并在项目实施的最后阶段(通常在项目执行的最后 6 个月)准备;二是对项目进行评价,评价将确定在项目计划和实施过程中所取得的经验教训并将这些信息反馈到未来的政策和项目制定的过程。

项目总结报告的主要内容包括以下方面:

- 确认项目是否已经按照项目文本和逻辑框架的要求完成,其中还包括根据项目实施过程中所取得的经验和项目总结中提出的建议以及对项目目标、产出、行动所作的修改。
- 根据项目文本和逻辑框架中列出的项目目标,对项目取得的成果进行评估。
- 与最初的预算比较,对实施项目的实际花费进行评估。
- 对项目行动和产出的影响进行评估,其中包括对风险和制约因素及其管理的分析。
- 对项目成功和不足之处的回顾。
- 在项目计划和实施过程中所取得的经验。

项目总结报告的摘要要包括在项目信息库当中,以便能建立起一个项目经验库。它将为地方 21 世纪议程战略和项目的发展提供信息源。

在项目周期的最后阶段,一个最重要的问题是项目是否为其受益者提供了长期的和可持续的利益。可以在项目完成之后对项目的利益影响的持续性进行一次评估。评估的结果也为地方21世纪议程战略提供了有益的反馈。

(1) 学习周期

在这一阶段,学习的主要手段是对项目设计、实施、成果以及社会、经济、环境影响进行评价。评价研究包括对项目所涉及的团体和区域的影响;项目准备和设计阶段所确定的总体目标和阶段目标的实现程度。

评价研究将以项目可行性分析、项目设计和实施阶段所收集的基础数据作为评价的基准。如果没有这些信息,那么评价小组的工作将十分困难,因为大部分的评价只能以项目执行人员和受益者对成果的感性认识为基础。

评价小组必须采取参与的方式来开展评价研究工作。既然可持续性是一条基本原则,那么在评价过程中受益者的参与是最根本的。除了评价小组收集的信息和数据以外,预期受益者对利益的感性认识也是至关重要的。

评价研究也是由一个多学科专家组成的小组来完成。因为评价的主要目的之一是将这些获取的信息反馈到今后的政策与计划的制定过程中,所以在评价小组中还应该包括一名领导小组成员。

(2) 管理工具

项目完成阶段使用的主要管理工具包括:项目的预期成果、所面临的风险以及可能的影响;项目完成报告,报告说明了项目所取得的实际成果及其对总体项目目标的贡献,同时为以后的评估提供基础;评价报告,报告分析评估了项目的影响和成果,总结了与地方21世纪议程计划有关的经验和教训,评价的重点应为对项目成果可持续性。

(3) 逻辑框架

在项目完成阶段逻辑框架的主要目的在于:对项目的主要要素进行了概括,为项目完成报告提供了一个清单,其中包括项目总体目标、阶段目标、产出、行动、投入;可以作为衡量项目进展程度的主要指标的清单;为项目评价研究提供了一个框架,它突出了项目的主要影响、提供了评价影响的指标,以及项目所面临的主要风险和制约因素。

第三节 科学技术在地方可持续发展中的作用

一、科技进步对人类社会发展的影响

(一) 科学技术的作用

人类的经济活动自产业革命以来呈现着一种加速增长的趋势,科技进步使社会生产力迅速提高,为人类带来了巨大的物质财富。人类的生命支持系统是一个健康的生态环境。但是这个支持人类生存的自然生态系统却由于人类自身对物质文明的贪婪追求而变得越来越支离破碎,它正携带着大大超过其自身承载力的各种污染走向崩溃的边缘。大幅度降低污染强度以改善生态环境的目标在

相当大程度上要依靠科技进步来实现。人类发展的历史表明,科学技术进步在改变人类命运过程中具有伟大而神奇的力量。在全球迈向世纪之交的时刻,世界各国都在纷纷考虑下一世纪自己在国际领域的地位并为此制定对策和战略。在形形色色的战略和对策中,科学技术的发展无不占据极其重要的地位。科学技术、环境保护、经济竞争力和国家安全这几个重大战略课题,被愈来愈密切地联系在一起而被给予一体化的考虑。这表明科学技术发展已经被十分密切地结合到有关环境与发展的政策与战略决策中去了。在人类面临环境退化与经济发展两难境地从而寻求可持续发展的新的历史关头,希望再一次被极大地寄托在科学技术的发展上。

科学技术的应用作为地区发展家综合实力的重要体现,是可持续发展的主要基础之一。科学技术进步可以有效地为各地的可持续发展决策提供依据和手段,促进可持续发展管理水平的提高,加深人类对自然规律的理解,开拓新的可利用的自然资源领域,提高资源综合利用效率和经济效益,以及提供保护自然资源和生态环境的有效手段。这些作用对于缓解中国人口与经济增长和资源有限性之间的矛盾,扩大环境容量进而相应扩大生存空间和提高生存质量,实现可持续发展的战略目标尤为重要。

科学技术在提高资源利用率,寻找新的资源开发途径,降低工业、农业和交通运输等各个领域资源消耗方面,正在发挥着越来越重要的作用。随着人类对不可再生资源的消费总量和人均消费量的日渐增加,已经导致严重的资源衰竭和生态环境恶化的状况。为了实现可持续发展,必须全面了解资源与环境的承载能力,以及人类活动影响地球生命支持能力的过程。在这方面科学可以提供有效的依据,使社会在决策过程中能够更好地制定和选择环境与发展政策,技术则可以提供有力的实施手段,从而实现科学的目标。科学技术的发展水平决定着经济的发展速度,同时决定着人类社会能否实现可持续发展。现代社会生产力的发展、社会财富的创造和增长、控制人口、消除贫困、可持续地开发利用能源、保护生态和环境都越来越依赖科学技术的进步。

科学技术在人类社会发展过程中扮演如此重要角色的主要原因之一,就是来自一个国家、民族生存和可持续发展的需要。由于科学技术的发展和突破,人类所面临的人口膨胀、粮食短缺、能源危机、资源枯竭、环境破坏等问题有可能逐步得到解决。

在1997年联合国教科文组织(UNESCO)受联合国可持续发展委员会(CSD)委托撰写的关于"科学促进可持续发展"的报告中指出:"没有科学就没有可持续发展,这样的说法并不夸张。对于当今的许多主要的环境和发展问题来说,科学(包括社会和人文科学)在探索和分析问题、找出解决方法以及确保采取科学的行动等方面都是起着重要的作用,这在臭氧层损耗方面尤其显著,对其他诸如气候改变、生物多样性锐减以及水和沿海污染等问题方面的重要性也日益显著。事实上,在可持续发展方面所取得的一切进展,科学无时不发挥着重要的作用。科学是可持续的农业和工业发展以及满足全世界日益增加的能源需求的基础。"

(二) 科学技术在知识经济时代扮演着核心和关键角色

知识经济的兴起是人类物质财富尤其是精神财富长期积累的

产物,是当代科学技术对社会的作用日益深化、科技与经济关系日益复杂化、高级化的结果。与以往的经济形态不同,知识经济的繁荣不是直接取决于资源、资本、硬件技术的数量、规模和增量,而是直接依赖于知识或有效信息的积累和利用。知识经济是建立在日渐发达的、成为未来经济主流的信息产业之上,强调产品和服务的数字化、网络化、智能化,主张敏捷制造和个性化商品的规模化生产,是能够按用户需要进行有效生产和服务的经济。所以知识经济是更人性化、更能体现价值规律的经济。

从发达国家经济成长的经历中,可以得出以下几点认识:首先,知识经济是信息化的经济。今天的信息化形式就是电子化、数字化和网络化。这将使经济系统在产品、服务、效率、企业形象、生产、流通、交易等概念及操作方面都面临着深刻的变革。其次,知识经济将会深层次地改变传统经济的本质,这包括:①经济的全球化使市场规模和容量达到一个前所未有的水平;②知识具有更大共有性和外部性,这将使企业间的关系、竞争或联合的方式、市场结构都发生变化;③基于更加完备的知识、信息和网络手段,供需双方的关系及交易的方式、渠道都将发生新的变革。第三,更重要的是,知识经济是以创新的速度和方向决定成败的经济,一改过去那种资源、资本的总量或增量的决定模式。很多事实告诉我们,创新优势可以弥补资源、资本上的劣势,加强创新就可以在市场竞争中掌握主动。

理论界普遍认为,从本世纪 80 年代到下个世纪前 20 年,甚至更长的时间里,和平与发展仍然是全球性的主题。和平的实现需要以和平为导向来应用科学技术,唯有对知识的有效利用方能促进人们之间的相互了解,并消除贫困和不平等。在发展方面,不论发达国家还是发展中国家,除需要进一步发展生产力之外,还都面临着另一个重大课题,即如何实现"可持续发展",亦即科技、经济、社会的协调发展。可持续发展的关键就是要用新的科学技术来解决由于过去对技术的盲用、误用所带来的问题。未来的知识经济必须建立在对科学技术自觉的使用上,真正按照自然规律和人类合理的目的来生产和消费。

知识经济不仅在发达国家已逐渐成为事实,也是发展中国家和地区面临的机遇。当然,发展中国家和地区面临的优先课题是加快发展和消除贫困,加快发展就必须借鉴前人的成就,选择正确的技术路线或发展战略;消除贫困关键是解决资源的有效利用和实现人的素质提高,这两方面更是离不开科学技术。引入知识经济的做法有可能更有效、更快捷地解决所面临的问题。在数字化、网络化的基础上,知识经济的发展可使人类对知识的开发和利用处于更加有利的地位,先进的知识也可为更多的人所共享。启蒙思想家们曾梦想过用知识来彻底地解放人类,可以说知识经济将为这伟大梦想的实现提供新的机会和途径。

知识经济时代,科技的主要作用将体现在:

(1) 科学技术改变了世界,并成为人类进一步生存和发展的基本前提;人类平均寿命的延长是科学技术改变人类和历史的最直接和无可辩驳的例证。如今人类面临的是越来越多的人工世界——一个用现代科技元器件组装的世界。现在不论是人工合成的材料、转基因物种,还是网络媒体中的各种虚拟现实,它们已成为人类新的工作环境、劳动对象、生产基础、操作工具以及生活伴侣。

如何与这个科技化的人工世界打交道是人类所面临的最紧迫的生存问题,因为若不具备一定的现代科技素质,何以认识这个世界?若不具备起码的科技素质,何以影响乃至改造这个世界?

(2) 科技知识为生产和经济不断注入新鲜活力。纵观世纪之交的世界产品市场,智能的物化产品如软件产品登上经济发展的舞台,快速扩张的软件产业已成为当前最为夺目的朝阳产业,其他智能商品和智能服务也大放异彩。产品、产业结构的智能化、高级化是社会发展的大趋势。在生产和经营中,研究开发(R&D)、战略分析、决策管理、企业策划、形象设计等软组织功能的作用越来越显著,市场竞争已从产品竞争延伸到工作间中的创意及实验室中R&D的交锋。这真正是知识的较量,是智慧的对抗。所以我们看到,具备更多知识的公司成为市场上的胜者,具有更多知识的国家拥有较高的生产率。

(3) 科技知识造就新的产业主体。伴随知识经济的来临,一个更显著的特点就是:知识型劳动者从后台走向前台,成为决定生产和管理运作的主体,人力资本或知识积累已成为改变经济系统产出的显著变量。这可从以下几点得到确认:①白领人员的数量早已超过了蓝领人员的数量,并且在白领阶层内正在产生更复杂的分工;②产业主体的素质要求越来越高,个人的知识水平决定着就业起点和收入,个人的知识结构决定着就业方向,个人的知识积累决定着工作中的进步;③高附加值向高新技术产业或智力密集型产业转移。所以,知识不仅仅是力量,更是机会;知识不仅仅是可兑现的财富,更是新财富的源泉。

总之,在知识经济中,科学技术扮演着真正的核心和关键角色。邓小平同志早在 20 年前就讲过"科学技术是第一生产力"。世界各国为促进高技术的规模化、产业化和吸收先进技术和资金，兴办了各种形式的工业和科学园区。中国目前已经建成了 53 个国家级高新技术开发区。随着现代科学技术的发展，以知识、劳动技能等因素为主体的知识经济时代将深刻地影响 21 世纪的发展进程。

目前经济发展出现两大趋势：市场的全球化和经济的区域化。全球化是国家边界对市场的限制减少，经济的区域化必定要跳出以往的传统经济发展模式。例如群聚了大批知识型企业的"技术极地模式"就是一种新的经济发展模式；在知识型企业的群聚区，各级政府负责市政基础设施建设、提供或联络地区专业技术人员、制订相应优惠政策、参与管理和投资来促进当地的经济发展。这种方式的群聚体、对单个公司的吸引力以及对地区经济的影响广泛引起人们的兴趣。在这些技术极地里，吸引各类公司进入的条件、内部各公司间的协作关系、经营管理方法以及政府的优惠政策和作用都值得地方政府及企业仔细研究。

二、解决地方经济发展与环境保护等若干重大问题的科技途径

目前中国绝大部分地区的经济发展基本上沿袭着以大量消耗资源能源和粗放经营为特征的传统发展模式，不仅对生态环境造成极大的损害，而且使经济增长本身难以持续。在人类社会发展过程中，由于多种因素所造成的人口、粮食、能源、资源和环境等问

题,必须依靠科学技术的发展才能逐步得到解决;科学技术不但对地方实施"两个转变"起关键性的作用,同时也是解决地方经济发展、环境保护的重要途径。

(一) 人口控制和粮食问题的科学技术保障

人口多、耕地少的矛盾随着中国人口增长和工业发展在全国各地越来越尖锐,有效地控制人口数量、提高人口质量要靠科技保障。经过几十年的努力,各地的人口和计划生育工作取得了举世瞩目的成就。1995年同1970年比较,中国平均人口出生率由33.43‰下降至17.12‰,自然增长率由25.83‰降至10.55‰,育龄妇女总和生育率由5.81降至2左右,达到了更替水平。这些成就的取得与科学技术的重大贡献是分不开的,由于计划生育技术手段的应用,中国已婚育龄夫妇的综合避孕率逐年上升,由1970年的12.4%提高到1995年的80%以上。

粮食问题随着人口的增长也越发严重,提高农业单产水平、改善人们的食物结构等要依靠科学技术。从传统生产技术角度看,中国的农业生产已经达到相当高的水平,如果不依靠科学技术的突破,农业生产很难获得大幅度的增长。

从历史的经济来看,中国以有限的耕地解决12亿人口的吃饭问题,其主要举措就是改变农业生产条件和依靠农业科技进步来提高粮食产量。以杂交育种为代表的品种更新和以地膜覆盖栽培为代表的栽培技术革新,配合以化肥、灌溉、农机为代表的现代物质投入,为中国粮食生产的持续增长提供了可靠的物质和技术基础。1996年,中国粮食生产创历史最高水平,科技贡献率30%。

从中国现实情况看，在政策基本稳定的前提下，增产粮食的潜力主要来自四个方面：一是依靠科技进步提高现有耕地的单产；二是减少粮食的灾害损失；三是开发宜农荒地，扩大粮食耕地面积；四是调整布局，提高复种指数。所有这些，都需要依靠科技进步来解决。

（二）资源的合理利用和科学管理

自然资源是人类发展的基础，而自然资源具有稀缺性。历次世界大战和局部战争的发动方，表面上是为了争夺政治上的势力范围，本质上是为了争夺自然资源。要从根本上缓解以至解决资源的稀缺和短缺问题，唯一地取决于人类能否借助科技的发展，合理地开发和更为有效地利用资源。

首先，资源的合理开发取决于人类开发已认识资源的能力和认识未来资源的能力。对于已认识的资源，如煤炭、水能、风能、太阳能、核能、石油、各种矿藏等等，人类以往的开采往往是毁灭性的。然而，在一些发达国家，由于其自身资源的短缺，他们十分注意发展优采技术和对资源开发的系统规划，从而为今后的发展留下了必要的资源。对于落后国家尚未认识的资源，一些发达国家借助科学的发展进行了及时和开创性的研究，为本国经济发展寻找到了新的资源。

其次，合理、有效地利用已开发的资源，是工业社会以来人们一直关注的问题。如果说在工业化初期，人们还不是十分关注这一问题的话，那么，两次世界大战人类对于资源的争夺和工业社会对于资源需求的急剧增加，则使人们逐渐认识到了节约和有效地利用资源的必要性。但是,要做到节约和有效地使用资源,最终又要靠科技的迅速发展。一系列节能技术的开发和采用,则是人们自觉地节约和有效地利用资源的具体行动。

改革开放以来,中国经济总量已经达到一定规模,但由于科技水平低下等多方面原因,经济增长粗放,资源浪费和环境污染严重。技术和管理落后、靠消耗大量资源来发展的粗放式经济增长已经被证明是不可持续的。"九五"到2010年期间,中国的第二产业将以高于经济平均增长率的速度增长,中国对煤炭、石油、电力、冶金、化工、建材等能源、原材料和重化工业等产业的需求正处于高峰期。在工业化过程中要维持这样高的增长速度,加快科技进步、提高生产效率将是决定性因素之一。尽管中国资源总量比较丰富,但人均占有量不高,经济增长必然要受资源的较强制约。无论是降低资源消耗强度,还是增加进口,都必须依赖技术进步才能克服资源短缺的约束。同时,这些产业具有能耗高、环境污染和生态破坏严重的特点。为使中国真正避免"先污染、后治理",一方面,需要加快这些产业的集约化,实现产品结构的升级换代,大力推行清洁生产和清洁能源;另一方面,要加大环境保护投入,重视产业发展过程中环境保护设备的设计和配套。这两方面都要求加速发展科学技术,以高技术改造这些传统产业,是技术进步的重要方向。

(三) 环境保护的科学技术

中国大气 SO_2 污染和城市的粉尘污染主要来自燃煤。煤炭燃烧过程中 CO_2 及其他有害气体的大量排放,不仅对人民生活健康造成极大危害,也造成重大经济损失。在重庆市,每年燃烧煤炭达800多万吨,因硫分高而形成酸雨,造成经济损失达2亿元。据统计资料表明,1994年,中国烟尘排放量达250万吨,日均值是世界卫生组织规定的 3~5 倍,其中 30%来自燃烧;SO_2 的排放量达2 000多万吨,日均值是世界卫生组织规定的 1.7~2.5 倍,其中90%来自燃煤。"九五"期间,中国煤炭还将以每年3 000万吨的速度增长,如不加以控制,SO_2 的排放量将增加250多万吨,烟尘排放量增加300多万吨。

煤炭燃烧中的高烟尘是灰分太大造成的,酸雨又是高硫分造成的。所以,解决燃煤污染的首要环节是加强煤炭的洗选加工,提高洗净煤比例,这是控制中国大气污染综合效益最佳的措施。据了解,中国目前煤炭产量的 31.5%用于发电,而发电用煤入洗率约 7.6%,原因是洗净煤价格高。其实,算一算细账:通过脱硫,可脱掉 50~70%的无机硫,原煤脱硫投资仅为电厂烟气脱硫投资的1/10。如果算上污染后的治理费用,那么,洗选煤的投资相当节省了。另外中国烧煤用户十分分散,中小用户多,除发电用煤外,化肥用煤占 3.3%,炼焦用煤占 7.7%,民用煤占 17%,其他用煤占38%,因而很难采用先进的燃烧技术和集中脱硫装置,只有通过洗选煤提高煤炭质量来减少燃煤污染。为了削减汽车污染物排放,应从节能、净化和管理等方面结合采取措施,技术进步的作用是不言自明的。

(四)摆脱贫困需要科技作支撑

贫困是一个全球性的、发达国家和发展中国家共同面对着的极为严峻的问题。关于贫困的成因,经济界和社会学界是有着各种各样的解释,诸如,贫困人口的自身素质差,居住区的自然环境差,资源稀缺,在贫困地区投资的回报率低,资金拥有者不愿向这些地区投资,政府的政策失误,历史上形成的难以解决的社会矛盾等等。

尽管贫困人口形成的原因是多方面的,但是,贫困的解决最终取决于能否为贫困人口建立一种积极的扶贫机制,即一种"造血机制",也就是要提高在贫困地区投资的回报率,以形成"投资—回报—投资—回报"的良性循环。本质而言,这种循环正是一个发展的过程。要提高在贫困地区投资的回报率,关键是在贫困地区投资的同时融入科学技术,依靠科技提高投资的回报率。中国政府推动的"科技扶贫"已经充分证明了这一点。由此看来,贫困人口能否脱贫,除了政府要制定和实施有效的政策之外,最终还要靠科学技术的支持。那种"济贫式"的扶贫办法并不能根本地解决贫困人口的问题。

(五) 科技引导可持续消费和促进社会生活效率的提高

在实现可持续发展的过程中,人均消费水平和消费结构将发生重大变化,恩格尔系数将逐渐降低,对新型、优质、高档消费品的需求将不断增加。要满足人民对物质生活和精神生活不断增长的需求,必须依靠技术进步迅速改造传统的消费品工业,发展新型消费品产业。发达国家所采用的能源和资源高消费模式,对中国这样一个人口大国是不适用的。以汽车消费为例,如果中国像美国一样，使汽车像自行车一样普及，中国不仅会丧失大量土地用于公路建设，同时，中国必将陷入交通拥挤、汽车尾气污染的严重生态灾难中。所以，中国必须依靠科学技术，在努力降低能源和资源的消费水平的前提下满足消费需求。另一个例子是住房问题，随着中国城乡人民生活水平的提高，改善居住条件是大多数居民的迫切愿望，要改善居民的居住条件，政府采取促进房地产业发展的政策是必要的，诸如增加改善居民居住条件的政府投资；减轻房地产经营企业的税赋，以降低居民住房的售价；甚至给予处于社会收入最低线以下的居民以适量的住房补贴等等。但是，居民住房的真正改善，客观上取决于以下环节：提高居民的收入水平和住房的支付能力；提高房地产业的投资效率；改进居民住所的设计；提高有限房源的利用率等等。而所有这些环节性问题的解决，都离不开科学技术的巨大作用。仅就提高房地产业的投资效率和改进居民住所的设计而言，科学技术的巨大作用已为中国一些地区的实践所证实。国家科委等推动的"安居工程"就是一个典型范例。

高效率的社会运行是现代社会的一个基本标志。要提高社会运行的效率，除了在社会生活中引入有效率的制度安排以外，关键是提高政府的运作效率，提高人们进行信息沟通的能力，缩短人际交往的空间距离，提高人们的信用意识等等。其中，信息沟通能力的提高，依赖于信息科学和技术的发展；人际交往空间距离的缩短，依赖于交通科学和技术的发展；政府运作效率的提高一定程度上赖于组织科学的发展；人们信用意识的提高在一定程度上则赖于制度科学的发展。总之，在当今高效率的社会生活中，无处不体现出科学技术的神奇作用。

三、地方社会、经济可持续发展的技术途径

(一) 可持续发展的技术创新体系

技术创新活动是科技与经济的现实结合点。传统的技术创新体系的着眼点主要是经济效益,尽管某些技术创新活动与可持续发展目标具有相关性(如环保技术、资源的高效利用与替代技术的研究与扩散),但整个技术创新体系的主要着眼点仍然是经济效益而非整个社会的持续发展,这既与传统经济学理论的缺陷有关,也与国家政策和管理方式有关。在未来的社会经济发展中,技术进步将发挥越来越重要的作用。对发展中国家和地区来讲,其经济、社会和技术的发展面临着双重任务,一方面要在尽可能短的时间内缩小与先发达国家和地区的差距,另一方面要避免发达国家发展过程中走过的过度消耗资源、破坏生态环境以及忽视社会与经济协调发展的老路。传统的技术创新途径对可持续发展目标的忽视是造成当今众多全球问题的重要原因。中国目前正处于经济高速增长时期,整体技术水平的相对落后和传统技术创新活动的负面影响不仅制约着经济效益的提高,同时也对中国的可持续发展能力产生着不良影响。

1. 高新技术及其地方对策

高技术革命正在引起国际生产、消费和社会生活的一系列深刻变化。高技术一词最早出现于60年代,其主要特征表现为高效益、高智力、高投入、高竞争、高风险和高潜能。高潜能指其在总体上对国家的政治、经济、文化、军事以及整个社会的进步都具有重

大影响,具有很强的渗透力和扩散性,具有巨大的潜力。

目前得到公认的高技术主要指6大技术,即生物技术、信息技术、新能源技术、新材料技术、空间技术和海洋技术,其标志技术有基因工程、蛋白质工程、智能计算机、智能机器人、超导材料、人工定向设计新材料、核聚变、太阳能、航天飞机、永久太空站、海水淡化等。高技术产业主要有9个:生物工程产业、光电子信息产业、智能机械产业、软件产业、生物医学产业、超导体产业、太阳能产业、空间产业和海洋产业。

高技术已经成为影响一个国家可持续发展和社会进步的关键因素。美国、西欧、日本和一些中等发达国家都把发展高技术产业作为90年代的发展战略重点,并拟订了详细的发展计划以争夺下个世纪的主导权。如果中国不采取正确的方针政策,迎接这场严峻的挑战,随着中国在自然资源和劳动力等方面的某些优势的逐渐消失,信息不畅、技术落后、资金短缺、人才不足等弱点将日益突出,在发展水平上赶超发达国家就更加困难。

目前中国已经取得了银河2号计算机、两系法杂交水稻、大型程控交换机、工业机器人、生物工程药物和疫苗、高温超导材料等一大批具有国际影响、市场前景广阔、已经或有望形成大产业的重大成果,在加速产业技术的更新换代、改造传统产业以及培植新兴产业中正在发挥积极作用。中国在高科技研究和产业化方面也取得了很多成果,比如,人工合成牛胰岛素、洲际运载火箭、黄淮海平原中低产田综合治理等一大批具有世界先进水平的成果,在生物医学方面,脱氧核糖核酸具有双螺旋结构的发现和基因重组技术的发展,开创了生物技术的新时代,等等,高科技研究和高科技产品层出不穷。

各地社会、经济发展正处在两个转变的过程中,面临设备技术落后、产业结构调整、传统产业改造以及寻找新的经济增长点等困难和压力。各地政府及时调整对策、面向科技,促进地方可持续发展:

第一,提高工农业生产的科技水平,加速科技成果的转化,促进经济增长方式的转变。

第二,开发、引进并推广应用清洁生产技术、资源可持续利用技术、生物多样性保护技术、荒漠化防治、防灾减灾、大气层保护、气候监测、有害废物管理与资源化处理技术等;采用有利于环境保护的风险评价、自然资源定价和资源开发技术等,大力发展环境保护技术、医药保健技术等。

第三,在加强传统技术研究的基础上,有重点地发展高新科技,运用科学技术特别是以电子信息、自动化技术改造传统产业;使传统产业的生产技术和装备现代化,同时努力实现高新技术的产业化。

第四,积极参与国际经济科技一体化进程,支持引进先进技术与自主创新结合,着力提高自主创新能力。

第五,加强科技界与决策机构之间的联系与合作,加强科学技术支持的能力建设。

2. 建立可持续发展技术支撑体系

技术创新能力已取代价格等传统的因素,成为国际竞争最具决定性的因素。各国技术创新能力的不同有可能导致发达地区与不发达地区的差距进一步拉大,因此提高技术创新能力越来越成为各国经济发展的重要任务。

地方可持续发展技术创新主要有以下两个方面的内容：①建立一套可持续发展技术创新的选择机制。传统的技术创新理论和技术创新活动对可持续发展目标的忽视是造成当今诸多环境及生态问题的重要原因。事实上，技术创新过程的每一环——从技术的评估、技术或工艺的选择，到技术的扩散、生产和经营的组织与管理——都存在着从可持续发展角度进行评价和控制的必要性，因为正是通过这些环节，技术得以物化为特定的生产过程并最终成为产品，从而对资源、环境、生态等产生正面或负面的影响。因此，要从对传统技术创新理论和技术创新活动的反思入手，以可持续发展的角度重新对传统技术创新活动进行系统地分析和评价，提出可持续发展的技术创新体系和技术选择方法，从而建立可持续发展的技术创新的理论。②建立企业技术创新体系，提高企业技术创新能力。当前，政府调控与市场发育不完全的矛盾以及大批国有企业没有真正成为市场主体的状况导致缺乏技术创新的动力和约束机制。因此要积极营造有利于技术创新的机制，提高自主创新能力，以促进生产力质的飞跃。如在有条件企业内部建立技术中心，将强化企业常规经营管理与活跃技术创新活动有机结合起来，加大企业的技术创新投入，建立多渠道资金投入体系。

可持续发展战略的实施过程，即是通过知识的创造和技术创新活动去协调和解决经济发展与保护资源环境的矛盾，使人类社会系统与其周围的自然系统保持和谐、均衡、共生的过程。技术创新是一种以市场为导向，以提高国际竞争力为目标，从新产品或新工艺设想产生，经过技术获取（研究、开发或引进技术）、工程化、商业化生产到市场应用整个过程一系列技术经济活动的总和。狭义的技术创新是指产品和工艺创新。广义的技术创新除产品和工艺创新外,还包括与之相适应的组织创新、管理创新和市场开拓等。技术创新又是一种能力,是一种能够把握市场和技术机会、正确作出产品和工艺创新决策、并顺利实施、成功占领市场的能力。技术创新是企业家对生产要素、生产条件、生产组织进行重新组合,以建立效率更高、效能更好的新的生产体系,获得更大利润的过程。它包括创造或引入新的技术或工艺、开发新的或改进老的产品、开辟新的市场、获取原材料的新供给、采用新的管理方法与组织形式等过程。

可持续发展的相关技术罗列起来包罗万象,概括地讲凡是符合可持续发展思想,资源利用效率高、污染小的技术都可以认为是可持续发展技术。近几年来,有关部门和国内一些学者对这个问题作过一些探索和讨论。《中国21世纪议程》中提出了开发和引进并推广应用清洁生产、资源可持续利用、生物多样性保护、荒漠化防治、防灾减灾、大气层保护、气候监测、有害废物管理及资源化和处理处置等方面的技术。在1994年5月的"21世纪中国的环境与发展"研讨会,提出了建立可持续发展的十大技术体系:资源节约化、能源清洁化、废物资源化、环境无害化、城市生态化、生态农业、乡镇企业改造、区域环境恢复与重建、大型自然工程评估和环保产业的技术体系等。但是用这十个方面来描述可持续发展的技术体系也难以概括其全部内容。

国外对技术评估方面的研究已进行了多年。世界环发大会以后,各国都纷纷提出了相应的发展计划和对策,旨在通过技术的发展和改进达到可持续发展目标。如美国"总统可持续发展理事会"在其起草的国家可持续发展战略及行动计划框架时提出通过发展技术等措施提高效益和改变消费模式与生活方式,减少在能源和其他自然资源消耗中的浪费现象;美国世界资源研究所的学者在广泛文献研究与专家采访的基础上,列举了12个对环境可持续发展具有重要意义的技术领域,并就这些技术领域对可持续发展的重要性进行了评估。所提出的12个技术领域为:能源获取技术、能源储存技术、能源最终使用技术、农业生物技术、替代与精细农业技术、制造模拟监测和控制技术、催化剂技术、分离技术、精密制作技术、材料技术、信息技术、避孕技术。日本在其"新阳光计划"中,提出开发太阳能电池、沥青煤炭液化、超导燃气透平、利用氢的清洁能源、CO_2固定及贮存等新技术和燃料电池、太阳能发电、风力发电、生物发电及煤炭液化等实用技术,以提高能源及其他自然资源的利用效率,减少环境破坏。

(二) 与可持续发展密切相关的科学技术

1. 环境无害化技术

环境无害化技术是减少污染,合理利用资源,节约能源,与环境兼容的技术的总称。环境无害化技术包括生产过程技术和末端治理技术,它涵盖了技术诀窍、生产过程、产品和服务、装备以及组织与管理的整个过程,它以环境可接受方式最大限度地减少其废物排放和污染。

近年来中国经济得到了迅猛发展,然而大多数企业普遍存在规模效益低、技术力量薄弱、设备陈旧、人员素质低、信息交流与获取不畅、资金投入有限等种种困难和问题,致使众多企业原材料利用率低,大量浪费资源,污染十分严重,给周围环境和居民健康带来极大危害。特别是一些重点污染行业如化工、造纸、食品加工和建材等行业的能源消耗和污染物产生量均占工业部门总量的60%以上。这种状况显然与中国可持续发展的工业目标极不相宜。目前,中国政府已意识到了上述问题的严重性,并已采取措施严格限制和禁止能耗高、资源浪费大和污染严重的产业和产品的发展,关、停、并、转了大量效益差、污染严重的中、小型企业。但这些强制措施只能暂时缓解却无法防止工业污染。只有革新生产工艺,开发引进环境无害化技术,实施清洁生产,才能逐步减少工业污染,使工厂企业走上良性循环的轨道,促进工业的健康和可持续发展。

2. 资源综合利用技术

资源综合利用主要包括:在矿产资源开采过程中对共生、伴生矿进行综合开发与合理利用;对生产过程中产生的废渣、废水(废液)、废气、余热、余压等进行回收和合理利用;对社会消费过程中产生的各种废旧物资进行回收和再生利用。在国家政策的鼓励和引导下,中国地方资源综合利用规模不断扩大,技术水平不断提高,取得了较好的经济效益、环境效益和社会效益。已经逐步摆脱了技术简单、工艺落后、设备简陋的状况,利用途径进一步拓宽,技术水平有很大提高,重点开发了一批大用量、低成本、高附加值、经济效益好的资源利用技术。十年前粉煤灰主要用来生产砖,而目前已有100多种利用技术,用来生产水泥和各种新型墙材料,特别是高等级公路和建筑工程利用粉煤灰取得重大突破。冶金行业消化吸收国外先进的转炉煤气回收技术,已在 50% 的冶金企业推广,开发了转炉、电炉钢渣综合利用技术,使煤气回收和钢渣利用迈上了一个新台阶。煤炭行业开发了石煤提钒新技术,利用石煤、低品位石灰石、尾矿制水泥技术以及煤系高岭土超细增白加工利用技术。化工行业开发了利用磷石膏生产硫酸联产水泥技术。石化行业开发完善了硫回收技术。建材行业消化吸收国外先进技术,开发生产了具有先进水平的大掺量利用煤矸石和粉煤灰制砖设备,开发和推广了粉煤灰生产水泥的双掺技术,掺量达 90% 以上的粉煤类烧结砖技术。在以高附加值利用为主要内容的再生资源回收利用方面,开发了利用废轮胎生产汽油、柴油和炭黑技术;利用废塑料生产汽油、柴油技术;利用废玻璃生产仿大理石及保温防冻等建材产品技术。食品酿造行业开发了从有机废液中提取蛋白饲料、生产沼气及发电技术。

3. 节能技术

1973 年第一次世界性石油危机以来,发达国家痛感能源关系到经济的兴衰和国家的存亡,各国政府都把保证能源供应作为重要的国策。由于绝大多数能源是不可再生的,发展节能技术,提高能源有效利用率,已被视为继煤、石油、天然气和核能之后的第五能源,国家通过节能立法,科技部门研究节能措施,传播媒介也大造舆论,提高人民群众的节能意识,把是否重视节能和重视环境保护一样,看做文明水平的标志之一。

在国民经济各部门的能源消耗中,建筑能耗是一个大户,在发达国家占总能耗的 30% 以上,所以对建筑节能十分重视。中国采暖标准低于发达国家,建筑能耗占总能耗的 20% 左右,随着人民生活水平的提高,能源消耗增长是必然趋势;但中国商品能源人均年产量仅为世界平均水平的 1/3,而且技术落后,能源有效利用率低,因此,节能就具有更为重要的意义。

建筑节能的中心课题是以尽可能少的能耗创造舒适的室内热环境。建筑物理研究结果表明,室内热环境的质量主要取决于房屋的外围护结构的构造和所用材料以及供暖制冷设备。因此,实现建筑节能是以这三个方面为主要目标的。

外围护结构包括外墙、外门窗和屋盖。冬季室外温度低,室内的热空气主要通过这些部位散发出去,夏季室外温度高,特别是太阳的辐射热,也主要通过这些部位传进室内。为保持良好的室内热环境,首先要求导热性差的外墙,在冬季能有效地阻止外部冷空气入侵和室内热空气向外发散。传统的办法是加厚外墙,但是这种做法增加了材料消耗和建筑自重,缩小了有效面积,提高建造成本,而且多用砖也要多消耗能源,算起总账来未必能达到节能的目的。近年来汲取国外经验,积极发展轻质墙体材料和复合外墙。例如,加气混凝土具有良好的保温隔热性能,20 厘米厚即可等于或优于 37 厘米厚的砖墙,矿棉板、聚苯泡沫板质量很轻,只要在 20 厘米厚的混凝土外墙板面贴上 5 厘米,再加上石膏板面层,构成复合外墙板,也能取得很好的保温效果;在砖墙面涂轻质膨胀珍珠岩砂浆保温层,也是一种简便易行的措施。窗是热耗最大的部位,约占全部围护结构热耗的 50% 以上,在采用大面积纸窗的农村建筑中,热损失尤其多。改进的方向是用双层玻璃窗取代单层玻璃窗和纸窗,双层窗不一定用传统的双层窗扇,可以用单层窗扇双层玻璃的构造形式,采用双层玻璃之间抽成真空加以密封的技术,保温隔热效果会更好。此外,还可在门窗缝隙处加贴弹性塑料密封条,以减少冷空气的渗透,效果显著,费用低廉。屋盖传热仅对单层房屋和楼房顶层有比较显著的影响。降低热耗的措施也要在构造和材料上下功夫,传统的办法是在屋顶加炉渣、陶粒或加气混凝土碎块等隔热层,新兴的技术是由岩棉、矿渣棉等轻质保温材料取代传统材料,国外有将玻璃钢波形板、防水材料、轻质保温材料和吊顶材料做成复合屋面板的,用于单层或 2～3 层的住宅,施工十分方便。

建筑设备方面,北方寒冷地区主要是采暖。发达国家有用电热的、也有由热电厂集中供热的采暖方式,中国大城市开始由住宅小区锅炉集中供热,逐步向热电厂集中供热过渡;供热方式由间歇供热向连续供热发展;室内供热装置,轻便高效的串片式散热器和板式散热器正逐步取代沿用了几十年的铸铁四柱式炉片。不过前者散热快,适用于连续供热,在间歇供热的住宅区,不容易保持室内温度稳定,效果不如笨重的铸铁炉片。南方炎热地区主要是隔热和制冷。房屋围护结构的保温措施一般也适用于隔热;制冷则主要发展窗式空调器。国外有的热带地区住宅的窗户采用可翻转 45°角的玻璃百叶窗,通风效果良好,可少开空调,有利于节能。

此外,充分利用太阳能和生物能,例如,推广太阳能热水器,在农村建造借太阳能供暖的太阳能房和发展沼气,也都是行之有效的节能途径,这已引起国内外的重视,并积极研究开发。

4. 新能源技术

能源领域对实现可持续发展具有特别重要的意义,这里主要以与新能源有关的技术,如地热能、风能、太阳热电和核裂变技术为例说明科学技术进步为实现可持续发展所提供的前景。

地热能源主要来自地下天然存在的热水、蒸汽、干热岩石、岩浆和地压形成物。特别是干热岩石、岩浆和地压形成物储存了巨大的能量。据有关学者估计,仅世界干热岩石资源所储能量一项就达 1×10^{23} 英热单位,约合 $2.93\times 10^{22}\ kW\cdot h$,是世界所有化石燃料能源储量的 20 倍。而用今天的技术尚不能对这些能源加以开发利用。

太阳热电技术也是从无污染的太阳能中获取能源,但其应用领域可能要窄于光电技术。目前国外已有混合太阳气热电厂(hybrid gas – solar thermal plants)投入运转,1989 年在 80MW 规模下发电成本已达 0.08 美元/$kW\cdot h$,此项技术进一步发展的关键是在斯德林发动机(stirling engines)的改善方面。如果热转换流体的改进可以在建筑物和产业的储能方面产生一般的应用性,这种发动机的改善就有可能使太阳热电技术在小规模运行水平上得到推广。

核裂变技术可以在几乎没有污染物排放的情况下提供能源。然而,围绕着反应堆安全、核废物处置、核武器扩散、经济成本和技术可靠性等问题,对这项技术产生了许多争议。近年来,在新型反应堆设计方面取得了较大的进展,它涉及标准高温气冷堆、过程内在最安全堆、多种液态金属冷却堆和高级压水堆。反应堆设计在这些方面所取得的进展带来了所谓的"钝化安全系统"并使反应堆的制作和安装更为经济。总之,尽管核能技术还存在着许多需要进一步研究开发的方面,但迅速发展的核能实践已经向未来的能源选择展示了令人乐观的前景。

5. 洁净煤技术

从煤炭中获取能量主要是通过燃烧。煤在燃烧时将不同的元素释放到大气中,煤燃烧后进入大气的悬浮物粒子总量包括灰粒子、微金属和碳氢化合物、烟等,它是中国大气中最严重的空气污染物,对人的健康威胁最大。洁净煤技术是旨在使煤达到最大限度潜能利用的同时,实现释放污染物最少为目的。

洁净煤技术(Clean Coal Technology——CCT)一词来源于美国,它是针对使用煤炭对环境造成污染所提出的技术对策。因此,洁净煤技术应包括煤炭使用各环节的净化和防治污染的技术,煤炭燃烧的污染来自煤炭的废渣、废气(燃烧所生的烟气)及废水等方面。防治这种污染的洁净煤技术可分为:煤炭燃烧前的净化技术、燃烧中的净化技术、燃烧后的净化技术、煤炭的转换技术。

(1)煤炭燃烧前的净化技术的主要内容是"选煤"。选煤是合理利用煤炭资源、保护环境的最经济和有效的技术。选煤是应用物理、物理化学、化学或微生物等方法将原煤脱灰、降硫并加工成质量均匀、用途不同的各品种煤的加工技术,是使电站和工业燃煤大大减少烟尘和 SO_2 排放量的最经济和有效的途径,是煤炭深加工的前提,是国际公认的洁净煤技术重点。它直接关系到煤炭的合理利用、深加工、环保、节能、节运,以及产煤和用煤企业的经济效益、社会效益和环境效益。工业发达国家需要洗选的原煤早已全部入选。而中国原煤入选比例约为 20.5%。入选率低的主要原因是缺乏燃煤设备污染排放的环保标准,煤炭品种比价不合理,动力煤洗选回收率低。

(2)煤炭燃烧中的净化技术:采用先进的燃烧器是燃烧中净化

技术的重要课题。先进燃烧器是通过改进电站锅炉、工业锅炉和炉窑的设计和燃烧技术,减少污染物排放,并提高效率。国外除大力开发循环流化床锅炉和先进层燃工业锅炉外,还积极研制低 NOx 燃烧器;其燃烧过程是燃料和空气逐渐混合,以降低火焰温度,从而减少 NOx 生成,或者调节燃料与空气的混合比,提供只够燃料燃烧的氧,而不足以和氮结合生成 NOx,结合炉内喷钙(石灰石)降低 SO_2 排放量。

在煤的洁净燃烧技术方面,燃煤的燃气蒸汽联合循环技术的发展最为令人瞩目,它有可能较大幅度地提高燃煤电厂的热效率,并使污染问题获得解决。它是高效的联合循环和洁净的燃煤技术相结合的一种先进发电系统。

(3)煤炭燃烧后的净化技术:已有的常规煤粉炉发电厂,可用烟气净化技术,减少 SO_2 和 NOx 的排量。

(4)煤炭的转换技术:主要内容是煤炭气化和煤炭液化。煤炭气化是把经过适当处理的煤送入反应器,在一定温度和压力下,通过气化剂(空气、氧、蒸汽)以一定的流动方式(移动床、流化床或携带床)转化成气体。煤炭气化主要产生 CO 和 H_2,灰分形成废渣排出。粗煤气体中的硫化氢可在气体冷却后通过化学吸收或物理吸附脱除,高温下也可用金属氧化物吸附。这些工艺可脱硫99%。

6. 工业生态技术

工业生态学是一种新的革新性的可持续工业战略。它涉及工业系统设计,从而最大限度减少废物和最大限度提高材料与能源的循环利用。生产系统要尽可能封闭,以防止能源或有用材料的流失。工业生态学概念与清洁生产概念有密切联系。这两种思想都涉及旨在保护环境和提高经济效率的污染预防。它们的不同之处在于清洁生产的焦点是废物削减,而工业生态学的重点是使不可避免地产生的废物循环利用,特别是在不同的公司之间进行。工业生态学是以对自然生态系统的直接类推为基础的,在这种情况下含有可供利用能源和有用材料的东西都不会被丢失。自然系统倾向于使废物的产生最小化;物质和能源不断地循环和转变;在不同的行动者之间既允许合作也允许竞争。工业生态学按照自然系统来塑造工业系统,在自然系统中一种生物的产出成为另一种生物的投入,并使每个过程的效益最大化。这样,可以把若干群相互作用的公司和工业视为工业生态系统。

工业生态系统有三种类型:类型1:生态系统是不回收物质的线性系统(典型工业过程);类型2:生态系统包括某些物质的再循环与重复利用,尽管外部投入仍有必要(新兴过程);类型3:生态系统是物质完全回收的封闭系统(不能用当前的技术实现)。

工业生态系统的最综合性实例就在丹麦卡伦德堡。这个十个工业方案的主要参加者是一家发电厂、一家炼油厂、一家制药厂、一家糊墙纸板厂、一家硫酸生产厂和若干家水泥厂。这些参加者以能源、水和废物的形式进行物质交易。例如,电厂向炼油厂和制药厂供应工艺蒸汽,并向卡伦德堡市供应工艺热量。在其它国家的一些公司内部,也进行规模较小的交易。在德国汽车制造商奔驰公司把汽车零部件汇集成"一个密闭回路材料循环"或用它们"生产新零部件,其结果是显著的源(污染)削减、节能和废物最少化"。工业生态学的基本吸引力在于它鼓励更高的环境与经济效率。与管理污染控制相结合的法规方法一般是政府强加给工业界的。这种方法并非总是考虑工商界的利益和想法。工业生态学为企业提供了根据效益和成本来决定是强调废物交易、再循环还是物质最少化的机会。

工业生态学通过其评价过程产生经济效益与环境效益,这是参与工业生态方案所需要的第一步,它包括彻底考察生产工艺,以突出那些能实现材料节省和财务节省的领域。这些节省可以通过投入最少化、材料替代、材料利用率最大化和能源成本与处置费用削减来产生。此外,如果这些节省的最终结果是产品价格下降,则这会提高该企业的竞争性、扩大市场份额,并使消费都满意。

其它效益涉及提高公司形象,参与有益于环境的活动会改善企业形象、吸引更大的市场份额和提高可赢利性。这一点之所以重要,是因为很多消费者在其购买决策中要考虑环境问题。

通过工业生态学,可以最大限度减轻企业和公司的财务责任和法律责任。环境活动可以减少与较高风险保险费有关的支付,并改善公司的可信性,废物削减可以减少与环境事故或处置不当有关的责任。由于工业生态学是一种解决环境问题的新方法,它可以吸引那些有环境目标的机构的财政与技术支持。

第四节 信息技术与地方可持续发展

随着生物技术、信息技术等高新技术在本世纪所取得的辉煌成就,人类即将跨入崭新的 21 世纪,一个全球经济以知识经济为主旋律的信息社会时代。信息社会的重要标志之一就是信息高速公路的兴建和多媒体通信网络的逐步形成,全球数字化、信息化、网络化的潮流不可逆转。信息技术及其产业化程度已成为体现国家综合实力的重要指标。信息产业也已经成为国家最重要的基础产业之一。

信息技术革命强烈地改变着世界,计算机产业的蓬勃发展给各国带来了巨大的机遇和挑战,尤其是网络技术的广泛应用,模糊了国与国的边界,缩短了人们之间的距离。各国都在加速发展信息高速公路,迎接信息时代的到来。以美国为首的西方各国纷纷提出了信息高速公路的国家政策,力图能够把握今后社会发展的方向,亚洲主要国家也正以巨大的热情投入这场竞争,例如韩国于1996年底推出"21世纪信息化"战略,把信息通讯业当作韩国21世纪的主导产业。

中国对信息技术的发展也极为重视。早在1980年9月,邓小平同志就曾为《经济参考报》题词"开发信息资源,服务四化建设"。江泽民同志强调:"四个现代化,哪一化也离不开信息化。"党的十四届五中全会及时地提出,要"加快国民经济信息化进程"。1997年4月19日《人民日报》发表评论员文章"加快推进国家信息化建设",文章指出"加快实现国家信息化,是当代中国人应当责无旁贷完成的历史重任"。与此同时,各地信息化工程(信息港)建设如雨后春笋般发展起来。北京早在1995年就开始筹划"首都信息工程",计划用10至15年的时间把北京的信息基础设施基本建成具有世界"信息高速公路"的同期水平,逐步实现信息资源社会化、信息服务网络化、信息利用普遍化、信息技术产业化、信息意识大众化,使北京真正成为现代化国际大都市。1996年初,上海市信息港专家委员会成立,标志着上海信息港系统工程建设开始启动。

1997年初,湖北省人民政府成立了省国民经济信息化领导小组,其主要职责是:根据国家总体部署,组织领导全省信息化建设;组织调查全省信息产业的现状,制定信息产业发展总体规划;研究协调信息基础设施建设、信息资源网建设中出现的问题,会同有关职能部门组织重大信息工程项目的审定、评估和验收;培育信息市场,促进地区和国内外信息交流,实现信息资源共享;制定信息产业发展的扶持政策及行业管理规范和办法;推进信息技术的应用,加强信息技术对传统产业改造,提高信息产品在国民生产总值中的比重。无锡信息港工程于1997年2月20日开港启动,标志着以布局合理、手段先进的邮电公用网带动整个信息产业的格局即将在该市形成。江苏、辽宁等省也在筹划着启动信息化工程。

除信息技术以外,在世界范围内另一个最受瞩目的领域就是"可持续发展"。而这两个领域的相互联系、相互作用更是无时无刻不在影响着世界范围内社会经济发展的方向和速度,极大地改变了人们的生活观念、生活质量和生活方式。信息技术的诞生和发展从根本上改变人类的命运,而可持续发展已经成为当今世界和未来发展的必选之路。信息技术的迅猛发展,为各种级别的可持续发展提供了先进的手段,成为推动社会可持续发展的强大动力。特别是可持续发展信息系统和网络的建立更有利于对可持续发展现状的深入理解,发展模式和发展趋势的分析判别,从而为可持续发展决策提供科学依据。为了实施《21世纪议程》制定的可持续发展战略,需要不同层次的规划、决策者都必须掌握综合、系统和充分的信息,以保证规划、决策的科学性。信息技术为可持续发展管理决策提供了必要的依据,可持续发展又为信息技术的发展提供了理论指导和发展机遇。毫无疑问,区域可持续发展(或称地方可持续发展)战略的制定和实施,必然离不开信息技术的支持。

一、信息、信息技术、信息系统与信息网络

(一) 信息

信息(Information)是近代科学技术的一个专门术语,已广泛地应用于社会经济各个领域。由于研究领域和方法的差异,对信息的定义各不相同。一般说来,对信息有狭义信息论和广义信息论两种解释。狭义信息论将信息定量地定义为"两次不定性之差",即指人们获得信息前后对事物认识的差别;广义信息论认为信息是指主体(人、生物或机器)与外部客体(环境,其他人、生物或机器)之间相互联系的一种形式,是主体和客体之间的一切有用的信息或知识,是表征事物特征的一种普通形式。

可见,对信息很难有统一的定义。一般地,信息是向人们或机器提供关于现实世界新的事物的知识,是数据、消息中所包含的意义,它不随载体的物理设备形式的改变而改变。信息与数据是不可分离的,信息由与物质介质有关的数据表达,数据中所包含的意义就是信息。

按照空间属性,信息可分为空间信息和非空间信息两大类:空间信息是指具有空间位置特性的信息,如土地利用、土壤、植被、行政区、地质等;非空间信息则是指不具有空间属性的信息,如社会经济信息。

(二) 信息技术

信息技术(Information Technology)是指采用微电子技术把计算机系统和电信系统结合起来,进行声音、图像、文字和数据等信息的收集、处理、存储和传播的技术。信息技术包括计算机技术和各种通信技术(如电子通信,电磁波和光学通信等)。数据处理技术与电信技术的结合,使信息技术成为一门独立的技术。复杂可靠和廉价的微电子元件和设备的应用,使二者的结合大大加快。数据处理和电信方面的国际通用标准的制定为信息技术的应用铺平了道路。

作为全球范围内新崛起的六大高技术群体(信息技术群体、新材料技术群体、新能源技术群体、生物技术群体、海洋技术群体、空间技术群体)的先导,信息技术群体提供了当代最新知识和技术的基础。信息技术群体包括微电子、计算机、激光、光导纤维、光电子、卫星通信等。中国各行各业的电子信息技术开发和推广应用取得了明显成效。据不完全统计,"八五"期间各行业共完成计算机推广应用项目7 922项,投入资金84亿元,投入产出比平均为1:5,取得的直接经济效益超过400亿元。在1996年召开的"863计划"10周年工作会议,确定了中国信息技术领域的智能计算机系统技术、光电子技术、对地和对空观测技术、先进通信技术作为"九五"主攻方向。

(三) 信息系统

信息系统(Information System)是具有处理、管理和分析数据能力的系统,它能够为单一的或有组织的决策过程提供有用的信息。

在计算机时代,大部分重要的信息系统都部分或全部由计算机系统支持,如目前流行的图书情报信息系统,商业(服务业、企业等)管理信息系统,人事档案管理信息系统,财务管理信息系统,资源与环境信息系统,城市规划信息系统等。空间信息系统(Spatial Information System,SIS)是集空间信息获取、管理、分析处理和应用于一体的技术系统,主要包括遥感(Remote Sensing,RS)、地理信息系统(Geographical Information System,GIS)、全球定位系统(Global Positioning System,GPS)和地面监测系统(Ground Monitoring System,GMS)等。SIS技术的发展,为地方可持续发展管理与实践中实时信息获取及信息有效管理提供了有力的技术支持,可以在地方可持续发展规划和决策中发挥重要作用。

目前,中国大中小型计算机累计总量达上万台,微机数百万台,信息系统和数据库上万套。随着全球经济的迅速发展,这些数字将迅速膨胀。中国有不同类型的计算机系统,分布在不同部门和行业,如经济、教育、通讯、科技、政府投资、旅游、图书馆服务等等。以经济部门为例,该部门计算机系统由七大银行、保险公司及其国内投资中心组成,具有国内的最大计算机用户。此外,中国目前所建成的主要信息系统还包括:

(1)国家统计信息系统,该系统建在国家统计局,是中国统计数据最全、最综合的系统,具有数据收集、分析和模拟能力,可为国家最高层次的规划和决策人员提供数据;

(2)国家经济信息系统,建立在国家信息中心,隶属于国家发展计划委员会,为政府部门提供宏观政策和经济信息,该系统数据库包括中国的自然资源、国家法规、国际宏观经济、企业法、国家投资、国际资金、中国产品等,其中国家自然资源数据库包括土地、水、生物、矿物、海洋、旅游、劳动、经济及基本设备资源、气象数据与自然灾害信息等;

(3)"ChinaInfo 网络化信息服务系统"和"中国企业及产品数据库",建立在中国科技信息研究所,隶属于国家科学技术部,通过卫星信道向国内外用户提供信息服务,现在可用的数据库包括:DIA-LOG、BRS、DRBIT、STN、ESAIRS、ECHO、PFDS、PATASTAR、FRTECH-NIK 等;

(4)环境管理系统,由国家环保总局归口管理,从国家、省市区、市(城市)、县及乡镇五级收集信息;

(5)环境统计系统,收集 27 个省、3 个直辖市、400 个市、2 000 个县和包括不同部门 3 000 多个重污染在内的 8 700 多个企业资料,环境统计数据包括 17 种类型 200 个参数,如环境保护、排泄量、污染控制、废水处理、污染事件、保护区和主要建设等,该系统的中央和省级部分数据是联网的,其他大多数据则是用于磁盘传送的;

(6)世界数据中心,隶属于中国科学院,是国际科学联合会世界信息网的一部分,下含九个分中心,负责收集地貌、航空、气象、海洋、地磁、环境、可更新的自然资源、冰川、地震以及全球变化等方面的信息。

(四)信息网络

信息网络(Information Network)是指"各个分散的数据库通过通信线路相互连接在一起组成的网络,以使更多的用户共享这一信息源"。传统信息网络的结点是各有关的信息单位(发信点)和信息用户(收信点),采用手工方式处理信息,其链路采用邮政或其他传递方式。现代信息网络的结点仍为信息单位和信息用户,它采用先进的计算机技术和现代化通信技术,并由网络软件完成数据通信和信息传递的任务。目前普遍采用的是计算机网络。计算机网络也简称网络,是指两台或多台计算机彼此互联,以便以电子方式进行数据通信。除了计算机和通信设备物理连接外,网络系统还提供一个重要的功能,即建立一致的体系结构,允许不同类型的设备以几乎无缝的方式传输信息。计算机网络分两类:局域网和广域网。当今最大的计算机网络是 Internet,它是一组网络以及将世界各地的计算机用户连接起来的网关集合组成。

自从美国克林顿政府提出了信息高速公路计划(Information Highway Project)之后,在全球范围内掀起了一个建设信息高速公路的热潮。1995 年 2 月 25～26 日西方七国在比利时的布鲁塞尔召开了"全球信息社会"部长级会议,制订了以信息高速公路为主体的信息社会的基本框架。目前,欧美许多发达国家正在铺设新一代高速宽带网络系统,其传播速度将由每秒几十兆跃至几百兆。美国政府已宣布启动"下一代 Internet 研究计划",用比目前高 100 倍到 1 000 倍的速度连接 100 个以上的大学和国家实验室。在亚洲,端点在日本、香港、泰国、新加坡、台湾、印度尼西亚、韩国、马来西亚和菲律宾的亚太电缆网络也将向大众发送实时的多媒体信息。在发达国家,通过信息技术和计算机网络来管理、查询、处理、传递各类信息的应用技术已经进入实用化和产业化阶段。信息网络及其相关技术和产业发展是如此之快,以致美国《科学》杂志将

"网络出版业繁荣"评为 1996 年十大科学成就之一,理由是全世界主要的学术刊物当年几乎全部发行了计算机网络版,改变了科学家们收集和传播信息的传统方式。

作为建立在覆盖全球的计算机网络之上的网际网,Internet 以"信息高速公路"这一崭新的面貌出现在世人面前。Internet 覆盖了包括中国在内的 150 多个国家和地区,目前的用户数超过了 4 000 万,并仍以每月 15% 的速度增长着。Internet 可提供远程登录(Telnet)、远程文件传送(FTP)、电子邮件(Electronic Mail,亦称 E—Mail)、信息鼠查询(Gopher)、网络新闻或电子论坛(Usenet News Groups)、电子公告板系统(BBS)、广域信息系统(WAIS)、用户查询(FINGER)、IP 地址查询(PING)、交互式对话或通信(CHAT,TALK 或 IRC)、超文本(HTML)等服务。通过 Internet 还可以实现联机娱乐和电子贸易。

在中国,尽管信息网络起步较晚,但各种局域网和 Internet 的兴建和发展非常迅速。中国与 Internet 联网的第一条专线由中科院高能所于 1991 年 6 月建立,使用的是 DECnet 协议。中国实现 TCP/IP 协议,正式接入 Internet 的时间是在 1994 年 4 月。目前,全国已经建立起具有相当规模和技术水平的国家公用数据通信骨干网,如中国公用计算机互联网 ChinaNet、中国公用分组交换数据网 CHINAPAC、中国公用数字数据网 DDN、教育部教育科研网 CERNet、金桥网络等。中国有六个 Internet 国际出口:中科院高能所、中科院网络中心、清华大学、北京化工大学、信息产业部即原邮电部(北京、上海)、吉通公司等。到 1995 年底,原邮电部、电子部、国家教委、中科院管理的四个计算机国际互联网已发展 Internet 用户

10万余户。

毫无疑问,包括 Internet 在内的信息网络将渗入人类社会各个领域,改变人类的办公、生产、生活、活动和思维方式,从而改变整个世界,把人类引入信息时代的新纪元。

二、信息技术与地方可持续发展

(一) 地方可持续发展管理和实践对信息的需求

针对地方可持续发展问题,可以寻求科学技术解决方案,如采用新能源,在工业生产中引入先进的环保技术等;可以寻求政治、经济、社会解决方案,如制定环境保护法规等,但这些都依赖于对地方可持续发展问题的正确认识和理解。可持续发展是一个没有终止过程,必须随时获取大量的各类信息,包括定性信息和定量信息,其中一类重要的信息为地理信息,特别是与空间相关的信息,以便对规划和决策做出必要的反馈和调整。有关自然资源枯竭和环境退化的数据的缺乏将成为持续发展规划和决策的主要障碍,对于中国尤其如此。相对于传统的经济数据而言,中国只有较少投资用于收集有关环境和持续发展的信息。自然资源和环境的最新数据及历史数据的缺乏经常导致制订不现实的方法和政策,从而更进一步加剧了自然资源的衰竭和自然环境的退化。

对于可持续发展来说,人人都是信息的使用者和提供者。这些信息不仅包括有关环境与资源的自然特性、动态变化及其被利用趋势等方面的各类信息,而且还包括与人类社会有关的社会和经济信息。为了有效地利用这些信息以满足持续发展规划和决策的需要,还必须建立面向持续发展的信息系统。在系统中,既要考虑信息的数量和完整性,又要注意信息的质量和一致性。可见,可持续发展规划和决策对信息的依赖性是非常强的,如果缺乏有关自然和社会的精确的历史和实时信息,就谈不上正确的可持续发展规划决策。

可持续发展对信息和信息技术的需求,对于信息技术来说既是挑战也是机遇。可持续发展战略的确立及其在全球的实施,对信息技术的应用提供了一个全新的舞台,使其可以发挥比以前重要得多的作用。利用信息技术可以提供有关自然资源和环境变化方面系统的、可靠的和现实的信息,满足人们在地方持续发展规划与决策中对信息的需求。反过来,全球或区域社会经济在向着可持续发展方向迈进的同时,也必将进一步推进信息技术的高速发展,并不断扩大应用的深度和广度。

(二)《21世纪议程》与信息技术

在《21世纪议程》中,信息技术在解决全球面临的诸多问题中的作用得到了充分的肯定。无论是发达国家还是发展中国家,地球空间信息在自然资源、环境监测和发展规划应用方面都具有巨大的效益。联合国亚太经社理事会(ESCAP)于1994年9月在北京召开了空间应用促进发展部长级会议,并发表了"部长级会议北京宣言",制定了区域空间应用计划,并强调了加速区域空间应用促进发展的研究和培训的重要性,目的就在于加强本区域内国家间以及与区域外国家的合作,以满足实施《21世纪议程》对地球空间信息的需求。

表 5 与信息技术有关的《中国 21 世纪议程》方案领域

章	方案领域	信息技术的应用
2 A B	中国可持续发展的战略与对策 可持续发展的战略与重大行动 可持续发展的国际合作	★开发和应用信息资源;建立全国社会经济与资源环境信息系统。 ★加强与国际社会发展与环境方面的信息交流。
3 A B	与可持续发展有关的立法与实施 与可持续发展有关的立法 与可持续发展有关法律的实施	★建立资料文献信息系统;建立数据信息基地和培训设施。 ★建立有效的与可持续发展有关的立法实施的信息网络。
4 A D	可持续发展经济政策 建立社会主义市场经济体制 建立综合的经济与资源环境核算体系	★发展信息咨询机构。 ★加强现有的数据系统;提高自然资源数据的采集、管理、分析、审查和系统评价的能力,提高全国的数据的综合应用能力。 ★制订信息交流和技术转让的管理制度。
5 A B	费用与资金机制 《中国 21 世纪议程》纳入国民经济发展计划 《中国 21 世纪议程》发展基金	★完善国民经济可持续发展计划信息系统。 ★编制《中国 21 世纪议程优先项目计划》及计划管理信息系统。

(续表)

6 A B E	教育与可持续发展能力建设 健全可持续发展管理体系 教育建设 可持续发展信息系统	★通过建立非政府性的咨询机构以及大众信息网。 ★积极推动高等学校信息网的建设。 ★制订可持续发展信息系统的框架结构、确定标准和应具备的功能；建立可持续发展信息系统与统计监测系统；建立中国可持续发展信息网络；促进形成信息共享的机制；发展和采用现代化的信息采集、传输、管理、分析和处理手段，发展地理信息系统、遥感、卫星通讯和计算机网络等高新技术及其应用。
7 A C	人口、居民消费和社会服务 控制人口增长与提高人口素质 大力发展社会服务与第三产业	★在国家、区域和基层（县或乡镇）建立以电脑化的数据库为基础的人口及指标体系的信息管理系统、决策支持系统（DSS）和人工智能系统。 ★加强国际合作与交流，建立和开发与数据库有关的标准。 ★发展信息产业，特别是加快建设国家基础地理信息系统以及建设城乡科技和管理信息服务体系。
8 A	消除贫困 消除贫困	★消除贫困信息网建设。
9 B	卫生与健康 减少因环境污染和公害引起的健康危害	★建立和完善信息网络，加强信息收集、统计、分析工作的质量控制，建立各种信息数据库。

(续表)

10 A B E	人类住区持续发展 城市化与人类住区管理 基础设施建设与完善人类住区功能 促进建筑业可持续发展	★建立城市规划地理信息系统;用现代技术手段储存和使用城市各类信息数据资料,并用于城镇规划领域;对区域、城市、村镇规划人员、科技人员进行规划理论、规划方法和地理信息系统等新技术培训。 ★开展供排水技术信息活动和动态管理,建立相关的信息资料库;建设进行城市交通规划与管理的城市信息数据库。 ★建立建筑新材料、新工艺、新技术、新设备的科技信息数据库。
11 A C E	农业与农村的可持续发展 推进农业可持续发展的综合管理 调整农业结构,优化资源和生产要素组合 农业自然资源可持续利用和生态环境保护	★建立和完善高效的农业信息系统。 ★建立和健全多功能、全方位、相对独立的农业和农村持续发展的信息系统。 ★建立农业部、省(市、区)、地(市)和县四级信息库,逐步实现信息联网,加强信息交流和共享。 ★加强农业环境监测体系建设。 ★建立健全农业资源和环境的数量、质量和分布等性状的数据库。 ★建立监测控制系统和信息网络,对农业环境变化进行监测、控制。

(续表)

12	工业与交通、通信业的可持续发展	★发展电子信息、计算机及其软件、通信、生物工程、自动化、航空、航天、新能源、新材料等高技术,推广高技术成果,形成高技术产业。
A C E	改善工业结构和布局 工业技术的开发和利用 加强交通、通信业的可持续发展	★发展机电一体化技术和先进设计、制造技术。研究开发诸如微电子、电力电子、信息通道等高新技术。 ★提高邮电通讯的现代化技术水平,初步建成以数字通信为主,多种手段、安全可靠、开放多种业务的现代化数字通信网;建设和完善以光缆为主体,卫星和微波为辅的数字化长途传输网;全国县以上城市实现国内长途电话直拨,建立传输各种信息的业务网络。
13	可持续的能源生产与消费	★建立国家和地方级的能源、环境、经济信息系统。
A C	综合能源规划与管理 推广少污染的煤炭开采技术和清洁煤技术	★建立煤矿开采地表破坏与土地复垦、煤矿三废排放和综合利用、煤矿水资源管理、煤层甲烷和煤田露头火等数据和信息管理系统;建立清洁煤技术信息系统。

(续表)

14	自然资源保护与可持续利用	★改进和改善现有环境监测站和水文观测站网,增设地下水、供水、排水的水量和水质观测网点;加强水资源评价应用科学技术研究,尤其是水文预报、水资源勘查和遥感技术应用;开发和完善国家、省和市水环境管理信息系统;开发建立国家水资源综合管理信息系统。
A	建立基于市场机制与政府宏观调控相结合的自然资源管理体系	
C	水资源的保护与开发利用	★完成各级政府土地资源管理信息系统,逐步建设土地利用监测站网。
D	土地资源的管理与可持续利用	★土地资源信息管理现代化建设:建立或健全土地信息管理机构,制定土地信息收集、处理和使用的法规和技术规范;实行信息的市场化经营管理;开发和建立国家和大部分省级的土地资源信息管理系统,以及经济发达地区和重点市县土地资源信息数据库;建立大中城市和经济发达地区的地籍数据管理系统,开发土地市场信息管理系统和土地有偿使用专家系统;培训各级土地管理业务人员,提高他们维护、使用和开发系统的能力和数据采集的可靠性;建立全国各级土地资源管理信息系统,并与世界有关组织信息系统以及全国土地市场的计算机联网,充分实现信息有偿共享;配置计算机软硬件,开发应用遥感、图像处理、测绘、全球定位系统(GPS)以及决策模型和系统分析技术。
E	森林资源的培育、保护、管理与可持续发展	
F	海洋资源的可持续开发与保护	
G	矿产资源的合理开发利用与保护	
		★开展国家、省、地(市)、县四级土地资源清查,实现调查数据计算机动态管理和地籍数据信息管理以及世界土地资源信息的共享。
		★建成全国森林资源监测系统,包括地方系统、监测数据和地理信息系统;开发建立国家森林资源信息数据库和地理信息系统;森林资源监测技术交流,重点为森林资源连续清查、计算机、遥感技术以及地理信息系统应用、森林资源数学模型数据更新及预测。
		★建立海洋资源监测系统;建立海洋资源管理信息系统和数据库。
		★建立国家和省(区)两级各类矿产资源综合勘查、综合评价的数据库;建立矿产资源核算、资产化管理制度以及地质环境监测网络。

(续表)

15 A	生物多样性保护 生物多样性保护	★建立和完善中国生物多样性保护的监测网络;建立中国生物多样性保护的国家信息系统。
16 A B C D	荒漠化防治 荒漠化土地综合整治与管理 北方荒漠化地区经济发展 水土流失综合防治 水土保持生态工程建设与管理	★建立荒漠化监测及信息系统;建立全国荒漠化土地环境资料存储的数据库;利用航空及卫星相片和地面试验站进行荒漠化监测和发展趋势的预测与评估;建立土地荒漠化的指标和评估体系;实现全国数据采集标准化,分析方法标准化。 ★加强荒漠化地区主导经济和基础经济发展研究和资料收集;建立中国水土流失信息系统。 ★建立全国水土保持层次型信息系统网络。 ★完善或建立有关水土保持生态建设工程的信息系统。
17 A B	防灾减灾 提高对自然灾害的管理水平 加强防灾减灾体系建设,减轻自然灾害损失	★加强自然灾害信息处理技术研究与信息管理。 ★加强信息处理系统的建设;促进遥感等高技术在灾情监测与损失评估中的应用。

(续表)

18 A B D	保护大气层 控制大气污染和防治酸雨 防止平流层臭氧耗损 气候变化的监测、预报及服务系统的建设	★建立大气污染源排放动态档案和基础信息库,并逐步发展,逐级联网。 ★收集全国交通运输工具的数量及污染情况,建立数据库。 ★建立 ODS 生产、消费及进出口数据库及信息系统。 ★建立全国多级分布式关系数据库,建立相应的目录检索系统,以便数据共享。 ★广泛采用现代遥感技术和自动化技术,建设中国大气监测自动化系统;建设气象卫星监测网;解决气候系统各部分资料的信息格式标准化问题,并基本实现其信息化;实现气候系统资料的共享。 ★观测和监测工作:逐步采用综合有线遥测设备,逐步实现器测项目自动化;提高气象卫星遥感的时空分辨率和多光谱图像的处理能力,完善气象卫星遥感资料反演气候系统关键参数的方法和处理程序库;发展以卫星通讯为主的通讯系统,形成分布式信息库和分发网,改进气候系统监测资料的收集和传输;建立气候系统监测资料自动化加工处理系统,解决各种形式(数字、文字、图表等)气候系统监测资料的信息化问题;建立和完善中国气候系统监测资料数据库系统,实现数据共享。
19 B D	固体废物的无害化管理 放射性废物的安全和无害化管理 废旧物资资源化管理	★建立和完善放射性废物的环境影响与公众健康危害评价方法及其相应的计算机程序和数据库。 ★建立国家和地区的废旧物资资源化信息中心,建立信息网络和数据库。

表6 与 SIS 技术有关的《21 世纪议程》方案领域

章	方案领域	SIS 技术的应用
7. C D F	促进人类住居区的可持续发展 促进可持续的土地利用发展规划和管理 促进综合提供环境基础设施：水、卫生、排水和固体废物管理 促进灾害易发地区的人类住区的规划和管理	★应用 RS 调查区域土地利用模式；地质结构和土壤类型、水资源、交通网络的分布；监测城市化、洪水危险和土地利用变化等。 ★综合利用 RS 和 GIS 进行土地适应性研究；土地利用规划；土地复耕规划。
9. A C D(6.E)	保护大气层 克服不稳定性：改善决策的科学基础 防止平流层臭氧耗损 越界大气层污染（大气污染监测）	★利用 GMS 和 RS 监测植被短期和长期变化。 ★利用恰当的气象卫星传感器监测地球平流层臭氧层和大气烟尘污染。
11. D	制止砍伐森林 建立和/或加强森林和有关方案、前景和活动，包括商业贸易和过程的规划、评估和系统观察能力	★应用 RS 进行森林类型、火灾和绿化制图；监测采伐和其他原因引起的森林面积变化；研究森林砍伐的程度与影响。 ★GMS、RS 和 GIS 用于监测全球森林覆盖及其砍伐和绿化的长期比率，为全球气候变化提供基础数据。
12. A B E	脆弱生态系统的管理：防沙治旱 加强知识库，发展易受沙漠化和干旱影响地区的信息和监测系统，包括这些系统所涉及的经济社会问题 通过加强土壤保持、造林和再造林等活动来防治土地退化 制订旱灾易发地区的综合备灾救灾计划（包括自救安排计划）以及设计应付环境难民的方案	★利用气象卫星数据测量绿色植被密度（植被指数），云层温度数据估算降雨，以辅助区域管理、干旱警报和作物预报。 ★RS 和 GIS 复合用于获取坡度、土壤特性、植被覆盖和水系型式等信息，以便进行侵蚀度制图。

(续表)

14. A D	促进可持续农业和农村发展 参照农业的多功能方面,特别是粮食安全和可持续发展,进行政策审查、规划和综合方案拟订 促进农业的土地资源规划、信息和教育	★RS调查耕地面积和位置;评价某些作物的产量;跟踪和预报有利植被的绿化情况。 ★利用气象卫星监测植被技术进行作物定性预报。 ★综合利用遥感数据和来源于GIS的其他数据,可以为决策和规划提供重要的基础信息。 ★分析RS资料,可为城区供水确定潜在的地下水开发区;为偏远地区和山区指定防洪计划、森林管理和防治水土流失以及交通系统开发提供依据。
17. A B C E	保护大洋和各种海洋,包括封闭和半封闭海以及沿海区,并保护、合理利用和开发其生物资源 沿海和海洋区包括专属经济区的综合管理和可持续发展 海洋环境保护 可持续利用和养护公海海洋生物资源 处理海洋环境管理方面的重大不确定因素和气候变化	★RS用于海洋资源监测和管理。 ★海面温度测量为渔业活动提供支持,监测海洋鱼群。 ★RS监测有关侵蚀和泥沙沉积、海岸线变化、潮汐湿地和海岸带植被变化、海流等海岸带动态。 ★利用气象和遥感卫星资料,通过监测水温确定可能的水生生物生长区,进行海洋气象预报和风暴警报。 ★RS用于海洋油污和船只漏油、大尺度污染制图。 ★卫星雷达观测海面风、冰覆盖等,为船只导航。 ★卫星识别并跟踪大风暴和台风。

(续表)

18. A C G	保护淡水资源的质量和供应：对水资源的开发、管理和利用采用综合性办法 水资源的综合开发与管理 水资源、水质和水生生态系统的保护 气候变化对水资源的影响	★利用 RS 进行降雨预报和雨量估算。 ★RS 和 GIS 进行地表水分布及其变化制图；水资源评价；洪旱灾害预报水文数据收集和处理。 ★在 SIS 支持下，进行流域水文过程模拟，防洪规划和减灾决策。 ★利用气象卫星资料研究和监测气候变化及其对水资源的影响。
35. 第 35.2 段 第 35.12 段 (d) 第 35.12 段 (h) 35.14 段 (b)	科学促进可持续发展 在制定长期发展战略时必须"更好地了解形成地球系统的一部分的陆地，海洋，大气及与其相互联结的水、养料和生物地球化学循环和能量流动"。 《21 世纪议程》强调：必须"鼓励协调卫星探索活动以及处理和传播其数据的网络、系统和程序；发展同地球观测数据的研究用户接口以及同联合国地球观测系统的接口"。 《21 世纪议程》建议，为了了解作为一个系统的地球，有必要"发展从太空观测地球的系统，综合地、不断地、长期地测量大气层、水界和陆界的相互作用；建立一个数据分配系统，以便于利用观测所获数据"。	
40. 第 40.8 段 第 40.9 段	决策所需的信息 建议"各国和国际组织应利用包括卫星遥感在内的数据收集新技术……"。 建议"有关国际组织应对国家和国际两级如何协调和统一数据收集和评价的工作提出实用的建议……，应建立连续和精确的数据收集系统并利用 GIS……和其他各种技术进行数据评价和分析"。	

信息技术的应用对于持续发展具有重要的作用。在《中国21世纪议程》和其它有关文件中所强调的持续发展和地球资源、环境与经济发展的各个方面,信息技术都将发挥重要作用(参见表5)。在第一批62项优先领域中,大约有40%已经考虑了开发建设专用的信息系统和遥感应用系统,其作用由此可见一斑。信息技术也是确保《21世纪议程》全面实现的关键技术之一,仅与空间信息系统技术有关的方案领域就不少(参见表6)。

(三) 信息系统和信息网络的作用

利用信息系统和信息网络可以迅速获取可持续发展管理决策和实践中所需的各类信息,对信息进行科学管理、快速处理和综合分析,根据需要进行模型运算,并按不同用户的要求输出,以实现信息的充分利用和共享。

1. 信息的获取

信息系统的数据采集与处理分析技术,包括区域自然地理和资源环境动态监测、遥感遥测数据的快速处理与分析技术方法和非遥感数据的快速调查及应用。由于采集资料种类多、数量大,因而采用合理的资料收集原则极为重要。众多研究表明,一般在建设信息系统时90%的努力耗费在资料收集和处理。对时间耗费、研究尺度和分辨率(包括精度)可任意选择,但一般是相互矛盾相互影响的。根据大多数研究,资料获取需要尽可能快,但必须在尺度和分辨率之间折衷选择,这样才能确定最合适的资料收集方法,从而确定花费时间和资金投入。当然,对于满足预算与时间约束的标准不可避免地会有某些修改。

信息获取的手段主要包括：统计分析、实地调查、遥感、全球定位系统、地面监测系统技术和网络（如 Internet）等。统计分析和实地调查是最常用的传统手段，而遥感、全球定位系统、地面监测系统和 Internet 则是现代信息技术革命的产物，是先进的信息收集高技术手段。在《中国 21 世纪议程》中，对"发展和采用现代化的信息采集、传输、管理、分析和处理手段，发展地理信息系统、遥感、卫星通讯和计算机网络等高新技术及其应用"给予了特别的关注。

遥感技术视野广阔、快速、经济、动态性强，能进行定期（卫星）和不定期（飞机）观测，可以获取地面实况的动态信息。美国 LANDSAT 系列、法国 SPOT 系列、日本 ADEOS 系列、印度 IRS 系列和美国 NOAA 系列卫星相继发射成功并投入使用，提高了人类对地观测的能力，为人类提供了这个星球正在受到生态系统退化、人口增长、工业及生活废物与污染物排放等影响的真实图景。预计 2000 年前后，中国和日本发射的卫星均不下 30 颗。全球定位系统能提供三维定位、三维速度和时间共七维信息。地面监测系统可在无人管理状态下，自动地监测条件恶劣、人迹稀少的广大地区的各类地面数据。预计在 21 世纪初，以地理信息系统作为载体，卫星遥感、全球定位系统和地面监测系统形成一体化的新兴信息产业，必将对地方可持续发展研究发挥更大的作用。

通过 Internet 可获得全球范围内广泛的信息资源。Internet 是一种丰富的信息源，可使人们利用文本和数据文件、图形、图像、视频片段、模拟、书本、软件、培训信息和各个领域的专家系统。它可提供政府和金融信息的技术数据。有 7 000 多个 USENET 新闻组存储来自有线业务的信息和其他读者公布的报文。用户可以根据感兴趣的讨论线索对信息进行选择、分类、阅读和作出响应。采集Internet上信息最重要的方面可能是同世界上任何地方的专家、潜在的合作伙伴和未来的客户进行联系。

2. 区域资源与环境信息的管理与分析

地方可持续发展研究是一个巨大的系统工程,它涉及的信息具有类型繁多、数据量大等特点。为了充分有效地利用各种信息,必须对所有的信息进行科学的管理和分析处理。GIS具有输入、存储、查询、检索、处理、分析、更新、输出各种空间信息的能力,是综合分析、评价和提供可持续发展规划决策的有效工具。以RS、GPS、GMS、GIS等为主的信息技术为区域资源与环境信息的管理和分析提供了必要的技术基础。

3. 信息的应用与共享

信息是一种无形资源,只有在得到充分而及时的利用的时候,才能发挥它潜在的价值。信息也是一种不定量的资源,随着应用领域和应用深度而体现其价值,应用领域越宽、应用程度越深,其价值也就越大。目前,各国,尤其是发展中国家,面临着信息需求和信息交换障碍之间的双重挑战。一方面,政府部门缺乏大量的信息进行科学决策。由于职能分工、经费安排等原因,各部门分割、条块分治等状况使得信息通讯、传输和共享等存在较大的障碍,计划重叠或不衔接;另一方面,研究部门没有理想的信息渠道,研究的成果被束之高阁,不能为决策者或用户所使用。为此,《中国21世纪议程》要求"建立中国可持续发展信息网络的立法或制度,促进形成信息共享的机制,保证各政府部门、非政府机构和广大民众可方便地获取和交流信息"。信息系统为信息的应用和共享提供物质基础,信息网络则为信息的交流提供了必要的环境。

三、可持续发展信息系统与网络的建设

(一) 可持续发展信息系统(SDIS)与网络(SDIN)

可持续发展是国际公认的新的社会经济发展战略目标,是一个崭新的发展模式和全新的发展概念。其意义不仅在于一种理念、意识,更在于实践中的行动和探索。可持续发展战略的实施,必须建立在科学决策基础之上。科学决策要求掌握大量信息并随时获取最新信息。因此,建立可持续发展信息系统(Sustainable Development Information System, SDIS)和可持续发展信息网络(Sustainable Development Information Network, SDIN),是实施可持续发展战略的重要步骤。这一点在世界范围内已达成共识,有些国家已经在开始行动了,例如,美国麻省理工学院(MIT)从 1996 年开始筹建基于 Internet 的全球可持续发展系统(Global System for Sustainable Development, GSSD),旨在通过互联网实现全球可持续发展研究和行动方面的信息共享。《中国 21 世纪议程》明确提出应该对中国现有可用来支持持续发展的信息系统做出技术评价和比较,找出存在的问题和改进的途径,在此基础上,"逐步建立起可持续发展信息系统与统计监测系统"。

可持续发展信息系统不仅包括有关环境与资源的自然特性、动态变化及其利用趋势等方面信息,而且还包括人类社会有关的社会经济信息;不仅要求信息的数量和完整性,而且强调信息的质量和一致性。不仅注重经济与环境矛盾的协调,而且鼓励公众积

极参与地方可持续发展的决策与实施,为建设绿色的、发展的与公平的人类生存区(城市、乡村)提供先进的技术支撑。一个可操作的开放式的基于空间信息技术的可持续发展信息系统,对于确保区域资源环境与社会经济协调发展,迎接信息时代和知识经济的挑战,建设数字化城市具有重要意义。

可持续发展信息系统与一般信息系统的主要区别在于,它强调对可持续发展有关的信息的收集与管理,特别关注全球和区域资源枯竭和环境恶化状况,直接为可持续发展规划和决策服务。目前,中国各部门、各地区都建有自身的信息中心,国家也建立了一个涉及范围比较广泛的国家信息中心,这些都可作为促进可持续发展信息系统的基础。

可持续发展信息网络的概念是由联合国开发计划署(UNDP)首先提出的。1992年环发大会以后,UNDP为了帮助第三世界国家推进《21世纪议程》的实施,促进各国在可持续发展方面的信息交流,设立了可持续发展信息网络计划(SDNP)项目,旨在通过计算机联网加强信息源和用户之间的通讯,创造一种国家级稳定的、可持续的信息流环境。建设SDNP主要遵循以下原则:

(1)参与作用:强调广泛层次的参与,包括社会各个部门和方面,如政府部门、教学科研部门、非政府组织、产业部门等;

(2)导引资金:UNDP仅在试运行的前期资助少量经费,项目设立之初就强调本身运行的可持续性;

(3)补充原理:SDNP不是重复建网,而是在已有网络建设基础上寻求具有相同目标的国内合作伙伴;

(4)可持续发展:入网的信息除了环境方面的外,还包括资源

利用和人的可持续发展如健康、卫生、人口等信息;

(5)国家联网:强调收集和提供国家可持续发展方面的综合信息,而不仅仅建立一系列的数据库;

(6)国家需求:国家经营,为国家服务;

(7)能力建设:建立国家级的专业实体,从事 SDNP 运行的日常管理工作;

(8)21 世纪议程:直接推进国家 21 世纪议程及其行动计划的制定与实施;

(9)合适技术:依据现有技术及可用的人力资源,提供相应的计算机和联网技术等。

到目前为止,SDNP 建设已经得到许多国家的响应。中国计算机、信息系统和软件开发人员的数量已十分庞大,而且随着经济的迅速发展,这些数字将迅速膨胀,因而对数据通讯和联网的要求也将日益迫切。为此,应建设国家级和地方可持续发展信息网络。《中国 21 世纪议程》指出应通过 UNDP 所倡议的可持续发展网络,建立可与国外交流的中国可持续发展信息网络。在 UNDP 的帮助下,中国从 1993 年开始着手研究实施中国可持续发展网络计划(CSDNP)项目的可行性。实施 CSDNP 的目的是向各级政府和社会公众提供有关国际可持续发展方面的各类信息;提供信息服务以促进中国 21 世纪议程的实施;向国际社会提供国内的信息源,接受国际社会的信息查询;进行 CSDNP 技术培训和能力培养。目前,中国 21 世纪议程管理中心作为联合国可持续发展网络在中国的主结点和 CSDNP 的实施单位,对 CSDNP 的建设已经初具规模并正在不断完善。

在中国,建设国家级可持续发展网络面临着国务院各部门、各地方的强烈信息需求和目前信息交流障碍之间的双重挑战。一方面,政府部门缺乏大量信息进行科学决策,由于职能分工、经费安排等方面的原因,各部门分割、条块分治等状况使得信息通讯、传输和共享等存在较大的障碍,计划重叠或不衔接;另一方面,研究部门没有理想的信息渠道,研究成果被束之高阁,不能为决策者或用户所有,此等现象屡见不鲜。SDIN 的建设必须充分利用各部门已经建成或者正在建设的信息源和网络基础。可供 SDIN 共享的信息源及数据库除上述的国家统计局和中国科技信息所可共享的信息外,还包括卡斯特经济评价中心、中关村网络系统、国家地震局地质所、中国科学院自然资源综合考查委员会、国际环境信息系统等所共享的信息。已有信息系统的建设与运行为 SDIN 建设提供了宝贵的经验和教训。

GIS 是可持续发展信息系统网络中的一个必不可少的组成部分。GIS 是各个部门进行信息管理的技术系统,可持续发展信息系统网络是各部门之间信息传输及共享的技术支撑。以 RS、GPS、GMS 和 GIS 为基础的可持续发展信息系统网络除了能及时获得动态的信息外,还能充分利用存储在各个部门的各种信息对区域环境、社会经济进行综合分析、系统仿真研究,为可持续发展规划与决策提供科学依据。

(二) 建设区域 SDIS 与 SDIN 的意义

地方可持续发展问题必须从各项具体的可持续性问题着手,如矿产资源可持续性、水资源可持续性、动植物可持续性、旅游可持续性、农业可持续性、环境可持续性、教育卫生持续发展、人口预测与承载力分析等;必须借助于高质量的信息获取与处理手段,包括网络基础设施的建设,在各部门建立基于 SIS 技术的子系统,然后在此基础上建设区域可持续发展决策系统和公众信息发布与服务系统。通过逐步实施使地方可持续发展具有可操作性。

具体地说,区域可持续发展信息系统和网络的建立有利于:

(1)促进可持续发展决策的科学化。可持续发展信息系统为决策者提供各种模型用于分析决策。系统还提供动态更新的可持续发展方面的知识,如可持续发展新观点,科学技术的、法律法规的、行政的解决方案等,使决策者能追踪可持续发展方面的最新进展。

(2)促进现有大量经济、社会和自然方面的信息的盘活和有效利用。可持续发展决策的制定需要大量的信息作基础,现有的大量与可持续发展有关的信息(包括经济的、社会的和自然的)分散在各个不同部门和单位,难以有效利用。区域可持续发展信息系统对它们进行有机的组织,通过网络媒介传送给用户。

(3)增强公众的可持续发展意识,促进公众参与决策。公众可以通过网络获得本地可持续发展状况的基本信息,并能参与各种讨论,影响可持续发展决策。通过链接的各种可持续发展站点,公众可得到可持续发展方面的信息和知识。

(4)加速区域的信息化步伐。区域可持续发展信息系统和网络的建设将带动信息基础设施建设,增加人们对信息化的重视。

(5)开拓国际国内市场,参与国际竞争。通过区域可持续发展信息系统和网络,可以加强同外区域和国外的联系,打通国际国内通道。这样,既可以实时了解国际国内市场和先进技术与管理经验,而且也向外界展示自己全新形象,让外界及时了解本地资源和环境、优势产品、文化传统等,吸引创业者、投资者和旅游者。

(三) 区域 SDIS 和 SDIN 建设策略

区域 SDIS 和 SDIN 的建设应遵循如下原则:

(1)全面规划,分步实施。区域可持续发展信息系统所针对的对象是区域经济、社会、环境组成的复杂巨系统,系统的建设涉及全区域信息基础设施、各部门单位软硬件环境、组织建设、观念更新、技术手段变化等复杂因素,希望一步到位建成非常完善的系统是不现实的。可行的办法是首先提出总体设计方案,初步建成原型系统,抓住突破口,然后完善部分重要功能,逐步实施,使系统不断趋向完善。

(2)充分利用现有资源。系统建设应结合区域实际情况,充分利用区域现有资源,如数据资源、软硬件资源、网络资源、人才资源等,避免投资过大,致使系统建设无法落实。

(3)可操作性。系统设计应充分考虑区域实际情况,所建成的系统应便于学习和使用,使系统真正发挥作用。例如在设计系统界面时要简单明了。系统的建设维护不应过于复杂。

(4)先进性和可发展性。系统设计应采用先进的体系结构、软硬件技术和设备,力求建成可靠、实用的计算机网络信息系统,保证技术上的先进性,使区域可持续发展信息系统和网络具有存活能力和演进发展能力。

(5)重视组织协调。区域可持续发展信息系统是一个跨部门跨行业的信息系统,涉及到不同团体间的协调。SDIS 和 SDIN 的建设不仅要充分考虑技术上的问题,而且要特别注重组织机构的建设。应该设置专门的组织机构,负责不同部门机构间的组织协调工作,确保系统建设的顺利进行。

根据区域可持续发展管理以及系统的应用对象的特点,系统主要应考虑以下功能:

(1)系统应为非计算机专业出身的管理人员提供一种直接操作计算机进行可持续发展管理的工具,利用这个工具,用户能方便、直观地获取各类决策信息;

(2)系统应具有采集、管理、分析和更新多种区域空间信息的能力,具有可见性和动态性;

(3)系统应以可持续发展理论为指导,以地方可持续发展研究、评价、规划、管理和公众服务为目的,以空间信息系统技术为技术支持,以定量模型分析为手段,具有区域空间分析、多要素综合分析和动态监测预测等产生高层次决策信息的能力,以及通过辅助政府管理部门决策和公众信息服务等手段实现区域内信息共享的能力;

(4)系统应具有文字、图形、图像、音频、视频、属性数据等多媒体信息的输入、管理、调用、查询及制图输出的能力;

(5)系统应具有对现实世界进行计算机模拟、区域分析和快速、精确、综合地对复杂区域系统进行空间定位、空间参数量算以及过程动态监测、分析的能力;

(6)系统应具有与区域以外进行信息共享的能力等。

四、实例：空间信息系统促进攀枝花市可持续发展

攀枝花市地处四川省西南部，是中国西部最大的冶金工业新兴城市，为万里长江第一城。全市辖三区两县，总面积7434平方公里，总人口95万，其中城市人口约占50%。攀枝花市自然资源极为丰富：矿产资源得天独厚，能源资源高度密集，气候资源独具特色，生物资源种类繁多。经过攀枝花市人民三十年的艰苦创业，全市的建设取得辉煌成就，经济得到快速发展，人民生活有了极大提高。然而，作为一个资源开发型城市，攀枝花市面临着经济发展与资源环境退化的矛盾，这不仅威胁到全市社会经济的持续稳定发展，而且将对长江中下游地区的发展产生不利影响。攀枝花市委、攀枝花市人民政府以高度的历史使命感和对全市人民及其子孙后代和国家认真负责的务实态度，决心在攀枝花市实施可持续发展战略。1995年以来，市委、市政府责成市计委牵头制定《攀枝花市21世纪议程》及其优先项目计划，并成立了攀枝花市21世纪议程管理中心，负责组织协调全市各部门实施可持续发展战略的研究与实践。

1995年11月，由攀枝花市计划委员会牵头，组织市内10多个单位与北京大学遥感与地理信息系统研究所共同实施北京大学与攀枝花市科技合作计划第一期项目"空间信息系统促进攀枝花市资源持续利用与区域可持续发展研究"（PUP-1）。该项目也是《攀枝花市21世纪议程》的优先项目之一。

（一）项目研究目的和意义

本项目研究旨在攀枝花市现有的科研成果和技术基础上，充分利用空间信息系统技术，发挥遥感、全球定位系统和地面监测系统获取的地面实况及其动态信息以及在地理信息系统支持下快速处理、系统分析、综合评价和预测预报的综合技术优势，获取攀枝花市自然资源与环境信息，探讨该市资源持续利用和区域可持续发展战略，为领导决策提供依据。并探索攀枝花市可持续发展信息系统的总体构架，为该系统的建设打下必要的基础。同时通过本项目实施，提高攀枝花市有关部门决策办公自动化水平和决策系统的技术含量。本研究的具体目标如下：

- 充分利用北京大学的人才优势和科技优势，为攀枝花市培训一批科技人才；
- 利用 SIS 技术，结合常规方法对攀枝花市矿产、水、动植物、气候和旅游等资源进行详细调查，更准确地弄清全市资源量及其分布情况，尤其注重寻找有利于全市经济发展的优势矿产；
- 诊断攀枝花市资源管理现状，探讨资源持续利用途径和具体措施，以促进资源持续利用；
- 调查攀枝花市生态环境状况，建立环境信息管理系统，探讨环境保护的对策，通过清洁生产、生态农业、生态旅游、环境综合整治等手段促进生态环境的改善；
- 研究设计可持续发展信息系统总体框架，为建设全市可持续发展信息系统奠定基础；
- 开发攀枝花市基础市情信息系统，利用多面体技术，全面而直观地展示攀枝花市的自然资源、生态环境、建设成就和社会经济状况；
- 应用SIS技术调查发展农业的基础条件和农业结构现状，调整农业结构，充分利用土地资源、光热资源和气候资源，规划建设布局合理的农业商品基地，促进农业可持续发展；
- 在SIS技术支持下，对攀枝花市城市自然环境、城市和产业布局现状进行调查，建立城市可持续发展信息系统，并探讨促进城市可持续发展的措施；
- 系统探讨攀枝花市可持续发展战略，提出操作性较强的政策措施，并通过在有关部门和企业的实践，推进全市可持续发展战略的实施。

（二）项目总体方案

本项目包括可持续发展人才培训计划(A)、SIS促进攀枝花市矿产资源持续利用(B)、SIS促进攀枝花市水资源持续利用(C)、SIS促进攀枝花市动植物资源持续利用(D)、SIS促进攀枝花市气候资源持续利用(E)、SIS促进攀枝花市旅游资源持续利用(F)、攀枝花市环境质量信息管理系统(G)、可持续发展信息系统总体设计及基础市情信息系统的建立(H)、SIS促进农业可持续发展(I)、SIS促进城市可持续发展(J)、攀枝花市可持续发展战略与实践(K)、项目集成与软件试运行(L)等十二部分。这十二个部分相互联系，构成一个有机的系统(图8)。

为了使区域研究与国家宏观规划相适应，攀枝花市人民政府于1996年3月18日以攀府函[1996]19号文正式致函原国家科委

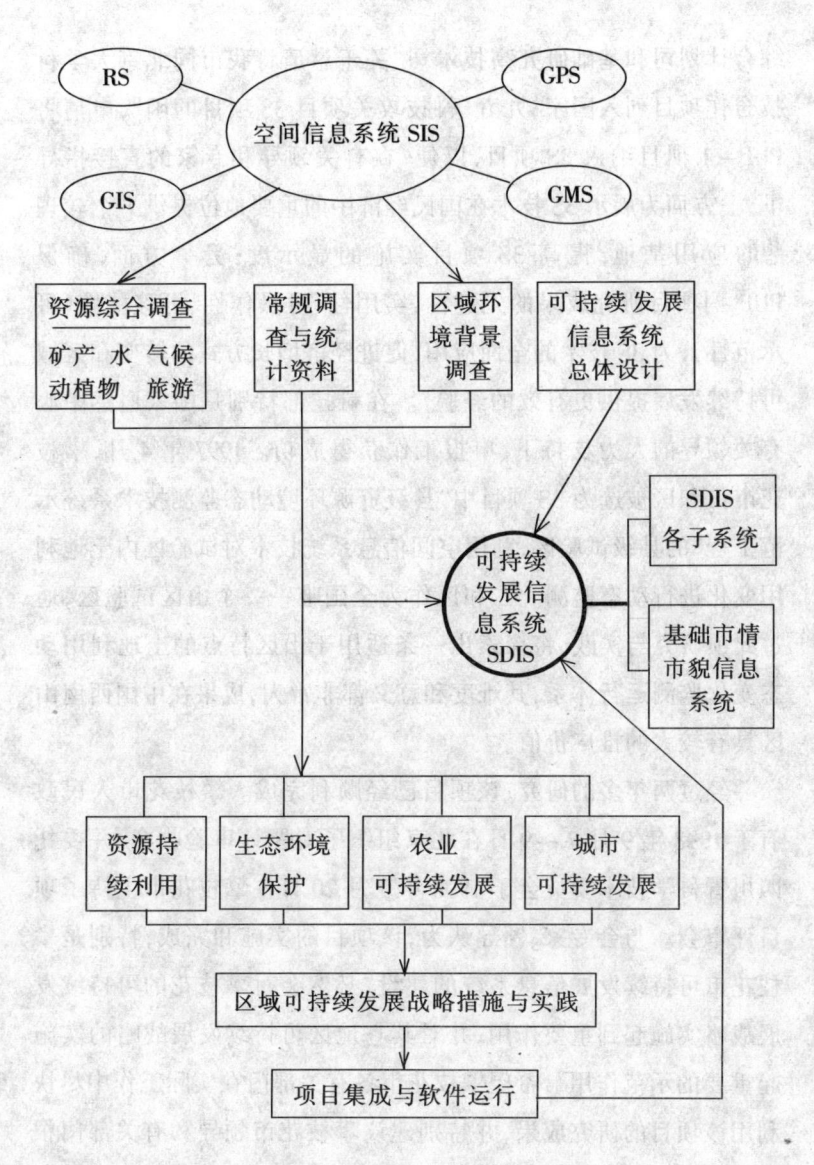

图 8　项目总体结构

综合计划司和基础研究高技术司"关于恳请将我市同北京大学科技合作项目列入国家'九五'科技攻关项目3S项目的函",申请将PUP-1项目纳入3S项目,以便"在有关领导和专家的直接指导下,一方面为展示3S技术在国民经济中的重要地位提供一个较理想的应用基地,提高3S项目实施的显示度;另一方面,确保PUP-1项目研究成果的先进性、实用性、可操作性、可移植性(可示范性),为3S技术的全面应用,促进经济增长方式的转变和区域可持续发展提供更有效的经验"。在科技部特别是国家遥感中心有关领导的大力支持下,申报工作获得成功。1997年4月,攀枝花市仁和区被选为3S项目中"县级资源环境动态监测技术系统示范工程"的县级试验区,利用空间信息系统技术对试验区内土地利用变化进行动态监测。仁和区作为全国唯一一个山区试验区,通过此项研究与实践,将探索出一条适用于山区特点的土地利用动态变化监测运行体系,其难度和意义都非常大,成果在中国西南山区具有较大的推广价值。

经过两年多的研究,该项目已经顺利完成。攀枝花市人民政府于1998年9月7~9日在北京组织了专题评审验收会,并委托四川省科学技术委员会于1998年9月20日在攀枝花市主持了项目评审会。与会专家、领导认为,该项目的实施和完成,特别是攀枝花市可持续发展信息系统的建设"必然会对攀枝花的可持续发展战略实施起到重要作用,并对其它地区可持续发展战略的实施起重要的示范作用",希望攀枝花市各有关部门在实际工作中尽快利用该项目的研究成果,并特别建议攀枝花市领导和有关部门根据本项目所设计的"攀枝花市可持续发展信息系统"(PSDIS),尽快立项实施。

信息技术对地方可持续发展的支持主要通过可持续发展信息系统和信息网络来实现。区域 SDIS 和 SDIN 的建立,至少可满足如下五种用户的需求:

(1) 地方政府主管部门管理决策人员

地方政府在制定本市发展规划和各项宏观调控政策时,通常会有多种方案可供选择。这种决策取决于对本市发展总体态势的正确分析和把握,即对该区域这一复杂巨系统的现状、发展模式和趋势作出科学的评价、预测。决策者获得的信息与知识越及时、越精确,作出的决定越科学、越可靠。区域 SDIS 和 SDIN 充分利用 SIS 和 Internet 这些强有力的手段,获取区域社会、经济、资源、环境等方面的不同时间序列、不同空间单元的信息,经过有效组织、处理,使决策者对问题了解得更深入透彻。这主要通过制定恰当的指标体系和评价模型来实现。具体地,决策人员利用 PSDIS 和 SDIN 可以:

- 尽快获取决策所需信息;
- 准确诊断区域资源与环境状况,识别区域发展现状,找出阻碍可持续发展的因素;
- 方便、迅速、有效地利用信息;
- 充分发挥可持续发展决策服务系统的作用;
- 动态地监测决策的后效性(资源与环境的变化)等。

(2) 各职能部门

各职能部门是区域具体政策的制订者和政府决策的实施者。它们往往需要更为具体的信息来处理本领域的具体问题。如农业办公室要掌握本市的农业发展现状,包括土壤特性、土地利用、病虫害情况、作物种类分布、施肥情况、农民数量与质量等。为了实现农业可持续发展,农业办公室应对本市农业的人口容量、环境评价和农业对环境的影响等有正确认识,应诊断出农业发展中的症结,按某种指标对农业整体持续性作出科学评价,从而针对农业可持续发展制定恰当的水资源管理、施肥等方面的措施。对于不同的空间区域(如乡村),在不同的时段所做决策自然也有所区别。其它部门如环保局、国土局、林业局、交通局、气象局、建委等各自面临着本部门的可持续发展问题。这些部门积累了大量的历史数据和管理经验,但同时也存在难于管理和共享困难等问题,大大限制了资源的有效利用,从而影响决策者的问题辨识和科学决策能力。通过在统一的地理信息系统基础上建立专题空间数据库和非空间数据库,SDIS将原来分散重复的数据进行一致管理,同时,各种指标体系和模型加强了决策者分析和解决问题的能力,资源的网络共享打破了陈旧的管理方式,将极大地提高决策的科学性。

(3) 科研教学部门

科研教学部门是可持续发展理论的研究者和传播者,它们需要及时获取国内外可持续发展理论研究和可持续发展战略实施及其效果的动态信息。各部门也已经建立了大量的数据库和/或信息系统,并在不同程度上实现了网络互联与信息共享。可持续发展信息系统的开发和信息网络的建设,可以发掘已有的数据库,促进数据库的标准化,实现共享和交流,提高对初级数据的加工分析和处理能力。

(4) 企事业单位

企事业单位是今后信息的潜在使用者,也是区域信息化建设中经费资助的主要源泉。如前所述,通过区域可持续发展信息系统和网络,各企事业单位可以加强同外区域和国外的联系,打通国际国内通道。

(5) 公众

在可持续发展的进程中,公众具有相当大的影响,其作用不可低估。如果说各级行政管理部门是可持续发展的政策制定者,那么公众则是可持续发展的直接实施者。从某种意义上说,可持续发展不仅是一种政府行为,更重要的是一种公众行为。公众对可持续发展的理解和实际响应构成了对社会、经济、资源、环境各子系统的直接调控过程,从而又左右着管理者的决策规划行动。SDIS通过信息发布与服务系统向公众传达可持续发展思想观念,发布地方可持续发展现状和趋势的知识,引导公众有意识地参与本地的持续发展进程。不同的团体基于自身利益所关心的信息有所不同。如普通市民关心本地的空气质量和环境污染状况,投资者关心的是政府相关的法规政策、投资环境等。SDIS应提供不同的团体所关心的信息。

对于以上五大类用户,区域SDIS和SDIN可以广泛地应用于①文化、教育与培训;②电子商贸;③可持续发展评价;④可持续发展规划;⑤可持续发展管理辅助决策;⑥公众信息服务等领域。充分发挥SDIS和SDIN的作用,实现区域信息的共享,必将有力地推动地方可持续发展战略的实施。

第五节 可持续发展国际合作与融资手段

一、可持续发展的国际合作

(一) 背景、困难与挑战
1. 可持续发展的国际合作背景

在日益一体化的世界经济格局中,任何国家和地区都必须在全球合作、竞争和相互依赖中求得生存与发展。自1992年联合国环境与发展会议以来,制定和实施可持续发展战略已经成为影响一个国家和地区开展国际合作和竞争的重要因素。1992年联合国环境与发展大会的召开及大会所达成的共识,标志着国际社会对环境与发展问题认识的深化。大会一致通过的《里约宣言》的27条原则,成为国际环境与发展合作、在全球范围内推动可持续发展的指导方针。大会所通过的《21世纪议程》成为在世界范围内实现可持续发展、开展国际环境与发展合作的框架文件。

由于国际社会的倡导和推动,是否积极投身可持续发展实际上已经成为树立一个国家和地区良好国际形象的重要因素。一个国家和地区若不热衷于可持续发展,就势必给国际社会留下一个愚昧、保守、缺乏远见卓识、对人类前途不负责的形象,从而可能对这个国家和地区在国际合作和竞争中的地位造成不利影响。反之,则可能有利于一个国家和地区开展国际合作与竞争。因此,许多国家和地区都十分重视可持续发展和21世纪议程。迄今,全球已经有 2 000 多个地方制定了地方的 21 世纪议程,许多国家都成立了可持续发展的管理组织或机构。

但是,摆在我们面前的现实是:由于生产力水平的差异,发达国家与发展中国家在环境与发展问题上存在许多矛盾。可持续发展需要资金和技术。从世界范围内看,发达国家聚集了全球大部分资金,掌握着先进技术,而发展中国家资金不足,技术落后。因此,如何处理好南北关系,关系到可持续发展成败。正是由于这个原因,冷战结束以后,面向可持续发展的国际竞争和合作已经成为国际竞争和合作的主流。

自 1992 年联合国环发大会以来,国际社会和有关国际组织对环境与发展问题给予了高度重视,围绕《21 世纪议程》的实施,在不同层次的国际环境与发展合作上采取了一系列行动,取得了积极进展。环境与发展领域的国际合作已经起步,"全球环境基金"在增资和机制改革之后进入正常运行,尽管其数量有限,但仍发挥了一定作用。负责监督《21 世纪议程》执行的可持续发展委员会已举行了 4 次会议,完成了对《21 世纪议程》的第一轮审议,并一直保持了各方高层的参与。此外,形式多样的区域级和双边环境与发展合作也正在逐渐展开,并在不同程度上取得成效。

2. 可持续发展国际合作面临的困难与挑战

在肯定 1992 年环境与发展大会的后续行动取得一定成就的同时,也必须看到环境与发展国际合作的进展是有限的,还面临着困难与挑战,与有效实施《21 世纪议程》和达到《21 世纪议程》的目标差距甚远。在几个至关重要的领域,发达国家,尤其是一些主要发达国家,近年来在环境与发展大会的立场有所倒退,甚至背离环

境与发展大会的原则,拒不兑现承诺的倾向有所滋长。主要表现为:

(1)资金方面。除了少数几个发达国家之外,其它发达国家不仅没有采取行动兑现向发展中国家提供"新的、额外的资金"的承诺,而且其官方发展援助在其国民生产总值中的比重也在逐年下降,目前已减至20年来的最低点。不少发达国家背离其在《21世纪议程》第33章所作出的承诺,越来越多地强调私人资本的作用,并试图以不具备现实可行性的"新的和创新性筹资机制"来代替其政府所承诺的"新的和额外的资金",以推卸其应负的责任和义务。

(2)技术转让方面。不少发达国家背离其在《21世纪议程》第34章中的一系列承诺,坚持以"保护知识产权"等为借口,推卸以优惠条件向发展中国家转让环境无害技术的政府承诺,企图把技术转让变为商业上的交易和牟利的手段。

(3)贸易领域方面。某些发达国家借"环境保护"的名义另搞一套,企图在世界贸易中引入对发展中国家实行歧视和限制的所谓"环保条款"或"社会条款"。这种有害的倾向,不仅与贸易开放的发展方向相悖,而且完全违背了《里约宣言》中所规定的有关原则。

(4)国际合作方面。环境与发展国际合作"应考虑发展中国家的特殊情况和需要",这一基本原则远未得到充分体现。相反,一些发达国家不顾发展中国家经济和技术水平的局限,片面地提出些"标准"、"指数"和"标签"等,企图要求发展中国家承担超越其经济发展阶段的义务。某些发达国家甚至在有关论坛上宣扬其发展模式和所谓"良政"价值观等,企图以强凌弱,以富压贫,干涉发展中国家内政。

近三年来,随着国际政治经济形势的变化,国际环发领域又出现了一些新的情况和特点,主要表现在:第一,环境问题日益向贸易、人口、妇女、人居、减灾等经济与社会领域渗透,并逐渐成为这些领域的优先问题。第二,环境问题进一步法律化,发达国家凭借其在环保方面的优势,越来越借助制定国际法律文书来约束发展中国家。近几年来,新的全球性、区域性和双边环保条约、公约及议定书不断出台,如《气候变化框架公约》及其议定书的谈判、《生物多样性公约》、《荒漠化公约》等,目前,部分发达国家又在积极推动制定《森林公约》。可以预见,当前强化国际环境法的趋势还将继续发展下去。第三,发达国家开始把环保问题作为新的贸易壁垒的趋势日益明显,他们利用在环境技术方面的领先地位,竭力推动制定严格的环境标准。

上述情况表明,对发展中国家不利的外部环境未能改善,联合国环发大会所倡导的"新的全球伙伴关系"远远没有实现。按照《里约宣言》所重申的"各国负有共同的但又有区别的责任"的原则,以《21世纪议程》作为国际合作行动的框架,加强超越国界的协调与合作是客观的需要。保护环境并促进全球的可持续发展是人类的共同义务,需要国际社会共同的不懈努力。

(二) 中国可持续发展的国际合作进展
1. 国际合作的桥梁和窗口——中国21世纪议程管理中心

中国21世纪议程管理中心是国家科技部、国家发展计划委员会领导下,直接从事《中国21世纪议程》管理和可持续发展的工作

机构,其职能是:
- 《中国21世纪议程》的制定、实施和可持续发展战略研究,优先项目计划的制定、实施管理和国际合作;
- 可持续发展投资促进和环境无害化技术转移与咨询服务;
- 可持续发展的培训和宣传,促进公众参与;
- 中国可持续发展网络的建设和管理;
- 中国可持续发展的地方试点与推广工作。

经过三年多建设,中国21世纪议程管理中心已初步形成了包括可持续发展信息网络、与中国各省、市联系的地方21世纪议程执行网络、可持续发展战略专家咨询网络、中国可持续发展综合实验区网络及即将组建的中国可持续发展工商理事会等五方面力量形成的网络支撑系统。

中国21世纪议程管理中心将围绕可持续发展这一主题,充分发挥国际合作的桥梁和窗口作用。为促进国际和国内政府与企业之间的合作提供服务。尤其是投资促进环境无害化技术转移咨询、可持续发展培训、可持续发展宣传等方面的合作与交流。

2. 中国可持续发展国际合作进展

中国作为一个发展中国家,始终面临着发展经济与保护环境的双重压力。推进中国的环境与发展,必须建立在独立自主、自力更生的基础上,在发展经济的同时逐步解决中国的环境问题,把立足点放在国内。与此同时,中国政府始终把加强环境与发展领域的国际合作作为一贯的政策,放在重要的地位。随着中国对外开放的迅速发展,特别是1992年联合国环境与发展会议以来,中国政府积极进行多边、双边和区域环境与发展领域的国际合作。

中国是世界上第一个制定国家级21世纪议程的国家。《中国21世纪议程》为21世纪中国的发展起到了重要的准备作用,走可持续发展之路已成为中国经济和社会发展的重要战略。《中国21世纪议程》的制定和实施,给中国的改革开放树立了极好的形象,给中国对外开放创造了新的机会,拓宽了窗口,已经吸引了一些外国政府、企业家的介入。为了促进《议程》的国际合作,参与和推动建立全球环境与发展合作伙伴关系,中国政府编制了《中国21世纪议程优先项目计划》(第一批)。《中国21世纪议程优先项目计划》包括可持续发展的能力建设、可持续农业、清洁生产、清洁能源、环境污染控制、消除贫困与区域治理、人口与健康、全球气候变化与生物多样性等9个领域共82个项目,计划总投资40亿美元,其中中方投入60%,国际社会以各种合作方式投入40%,在1994年到2000年期间逐步实施。为推进中国的可持续发展战略,促进优先项目的国际合作,中国政府和联合国开发计划署联合组织召开了中国21世纪议程第一次高级国际圆桌会议,《中国21世纪议程优先项目计划》在此次会议上正式出台,得到了国际社会的热烈响应。许多国际组织和外国政府及公司企业都积极参与了优先项目计划的实施。中国政府本身也投入了大量经费支持这些项目的实施。

自1994年7月第一次高级圆桌会议以来,中国21世纪议程管理中心协助政府在推进《中国21世纪议程》的国际合作方面开展了卓有成效的工作。《中国21世纪议程优先项目计划》是为推进《中国21世纪议程》实施而制定的一项可持续发展国际合作计划,其目的是通过开展灵活多样的国际合作,加强中国走可持续发展道路的基础,参与和推动建立全球环境与发展合作伙伴关系。自第一次圆桌会议以来,优先项目计划得到中国各级政府和项目执行单位的充分重视,从资金、人员和政策等方面为项目执行提供了保证,并涌现出一批如本溪市环境治理、江西省山江湖工程、武汉市绿色城市等一批实施可持续发展的示范项目。与此同时,优先项目也得到了国际社会广泛关注。通过中国21世纪议程管理中心这个国际合作窗口,中国与加拿大、荷兰、挪威、瑞典、美国、德国、法国、丹麦、澳大利亚、新西兰等国家以及联合国开发计划署(UNDP)、世界银行、亚洲开发银行、欧盟、联合国工业发展组织(UNIDO)、联合国粮食及农业组织(FAO)等国际组织建立了紧密的合作关系。黄河三角洲持续发展是联合国开发计划署(UNDP)支持实施《中国21世纪议程》的第一个优先项目,项目启动后进展顺利。此外,联合国开发计划署(UNDP)在第四国别方案的合作框架下,就可持续发展的能力建设、可持续发展城市、环境和能源等领域,和中国政府通力合作,取得了良好的示范效果和社会效益。加拿大国际开发署支持的清洁生产,塔里木盆地资源开发与生态环境保护,建筑节能与示范工程三个优先项目,也即将正式启动。

据统计,在第一批出台的优先项目中,41.5%的项目已经开始执行,30.5%的项目正在洽谈中。在已启动的项目中,累计投入12.9亿美元,其中中方投入9.6亿美元,占总投入的74.4%;国际投入3.3亿美元,占总投入的25.6%;在国际投入中,国际赠款占11.5%,国际贷款和投资占88.5%。

就中方投入而言,可持续农业占64.6%,环境领域占21%,消除贫困与人口、健康领域占8.6%,能源与资源领域4.6%,能力建设领域占 1.2%。在国际投入中,可持续农业占 16%,环境领域占 48%,消除贫困与人口、健康领域占 14.3%,能力建设领域占 3.7%,能源与资源领域占 18%。

三年多来,优先项目计划执行顺利,加上正在洽谈和即将启动的项目,启动项目数将达到 70%;资金总额约为 16 亿美元,占计划数的 40%。三年多的实践证明,《中国 21 世纪议程》优先项目计划的实施,不仅推动了中国的可持续发展事业,而且为国际合作开创了新的途径和市场机会。今后还要继续加大力度,推进《中国 21 世纪议程》的国际合作,特别是推进《中国 21 世纪议程》优先项目计划的国际合作,使之成为推动可持续发展重大示范工程的一个非常重要的渠道和桥梁。当然,在进行各种国际合作中要注意体现可持续发展的思想,在技术引进和三资企业审批过程中,要进行可持续发展方面的评估,防止高消费、重污染项目的引进。在政府间的各类国际合作计划中,要按照有利于可持续发展的原则,优先考虑可持续发展能力建设和示范工程的项目。

在优先项目计划执行中,也应该看到存在下述问题:

首先,发展中国家和发达国家之间在可持续发展领域尚没有形成和建立一个有效的国际合作框架,发达国家不但没有增加反而在削减其官方援助计划。

其次,对关注的问题和管理方式需要在不同的社会文化背景和管理制度下加以协调,国际社会对中国可持续发展的基本方针和政策尚缺乏深入的了解,中方对一些国际组织和发达国家在可持续发展领域的技术优势和投资兴趣也需进一步研究。

但就总体发展趋势而言,在可持续发展原则下开展双边和多边的国际合作已成为许多国家和国际组织的基本政策,许多国际组织和国家对《中国21世纪议程》给予了很高的评价和重视,提出要结合中国的"九五"计划和2010年远景发展目标,在可持续发展框架下加强合作。

另一方面,随着全球经济贸易一体化的不断发展,工商企业界在促进全球可持续发展中将扮演越来越重要的角色。与此同时,随着中国社会主义市场经济体系的逐步建立,中国的产业部门和企业将成为可持续发展的主力军。

为了加强《中国21世纪议程》的国际合作,1996年10月中国21世纪议程第二次高级国际圆桌会议在北京召开。为进一步推动优先项目的实施,在此次圆桌会议出台了《中国21世纪议程优先项目计划》补充调整版,调整原则是:

- 入选项目均已纳入国家、部门和地方政府"九五"计划,具有实施的基础;
- 在可持续发展框架下,加强引导国际社会投入兴趣和中国发展需求的结合;
- 致力于投资促进,引导国际工商企业界参与中国的可持续发展项目;
- 加强项目论证和前期准备工作,提高项目的可操作性。

在项目内容方面,增加了中西部地区优先项目的比例;为鼓励社会各界参与,增加了非政府组织和少数民族地区的优先项目,以及可持续发展能力建设和示范项目的安排。

调整后的优先项目计划新增投资24亿美元,其中中方计划投入13亿美元,期望国际社会投入11亿美元,国际援助的形式可以是赠款、贷款和直接投资。

中国将在自力更生的基础上取他人之长,创造有利于吸引国外投资的环境,在管理方面进一步和国际接轨,积极争取国际金融组织的资金援助,吸引和鼓励国际工商企业界参与中国可持续发展国际合作;同时,在错综复杂的国际环境与发展领域的斗争中辨明是非,明确方向,把握机遇,争取主动,研究并提出国际关注的重点领域问题的对策。切实维护国家的利益,在以我为主、自力更生的基础上,开拓中国可持续发展国际合作的新局面。

二、可持续发展的资金机制

任何发展如果无法解决资金上的可持续支持都不能定义为可持续发展。关键的问题是怎样才能获得足够的资金使可持续发展能有效地进行下去。我们要面临的一个相当实际的问题是如何筹措和运作可持续发展资金。公众和政府机构在可持续发展资金筹措和运作中起着最重要的作用,只有政府和公众的双向支持,或者说是压力,才能解决发展资金的来源,并使得资金得以持续利用。

(一) 各级政府及其他公共部门在资金筹措和运作中的作用

各级政府部门正承受着越来越大的压力,需要带领整个社会走上可持续发展的道路。从村委会、各级政府、联合国开发计划署、亚洲开发银行到世界银行等各级政府和公共部门,在引导可持续发展的根本转变上起到了最为关键的作用。要确保可持续发展长期的财政支持,在更大程度上是政治挑战而不是金融技术问题。

政府及其他公共部门的主要作用是使环境和社会利益在经济和金融上创造出更高的效益,包括如何建立国家的环境市场机制和社会公益保护机制,如技术革新、推动建立私营企业与环境和社会公益的资金运作之间的联系等。公共部门的另一作用是鼓励市场开放、改革价格体系、限制支出和税收等手段为可持续发展项目创造富有吸引力的条件。

可持续发展并不要求公共部门增加投入,而是要如何调整现有的投入。各级政府及其他公共部门要积极开创新的资金渠道,开创利用资金的新路,使其在可持续发展进程中起促进作用。

各级政府及其他公共部门在资金筹措与运作方面有着重要的作用。除了传统的资金来源如国民储蓄、税收和国际贷款及援助外,各部门还可能得到如下资金用于可持续发展,包括:

- 绿色税收和使用费用。如伐木的"砍伐税"、能源消费的碳税,再比如政府可以收取使用水资源、能源和使用城市道路的使用费等。这些收费和税款体现了提供这些产品和服务的社会真实成本,从而极大地提高了使用效率,使同样水平的投入满足更高水平的需求。此项收入必须用于与之相关的那些行动(如将"砍伐税"用于今后的森林的管理,碳税用于开发可替代新能源等)。

- 全额核算及资源/产品定价,包括"污染环境者付费原则"。例如,要求企业支付造成影响社会的废气、污水排放等全额费用,从而避免生产部门将由自己支付的代价转嫁到消费者身上,因为这本质上是"消费者付款原则"。许多国家顾虑到这将导致本国产品的出口竞争力下降,因而不愿让资源使用者或污染者承担全部代价。因此政府要做的事,是与企业共同合作,通过多种方式鼓励技术革新,寻求能源的有效利用,而不只是额外强行征税。

- 取消对不可持续发展项目的资助。例如不可持续的水资源、能源使用模式,过分使用化学农药等。根据地球理事会估计,发达国家和发展中国家有数千亿计的资金正被用于资助那些耗资、浪费和不可持续发展的项目当中,特别是在水资源、能源和交通运输领域。

各级政府及其他公共部门在资金筹措与运作中可采取以下对策:

- 更好地了解可持续发展的原则,包括完善资金管理和绿色核算原则,建立经济可持续发展的机制;
- 建立创新的机制促进发展,加强国家/地区/社区中负责社会、经济、环境的部门,不管是政府、工商企业,还是社会机构之间更广泛的合作,这种合作不仅不会丧失对发展的控制,反而能以一套新的经济、金融、行政手段来指导如何发展;
- 增强公共部门的作用:公共部门应增强自己的作用,但这并不一定意味公共部门在可持续发展项目的实施中一定要起主要作用;
- 进一步认识在未来合作中企业和公众的观点、能力及局限;
- 国际机构应建立与企业和社会团体更深入的联系,并建立良好的咨询、合作机制。

(二) 工商企业界在可持续发展资金筹措与运作中的作用

大多数国家的工商企业(与公共部门一样)对可持续发展原则的负责程度是很不一致的。有的非常负责,愿意作出表率,推动可持续发展的实施,有的对此毫无兴趣,甚至是敌视。大多数则介于这两个极端之间,需要从道理和回报方面说服他们走可持续发展道路。

成功的企业比大多数政府机构或非政府组织能更有效的保证项目的经济性和资金的持续性。关键是如何引导企业从他们的自身利益出发来处理有关社会、环境和可持续性的问题。许多公司有兴趣关注环境方面和社会方面的标准对国际贸易的影响,但只有大国或跨国公司才有影响这方面国际谈判的实力。因此,只有那些非常想进入国际市场的公司,才会有兴趣关注 ISO14000 标准体系中环境管理标准带来的挑战和机遇。实力强大的跨国公司会比地方性的小公司订立更高的环境标准,而地方公司会对地方、国家的社会可持续性问题更敏感、更关心。

工商企业界在可持续发展资金筹措与运作上可采取消费者付费等方式与公共部门和非政府机构联盟说服消费大众多付钱购买对环境或社会负责的产品,建立公共—私营的伙伴关系。比如,利用少量的国家和国际金融资本的投入来带动大量国内私有资本的持续投入,特别是引导到一般私有资本不大感兴趣的基础设施建设和服务领域,如水处理和能源方面项目。

工商企业界应更多地参与制定地方及国家可持续发展的目标,承担目标所确定的责任,有效地加入到可持续发展战略的实施中去;明确职责,建立可靠的、稳定的投资环境;深入了解和研究可持续发展的原则对社会和环境的影响,增加实用技能。比如,投资者需要帮助以便于改进公司产品的"生态效益",增强其产品的竞争能力和经济实力;特别要对中小企业提供提高"生态效益"的帮助。例如,可持续发展工商理事会和国际环境与发展学院共同进行的"纸张可持续循环利用"工作。

(三) 社会团体在可持续发展资金筹措与运作中的作用

如同国家机构一样,许多社会团体不善长经济的可持续性方面的工作。但社会团体最为关注,也最擅长于社会或环境的可持续发展。

社会团体在可持续发展融资中的作用表现在:社会团体与私人投资者合作,协助他们开发更符合社会、环境可持续发展的生产工艺和产品。社会团体在一些小规模社区发展中发挥重要的甚至是领导性的作用,比如在微观信贷、信用基金及债务交换方面。

社会团体需要进一步理解工商企业和公共部门关注的焦点问题、优先项目和发展局限,进一步了解经济和资金可持续性的原则和技术措施,在执行项目方面,增强可持续发展各领域中协调的能力。

三、融资手段

可持续发展战略的实施除了开展理论研究、政策分析和通过宣传、教育、培训提高意识等途径外,很重要的内容是通过实施一系列的符合可持续发展思想的项目,来推动社会经济朝着可持续发展的方向发展。可持续发展项目一般可分为三大类,即可持续发展能力建设项目、环境保护与社会发展项目和可持续经济发展项目。从其实施总体和实施内容来说,可大致分为以企业为主体实施的工商投资项目和以地方政府为主体实施的可持续发展战略、区域可持续发展计划和公共投资项目等(如扶贫和城市基础环境设施项目等)。

  实现可持续发展的关键之一是企业走可持续发展的道路。世界环境与发展委员会在《我们共同的未来》中突出强调了工业对其环境影响负有责任,并提出了可持续经济增长和改善环境质量的设想。对中国企业而言(特别是占全国企业总数量的99%以上的广大中小企业),通过采用有利于可持续发展的环境无害化技术,提高生产要素的使用效率,提高技术、生产工艺水平,减少"三废"产生和污染排放,改变过去那种"高投入、低产出"的粗放性生产模式,不仅是企业走可持续发展道路的有效途径,而且也是在今天市场竞争日益激烈的情况下企业生存和再发展的必然选择。

  企业在其发展的各个阶段都有资金需求的问题,不论是在企业的创建期、成长期,还是在二次创业阶段,相对资金不足往往是制约企业发展的关键因素。众多研究表明,资金缺乏是影响技术转移、技术创新和企业发展的首要障碍[1]。在过去计划经济体制

---

[1] 有关研究文献可见:
  高建、傅家骥:中国企业技术创新的关键问题,《中外科技》,1996(1)。
  吕燕、盛敏之:绿色技术扩散的实证研究,《环境科学研究》,1996(6)。

下,企业的创建、技术改造和扩大再生产基本上依赖于国家财政资金的支持,资金供给渠道十分单一。随着市场经济的建立和投融资体制改革的不断深化,企业现在已可以从国内资本市场和国际资本市场,通过直接融资或间接融资的方式获取自己所需要的资金。但是在具体操作中,许多企业对如何有效地融资,即从什么渠道、以什么样的融资成本、用什么方式、向谁融资等核心内容不是很清楚。在实际运作中,大部分企业资金供给方式还是非常有限。以企业技术改造为例,表7表明从1991年到1996年,中国企业技改资金主要来源还是自筹资金和国内贷款。

表7　按资金来源分的技术改造资金　　单位:亿元

年份	国家预算内资金	国内贷款	利用外资	自筹资金	其他投资	总投资	自筹资金和国内贷款占总投资的比例
1991	17.36	411.22	36.49	508.62	49.53	1023.22	89.9%
1992	20.11	604.56	53.15	722.56	60.73	1461.11	90.8%
1993	31.31	800.71	84.97	1227.57	106.60	2251.16	90.1%
1994	30.60	830.11	212.85	1675.08	151.10	2899.74	86.4%
1995	38.32	803.55	321.11	1929.77	157.89	3250.64	84.1%
1996	29.58	831.26	353.97	2191.77	166.72	3573.30	84.6%

资料来源:《中国统计年鉴》1997版。

地方政府在区域可持续发展中始终扮演着非常重要的角色。从区域经济可持续发展和社会可持续发展角度来说,政府直接介入的项目可分为综合能力建设项目、可持续发展战略项目、城市基础设施项目、自然资源保护项目、消除贫困和区域开发整治项目以及人口与健康项目等。

虽然以上两大类项目的直接目标差异较大,即以企业为主体的项目强调经济效益为主,以地方政府为主体的项目强调以社会效益为主,但是这两类项目的融资方式和特点存在很大的相似性。实际运作中,如何扩大项目融资渠道、降低融资成本、争取优惠条件、有效地使用筹集资金获得经济效益和社会效益,这是摆在每位企业家和有关政府管理与决策人员面前需要考虑的融资决策优化问题。本节将从融资的基本知识、国内外融资渠道等方面,向各地方的企业家和政府管理与决策人员等介绍有关与可持续发展项目有关融资的一些信息,希望以此能达到开拓视野之作用。

（一）融资的分类

融资可以从不同角度予以分类,本节采用的分类方法主要如下:

1. 按是否通过金融中介可分为:

直接融资,即指资金的融通是由资金的供应者(贷款人)与筹资人(借贷人)直接协商进行;或者通过经纪人进行,即由经纪人把融资双方(贷款人和借贷人)结合起来实现资金余缺的调剂,经纪人则收取一定的佣金。前一种直接融资的具体形式是:贷款人和借贷人之间的货币借贷、预赊商品等。这种融资的特点是受融资双方资财数量的限制、受融资双方资信的限制、受融资地点、时间、范围的限制。后一种方式是由证券公司经销企业或国家(筹资人)发行的证券,证券公司作为经纪人包销经销企业或国家(筹资人)发行的证券,把所包销证券分散转售给广大投资者。

间接融资,指通过金融中介人进行的资金融通。金融中介人是指银行和保险公司、投资公司等非银行金融机构。

2. 按融资期限可分为：

短期融资，即指资金融通期限在 1 年以下者。如企业向银行借贷的短期流动资金贷款。

中期融资，即指资金融通期限在 1～5 年，一般需要资金借贷方签署融资(信贷)协议。

长期融资，即指资金融通期限在 5 年以上者。

3. 按融通资金的来源可分为：

直接投资，包括传统意义上的直接投资、有价证券融资、BOT 项目融资和风险投资(又称为创业基金)。

商业银行融资，是指融通资金来源于国内商业银行和国外商业银行。

国际金融机构融资，是指融通资金来源于国际金融机构，如世界银行、亚洲开发银行、国际金融公司等。

外国政府贷款，是指融通资金来源于与本国政府建立政府贷款关系的外国政府财政预算，一般来说，它包括软贷(优惠贷款)和政府赠款或两者的组合。

国际租赁融资，是指融通资金来源于国际租赁公司，由它向承租人提供融资性租赁。

4. 按融资项目的投入方式可分为：

援助型，如外国政府赠款、亚洲开发银行技术援助项目等；

合作型，如世界银行等金融机构的软贷项目、GEF 的生物多样化项目等；

投资型，如商业银行融资等。

（二）主要融资概念简介

1. 直接融资

传统意义上的直接投资是指投资者以货币及其等价物（如专有技术、品牌或其他无形资产等）向某企业投资，参与企业的经营和管理，承担一定的风险，享受投资收益。除传统意义上的直接投资外，直接融资还包括有价证券融资、BOT 项目融资和风险资本投资。

有价证券融资包括证券融资和债券融资。证券融资此处是指经过审查后具备发行股票资格的股份有限公司，通过公开招股和上市的方式发行股票，转让部分股权筹集基金。中国企业可以选择在深交所、上交所发行 A 股、B 股或在香港股票交易市场发行 H 股，也可以申请在境外直接上市融资。债券融资是指企业通过发行债券筹集资金。它包括境内发行和境外发行两种模式。总体而言，有价证券融资要求企业具备一些基本条件，要求比较严格，操作程序也比较复杂。对中国大多数中小企业来说，在现阶段不具备发行条件。

BOT 项目融资是英文"BUILD – OPERATE – TRANSFER"的缩写，意思是"建设—经营—转让"，是指政府把由政府支配、拥有或控制的增援，如基础设施或公益项目，以招标形式选择国际资本或私人资本等发展商，政府通过与其签订协议，授权其为此项目筹资、设计、建设，并授予发展商在项目建成后的一定期限内通过经营收回投资、运营、维修费和一些合理的服务费、租金等其他费用，以及取得利润等投资回报的特许权。在授权期结束后，发展商将项目无偿无条件地转让给政府。在中国开展 BOT 项目是一种有效的吸收外资(也包括国内资本)参加国内基础设施的经济手段。在现阶段,BOT融资方式通常被称为"外商投资特许权项目"。

中国最早的BOT项目可追溯到1983年,当时由香港合和集团和广东省政府合作,首次采用BOT项目在深圳投资建设了沙角火力发电厂B厂项目。1995年是中国引进BOT融资方式的一个里程碑,国家计委正式批准了广西来宾电厂二期工程(2×35万千瓦燃煤机组)作为中国第一个BOT试点项目。该项目进展顺利,1998年8月第一台机组可以投入使用。1995年8月国家计委、电力部、交通部联合下发了"关于试办外商投资特许权项目审批管理有关问题的通知",明确了在中国实施BOT项目的批准程序,确定了实施BOT项目的基本范围。允许范围里包括城市供水厂等城市基础设施。1998年2月,经国家计委批准的中国第一个城市供水基础设施特许经营权(BOT)项目——成都市自来水六厂BOT项目在北京开标。这一BOT融资项目的运作有其重大意义,因为这意味着某些条件成熟的环保项目以BOT方式利用外资的可能性在增大,进程会加快。BOT项目融资不属于国家主权外债,既利用了国际私人资本,又不增加国家金融风险,是值得认真研究和推广的融资新渠道。

BOT项目由三部分人员构成,即为项目的最终所有者(项目发起人)、项目的直接投资者和经营者、项目的贷款银行。其融资操作基本上可分为六个阶段:

- 项目确定。有政府直接确定和私营部门提出、政府确定两种方式。
- 招标。在此期间,政府的主要工作是对招标者进行资格预审和准备与发出投标邀请书。
- 评标和决标。在评标的基础上,政府决定中标者。
- 授权。政府与发展商就项目的经济、技术和法律问题与项目中标者进行谈判并签署所有法律文件。主要是授权法律和特许权协议。
- 项目建设阶段。
- 运营和移交阶段。

风险资本来源于英文"VENTURE CAPITAL"的直译,从它的特点和功能来看,把它称为"创业基金"可能更合适些。一般来说,风险资本可以被理解为由专业投资机构或人士募集资金,投资于处于创业阶段或发展阶段的企业、技术、产品或市场,以期望在未来实现高额回报。它开始于50年代,自70年代以后在发达国家(特别是美国)得到了迅速的发展。美国目前信息产业的大多数领先企业,如微软公司、苹果电脑、英特尔公司等在其发展初期都得益于风险资本的支持。风险资本投资的基本特点是:

- 投资方针是在高风险中追求高利润;
- 投资对象多为科技含量高、高成长、高收益的中小企业;
- 投资期限一般为三到五年,年增长率在15%以上,项目内部收益率在25%以上,或者更高;
- 风险资本基金管理人员参与投资项目的重大决策以及日常经营管理,但不以追求企业控制权为目的;
- 在企业进入正常发展期后,通过股票或产权市场套现出售所有权实现投资回报。

美国现有约4 000家专门对高新技术企业进行投资的风险资

本投资公司。这些风险资本投资公司对高新技术产业的发展产生了重要的作用。根据美国一家从事研究工作的公司——第一风险公司认为:1996年在美国有108亿美元流入新创建的公司。

对中国来说,虽然风险资本还是一个比较新的概念,但它已经引起了学术界和政府高层的高度注意。1998年3月,在全国政协九届一次会议开幕之际,民建中央就提交了"关于尽快发展成果风险投资事业的提案",即"一号提案"。1998年上半年由中国科学技术部牵头,会同中国人民银行、国家发展计划委员会、财政部、中国证监会等部门正在研究、制定完成为扶持高科技企业而建立的高科技风险投融资机制。同时,高科技风险投资基金也可望于1998年底或1999年初推出。该机制即高科技风险投资机制,是指科技企业以好的项目吸引投资公司注资,企业迅速成长并在第二股票市场上市融资,投资者通过股份转让以得到高额回报。此举将突破性地解决目前风险资本投资运作的一个关键性难题,即如何保证风险资本在投资企业正常发展后,顺利地从投资项目撤出,实现投资收益。它将对中国风险资本市场的形成和发展起到决定性的作用。

中国风险投资大约和证券业同时起步。在政府支持下组织的若干互助性质的担保基金,如在北京市就有以新技术产业开发实验区办公室提供启动基金的海淀区企业信贷互助会,丰台科技园区创业服务中心出面组织的科技企业基金互助会就具有风险资本的一些特点,但这些机构及其运作方式与真正意义的风险资本还相去甚远。相比之下,国外的一些风险资本已开始运作。1993年,太平洋风险投资基金与上海市科委成立合资公司。迄今为止,该基金已在中国成立四家从事风险投资的公司,共投资42家企业,投资额达8000万美元。

风险资本投资者对选择投资的企业有一套较固定的程序。一般来说,企业首先要提供一个比较专业的投资建议书,包括公司及其发展、经营分析及预测、财务计划、风险及其控制等诸多核心内容。其次,企业领导要与风险资本投资者接洽、谈判。最后经过实地考察,双方签订协议。在有关风险投资政策完善后,风险资本将极有可能称为中国高科技企业的投资主力。

从目前国内企业的融资结构来看,直接融资还是企业筹资的重要实现途径。根据中国人民银行最近对企业融资发展情况的调查研究显示,包括股票、债券、银行承兑票据在内的企业直接融资比重从1995年的20%,上升到1997年的23%。直接融资已成为中国企业筹资的重要通道。

2. 商业银行融资

商业银行融资可分为国内商业银行贷款融资和国外商业银行贷款融资。

企业除向国内商业银行申请流动资金贷款和固定资产贷款外,还可以考虑根据自身情况申请科技贷款。科技贷款是指商业银行为国家和地方科技开发计划项目——星火、火炬、成果推广、军转民等几项科技开发计划而发放的贷款。从1985年到1997年,五大国有银行——中国工商银行、中国农业银行、建设银行、中国银行和交通银行累计发放科技贷款500多亿元。这些贷款为科技成果的转化提供了重要的资金来源,促进了科技和经济的结合,产生了巨大的经济和社会效益。以火炬计划为例,从1988年起步到 1995 年，银行发放科技贷款总值 140 亿元，占火炬计划项目总投入的 40%以上，组织实施了火炬项目 8600 项，累计实现工业总产值 1936.3 亿元，利税 356.7 亿元。出口创汇 33.3 亿美元。目前各商业银行都颁布了科技贷款的管理办法，明确了该行科技贷款的内容、贷款对象、条件、使用范围和审批程序。企业可以在充分掌握有关信息的基础上有针对性地向银行申请科技贷款。

国外商业银行贷款融资包括商业银行(包括金融机构)贷款、银团贷款和出口信贷。企业申请商业银行和金融机构贷款一般需要有政府、中央银行、开发银行等提供担保。贷款利率现倾向于以浮动利率为主，根据贷款人资信程度和参考伦敦同业银行拆放利率(LIBOR)决定。贷款期限有短期(1 年以下)、中期(1～5 年)和长期(5 年以上)三种。国外商业银行(包括金融机构)贷款大部分由地方、部门根据国家下达地计划自借自还。中国已使用这部分资金支持了一大批出口创汇骨干企业。同时，中国银行、国际信托投资公司、投资银行和广东、福建、上海、天津、大连等也利用国外商业银行贷款支持建设了一些中小企业的技术改造项目。这些项目在引入了国外先进技术后，增加了创汇能力，取得了较好的成绩。国外商业银行贷款融资的程序主要有五个步骤:定价(确定贷款金额、期限等)、授权(授权贷款银行组织贷款)、谈判、签字和提款。银团贷款，又称为辛迪加贷款，是指由一家银行牵头，多家银行参与共同提供的贷款，一般金额较大(1～5 亿美元)，期限较长(一年期以上)。

相比前两种国外商业银行贷款融资而言，出口信贷(对中国企业而言，主要是国外进出口银行提供的买方信贷)是一种较容易操作的融资方式。它已成为国际贸易和国际金融中一种普遍采用的信贷方式。买方信贷是出口国政府提供财政补贴,用于鼓励本国产品出口,主要由出口国进出口银行提供的信贷。中国企业在购买国外设备时(特别是大型设备),要考虑可否利用买方信贷。买方信贷一般限于设备购买合同金额的 85%,其余 15%一般要在签订合同时付清。卖方交货完毕或工厂建成投产后,进口商可以分几次偿还贷款。由于有出口国政府的支持,买方信贷的利率比市场利率低。买方信贷一般要求与购买货物联系,因此,有时买方信贷条件好,但该国产品不一定使用,产品价格也可能较高。并不是所有的买方信贷都需要担保,如美国新英格兰第一国民银行可以为采购含美国材料设备 50%以上的货物的外国公司提供 15 万至 1 000 美元的买方信贷,并不需要提供担保。

(1) 国际金融机构融资

在这里,将介绍三个国际金融机构,即世界银行、亚洲开发银行和国际金融公司的融资业务。

世界银行是目前世界上最有影响力的国际金融机构之一,由国际复兴开发银行(IBRD)、国际开发协会(IDA)、国际金融公司(IFC)和多边投资担保机构(MIGA)组成。国际开发协会主要向低收入的发展中国家提供软贷款(还款期限 35 年,宽限期 10 年),国际复兴开发银行主要向发展中国家提供低于市场利率的硬贷款(对中国还款期限 20 年,宽限期 5 年),习惯上把上述两种贷款统称为世界银行贷款。

进入 90 年代以来,世界银行的投资业务以农业、农村发展、能源、环境和交通为重点。1992 年联合国环境与发展大会在里约热内卢召开,它使得可持续发展成为全球关注的焦点。从那时起,世界银行就逐步增加了对环境项目的投资力度。1992年世界银行批准执行的环境项目总投资为43.9亿美元,而在1997年该类投资已达116亿美元。

在过去的几年中,环境保护是中国吸纳世界银行贷款最多和增长最快的领域。1992年,世界银行完成了《中国环境战略报告》,为它与中国政府在环境领域的合作奠定了基础,并着重加强以下两个方面的合作:①制定长期环境保护和自然资源保护的政策和计划;②对可能在短期内改善环境的直接投资项目给予资助。世行主要资助中国环境问题,尤其是能源、工业、城市和农业(包括林业和水利)四个领域。世界银行对这四个领域的贷款可能占世行今后几年对中国贷款总额的2/3。世行贷款的利用在一定程度上弥补了中国环保事业的资金缺口,为控制全国环境恶化、改善区域环境起到了重要作用。预计"九五"期间,中国将在环境保护领域利用世行贷款10～15亿美元左右。在环境领域世界银行除对中国贷款外,同时还直接或通过全球环境基金(GEF)和蒙特利尔多边基金向中国的一些环保项目提供赠款支持。

世界银行对中国的贷款是从对中国的经济考察工作开始的,在此基础上,根据中国的资金需求和世界银行的资力,确定对中国的贷款和技术援助的长期规划,并实施滚动管理。一般包括两三年具体项目贷款计划,逐年调整。世界银行贷款有一套比较严格的程序,共分为六个阶段:

- 项目选定。在中国,首先由有关单位向国家发展计划委员会报送项目建议书,经核定后报国务院立项,然后由国家发展计划委员会和财政部提出项目目录,与世界银行商定。
- 项目准备。
- 项目评估。由世界银行工作人员完成。
- 谈判和报世界银行董事会批准。
- 项目执行与监督。
- 项目评价。

表8 世界银行贷款地方环保项目一览表

贷款项目	贷款金额 (万美元)	项目总投资 (万元人民币)	贷款金额占项目总投资的 比例(RMB/US $ = 8.3)
北京环保项目	12 500	324 300	32.0%
江苏环保项目	25 000	435 000	47.7%
上海污水一期项目	16 000	397 250	33.4%
辽宁环保项目	11 000	207 800	43.9%
云南环保项目	15 000	268 000	46.5%
上海污水二期项目	25 000	519 306	40.0%
湖北环保项目	15 000	334 420	37.2%
天津环保项目	15 000	258 000	48.3%
重庆环保项目	17 000	278 800	50.6%
总计	151 500	3 022 876	41.6%

资料来源:世界银行,1998。

亚洲开发银行是区域性国际金融机构,其总部设在菲律宾马尼拉。亚洲开发银行的资金可分为三类:普通资金贷款,即硬贷款(还款期限10～30年,宽限期2～7年);亚洲开发基金(ADF)贷款,即软贷款,主要向低收入的发展中国家、地区提供;技术援助基金,即提供技术援助赠款。同世界银行类似,亚洲开发银行也以项目贷款为主，同时还有部门贷款、规划贷款、中间金融机构贷款等。环境保护及其相关领域是亚行贷款的重点。中国使用的主要是亚行普通资金贷款和技术援助赠款。

目前中国已成为亚洲开发银行最大的借贷国。加强环保和自然资源管理是亚行在中国环保领域的主要业务方向。1996年亚行为中国的10个环保项目提供了总额为12亿美元的贷款，其中包括海南省的自然资源开发、福建省的土壤保护和福州市的供水和水处理设施项目。1997年亚洲开发银行对中国环保项目的支持力度与1996年大致持平。获得亚洲开发银行1.56亿美元贷款的"西安—咸阳—铜川环境改善"项目已于1998年初开始实施。近年来，亚洲开发银行每年向中国提供的技术援助赠款额度约为1800万美元，其中大约1/10用于环保技援项目。

亚洲开发银行的贷款原则是按成员国所提出的贷款项目，经专家进行可行性研究和评估后确定是否贷款和贷款金额。申请贷款的基础程序是：

- 借款人通过政府向亚洲开发银行提出申请。
- 亚洲开发银行对借款人进行资信调查。
- 对项目进行实地考察和谈判。
- 审批和执行。

国际金融公司（IFC）成立于1956年。到1993年公司的成员达162个，其中发展中国家有140个。根据《国际金融公司协定》，国际金融公司的宗旨是鼓励会员国的生产性私营企业经济增长。该公司的投资准则是投资项目必须是私营企业所有；投资项目必须有一定的技术含量；投资项目具备一定的投资回报率；对当地经济有促进作用以及必须是对环境无害的或有助于环境改善。国际金融公司的项目投资额一般应在1 000万美元以上,对投资项目可以采用直接投资或贷款形式。1998年3月,国际金融公司第一次向中国的民营企业——黑龙江的东方集团发放了10年期3 000万美元贷款。此举的主要意义在于它标志着中国的民营企业已走向国际资本市场。申请国际金融公司投资或贷款的一个关键内容是要向国际金融公司提交一份项目报告,它的核心内容应包括项目介绍、市场和销售、技术状况、投资需求和回报等。

(2) 外国政府融资

外国政府融资是与中国政府建立政府贷款关系的国家向中国政府或企业提供的软贷(优惠贷款)或政府赠款。外国政府贷款一般根据贷款国的经济实力、经济政策和具有优势的行业来确定贷款投向和项目规模。目前中国已经与日本、西欧和北欧国家、加拿大、澳大利亚、科威特、韩国等国家建立了双边政府贷款关系。外国政府贷款的资金来源一般分为两部分,大部分来源于政府的财政预算资金,另一部分为商业银行的商业性资金。外国政府贷款与商业贷款相比,在利率和偿还期上具有较大的优惠。

日本政府贷款是中国利用外国政府贷款的最大来源,约占外国政府贷款总额的2/3,环保项目是重点领域之一。自从1993年起,中国成为日本官方发展援助(ODA)的最大受益国。当年日本对中国的官方发展援助占日本整个国际援助的60.2%,1994年占61.8%,1995年占54.95%,日本所有的官方发展援助项目都通过国际公开招标确定。自1995年起,日本将官方发展援助环境项目的贷款利率下调到低于普通项目0.2%的水平,以鼓励发展中国家解决环境问题。日本前首相乔本龙太郎1997年9月访问中国时,宣布了进一步的优惠条件:贷款利率降为0.75%,偿还期延长到40年(宽限期为10年),这些贷款主要用于资助全球环境项目(如森林、节能和新能源开发)和污染控制技术。1997年11月,中日两国政府签署了一项跨世纪城市环境合作项目——中日两国共同利用10亿美元的日元贷款,通过8年左右的环境建设,使中国的大连、贵阳和重庆三市的环境质量达到中国环保模范城市,甚至中等发达国家现代化城市的水平。第四批日元贷款前三个年度(1996~1998财政年度)资助的40个项目中有15个与环境有关。

在环保领域,德国政府贷款和赠款是最大的外国政府贷款资金来源。其援助的重点领域包括:①环境与能源,主要涉及能源领域的环保项目和技术;②与全球环境问题有关的项目和技术,包括二氧化碳减排、森林保护、臭氧层和生物多样性保护;③城市供水和污水处理以及水资源管理项目;④环境保护的机构建设。未来中德环保合作的重点将更加注重与全球环境问题有关的项目。

此外,加拿大、澳大利亚、荷兰和挪威等国政府在对中国援助,特别在中国环境保护方面也非常活跃。不同的外国政府贷款在开展对中国援助方面有着不同的侧重点,在贷款和赠款的国内申请和审批程序方面也存在很大差异,其基本操作程序为:

- 贷款(赠款)国有关机构向中国对外窗口机构(如日本能源贷款的对外窗口为中国银行)提出贷款意向,窗口机构将其意向报告国家发展计划委员会。
- 国家发展计划委员会按国家产业政策等规定选择备选方案,下达计划。

- 中国对外窗口机构按照备选方案与贷款(赠款)国有关机构谈判,签订协议报国家发展计划委员会批准。
- 有关金融机构根据政府贷款协议和商务合同与对方签订金融协议,并办理国内转贷。
- 项目实施。

(3) 项目融资决策和实施

本节的上一部分简单地介绍了国内外可融资的资金来源和一些基本操作方法。从介绍中,不难发现除通常思维下的向银行申请流动资金、固定资产贷款和企业自筹的融资方式之外,实际上还有很多资金来源,有很多种融资方式。一般而言,以企业为主体的项目融资基本上以合作型和投资型为主;以地方政府为主体的项目融资则包括援助型、合作型和投资型。无论何种形式的融资方式,其被选的标准都是使企业的项目或是政府的公共事业项目融资最优化。因此在融资实施之前首先要制定科学的融资决策。它主要包括:

①融资环境分析:融资单位要了解当前国家的财政金融政策、法规和制度,了解国家产业政策、鼓励或限制的投资项目。对国内融资而言,融资单位要了解提供资金的单位的投资方向、标准和程序等。对国外融资而言,要了解提供资金的国家的金融政策、法令和法规。除此之外,融资单位还要了解国外融资市场的基本情况、资金供给情况、利率和汇率波动情况等。

②融资项目分析:首先要明确筹集资金的目的和用途,即:为什么要融资?筹集的资金派什么用场?如何分配使用?这些问题融资单位必须合理、明确地予以肯定。其次,要对项目的经济效

益、社会效益和融资回报等做比较深入的研究。许多国外的企业进行项目融资时,在项目文本中投资财务分析和公司过去三年的主要财务情况是基本要求。国内一些企业的招商引资报告往往只有两三页纸,很多应该量化的数据只做定性的描述,这使得职业投资者对该投资项目缺乏基本的了解,同时也容易引起对融资单位专业能力的怀疑。

③融资方案比较:在众多可融资的资金来源中,比较融资方案利弊,从经济效益、社会效益最优化的角度选择最适合的融资资金提供方,制定融资方案。

在实施过程中,针对融资资金提供方的投资标准、申请书专有格式,组织专业人员编写项目文本。在达成初步协议后,精心准备谈判和对方的实地考察。必要时聘请熟悉资金提供方情况的投资顾问是一个十分明智的选择。

(4) 地方政府在推进可持续发展项目融资中的作用

除在以政府为主体的项目融资中扮演主要角色外,地方政府在推进区域可持续发展项目融资中的作用还体现在以通过财政税收等间接调控手段,辅助建立区域可持续发展项目融资机制。具体可分为以下方面:

- 在力所能及的情况下,增加财政支出用于支持区域可持续发展项目(如对减少大气污染的技术改造项目给予一定的财政支持);同时应减少对非可持续发展项目各式各样的财政补贴(特别是在水资源、能源和交通领域);
- 完善和建立科学的价格体系,逐步将项目或产品的"外部性"内部化。如合理确定污水处理的价格标准,以鼓励外来资本投入城市污水处理厂的建设和运营；
- 组织建立区域可持续发展基金,首先向经济效益和社会效益好的项目投资,通过资本收益不断将该基金壮大;然后在逐步安排一定比例的资金投入具备社会可持续发展的项目;
- 运用财政、税收间接调控手段鼓励企业技术创新,以此提高企业的融资可能性;
- 加强地方法规建设和环境执法力度,影响企业投资选择。

第五章

可持续发展指标体系

第一节 可持续发展指标体系综述

一、指标体系是实施可持续发展战略的重要工具

1992年6月联合国环境与发展大会一致通过的《21世纪议程》的第40章《决策用的信息》指出,"国民生产总值(国民总产值)或个别资源或污染流的计量单位等常用的指标不能充分说明可持续能力。目前,用来评价不同的部门性环境、人口、社会和发展参数之间相互作用的方法尚未充分制定或应用。必须制订出可持续发展指标,以便为各级决策提供坚实的基础,并促进环境与发展体系一体化能自我调节的可持续能力。"无论是一个国家,还是一个地区、一个部门,实施可持续发展战略都是一项庞大的系统工程,需要制定可持续发展规划、计划并组织实施,需要制定相应的政策和法规予以引导,需要对可持续发展进程进行监督和预测,需要广泛动员社会公众参与可持续发展的实际行动,需要进行科学的决策和有效的管理等等,所有这一切都离不开准确的信息和数据,正如《决策用的信息》中指出,"在可持续发展过程中,从广义而言,人

人都是信息的使用者和提供者。"、"从国家和国际高级决策者到基层和个人各级,都具有对信息的需求。"领导者管理、决策需要信息,社会成员了解情况、对政府实施的政策进行监督、参与可持续发展行动也都需要信息。虽然目前已有大量的经济、社会、政治、文化、教育、人口、资源、环境、生态等方面的信息和数据,但人们仍然感到很难找到所需要的、反映可持续发展方面的信息,特别缺乏反映可持续发展各方面相互联系、相互制约的综合性信息。各国在承诺实施可持续发展战略时,也就包括了承诺要建立一套可持续发展指标以反映其发展是否是可持续的,反映各国是否是在朝着可持续发展的目标迈进,而建立可持续发展指标体系是有效地获取数据和信息的前提。

制定和实施可持续发展指标也是实施可持续发展战略能力建设的重要组成部分。可持续发展的能力包括经济能力(主要指能源、资源、资金、增长率、效率、资产储量、资源及材料的可替代性、人均收入等)、社会能力(主要指人口容量、人口素质、文化道德、公众意识、生活方式、社会公平性、社会稳定性、体制合理性等)、生态能力(主要指生态自我调节力、生态还原力、资源承载力、环境质量等)、宏观调控能力(主要指规范社会经济可持续发展行为的政策、法律、法规体系的建设、战略目标指标体系的建设、资源环境与生态综合动态监测和管理系统、社会经济发展计划统计系统、信息支撑系统等)。由此可见,指标体系的建立是可持续发展能力建设的重要内容。1996年6月,国家计委、国家科委在《关于进一步推动实施〈中国21世纪议程〉的意见》中指出,"有条件的地区和部门可根据实际情况,制定可持续发展指标,并在本地区、本部门试行。"

由于可持续发展指标体系的重要性,联合国在制定了《21世纪议程》之后,立即组织有关机构开展可持续发展指标体系的研究工作;英、美、欧盟等国家与国际组织,在确定可持续发展战略目标的同时,也都组织人员对可持续发展指标进行了研究,提出了各自的可持续发展指标体系。

二、可持续发展指标的作用与功能

作为反映可持续发展状态、水平、质量的可持续发展指标具有三方面的基本功能:一是描述和反映任何一个时点上或时期内经济、环境、资源、社会等各方面持续发展的现实状况;二是描述反映一定时期内以上各方面可持续发展的变化趋势及速率;三是综合测度一个国家或一个地区可持续发展整体的各部分之间的协调性、和谐性,从而在整体上反映可持续发展状况。

任何事物都具有量和质的规定性,每时每刻事物的数量都处于变化状态,量变积累到一定程度就会引起质变。只要存在人类的社会经济活动,只要存在大自然的作用,经济、社会、生态等可持续发展的各个方面就会不断地发生着量和质的变化。通过可持续发展指标可以经常地描述经济、社会、生态量的变化,进而反映这些变化是否朝着可持续发展所确定的方向前进。也就是说,可持续发展指标具有信息功能,它能为我们提供反映可持续性的质和量的各种信息。

世界是普遍联系的,可持续发展所涉及的经济、社会、生态之间同样存在相互联系、相互影响的关系。通过经济、社会、生态各方面本身数量和质量变化以及相互影响和制约的分析研究可以揭示、评价和监测可持续性变化的趋势与规律。例如人口数量的变化必然引起经济、社会、环境等的变化,而经济的变化又导致社会、资源、环境等的变化,资源、环境的变化又制约着经济、社会、人口的变化,如此相互影响、相互制约。通过建立各种模型,可以对未来的发展变化进行科学的预测。

可持续性是一个涉及社会、经济、环境多方面协调、综合发展的整体,只有这个整体实现了可持续发展才是真正的可持续发展。依据可持续发展指标可以建立多种多样的评价模型和评价方法,研究和设计可持续发展标准值、协调度、和谐性等指标,通过这些模型、方法、指标从多方面来评价一个地区、一个国家是否真正地实现了可持续发展战略。

三、建立可持续发展指标体系应遵循的基本原则

(一) 科学性原则

可持续发展指标的选择和设计必须以可持续发展理论以及经济理论、环境生态理论以及统计理论为依据,这样的指标具有较好的稳定性,也易于为更多的人所接受。可持续发展理论一定要结合各国、各地区的具体情况。科学性是实现可持续发展指标规范、统一的基础。科学性原则要求指标的定义、计算方法、数据收集、包括范围、权重选择等都必须有科学依据。

（二）目标性原则

可持续发展既是一个理论问题,更是一个实践问题。每一个国家和地区都在根据可持续发展的一般定义和内涵,结合本国或本地区的具体情况,确立自己的可持续发展战略目标,指导可持续发展的行动。例如,联合国可持续发展委员会将可持续发展目标确定为社会、经济、环境、制度四个大目标;英国政府也将可持续发展目标确定为四个:①经济健康发展、保护环境;②不可再生资源优化利用;③可再生资源持续利用;④人类活动对环境损害的最小化与环境损害对人类危害的最小化。美国把可持续发展的目标确定为包括健康与环境、经济发展、平等、保护自然、管理等在内的十大目标。所以,指标体系必须能够反映可持续发展目标的实现程度。各国官方的可持续发展指标也基本上是按照各自可持续发展的目标及其该目标之关键问题而设置的。因为可持续发展指标本身就是用来监测可持续发展战略目标实现过程的,同时将有助于将社会公众的注意力集中到战略目标的实现及关键问题的解决上,从而影响企业、个人的行为。

（三）简明性原则

可持续发展涉及的内容和方面非常多,例如从大的方面涉及人口、社会、环境、生态、资源、经济、能力、政策、法规、体制、科技、管理等等,从内容上涉及物质、精神、社会、心理等,上述每一方面又可区分为小的、更小的"方面",如果方方面面都要选择指标的话,可以选择到几百个、几千个或者更多的指标。这样多的指标操作起来十分困难。为此,只能根据战略目标中的关键问题选择关键的指标。指标必须简单、明了、通俗、易懂。这样选择的指标数量较少,数据易于收集,操作性也强。为了减少指标的数量,尽量采用综合性指标。

(四) 定量和定性相结合的原则

由于可持续发展涉及的方面很多,有的变化可以用数量变化来反映,有的变化则难以通过数量指标来反映,例如自然风光的好坏、环境的优美等,在目前还难以通过数量指标来反映。为此,需要研究并设计一些定性的指标来反映。此外,还需要一些判断指标来反映可持续发展的一些特殊情况。

(五) 政策相关性原则

实施可持续发展战略除了需要制定法律、法规、规划等外,还需要制定许多的政策,具体引导可持续发展的实践和行动。这些政策虽然时效性较强,但对于可持续发展的关键问题、发展目标的实现具有重要的作用。可持续发展指标应适当跟踪可持续发展的政策,反映政策的效应情况。指标之间还应具有一定的内在联系,以便进行分析研究。

四、可持续发展指标的基本类型

由于各国际机构、各个国家、地区及各研究单位(包括个人)对可持续发展的认识角度、价值观和出发点不同,从而构建了多种多

样的可持续发展指标,归结起来有以下几种主要类型:

(一) 单一指标类型

联合国开发计划署提出的人文发展指数(HDI)是由三个指标组成的综合指标:平均寿命、成人识字率和平均受教育年限、人均国内生产总值。平均寿命用以衡量居民的健康状况,成人识字率和平均受教育年限用以衡量居民的文化知识水平,购买力平价调整后的人均国内生产总值用以衡量居民掌握财富的程度。有人主张用该综合指数来衡量可持续发展。人文发展指数用以综合衡量社会发展还是比较好的,但用来衡量可持续发展就不适宜了,因为它不能反映资源、环境等方面的情况,社会、经济、人口等方面也仅仅反映了很少一部分。世界银行开发的新国家财富指标是一个全新的指标,既包括生产积累的资本,还包括天然的自然资本;既包括物质方面的资本,还包括人力、社会组织方面的资本,应该说是比较完整的。但是用新国家财富指标来衡量可持续发展仍然有不足之处,主要表现在可持续发展涉及的方面和内容很多,四种资本无论如何也不能把它们的大部分内容都包括进去,甚至连主要的方面也不能包括进去;同时四种资本之间可以互相替代,反映的仅仅是弱可持续发展,而有些学者对于资本之间的替代性及替代速率提出了疑义。这种类型的指标优点是综合性强,容易进行国家之间、地区之间的比较,缺点是反映的内容少,估算中有许多假设的条件,大量的可持续发展的信息难以得到,难以从整体上反映可持续发展的全貌。

(二) 综合核算体系类型

联合国组织开发的环境经济综合核算体系(SEEA)就是将经济增长与环境核算纳入一个核算体系内,借以反映可持续发展状况。该方法的研究取得一定的进展,但仍有许多问题,难于推行。荷兰将国民经济核算、环境资源核算、社会核算有机地结合在一起,建立了国家核算体系,反映一个国家的可持续发展状况。社会核算的主要内容有食物在家庭中的分配、时间的利用和劳务市场的作用;环境核算方面建立了环境压力投入产出模型,将资源投入、增加值、污染物排放量分行业进行对比分析,计算出经济增长与资源消耗、污染物排放量之间的比率关系及其变化,借以反映可持续发展状况。这些都属于综合核算体系型指标。这种类型的指标优点是,基本上解决了度量问题,也就是各个指标可以直接相加,缺点是人口、环境、资源、社会等指标的货币化问题,许多人还难以接受,实施起来还有相当的难度。

(三) 菜单式多指标类型

例如联合国可持续发展委员会(CSD)提出的可持续发展指标体系(计有142个指标)、英国政府提出的可持续发展指标体系(计有118个指标)、美国政府在可持续发展目标基础上提出的可持续发展进展指标体系等都属于这种类型,它是根据可持续发展的目标、关键领域、关键问题而选择若干指标组成的指标体系。为了反映可持续发展的方方面面,指标一般较多,少的也有几十个,多的则有一百多个。目前有比利时、巴西、加拿大、中国、德国、匈牙利等16个国家自愿参与联合国可持续发展委员会菜单式多指标类型指标的测试工作。这种类型指标的优点是覆盖面宽,具有很强的描述功能,灵活性、通用性较强,许多指标容易做到国际一致性和可比性等,缺点是指标的综合程度低,从可持续发展整体上进行比较尚有一定的难度。

(四) 菜单式少指标类型

针对联合国可持续发展委员会提出的指标较多的状况,环境问题科学委员会提出的可持续发展指标就比较少,只有十几个指标,其中经济方面的指标有经济增长率(GDP)、存款率、收支平衡、国家债务等,社会方面的指标有失业指数、贫困指数、居住指数、人力资本投资等,环境方面的指标有资源净消耗、混合污染、生态系统风险/生命支持、对人类福利影响等。荷兰国际城市环境研究所建立了一套以环境健康、绿地、资源使用效率、开放空间与可入性、经济及社会文化活力、社区参与、社会公平性、社会稳定性、居民生活福利等十个指标组成的评价模型,用以评价城市的可持续发展。北欧国家、荷兰、加拿大等根据多少不等的几个专题,在每个专题下选择二、三个或四个指标,组成指标体系。这类指标多是综合指数,直观性差一些,与可持续发展的目标、关键问题联系不太密切。

(五) "压力—状态—反应"指标类型

这是由加拿大统计学家最先提出、欧洲统计局和经合组织进一步开发使用的一套指标。他们认为,人类的社会经济活动同自然环境之间存在相互作用的关系:人类从自然环境取得各种资源,通过生产、消费又向环境排放废弃物,从而改变资源的数量与环境的质量,进而又影响人类的社会经济活动及其福利,如此循环往复,形成了人类活动同自然环境污染之间存在着"压力—状态—反应"的关系。压力是指人类活动、大自然的作用造成的环境状态、环境质量的变化;状态是指环境的质量、自然资源的质量和数量;反应是指人类为改善环境状态而采取的行动。压力、状态、反应三者之间存在一定的关系,例如人类的生产活动产生的氮氧化物、二氧化硫、灰尘等(压力),影响空气质量、湖泊和土壤酸碱度等(状态),环境污染必然引来人类的治理,需要投入资金(反应)。压力、状态、反应都可以通过一组指标来反映。一些机构借用类似的框架模式来反映可持续发展中经济、社会、环境、资源、人口间的关系。这类指标的优点是较好地反映了经济、环境、资源之间的相互依存、相互制约的关系,但是可持续发展中还有许多方面之间的关系并不存在着上述压力、状态、反应的关系,从而不能都纳入该指标体系。联合国可持续发展委员会(UNCSD)的菜单式指标体系基本上也是遵循"压力—状态—反应"框架而设计的,实际上有相当一部分指标并不严格存在着"压力—状态—反应"关系。

五、可持续发展指标的研究和建立是一个长期的过程

从 70 年代环境问题在全球引起关注,定量反映和评价生态环境质量的指标体系开始成为重要的研究课题;九十年代初,可持续发展战略正式成为各国的行动纲领,可持续发展指标体系又成为各国际组织与各国重要的研究课题,正如以上所述,到目前为止存

在各种类型的指标体系(实际上除了文中讲到的主要类型外还有物质平衡法、营养物平衡法等),完善这些指标体系并统一可持续发展指标体系远比当年建立、实施和健全国民经济核算体系(SNA)要困难得多、复杂得多,从而所需的时间要长得多。主要的原因在于以下几个方面:

首先是理论上的原因。可持续发展概念从最初提出到1992年6月联合国环境与发展大会上得到世界各国的认同,经历了十多年的时间;联合国环发大会至今又有六年多了,人们对可持续发展理论的研究仍然还在继续,许多问题还有分歧,例如对可持续发展定义这一最基本、最核心命题的认识,各国际组织、各个国家虽然在原则上同意《我们共同的未来》和联合国环境规划署第十五届理事会通过的《关于可持续发展的声明》,但是在结合各国的具体国情定义和解释可持续发展时,却存在极大的差异。至今可持续发展尚未形成一套完整的、各国基本认同的理论体系。理论上的不完善,严重制约和影响科学、统一的可持续发展指标体系的建立。

其次是实践上的原因。由于在理论上认识的不一致,各国的国情又存在很大的差别,各国在可持续发展战略的实践上也各不相同。主要表现在各国的可持续发展目标、关键领域、重点问题以及优先项目的选择上等存在较大差别。例如发达国家在实施可持续发展方面更侧重于环境方面,而广大发展中国家则更侧重在经济的发展上;同样是发展中国家,由于国情的不同,中国则把经济、社会、人口、资源、环境的协调发展作为可持续发展的重点和目标;

而许多人口小国就不太重视人口发展对经济、社会、生态环境等的影响。各国建立起来的适合本国国情的可持续发展指标体系内容也存在许多不同,要建立世界各国统一的指标需要经过长期的共同努力和协调。

再次,可持续发展指标体系中的许多方法等问题的研究也需要一个长时期的过程。以上各种类型的指标体系中都还有一系列方法问题、实际问题没有完全解决,例如菜单式指标体系中有上百个指标,如何把这些不同度量的指标综合起来,从整体上反映一个国家或一个地区的可持续发展的状态或水平,就是一件非常困难的事情;又如,能否研究和设计一个可持续发展的标准值(或协调度等),各国、各地区只要将有关可持续发展的状况与这一标准值对比即可判断是否处于可持续发展状态,这也是一件需要长期研究的课题。有关的指标体系中都有环境、资源的核算,这方面需要研究和解决的问题就更多了,环境退化与环境损害的价值评估、环境承载力的评价问题、数据的来源、计算方法的科学性与可行性等也都不是一件容易解决的事情。

此外,还有许多问题,不仅在国与国之间,就是在一个国家内部也难以在较短的时间内取得一致的认识,例如在指标的多数量方面,有的主张多一点,尽可能覆盖可持续发展的所有领域和目标,否则将影响可持续发展目标的实施;也有的主张指标要尽可能的少,便于操作;在重点指标的选择上,不同部门、不同专业都有各自的看法和观点,要完全统一起来也很困难。因此,可持续发展指标的研究、建立和完善是一项长期的艰巨的任务。

第二节　国外可持续发展指标研究

一、联合国可持续发展委员会的可持续发展指标体系

1992年6月联合国环境与发展大会以后,依据全球《21世纪议程》中第40章《决策用的信息》制定可持续发展指标的要求,联合国有关机构就可持续发展指标问题,召开过多次专家会议进行了研究,提出了中期工作方案。该工作方案由三个阶段构成:第一阶段(1995年5月~1996年4月):主要工作是:①建立两个可持续发展指标专家小组,一个是范围较小的核心组,参加的成员一般具有指标设计和评估方法的经验,同时有在国际机构、政府机构和非政府机构工作的履历。他们作为顾问,负责对指标的定义、指标设计方法表的编制、执行计划实施各个阶段的工作予以帮助,各个成员之间的联系主要是通过电子手段进行定期的信息交流;另一个小组较大,参加的人员也多,这个小组的专家具有被可持续发展指标所描述的各个实证领域的专门知识。小组成员按照各领域的可持续发展问题进行划分。②对工作方案实施的各种活动进行判断。③加强所有牵头机构之间的信息交流,包括参加可持续发展指标开发的组织和政府可以与其他有关的组织、政府以及主要团体进行联系。④编制为各国政府使用的可持续发展指标设计方法表。⑤区域及国家层次上的培训和能力建设。⑥不断开发可持续发展各方面的指标,包括判定和估计可持续发展的社会、经济、环

境制度各种因素之间的联系,研究高度综合性的指标,进一步设置可持续发展指标的概念框架。第二阶段(1996年5月～1997年底):主要工作是:加强所有牵头机构之间的信息交流,继续进行区域和国家层次上的培训和能力建设,挑选若干国家对指标的使用情况进行监测,进一步设置可持续发展各方面的指标,进一步判定可持续发展各因素之间的联系,研制高度综合性指标,以及设置指标概念框架方面的工作。第三阶段(1998年1月～2000年1月):主要工作是:指标及其设计方法表的进一步开发,继续加强所有牵头机构间的信息交流、区域的国家层次上的培训和能力建设,对进展情况的估计和可持续发展指标一览表的调整,对秘书长报告提到的各指标进行评价并进行必要的调整。

联合国可持续发展委员会提出的指标设计方法表的格式包括:①指标,包括指标名称、简要定义、计量单位;②指标在框架中的位置,包括指标在《21世纪议程》中的章节与指标的类型;③指标的意义(政策关联性),包括指标的目的、指标反映的现象同可持续发展的关联程度、本指标与其他指标的关联性、本指标是否有国际目标、与国际会议、协议是否有联系;④指标及其基本定义在方法上的描述,包括实用性的描述、度量方法、指标的局限性、该指标另外可选择的定义及定义变化所产生可能后果;⑤可持续发展指标数据可获得程度的评估,包括需要搜集什么数据,这些数据是否可以获得,从什么渠道获得数据;⑥参与指标的开发机构;⑦进一步的信息。

联合国可持续发展委员会提出的可持续发展指标,从大的方面由社会、经济、环境及制度四大部分构成,每一部分又包括联合

表9 联合国可持续发展委员会的可持续发展指标体系

领域	相关章	指标
社会领域	第3章:消除贫困	就业率、女性与男性平均工资的比率、贫困度
	第5章:人口动态和可持续能力	人口增长率、净迁移率、人口密度、人口出生率;
	第36章:促进教育、公众认识和培训	学龄人口增长率、初等学校在校生比率、中等学校在校生比率、成人识字率、5年级在校生占其入学人数的百分比、预期学龄、男性和女性入学率的差异、教育投资占GDP的百分比、女性劳动力占男性劳动力的百分比;
	第6章:保护和增进人类健康	拥有适当地下管道设备人口占总人口的百分比、可安全饮水的人口占总人口的百分比、预期寿命、正常体重出生婴儿的百分比、婴儿死亡率、产妇死亡率、年龄/体重或年龄/身高达国家标准的儿童百分比、患疟疾的死亡率、总人口吸烟率、免疫接种人数占按国家免疫政策应进行免疫接种人数的百分比、实行计划生育的妇女占育龄妇女的百分比、避孕普及率、对食物中潜在有害化学物品进行监测的比率、国家医疗卫生支出用于地方保健的百分比、医疗卫生支出额占GDP的百分比;
	第7章:促进人类住区的可持续发展	城镇人口增长率、人均消费的运输燃料、大城市数量、城镇人口百分比、非正式住宅地区的面积和人口、因自然灾害造成的人口和经济损失、人均居住面积、住宅价格与收入的比率、上下班占用时间、人均基础设施支出额、住宅贷款;

(续表)

经济领域	第2章:发展中国家加速可持续发展的国际合作的有关的国内政策	实际人均GDP增长率、人均GDP、制造业增加值在GDP中的份额、GDP用于投资的份额、人均EDP/用环境因素调整后的增加值、出口比重、参与区域性贸易协定、进出口总额占GDP的百分比;
	第4章:改变消费模式	矿藏储量的消耗、年人均能源消费量、已探明矿产资源量、已探明能源资源储量、制造业增加值中自然资源密集型工业增加值的份额、制造业商品出口额比重、原材料使用强度、再生能源的消费量与非再生能源消费量的比率;
	第33章:财政资源和机制	资源转移净值/GNP、无偿给予或接受的ODA总额占GNP的百分比、债务额/GNP、债务支出/出口额、环保支出占GDP的百分比、(环境)税收和津贴占政府收入的百分比、自1992年新增或追加的可持续发展资金总额、环境经济综合核算的规划、债务免除。
环境领域	第18章:淡水资源质量和供应的保护	每年减少的地下水和地表水占可利用水资源的百分比、国内人均水消费量、地下水储量、淡水中的杂质浓度、水中的BOD和COD含量、污水处理量、水文测定网密度;
	第17章:大洋和各种海域	包括封闭和半封闭海域以及沿海地区的保护,海洋生物资源的保护、合理利用和开发,指标有:沿海地区人口增长率、排入海域的石油、排入海域的氮和磷、最大可持续产出与实际平均产出的比率、各种海生物存量与最大可持续产量偏差率、海藻指数、参与海洋业(或渔业)方面的公约和协定;

(续表)

环境领域	第10章：陆地资源的统筹规划和管理	土地利用的变化、土地条件的变化、分散型地区自然资源管理；
	第12章：脆弱生态系统的管理：防沙治旱	干旱地区贫困线以下人口比重、全国降雨量指数、卫星获取的植被指数、受荒漠化影响的土地；
	第13章：脆弱生态系统的管理：山区的可持续发展	山区人口动态、山区自然资源条件及可持续利用的评估、山区人口的福利；
	第14章：促进农业和农村的可持续发展	农药使用、化肥使用、人均可耕地面积、灌溉地占可耕地的百分比、受盐碱和洪涝灾害影响的土地面积、农业教育、农业的扩展、农业研究强度、农户的能源、农业的能源使用量、农业的能源；
	第11章：森林毁灭的防治	森林面积(天然森林面积＋人造林面积)、森林管理面积的比重、木材砍伐密度、森林保护面积占总森林面积的百分比；
	第15章：生物多样性保护	濒危物种占本国全部物种的百分比、陆地保护面积占全部陆地面积的百分比；
	第16章：生物技术的环境无害化管理	生物技术领域的研究与发展的支出、生物技术领域的研究与发展人员、国家生物保护的规章和准则(有、无)；
	第9章：大气层保护	温室气体排放量、氧化硫排放量、氧化氮排放量、耗损臭氧层物质的生产和消费、城镇地区的二氧化硫、一氧化碳、氧化碳、臭氧和悬浮颗粒物的浓度、用于减少空气污染的支出额；
	第21章：固体废物的环境污染无害化管理以及同污水有关的问题	工业区和市政区废物的生成量、人均垃圾处理量、垃圾搜集和处理的支出、废弃物再生利用率、市区垃圾处理量、每单位GDP的垃圾减少量；

(续表)

环境领域	第19章:有毒化学品的无害化管理,包括防止有毒和危险产品的非法国际贩运	化学品导致的意外严重中毒事件、禁止使用的化学品数量;
	第20章:对危险废物实行环境无害化管理,包括防止危险废物的非法国际贩运	有害物质生成量、有害废物进出口量、有害废物污染的土地面积、处理有害废弃物的支出额;
	第22章:放射性废物的安全和环境无害化管理	放射性废物的产生量;
制度领域	第35章:科学促进可持续发展	每百万人拥有的科学家和工程师、每百万人中从事研究与发展的科学家和工程师、研究和发展费用占GDP的百分比;
	第37章:促进发展中国家能力建设的国家机制和国际合作	
	第8、38、39、40章	国家环境统计规划、可持续发展战略、国家可持续发展委员会、每百户居民拥有电话、容易得到的信息、印刷和散发的报纸的数量和种类、颁布对环境影响和评价、国际协议的批准、通过国家立法对国际协议的执行;
	第40章:决策用的信息	国家可持续发展委员会中的地方代表、常用知识和信息的数据库;
	第23—32章:加强主要团体的作用	国家可持续发展委员会中主要团体的代表、参加《21世纪议程》各项活动的主要团体贡献和作用。

国《21世纪议程》中的若干章,每一章选择了若干指标,具体指标目录如下:

联合国可持续发展委员会提出的指标体系具有以下主要特点:①紧扣《21世纪议程》内容;②每一关键领域的指标基本上分为压力、状态、反应三类指标;③相对指标为主,绝对指标为辅;④各章指标多少悬殊,多的达十几个,少的只有三、四个;⑤有的指标为判断指标,只需被调查者回答有或无、是或非;⑥不是一个定型的指标,而是一个需要不断完善的指标体系;⑦适用于衡量全球、各大洲的可持续发展,而不能针对某一局部区域。

二、世界银行的新国家财富指标

长时期以来,世界银行采用人均 GDP 来衡量一个国家的发展水平和富裕程度,体现了传统的发展观用经济增长作为衡量发展的唯一指标。1992 年联合国环境与发展大会确立了新的可持续发展的发展观,追求社会、经济、环境三者协调发展的目标。世界银行根据可持续发展的概念,大胆设计并开发了新国家财富指标用以评价一个国家或地区的可持续发展的状况。

世界银行的研究首先从可持续发展的概念入手,即"可持续发展是既满足当代人的需求,又不损害子孙后代满足其需求能力的发展。"可持续发展包含经济可持续性、生态可持续性、社会可持续性。其核心思想是经济的持续增长要建立在生态持续、社会持续能力的基础之上。经济发展的可持续体现在经济持续增长、有效地利用资源和投资。生态持续性是指生态系统完整、保护环境承载力和自然资源。社会持续性是指社会公平、社会凝聚力、社会参与。有的经济学家认为，可持续性可以简单地理解为福利，而资产存量又是福利的支柱。世界银行的研究根据这一思路提出，用"资本"或"财富"存量来衡量可持续发展，将可持续发展的经济目标、社会目标、生态目标作为资本或财富的三种不同的形式，再加上人力资本，共有四种财富的基本类型。可持续发展可以理解为留给后代的资本或财富总量至少应该与当代人同样多。采用人均资本作为衡量指标，可持续发展表明人均资本存量日益增长。

世界银行的研究成果把财富扩展到生产资本、自然资本、人力资本、社会资本四个部分，共同构成了人类发展的基本条件。世界银行规范了四种财富的定义，包括范围及其估算方法。首先让我们来看看新国家财富四种类型的基本定义及范围：

生产资本——又称产品资本或人造资本，是国家经济计划、规划中的重要变量，是人类过去生产活动积累起来的财富，是指以机器、厂房、基础设施（公路、铁路、自来水系统、输油管道等）为形式体现的价值，它是物质财富的直接体现，是经济活动的主要成果。可持续发展要求在不过度消耗自然资源和破坏环境的前提下追求最大的经济产出。

自然资本——又称自然资源、天然资源，指大自然所赋予人类的财富，包括农业用地、牧场、森林（木材和非木材的利益）、保护区、金属和矿产、煤、石油和天然气等。这些资产为生产和生活提供了有用的产品和服务。自然资源是人类生存和发展的基础。

人力资本——又称人力资源，指人们对自身教育、健康和营养的投资。人力资源包括对教育和初级劳动力的收益。人是一切活动的主体,人的资源性,即人类为自己创造福利的能力也是一种重要的资源。在最近几十年来,人们已逐渐认识到人力资源的重要性,以及对人的投资所具有的高回报率。

社会资本——参与社会经济活动的个人之间存在着相互影响的关系,而且通过一定的组织形式组织起来,这些也是决定经济和社会发展的重要因素。社会资本是将生产资本、自然资本和人力资本结合起来的"介质"。目前对社会资本还没有一个统一的定义。在社会科学文献中,社会资本是指一系列的规范、网络和组织。社会资本最狭义的概念是把社会资本看作是人与人之间的一系列"水平性的联合",即社会资本由社会网络(公众参与的网络)和一系列规范所构成。社会资本的关键特性是促进联合成员为共同的利益而进行协调与合作。社会资本较为广义的定义是把社会资本的概念扩大到了包括垂直性联合在内,既包括平行的关系,也包括垂直的关系,还包括了正规的制度关系和结构,如政府、政治制度、法制规范、司法系统、以及公民的政治自由等。

我们再来介绍新国家财富指标中四种财富的估算方法:

(1) 生产资本价值的估算。关于生产资本,世界银行的生产力要素研究所是以永续盘存模型为基础进行估算的。通过计算净积累量(期初资本存量加上本期国内总投资,减去折旧)而求得,也就是累计每年固定资产投资额,然后根据不同资产的使用年限(房屋及建筑物为35年、机器设备和运输设备为15年)扣除以往生产资产的折旧。估算机器和设备的价值所使用的价格是传统的国家账户中的未经调整的名义价格。建筑及房屋的价值估算是按购买力平价(PPP)汇率计算的。城市用地的价值按建筑和其他构筑物价值的固定比例来计算,加拿大统计局1985年的计算表明,城市用地的价值大约是各种构筑物的存量的33%,现行计算中都采用这一比值计算。估算存量财富,绝大多数是以现值的流量为基础来计算的,因此选择贴现率(或者称折扣率)十分重要。适应可持续发展的需要,通常选用的是社会贴现率而不是私人贴现率。各国的贴现率是不同的,发达国家一般在2%~4%之间,发展中国家比这比率高得多。进行跨国比较时,所有国家都选择了统一的4%的贴现率。

(2) 自然资本价值的估算。自然资本的估算主要涉及两个问题,一是自然资源的组成部分;二是采用什么价格计算。在财富估算中,自然资源的价格都使用世界市场价格,并用一个适当的比例加以调整,以代表贸易价格中的租金部分。任何自然资源的经济租金是市场价格同开采、加工和销售该资源所花成本之间的差额,因此它代表开采或收获资源所得到的利润。

- 农业用地价值的估算。农业用地的价值基于每公顷土地上稻子、小麦和玉米三种主要谷物的平均收益(产量乘以世界商品价格),其平均价格的权重是每种谷物的种植面积。总价值计算中,针对具体谷物采用一定的调整因子(30~50%)加以调整,以此代表每公顷土地的净经济价值。每个年度的数值以4%的贴现率折算成永久值,以此表示农业用地的现值和未来价值。其他可耕地的价值在上述谷物计算的基础上,再按80%打折计算。
- 牧场用地价值的计算。类似农业用地价值的计算。肉类、羊毛、乳制品等都以国际市场价格计算其价值,并使用一个适宜的租金率(这里是 45%)来计算牧场的收益。再用 4% 的贴现率将这一数值折算成永久值,即存量值。
- 森林用地价值的计算。森林用地价值包括木材价值和非木材价值。计算木材价值的基础是根据木材租金(价格减去生产成本)计算的圆木产量。当木材产量小于年净增长量时将年值按 4% 的贴现率折算成永久值。如果圆木产量高于年净增长量时,年值根据其使用期限来折算。非木材价值,用森林面积的 10% 乘以每公顷非木材的森林价值的估算结果(工业化国家每公顷 145 美元、发展中国家每公顷 112 美元)。然后这个年值以每年 4% 的贴现率折算到无限长的时段内。
- 保护区价值的计算。保护区是用来保护生物多样性或者具有独特的文化、风景、历史遗迹的地区。保护区的旅游和娱乐价值比较容易估算,其他则很难估算。为此使用机会成本法来确定其价值,即用前面所述的牧场价值作为保护区最小价值的近似值。
- 金属和矿产价值的计算。金属和矿产包括铝土矿、铜、铁矿石、钨、镍、磷酸盐、锡和锌。对金属和矿产财富价值的估算主要通过产量、储量、开采速率以及开采所得的经济租金等来计算的。产量即指开采量,是按资源租金的估算结果来计算的,将 1990~1994 年间收益数据进行平滑处理之后,用 4% 的贴现率在剩余的资源使用期限内进行折算。储量,即探明储量,也即可以按照现行价格和成本并有利可图地进行开发的资源数量。经济租金是指以世界市场价格计算和生产价值与总生产成本之间的差额,该成本中包括固定资产的折旧和资本的回报。开采速率是指开采量与储量之比的变化率。当储量数据不可得时,假设使用年限为20年。

- 石油、煤和天然气价值的计算。年产量是用资源租金的估算结果来计算的。将 1990～1994 年间的收益数据进行平滑处理之后,以 4% 的贴现率在资源使用期限内进行折算。为单位稀缺租金和不变收入流量假设了一条最优途径,以此为基础来计算现值。当储量数据不可得时,假设使用期限为 20 年。

(3) 人力资本价值的估算。人力资本是指一个国家的民众所具备的知识、经验和技能。许多国家主要是通过增加对教育系统的投入来增加人力资本的存量的。标准国家账户中只把其中用于校舍等固定资产的部分确认为投资,而教育的经常性支出,包括教师的工资、购买图书等的费用,被当作消费来处理。事实上,这些经常性支出仍然应作为人力资本的投入。因为如果把人力资本也作为有价值的资产,那么同人力资本形成有关的所有支出都必须按投资来对待。人力资本的投入还包括用于保健等方面的投资。人力资本价值的计算是基于国家人口收益的余量价值。该指标的计算方法是:用农业(包括林业、渔业)GDP 乘以 45% 以反映劳动力部分的收益,再加上所有的非农业 GNP,减去自然资源的经济租金和生产资本的贴现,然后将这个数值按人口的平均生产性年限进行贴现。人口的平均生产性年限是指国家人口在 1 岁时的预期寿命(或 65 岁,两个中选一数值较低的)同人口平均年龄之差。这些年值以 4%的贴现率转化成存量,然后再减去产品资产和城市用地的价值,便得到人力资本的现值。在人力资本价值的计算中,世界银行使用了基于 PPP(购买力平价)的国内价格,提高了最穷国家的收入价值,降低了高收入国家的人均收入水平。

(4) 社会资本价值的计算。到目前为止,世界银行还没有提出具体的估算方法。

世界银行关于新国家财富指标的估算方法,也在不断地调整和完善,年年都有一些变化。

根据以上估算方法,世界银行以 1990 年数据为基础,计算了全球 192 个国家的人均财富指标,全世界人均财富为 86 000 美元,其中澳大利亚为 835 000 美元,居第一位;日本为 565 000 美元,居第五位;美国为 421 000 美元,居第十二位;中国为 6 600 美元,居第 162 位;埃塞俄比亚为 1 400 美元,居最后一位。世界银行还将 192 个国家划分为原材料出口国、其他发展中国家和高收入国家,其中人力资源、自然资产、生产资本在三类国家中的比例为 36∶44∶20;56∶28∶16;67∶17∶16。计算结果表明,生产资本占全球财富的 16%、自然资本占 20%、人力资本占 64%;占世界人口不到 16%的高收入国家却拥有全球财富的 80%,而占世界人口 80%以上的发展中国家仅拥有全球财富的 20%。

世界银行新国家财富指标主要特点是:①将财富指标由流量转向存量,扩大了财富的范围,比较真实反映了各种财富在经济社会发展中的作用;②实现了各种不同形态、不同特性的资本的货币化,可以加总求得总数。主要不足是:①社会资本的估算方法尚处于研究阶段,不能计算出社会资本的价值;②许多资产的计算采用国际市场现行价格,通货膨胀将使许多财富的价值发生变化;③新国家财富指标建立在弱可持续性基础上,不能完全反映可持续协调发展的要求;④由于在计算中使用了许多假定,各国、各地区难以计算。

三、英国政府的可持续发展指标

1992年6月联合国环境与发展大会以后,英国政府于1994年发布了可持续发展战略。在里约承诺中有一项是建立一套指标体系来反映政府是否在向着可持续发展战略目标迈进,告诉社会公众现在的发展是否是可持续的。为此,英国政府成立了一个部门间的工作组专门负责研究和制定可持续发展指标体系。

什么是可持续发展?工作组认为,可持续发展指的是协调社会两方面的进步:一是促进经济增长以保证当代人及后代子孙生活水平的提高;二是为当代及子孙后代保护和改善环境。什么是可持续发展指标?过去我们用产值、就业率、通货膨胀率、国际收支等指标来衡量经济形势的变化,这些指标只能是宏观经济的综合的统计描述,不能解释趋势产生的原因,也不能反映某个行业或地区的情况。制定可持续发展政策,情况就大不一样了,需要有关环境状况及其相关因素的可靠信息,包括有关风险、成本、效益等方面的信息;还需要大量的关键性经济社会发展方面的信息;还需要一组综合统计信息来描述宏观总体情况,使政策制定者与社会公众更好地了解可持续发展的状况。

工作组认为,可持续发展指标的特点是:简洁性、数量性与综合性。可持续发展指标的功能有:①指标是广大公众了解和关心可持续发展和环境状况的工具,通过指标理解和监督政府的政策,检查自己的行为对可持续发展与环境的影响。②指标可提供环境与社会经济的联系方式,从而预测人类活动将会对环境产生的潜在影响。③指标可帮助测量可持续发展目标的实现程度。④指标还可以帮助澄清环境和经济数据混杂在一起引起的混淆。

英国可持续发展指标是依据可持续发展战略目标而设置的。这样的指标体系有助于监测战略目标的实现进程;也有助于完成联合国可持续发展委员会交给英国的任务;同时将公众的注意力集中在关键问题上,从而影响企业、个人的行为,使其考虑自己的行为对环境造成的影响。指标虽然可以帮助我们了解关键问题并把握总体趋势,但指标并不是万能的,有些领域,例如土地的质量就难于测定;有些环境特性如自然风光、环境的宁静等不能客观地测量。可持续发展要求发展的效益与环境成本相协调,但目前的指标还只能度量环境和经济的变化,不能直接解决协调性问题。困难在于它们没有共同的度量基础。定量指标并不是测量可持续性的唯一手段,定性信息也是必要的。

英国政府除了建立可持续发展指标外,还承诺推进环境核算方面的工作。由中央统计局的专门机构负责环境卫星账户的编制工作。这些账户以自然资源的耗减来调整国民收入,并报告污染物排放和环境保护支出的实物量,环境账户反映经济与环境影响之间的联系。只有通过指标体系和账户体系才能比较全面地反映可持续发展方方面面的情况。

表10　英国政府的可持续发展指标体系

目标	专题
一:经济健康发展、保护人类健康和环境	(一)经济,指标有:国内生产总值、经济结构、GDP的支出构成及个人储蓄消费者支出、通货膨胀、就业、政府借贷和债务、治理污染支出、婴儿死亡率、预期寿命; (二)运输,指标有:汽车使用和旅客总人数、短途旅行、交通成本的实际变化、货运量; (三)闲暇与旅游,指标有:休闲旅行、航空旅行; (四)海外贸易,指标有:英国的进出口贸易;
二:不可再生资源必须优化利用	(一)能源,指标有:化石燃料的消耗、核能和可再生燃料的能量、一次能源和终端能源的消费、能源消费和产出、工商部门的消费、交通运输的能源使用、居民能源使用、实际燃料价格; (二)土地的利用,指标有:城市发展所占用的土地、家庭成员数、城市发展使用土地的再利用、土地休耕和开垦、道路建设、城外零售场所、定期施行土地再生的支出、城区的绿化;
三:可再生资源必须可持续利用	(一)水资源,指标有:许可的抽取量和有效降雨、低径流量的缓解、被利用的抽取量、公用水的抽取量、公用水的需求和供应、喷洒灌溉的抽水量; (二)林业,指标有:森林覆盖、木材生产、原始的半天然林地、林木的健康、森林的经营; (三)渔业资源,指标有:渔储量、最低的生物可接受标准、渔获量;
四:人类对环境危害的最小化	(一)气候变化,指标有:全球温室气体辐射强制速率、全球温度变化、温室气体排放、发电站二氧化碳的排放; (二)臭氧层耗竭,指标有:计算出的氯负荷、测量臭氧耗损、臭氧耗损物质的排放、氯氟烃的消费; (三)酸沉降,指标有:超过暂定的酸性临界负荷的程度、发电站二氧化硫和氮氧化物的排放、交通运输工具的氮氧化物的排放;

(续表)

	(四)空气,指标有:臭氧的浓度、氮氧化物的浓度、颗粒物的浓度、挥发性有机化合物的排放、黑烟排放、铅排放、削减空气污染的支出; (五)淡水质量,指标有:河水质量、河流和地下水中的硝酸盐、河流中的磷、河流和地下水中的农药、污染事故、污染的防治与控制、水抽取处理和分配中的支出、污水处理的支出; (六)海洋,指标有:港湾的水质量、主要污染物的浓度、鱼体内的污染物、浴场水质量、污染物的倾倒、石油溢出和操作性排放; (七)野生生物和栖息地,指标有:本国的濒危物种、鸟类孵化、在半改良草地中植物的多样性、白垩质土壤草地的面积、灌木树篱内植物的多样性、栖息地的破碎、湖泊和池塘、溪流地带植物的多样性、哺乳动物的种群、蜻蜓的分布、蝴蝶的分布; (八)土地覆盖和景观,指标有:农村土地覆盖、划定和受保护的地区、对划定和受保护地区的破坏、农业生产率、氮肥的使用、农药的使用、特色风景线的长度、受到环境管理的土地; (九)土壤,指标有:土壤质量、表土中的重金属; (十)矿物开采,指标有:产出总量、废物总量、地上采矿工作区、复原/经过调整的土地、采矿工作区的再利用、从海洋中开采的总量; (十一)废物,指标有:家庭废物、工业和商业废物、特殊废物、家庭废物的回收利用和堆肥、物资的回收利用、来自废物的能源、需填埋的废物; (十二)放射性,指标有:辐射暴露、核装置和核电站的释放、放射性废物的产生和处置。

建立和完善可持续发展指标是一项长期的工作,英国政府目前提出的指标仅仅是一个开头,各方面都还有一些不同认识。为此,该指标将会不断地有些变化。

英国的可持续发展指标是按照可持续发展战略目标来设置

的,其目标有四个:①保持经济健康发展,以提高生活质量,同时保护人类健康和环境;②不可再生资源必须优化利用;③可再生资源必须可持续地利用;④必须使人类活动对环境承载力所造成的损害及对人类健康和生物多样性构成的危险最小化。在每一个大目标之下又包含几个专题,共有 21 个专题。在每一个专题下面又包括若干关键目标和关键问题,在关键目标和问题下面再选择关键指标,共计有 120 多个指标。指标目录如表 10 所示。

四、美国政府的可持续发展指标

1993 年 6 月克林顿总统宣布成立"总统可持续发展理事会(PCSD)",经过三年的研究和审议,于 1996 年 2 月提出了"美国国家可持续发展战略——可持续的美国和新的共识",并于 3 月正式递交克林顿总统。该报告介绍了可持续发展的国家目标、新世纪的新框架、信息和教育、加强社区建设、自然资源管理、人口与可持续发展,以及美国的国际领导地位等。报告提出了可持续发展的定义的原则,认为一个可持续发展的美国应该是经济不断增长,从而为当今美国人民及其子孙后代提供平等的机会,确保他(她)们拥有一个安全、健康、高质量和令人满意的生活。报告还提出了可持续发展的原则,包括增加工作职位、生产能力、进行改革、减少各种不平等、进一步保护环境、科技革新、加强社团作用等十六项。该报告提出了美国的可持续发展目标为十个:健康与环境、经济繁荣、平等、保护自然、资源管理、持续发展的社会、公民参与、人口、国际责任、教育。在每一个发展目标下面都设计和选择了若干进步指标来描述和反映该目标的发展变化情况。下面简要介绍反映各项发展目标进展情况的指标的选择。

（1）健康与环境。这一目标要求保证每个公民在家里、工作单位以及旅行中都能享受到清新的空气、洁净的水源与健康的环境。与此同时，指标也是围绕空气、水源的质量及有害物质的排放来选择的。反映空气质量的指标是：居住区空气质量不合标准的人口减少数量。反映饮水质量的指标是：饮用达不到国家饮用水安全标准的人口减少数量。有害物质排放的指标是：人类排放的有害物质的减少量。

（2）经济繁荣。这一目标要求国民经济健康、稳定的发展，为公民提供良好的工作机会、减少贫困、提高生活质量。反映这一目标的指标有传统的评价经济活动的指标，如国内生产总值、国内净产值和失业率，也增加了一些新的指标，用以反映生产、消费对环境的负面影响与贫困的状况。反映经济方面的指标是：人均GDP和NDP（国内净产值）的增长情况。反映就业方面的指标是：就业机会、工资水平和工作质量增加与改进。反映贫困的指标是：生活在贫困线以下的人口数量的减少。反映自然资源和环境价值，需要使用新的测量指标以反映资源耗竭与环境损失情况。反映生产效率的指标是：人均每小时生产的产品增多的情况。

（3）平等。这一目标要求所有公民能够被公平、合理地对待，都有机会享受经济、环境利益和社会福利。要全面评价所有公民在机会上的公平或公正性是极为困难的，它需要通过多种途径来衡量富人和穷人之间的差异，目前还不具备这样的条件。但仍然应该局部地进行这样的工作，以检验国家是否在采取措施减少贫富悬殊的现象。现阶段有反映收入、环境、社会平等方面的指标。反映收入平等的指标是：与占人口总数 20% 的最富有人口相比，占人口总数 20% 的下层人口的收入变化情况。反映环境平等的指标是：不同社会阶层承受的环境负担。反映社会平等的指标是：不同社会阶层的公民在获得必要的教育、健康保障、社会服务、参与决策等机会方面进行评价。

(4) 保护自然。保护自然的目标在于更好地利用、保护和恢复自然资源，获得长期的社会、经济和环境等方面的利益。要全面地测量自然系统的健康状态是非常困难的和复杂的。目前设有反映生态系统、居住地丧失、面临威胁和危险的物种、营养物质与有毒物质、外来物种、全球环境变化方面的指标。生态系统主要包括森林、草地、湿地、地表水和滩涂地区，生态系统指标用于反映它们健康状况的变化，主要有：描述以上系统或其它土地上，因侵蚀、化学或生物变化带来的土壤流失量以及相关产量的减少；健康湿地面积的增加数；森林覆盖率的提高；健康水体的发展情况；健康草地面积的增加数。居住地丧失的指标主要是：指居住地范围的变化情况。面临威胁和危险的物种的指标是：指这些物种数目的减少量。营养物质和有毒物质的指标是：导致自然系统毒化和富营养化的污染物排放量的减少。外来物种的指标是：指由外面引入或传播而来的物种数量。全球环境变化的指标是：指温室气体排放和破坏臭氧层的化学物质排放量的减少。

(5) 资源管理。这一目标要求制定一整套管理道德规范，鼓励个人、公司、社会事业机构等对其活动所产生的经济、环境和社会后果负责任。主要包括：材料消耗、废物减少、能量效率和再生资源利用各方面。材料消耗方面的指标在于反映材料利用率的提高,如人均或单位产品产量的材料消耗量的变化。废物减少的指标反映废品数量的减少、资源重新利用、恢复和循环利用。能量效率的指标是:单位产品产量的能量消耗。再生资源利用的指标是:指渔场、森林、土壤、水体等资源的再生率情况。

(6) 持续发展的社会。这一目标要求创造一个健康的社会,包括保护自然资源和历史遗产,提供足够的工作机会、安全的邻里环境、终生的教育机会,具备良好的交通运输能力和健康保障,所有公民都有机会改善其生活质量。主要指标有:社会经济生存力、安全的睦邻关系、公园、面向后代子孙的投资、交通结构、社会对信息的获取、庇护场所、城市收入结构、婴儿死亡等方面的指标。社会经济生存力的指标有:反映人均收入和城镇、郊区、农村就业率提高的指标。安全的睦邻关系的指标是:指犯罪率的减少。公园的指标是:指城镇绿地、公园空间和娱乐场所的增加。面向后世子孙的投资主要是指:社会和私人用于儿童保障的各种投资,包括健康保障、母亲关怀、童年发展、教育和培训。交通结构的指标是:反映交通拥挤率减少,可供公众利用和选择的交通系统的增加量。社会对信息的获取的指标包括提高图书馆的利用率和学校、图书馆进入国际互联网和国家信息网的百分率。庇护场所方面的指标是通过社会减少无家可归人口的数量。城市收入结构的指标反映减少城市与郊区间的人均收入差距。婴儿死亡方面的指标是:婴儿死亡率指标。

(7) 公民参与。这一目标在于为所有公民、商业组织和社会团体参与有关影响到自然资源、环境和经济决策的活动提供机会。

需要通过一些评价标准来跟踪公众的参与、评估政策效率、加强决策合作、允许个人领导能力和创造力的发挥。公众参与的指标是：选民参加国家、州和当地选举投票的百分率。社会资本是指增进公众参与和社会信任，例如社会民众为了相互的利益而合作的意愿。市民参与的指标是指职业服务组织、父母—教师联盟、体育社团以及志愿工作等。相互协作也是公民参与的重要内容，在发展社会、私人机构协作方面，有许多成功的经验值得利用。

（8）人口。人口方面的目标是促进美国人口向稳定的方向发展，包括人口增长、怀孕、妇女地位、移民等内容。人口增长方面，要求降低美国和世界人口的增长率。妇女地位方面的要求主要是增加妇女受教育的机会、争取同工同酬。怀孕方面的要求是减少计划外怀孕和减少青少年怀孕。移民方面的要求在于减少非法移民的数目。

（9）国际责任。这一目标的要求是，美国在全球可持续发展政策、行动准则以及商业、外交政策的制定与实施等方面，充当领导者的角色。美国在环境、经济和文化方面的行动都将对世界产生深远的影响。用于评价联邦政府这一国际责任的指标包括国际援助、环境援助、进展评价、环境技术输出、科研领先。国际援助方面的指标是美国所提供的国际援助水准提高情况，其中包括利用联邦资金向发展中国家提供的国际援助。环境援助的指标是美国对全球环保机构所作贡献的增加、其他以环境为目标的发展援助的增加情况。进展评价将对接受美国援助的国家面向可持续发展的工作进展进行评价。科研领先指标反映美国在全球问题上科学研究水平的提高情况。

(10) 教育。这一目标要求保证美国公民能够获得平等的接受教育的机会和终生的学习机会,使之能够得到满意的工作、高质量的生活、同时也能够理解可持续发展中所包含的含义。可持续发展的教育应当是终生的,为此需要通过综合利用各种正规与非正规教育设施来实现,包括教师教育、继续教育、课程发展及工人培训。用于反映这一目标的指标包括信息获取、课程发展、国家标准、社会参与、国家成就、毕业率方面的指标。信息获取指标是指使更多的社会机构拥有信息基础设施,使之能够很容易地获取政府信息、公共和私人机构的研究信息以及社会有权知道的文件。课程发展指标是指用于进行可持续发展原理教育的课程、材料、培训机会的数量增加情况。国家标准指标是指用于学习可持续发展的教育标准的增加情况。社会参与指标是指为提供终生学习机会的教育机构数目增加情况。国家成就指标是指根据标准化考试的测试结果,美国学生技术能力的提高情况。毕业率指标包括中学毕业率和考上大学的学生数目及参加职业培训的学生数目的增加情况。

五、环境—经济综合核算体系与真实储蓄

(一) 环境—经济综合核算体系
1. GDP 指标的局限性

SNA 核算体系中的 GDP 作为反映宏观经济增长的指标,所反映的是市场经济下可以交易的、货币化的生产成果。在 GDP 的核算中,对于经济增长所带来的自然资源耗减和环境状况的恶化未

考虑在内,具体表现在:一是在有关环境保护费用的处理上,各行业、各部门在生产和提供服务过程中所进行的环保活动,其目的在于消除自身对环境可能产生或已经造成的不利影响,并不能带来社会福利水平的真正提高,是一种防护性的支出,而在 SNA 核算体系中,各行业、各部门在环境保护活动中全部投入都计入该行业的总产值及增加值之中,结果是各部门的环境保护费用的增长引起 GDP 的增长,显然这种增长是不实在的、虚假的增长;二是在 GDP 指标的计算中没有完整地反映经济活动所引起的自然资源的耗减与生态环境质量的下降。此外,GDP 在很大程度上是鼓励浪费的指标,例如烟草的生产使 GDP 增多,同时引发了癌症、心脏病等疾病,又导致医疗、保险等开支的上升,从而又增加了 GDP 的数量。由于滥用资源、污染水体、滥伐森林、土壤退化等所带来的 GDP 增长究竟是不是成绩都还是一个值得研究的问题。

2. 环境核算的主要方法

为了解决 SNA 核算体系同资源耗减与环境质量变化相脱节的问题,一些国际组织或专家研究并提出了环境核算的各种方法,主要的有以下几种:

(1) 实物量自然资源核算方法。这种方法注重自然资源和能源的实物资产平衡,即通过各种资源的期初存量、期末存量及中间的变化流量来反映其资源实物量的变化情况。在适当(针对所选的污染物)的情况下,它还包括用环境质量指数来表示的自然资产和环境质量的变化。这一方法在实际运用上是最先进的,目前已有少数国家在开发和使用这种核算方法。

(2) 货币量形式环境核算。这是一种以货币量形式进行的、与国民经济核算相联系的核算方法。又有狭义与广义之分。狭义的货币量环境账户仅在国民经济核算账户中单独列出用于环境保护的实际支出。广义的货币量环境核算实质上是对国内生产总值进行环境费用的调整。环境费用包括石油耗减、森林砍伐、鱼类资源耗减和水土流失的费用。这种核算建立在详细的实物分析的基础之上，区分了各类树木、鱼，依据地理位置、农业用途区分了不同类型的土壤。但是，归根结蒂焦点还是集中在国内生产总值的调整上。

（3）福利类核算方法。它涉及造成环境影响的生产者以外的个人和生产者承受的环境影响。生产者承受的影响远远大于引起的费用。一个福利方法是把注意力集中在生产活动所引起的费用的环境影响上，从广义上讲就是集中在福利上。这种方法考虑了自然界一方面向生产者和消费者免费提供了环境服务，另一方面人类在生产和消费过程中使自然界又遭受损害。这些服务和损害分别被隐含地视为由自然界提供的转移和返回自然界的转移，它会增大或减少环境调整的国民净收入。另一个福利方法所依据的是环境可持续性标准这一概念和为满足这些标准所需的防止和恢复费用。

3. 环境—经济综合核算体系（SEEA）

联合国统计局提出的环境—经济综合核算体系（SEEA）作为 SNA 国民经济核算体系的卫星账户，正式编入 1993 年的 SNA 核算体系中。这是一种把环境纳入国民经济核算的、综合的核算方法。作为 SNA 的卫星体系的 SEEA 在设计原理、规则和列表方式等方面，必须尽可能与 SNA 相一致，只是将环境分析和评价所需要的信息单独列式。这种联结方式的目的是将环境变量较好地融进国民经济核算体系中,也有利于 SNA 与 SEEA 的比较。SEEA 寻求在保护现有国民经济核算账户体系完整性的基础上,通过增加附属账户内容,鼓励收集和汇入有关自然资源与环境相关的信息。附属账户是实现最终计算"经过环境调整的国内生产净值(EDP)"的重大进展。具体计算过程如下:

在 SNA 核算体系中,国内生产净值从产出方面看,可以有两个计算公式:

$$NDP = P - Ci - CFC \quad (1)$$

$$NDP = (X - M) + C + I \quad (2)$$

式中,P 代表当期生产的总产出;Ci 代表中间投入;CFC 代表固定资产消耗;X 代表出口;M 代表进口;C 代表最终消费;I = Ig(资本形成总额)—CFC,代表资本形成净额。需要特别指出的是,Ci 和 CFC 仅指生产的中间投入和生产用固定资产的消耗,I 也仅限于产出(及进口)成果用于生产资产的增加。

上述指标计算方法的主要问题是,资本形成净额 I 忽略了环境与自然资产的耗减。将资本形成净额加以环境调整,便可以得到经过环境调整的国内生产净额,其计算公式如下:

$$EDP = P - Ci - CFC - Usenp \quad (3)$$

$$EDP = C + (X - M) + (Ap.ec + Anp.ec - Anp.env) \quad (4)$$

式中,Usenp 代表非生产自然资产的使用;Ap.ec 代表生产资产的净资本积累;Anp.ec 代表非生产资产的资本积累;Anp.env 代表环境资产的耗减和退化。

以上式(3)同式(1)相比,等式右侧增加了一项 Usenp 扣除项。它表示本期生产过程中对自然环境资源的利用价值,包括列入经济资产中的非生产自然资产和未列入经济资产中的环境资产。从其内容上看,对自然环境资源的利用大体包括两种类型:一是耗减,指各种直接投入生产过程的自然资源,如地下资产、森林等在本期生产过程中的消耗量,这是自然环境向经济过程提供的货物;二是退化或降级,指经济过程中对环境的利用造成环境质量的损害,如土地由于种植谷物而土质下降,大气、水等容纳了经济过程排出的废弃物而使质量变坏,可以视同自然环境向经济过程提供了固定资产,在其使用中发生了磨损。因此,Usenp 可以看作是当期用于经济过程的自然资产价值的净额。

以上式(4)同式(2)相比,I 扩展为 Ap.ec、Anp.ec、Anp.env 三个项目,其中的 Ap.ec 仍然是原来的 I,代表发生在生产资产上的积累;INP = Anp.ec – Anp.env,INP 是因经济原因造成的非生产自然资产的积累,称为环境资产向经济资产的转移。

SEEA 作为 SNA 核算体系的卫星账户,其特定目标是:将传统账户中所有与环境有关的流量与存量项目分离列式;将实物资源核算与货币化环境核算以及资产负债核算相联系;对传统的收入、产值指标加以环境调整等。

实施 SEEA 有许多实际问题需要解决。其中 EDP 计算中的估价——环境投入的实际成本和虚拟成本的估算仍是一个没有完全解决的大问题。也就是说,目前发生的环境成本不能作为环境投入价值用于计算 EDP,因为目前实际发生的排污费缴纳、自然资源开采使用特许费等,只是整个环境利用的很小一部分,无法代表整个环境投入价值。SEEA 提供了三种虚拟方法：市场估价法、维护成本法、住户意愿法。人们比较认同前两种方法。市场估价法是以经济过程对环境的利用量和相应的市场价格资料为基础，计算非生产自然资产的经济使用价值 UNP，进而计算 EDP。应该说，自然资产对经济过程的耗减投入是比较容易估算；但对于自然资产的降级投入，估价就非常困难。维护成本法是指将自然资产维持在耗减和降级前的水平所需费用，以此作为 UNP 来计算 EDP。这里所讲的维持原水平是指，在保持总量基本不变的条件下使用各种自然资产，例如对可再生资源水，使用量与自然生成量大致相当；可耗竭资产要通过提高使用效率和开发替代品等来减少耗减；环境对废物等的处置功能应以环境的吸纳能力为限等。为了达到以上目的而采取的各种活动所发生的支出即为环境维护成本。这种方法在理论上较好地体现了可持续发展思想，覆盖面也较宽，连环境质量恶化也包括在内。但是，究竟应该如何估算各种自然资产、环境的维护成本仍然十分困难，操作性也就不强。

此外，SEEA 及 EDP 的计算均要遵循 SNA 及 GDP 的原理、原则、方法等，这是非常不合理的，因为 SNA 核算体系及其指标反映的是传统的发展观，而可持续发展是一种新的发展观，它要求环境与经济的协调发展，不能简单地对 SNA 进行一些修改或调整就能达到反映环境与经济的协调发展的目标，而必须从整体上全面地进行重新设计才能达到目的。

（二）真实储蓄率的计算

世界银行 1995 年《监测环境进展》报告提出了真实储蓄指标

及其估算方法。世界银行的研究认为,可持续发展虽然有多种定义,但实现可持续发展在本质上却是一个创造财富并保持财富的过程。财富具有广泛的意义,包括产品资产、自然资源、健全的生态系统和人力资源。在环境与经济综合核算体系中扩大了储蓄和财富的概念与计算方法,对储蓄的计算方法加以调整,使其反映出环境的损耗。真实储蓄率是在考虑了自然资源的枯竭和环境污染的损害之后的一个国家的真实的储蓄率。真实储蓄新指标的特点是,更大范围覆盖了自然资源,改善了数据和计算方法,增强了对人力资源的考虑。对真实储蓄的测定表明,真实储蓄的持续负增长必然导致财富的减少,意味着不可持续性。

传统的财富积累率的指标是总储蓄,其指标值是通过 GNP 减去公共的和私人的消费而求得。总储蓄表示可以作为未来向外借出的产品和向生产性资产投资的产品的总量。总储蓄并不能说明发展的可持续性,因为生产性资产在生产过程中会磨损贬值,如果贬值大于总储蓄,产品资产财富就会减少,说明不可持续性。净储蓄即为总储蓄减去产品资产的折旧,虽然离可持续性更进了一步,但它仍然只是狭隘地关注于产品资产。真实储蓄指标除了涉及产品资产外,还计算自然基础的变化和环境质量的变化。真实储蓄的计算过程如下:

(1)国内总投资 − 净国外借入 = 总储蓄
(2)总储蓄 − 产品资产贬值 = 净储蓄
(3)净储蓄 − (资源损耗 + 污染损失) = 真实储蓄

资源损耗是按开采和收获自然资源的租金来度量的。对于铝土矿、铜、铁矿石、铅、镍、银、煤、原油、天然气、磷酸盐矿石等每一种资源,租金是以世界市场价格计算的生产价值同总生产成本之间的差值,该成本中包括固定资产的折旧和资本的回报。森林资源损耗是按圆木开采的租金值同原生林及人工林中自然增长量的价值的差值来计算的。

污染损失包括的方面很多。污染对产出的影响,如谷物的减收、病虫害引起的减产等在国民经济核算中得到了反映,但没有单独地标明。污染还对福利产生影响,如污染引起人类过高的死亡率、污染引起的各种疾病、残疾等,其损害价值的计算十分困难。有关研究提出了一些方法,但是推行起来也还存在不少问题。有的研究得出结论,每排放1吨CO_2造成的全球的边际损失为20美元。各国、各地是否一样,很难说清。当然一些结论还是正确的,如污染损失在许多正在加速城市化和工业化的国家会是非常明显的。

真实储蓄的理论能够很好地处理资源或污染物质临界存量,真实储蓄的计算中包含了重要的自然资源和污染水平,但是实践起来却很难。例如渔业资源,由于储量及其变化的计算很困难,缺乏有效的管理规范,渔业的租金在很大程度上被浪费掉了。一些国家的绿色国民经济核算中,土壤侵蚀得到了一定的体现。土壤的侵蚀是指由于土壤的使用、污染等造成土壤质量的下降。土壤侵蚀的估价需要有大量的、详细的地区数据,然而这些数据却无法广泛地获得。作为新国家财富组成部分的人力资本的计算同国民经济核算的计算也存在不一致的地方。人力资本是指一个国家的民众所具有的知识、经验和技能。世界各国基本上都是通过增加对教育系统的投入来提高人力资本的存量。国民经济核算账户中仅将占总投资的不足10%的、用于校舍等固定资产的投入部分确认为投资,而将占总投资90%以上的经常性支出,如教师的工资、购置图书等的费用按照消费来处理。在真实储蓄的计算中,这样处理显然是错误的,因为如果把一个国家的人力资本作为有价值的资产,那么同人力资本形成有关的所有支出都应该按投资来对待。经常性教育支出对真实储蓄的影响,在经济发展水平不同的国家里,差别是比较明显的。在高收入国家里,由于教育投资大,人力资源在国家财富中所占的份额相当大,可持续发展的程度也高。

第三节 中国可持续发展指标体系研究

一、国内可持续发展指标研究的简要介绍

80年代以来,特别是90年代初以来,中国国内也有一批专家学者从事可持续发展指标体系的研究,取得了可喜成果,例如北京大学的叶文虎、栾胜基教授的《可持续发展的衡量与指标体系》一文研究了可持续发展的概念、指标体系概念、建立原则以及框架建议,提出了全球、国家(或地区)可持续发展指标体系框架图;国家计委国土开发与地区经济研究所的郝晓辉的《可持续发展指标体系初探》一文提出了可持续发展指标体系由社会、经济、资源、环境四大类指标组成,并提出了每大类中的具体指标,共计有59个指标,另有非货币指标12个;中科院、国家计委地理研究所毛汉英的《山东省可持续发展指标体系初步研究》一文提出了建立可持续发

展指标体系的基本原则、山东省实施可持续发展战略的主要思路,将可持续发展指标体系分为经济增长、社会进步、资源环境支持、可持续发展能力四大部分,每一部分再下分指标类别,指标类别下列具体指标,共计15类、90个指标;中国科学院生态环境中心提出的可持续发展指标体系分为经济社会发展、环境质量、自然资源、污染状况与控制、环境管理五大部分,每一大部分下再分中类、小类及具体指标;清华大学21世纪发展研究院建立的长白山地区区域可持续发展指标体系可持续发展总水平分为系统发展水平和系统协调性两方面,前者包括资源潜力、经济绩效、社会生活质量、生态环境质量四个主题,系统协调性包括资源转换效率、生态环境治理力度、经济社会发展相关性三个主题;海南省可持续发展指标体系包括五个大部分:发展潜力、发展潜力变化水平、发展效能、发展活力、发展水平;发展潜力又分为人的潜力、资源潜力、环境潜力等,共计有近40个指标,其中多数是综合指标;国家科委中国科学技术促进发展研究中心的《国家社会发展综合实验区理论与实践研究报告》(1997年7月)将可持续发展指标分为准则层①可持续发展前提:生态环境保护与自然资源有效利用;②可持续发展动力:科技进步与人口素质提高;③可持续发展手段:经济结构优化与经济效益提高;④可持续发展目标:社会福利水平与生活质量提高;⑤政府对可持续发展的保障与支持能力等,在每个准则层之下设置了若干指标,共有42个指标,其中绝大多数指标是相对指标、强度指标、综合指标。这些研究成果对于建立中国可持续发展指标体系具有重要的参考价值。

由国家统计局统计科研所与中国21世纪议程管理中心联合组成的课题组认为,中国可持续发展指标体系的建立要依据《中国21世纪议程》,从中国的国情出发。经过两年的研究,课题组提出了中国可持续发展指标体系的初步设想,下面对该初步设想作一下简要介绍。

二、建立中国可持续发展指标体系的指导思想

改革开放以来,中国政府从本国的国情出发,十分重视经济、社会、环境、资源、人口、科技、教育、文化等各方面的发展。党的十一届三中全会提出了全党全国人民的工作重点要转移到经济建设上来,一切工作要以经济建设为中心。近20年来围绕这个中心又先后提出提高国民经济效益、调整产业结构、实现经济体制和经济增长方式的两个根本性转变,以达到国民经济健康、持续、稳定发展的目标。根据中国人口基数大、增长快,环境方面问题突出的状况,先后提出了计划生育、保护环境的两大国策。根据改革开放后出现的新情况,及时地提出了物质文明、精神文明两手抓的方针。根据中国科学技术、文化教育发展不适应现代化建设需要的状况,提出了依靠科技进步和发展教育兴国的战略。联合国环发大会后,又适时提出了中国在现代化建设中必须实施可持续发展战略。实施可持续发展战略就是要使以上的基本国策、方针、战略等都得到全面的实施。

建立中国的可持续发展指标体系总的指导思想是,以马克思

列宁主义、毛泽东思想、邓小平理论以及可持续发展理论为指导，从中国国情的实际出发，借鉴国外的先进经验和做法，建立可以实际操作的、全面反映中国可持续发展状况和进程的指标体系。中国的可持续发展指标体系必须全面体现十一届三中全会以来，党和政府提出的两个基本国策(控制人口增长、保护生态环境)、两个文明建设(物质文明建设、精神文明建设)、两个发展战略(科教兴国、可持续发展)、两个根本性转变(经济体制、经济增长方式)的要求。

中国的国情是什么？首先，中国是一个发展中国家，尚处于社会主义初级阶段，在今后相当长的一段时间里发展经济、消除贫困、改善和提高人民生活水平仍是中国头等重要的大事。其次，资源相对不足，人均占有少。虽然中国地大物博，资源丰富，但按人口平均拥有的资源却并不富裕，多数低于世界平均水平。第三，人口多、规模大、增加快。目前每年仍净增 1 000 多万人，预测到 2020 年中国人口将达到 15 亿人。人口的过度膨胀将给国土资源以及就业、人民生活的提高等等增加了巨大的压力。第四，环境恶化严重。改革开放以来，中国城乡经济发展很快，许多地方和企业只讲"生产"、"赚钱"，不顾环境与生态，污染严重，水土流失和荒漠化也十分突出，治理任务十分艰巨。第五，社会事业发展滞后。1949 年以来，特别是改革开放以来，中国的科学、教育、文化、卫生、体育等社会事业有了较大的发展，但与经济的高速发展、广大居民日益增长的物质文化生活需求相比，仍然十分滞后，必须加快发展步伐。

三、建立中国可持续发展指标体系的基本原则

（一）适应中国可持续发展目标需要的原则

中国政府十分重视可持续发展，提出了许多目标和要求，其中有些是近期目标，有些是中长期目标，并动员全社会实施，中国的可持续发展指标必须予以反映。

（二）科学性原则

可持续发展问题既是理论问题，又是实践问题。所谓可持续发展指标体系的科学性，就是要求指标的定义、计算方法等不能离开可持续发展的基本理论，需要与此相互协调、贯通，即在可持续发展理论的指导下来设计指标体系。每个指标的名称、定义要有科学的依据，每个指标的解释、计算方法、分类等都要讲研究科学性、真实性、规范性。在选择指标时，要注意选那些稳定性强的、相关性好的、能较好反映可持续发展变化的指标。

（三）整体性原则

既要有反映经济、社会、人口、环境、资源、科技各系统发展的指标，又要有反映以上各系统组成的整体性指标。

（四）动态性与静态性相结合的原则

既要有反映状态的指标，又要有反映变化、动态的指标。

(五) 定性与定量相结合的原则

尽量选择可量化指标,难以量化的重要指标应以定性指标来描述。

(六) 可比性原则

可持续发展的基本指标尽可能采用国际上通用的名称、概念和计算方法,做到与国际、国外指标的可比性;同时也要考虑与中国历史资料的可比性问题。

(七) 可行性原则

在设计指标体系时要充分考虑到资料的来源。为了提高指标体系的可操作性,节省人力、物力、财力,许多指标应考虑到现行统计的基础,即尽可能使用现有统计指标;新建立的指标,其资料的取得也应考虑通过一些简便易行的方法取得,此外,能反映可持续发展的指标很多,作为描述、反映国家既各省、市、自治区可持续发展状况与进程的指标只能选择主要的、基本的,以便能较为及时地取得有关数据。

(八) 区域性原则

中国是一个自然条件复杂、各地差异又较大的国家,在制定可持续发展指标时,必须充分考虑到地区之间的不同特点,考虑到区域发展的不同情况,以保证可持续发展指标能充分反映中国的国情。

四、可持续发展的定义及各领域之间的关系

（一）可持续发展定义的界定

研究可持续发展指标体系,首先要明确可持续发展的内涵和定义。可持续发展的定义很多,有的专家指出,国内外对可持续发展的解释上百种,这些解释和定义都有一定的道理。例如,生态学家从自然属性来定义可持续发展,社会学家从社会属性来定义可持续发展,经济学家从经济属性来定义可持续发展,科技专家从科技属性来定义可持续发展。《我们共同的未来》将可持续发展定义为:"既满足当代人的需要,又不对后代人的满足其需要的能力构成危害的发展。"有的专家指出,可持续发展的核心是"协同"与"公平";所谓"协同"就是指经济增长、社会进步与环境保护,三者目标的协同;所谓"公平"是指人类与其他生物物种之间、人与人(人群、当代人与后代人)之间、自然资源的利用和物质财富的分配等方面的公平。

究竟应该怎样从中国的国情和实际情况出发来定义可持续发展呢? 江泽民同志在党的十五大会议上的报告中指出,"我国是人口众多、资源相对不足的国家,在现代化建设中必须实施可持续发展战略。坚持计划生育和保护环境的基本国策,正确处理经济发展同人口、资源、环境的关系。"江泽民同志在第四次全国环保会议上的讲话中指出:"从我国实际出发,在实施可持续发展战略中,我们要努力做好以下几方面的工作:一是节水、节地、节能、节材、节粮以及节约其他各种资源,农业高产、优质、高效、低耗,工业要讲

质量、讲低耗、讲效益,第三产业与一、二产业要协调发展;二是继续控制人口增长,全面提高人口素质;三是消费结构要合理,消费方式要有利于环境与资源保护,决不能搞脱离生产力发展水平、浪费资源的高消费;四是加强环境保护的宣传教育,增强干部和群众自觉保护生态环境的意识;五是坚决遏制和扭转一些地方资源受到破坏和生态环境恶化的趋势。"国务院副总理邹家华在"中国 21 世纪议程"高级国际圆桌会议上指出,"中国今后的发展道路,唯一正确的选择是把近期与长远发展相结合起来,以经济、社会、人口、资源、环境的协调发展为目标,在保持经济高速增长的前提下,实现资源的综合利用,环境质量的不断改善。这就是我们所说的可持续发展"。《中国 21 世纪议程》第一章在论述了人类社会面临生态和发展的严峻形式后指出,"必须努力寻求一条人口、经济、社会、环境和资源相互协调的、既满足当代人的需求而又不对满足后代人需求的能力构成危害的可持续发展的道路。"国家计委、国家科委在关于进一步推动实施《中国 21 世纪议程》的意见中指出,"可持续发展就是既要考虑当前发展的需要,又要考虑未来发展的需要,不以牺牲后代人的利益为代价来满足当代人利益的发展;可持续发展就是人口、经济、社会、资源和环境的协调发展,既要达到发展经济的目的,又要保护人类赖以生存的自然资源和环境,使我们的子孙后代能够永续发展和安居乐业。"

根据以上引述,我们认为,可持续发展的实质和核心还包括以下要点:①可持续发展强调的是环境与发展的协调问题;②可持续发展强调当代人利益与后代人利益的结合、兼顾;③可持续发展强调资源与环境具有价值;④可持续发展的重要标志是资源的永续利用和良好的生态环境;⑤可持续发展强调当代人群之间的公平与地区之间的平衡发展;⑥可持续发展是一个整体、是一个系统工程,这个整体包括经济、社会、人口、资源、环境、科技、教育、卫生、政治、制度、法规等许多方面,包括国家、地方、城市、农村、工商企业、社会团体、社区、居民等各个层次,包括各个地区、国家以及全球、全人类。只有以上各个方面都实现了可持续发展才算真正实现了可持续发展;⑦对发展中国家来说,经济发展具有头等重要的地位。

(二) 可持续发展各方面的关系

可持续发展中的各方面是相互联系、相互影响、相互制约的,共同构成了可持续发展整体,但是可持续发展中各方面的关系不是平列的或处于完全相同的地位或位置。结合中国的国情,特别是根据《中国21世纪议程》,我们认为,它们之间的关系是:

- 经济发展是前提和基础。经济发展是人类生存和进步所必需,是社会发展与保护、改善生态环境的物质保证,是国家实力和社会财富的体现。贫困和落后不可能达到可持续的目标。只有发展经济才能解决劳动力的就业和失业的问题;要提高社会生产力,增强综合国力,不断提高人民生活,也必需把经济发展放在第一位。中国是发展中国家,在目前和今后相当长的一段时间,均应将经济发展作为首要的任务。保护和改善环境质量,发展科学技术,有效地节约使用各种资源都离不开经济的发展。中国经济增长的方式要从粗放型转变为集约型,要在提高质量、优化结构、降低消耗、保护环境、增进效益的基础上实现国民经济快速、持续、健康的发展。

- 节约资源、保护环境、控制人口是关键。可持续发展的中心是"可持续"。经济的可持续增长在很大程度上取决于资源的可持续利用、良好的生态环境以及人口的增长与经济社会发展的相适应。为此,必须把节约与合理使用资源、保护好环境、控制人口增长作为实现可持续发展战略的关键措施。

- 社会发展是目标。人是可持续发展的中心,可持续发展的最终目的是满足当代与后代子孙全体居民日益增长的物质文化需要。反过来,人们的物质文化需要的满足程度(其中包括合理公平的收入分配制度,发扬优良的思想文化传统,提高全民族的思想道德和科学文化水平,改善居住环境和社区服务等等),又能调动广大人民参与可持续发展的积极性,为后代人的发展奠定良好的基础,从而成为支撑可持续发展的重要条件。

- 科技进步和教育是可持续发展的动力和后劲。中国是发展中国家,人口众多,底子薄,实施可持续发展面临诸多问题和困难,既要发展经济,增强国力,不断提高人民群众的物质文化生活水平,又要节约、合理利用资源,保护好生态环境,兼顾当代人与后代人的利益,唯一的出路是充分发挥科技第一生产力的作用,实施科教兴国的战略。可持续发展指标体系应反映中国科技进步和教育发展的状况。

五、中国可持续发展指标体系框架设想

第一节介绍了可持续发展指标有五种基本类型，它们各有优缺点。在目前的情况下，我们倾向于菜单式多指标类型。因为这种类型的指标基本上是按照可持续发展的战略目标、关键领域、关键问题等来设计的，有利于监测和评价可持续发展的进展情况；而且这种指标体系比较简便易行，易于推广。同时，菜单式的多指标还可以设计成多层次的"树形"结构，从而反映可持续发展的各个领域、各个层次的发展变化，并能最终综合成一个指标（或指数），以便从整体上反映可持续发展的状况。

根据中国政府对可持续发展的认识和中国国情，并借鉴国外的经验，中国的可持续发展指标体系拟采用"菜单式多指标类型"，即由反映可持续发展各个领域关键问题的若干指标组成的指标群。各领域的指标按照一定的设计思路组合在一起，共同构成一个有机的整体。

中国的可持续发展指标体系，从大的领域看，包括经济、社会、人口、资源、环境、科教六大部分。每一部分的指标的确定，主要根据《中国 21 世纪议程》中各个方案领域的行动依据、目标、行动等情况，结合《"九五"计划和 2010 年远景目标纲要》，并借鉴国外的经验。指标筛选和确定的具体工作过程是：首先，认真分析研究每个领域的现状和问题；其次，了解和掌握党和政府在解决该领域主要问题应采取的政策、措施、重点目标等；最后，根据以上情况，就该领域的关键性目标设计出指标。下面主要以经济领域为例，具

体介绍各领域指标框架的设计和选择。

(一) 经济领域

《中国 21 世纪议程》中的第 2 章《中国可持续发展的战略与对策》、第 4 章《可持续发展经济政策》、第 11 章《农业与农村的可持续发展》、第 12 章《工业与交通、通信业的可持续发展》、第 13 章《可持续的能源生产和消费》、第 7 章《人口、居民消费和社会服务》(大力发展社会服务与第三产业)等各章均属于经济可持续发展的内容。此外,《"九五"计划和 2010 年远景目标纲要》与"实现两个根本性转变",也都涉及经济的可持续发展问题。中国的经济发展状况又如何呢?新中国成立以来,中国经济发展速度确实很快,在较短的时间,国家集中了大量的人力、财力、物力进行了大规模的经济建设,建立起比较齐全的、完整的工业体系和国民经济体系,较快地解决了长时期以来供应严重不足的问题,城乡人民的生活得到迅速改善和提高,文化、教育、卫生等各项社会事业也取得了很快的发展。改革开放以来,中国的社会主义现代化建设事业又取得了突飞猛进的发展,综合国力大为增强,广大居民的物质、文化生活水平显著提高。但是,从整体上看,中国的国民经济的发展仍然沿袭粗放型经济增长方式,或者说是一条不可持续发展的道路,突出的问题是:①投入多,产出少,经济效益低;②结构不合理,产品质量差;③技术进步缓慢,生产工艺设备落后;④资源浪费严重,生态环境问题突出。如何解决这些问题呢?党和政府提出了实现两个根本性转变的措施,与经济直接有关的是转变经济增长方式,由粗放型转变为集约型,基本目标是:提高质量、优化结构、

增进效益。主要要求是:

- 从主要依靠铺新摊子、上新项目,扩大建设规模,转变到主要立足现有基础,把建设的重点放到现有企业的改造、充实和提高上;
- 从主要依靠大量增加资金投入,转变到主要提高生产要素的质量和使用效率,提高综合要素生产率对经济增长的贡献份额;
- 从主要依靠增加能源、原材料和劳动力的消耗,转变到主要依靠科技进步,加强科学管理,提高劳动者素质、降低消耗、减少浪费,使用同样多的物力、财力、人力创造出更多的社会财富;
- 从主要依靠经济规模扩张,转变到主要依靠优化结构、实现规模经营、合理布局生产力,提高结构优化效益、规模经济效益和区域分工效益;
- 从主要追求产值速度和产品数量,转变到以市场需求为导向,注重产品质量、性能和品种,提高产品技术含量、附加价值和市场占有率。

就一、二、三产业看,农业要高产、优质、高效、低耗,工业要讲质量、讲低耗、讲效益,第三产业要与第一、第二产业协调发展。

此外,中国人口基数大,人均国民生产总值仍然很低,为了消除贫困,不断满足城乡居民日益增长的物质、文化需要,支持社会、环境、资源的可持续发展,必须继续保持国民经济持续、快速、健康的发展。

根据以上的分析和判断,中国经济发展的目标是,提高国民经济的运行质量,保持快速增长,优化结构,增进效益。这也是一条实现可持续发展的路子。经济方面的指标应围绕以上要求进行设计,可以有这几类:反映国民经济总量状况及其变化的指标;反映国民经济结构状况及其变化的指标;反映国民经济质量、效益的状况及其变化的指标;反映国民经济发展能力、后劲的指标等。通过以上这些指标反映国民经济的变化,也就反映了经济方面的可持续发展变化情况。

国民经济总量指标 目前,在国民经济管理和决策中属于生产成果总量方面的指标是国内生产总值(GDP)或国民生产总值(GNP)。国内生产总值是国内国民经济各部门、各个单位在一定时期内生产活动的最终成果。国民经济的部门可以区分为一、二、三产业;还可以细分为农业、工业、建筑业、交通运输业、商业、服务业、能源业、高新技术产业等。这些部门的价值量、实物量生产成果指标的增长变化可以反映这些部门在国民经济中的地位和作用的变化。

国民经济结构的指标 一个国家或一个地区的国民经济是由若干种经济活动性质不同的产业部门组成。这些产业部门可以按照经济活动的相同或不同,进一步划分为大、中、小、细各类部门,这些部门之间的比例关系,共同组成了国民经济的结构。国民经济各部门之间的比例关系(或称结构)的优劣、好坏、适当与否,直接影响着整个国民经济的发展。国民经济和社会生产力发展的不同阶段要求各部门之间应有不同的比例关系,国民经济各部门之间有一个协调的比例关系,将能促进国民经济健康、持续、稳定地发展。

- 所有制结构是国民经济中的一个重要比例关系,中国是社会主义国家,公有制是国民经济的主体,个体经济、私营经济、外资经济是国民经济的重要补充,多种经济成分长期共同发展,这是中国的一项重要政策。可以通过各种经济成分在国民经济中的比重来反映所有制结构的变化。
- 三次产业结构。国民经济的各个部门,从大的产业划分,可以划分为一、二、三产业,第一产业包括农业和采掘业;第二产业也叫制造业或加工业,包括工业和建筑业;第三产业又称服务业,包括为居民生活服务和为生产服务的各种行业。生产力与经济发展的不同水平,也要求一、二、三产业的比例和结构都不相同。中国目前的状况是第三产业发展缓慢,在国民经济中的比重过低,严重影响了国民经济的发展。国家正在采取措施促进第三产业的迅速发展。通过一、二、三产业的产值、劳动力等的比例变化,可以反映国民经济产业结构的变化。一、二、三产业内部还有各种内部产业结构。
- 国民经济行业结构。在国民经济中还有一些行业,属于特殊性质的行业,它们在国民经济的发展中具有非常重要的作用,例如基础产业、基础设施、瓶颈产业、支柱产业、高新科技产业等,这些行业的发展快慢对国民经济的整体发展起着制约作用。例如基础设施、基础产业发展不好,农业、加工业必然受到影响;瓶颈产业,如交通、运输业发展不好,国民经济生产的产品不能通畅地由生产地运往使用地,便不能进入消费和使用。支柱产业是指在国民经济中所占比重较大的产业,例如机械电子、石油化工、汽车制造、建筑业等,它们的发展快慢直接决定着整个国民经济发展的快慢。高新技术的发展更是带动整个国民经济发展、促进可持续发展的动力,是国民经济发展新的增长点。
- 地区结构也是国民经济中的一个重要结构。国民经济的持续发展要求地区之间合理布局生产力以及配置各种生产要素,充分发挥各地区的优势。可持续发展要求缩短地区间发展方面的差距。目前在中国经济发展中,东部、中部、西部之间存在较大的差距,有些方面的差距甚至存在扩大的趋势。这种状况必须尽快得到改善。

国民经济的质量、效益指标　可以选择许多指标从不同角度、不同侧面来反映国民经济运行的质量和效益。从投入、产出之间的比较,可以反映整个国民经济的效益状况,例如国内生产总值与中间投入之比,就可以反映整个国民经济生产投入的效率状况,各种中间投入减少或稳定,而国内生产总值增加,则说明效益好,反之则说明效益差。从宏观角度看,总供给与总需求之间的差率也可以反映国民经济运行的质量。总供给是全社会生产活动实际提供给市场的可供最终使用的产品和服务总量,它包括本期生产的,加上进口的,减去不可分配部分。总需求是全社会用于投资和消费的支出所实际形成的对产品和服务的购买总量,它包括个人为消费而购买的商品和服务总量、企业购置生产资料与劳动力以扩大再生产的投资、政府开支、出口的商品和劳务。供给与需求基本平衡,有助于稳定市场和物价,从而有助于稳定社会。如果供给明显大于需求,或者需求大于供给,将不利于经济发展和社会稳定。

综合经济效益指标,即综合各种生产效益的指数,也可以反映国民经济的效益,因为在生产过程中有劳动力、原材料、资金、固定资产等的投入,可以单独计算它们的效益,也可以将其综合起来反映所有生产要素的综合效益。此外,生产各种产品所使用的矿石、原材料、能源等的降低或减少情况也可以反映资源的可持续利用状况。通货膨胀率、投资增长率、产销率、财政收入增长率、能源、原材料消耗定额的变化、产品质量的提高等均可以反映国民经济运行的质量。

国民经济发展能力与后劲的指标　国民经济可持续发展需要经济有很强的能力和后劲,这类指标在下文列出。

综上所述,经济领域的指标如下:

(1) 反映国民经济总量及其增长的指标:国内生产总值及其增长、人均国内生产总值及其增长、主要产品产量及其增长(主要产品为粮食、棉花、肉类、一次能源、发电量、钢、水泥、化肥、乙烯)主要服务工作量及其增长(包括货物周转量、旅客周转量、邮电业务总量、旅游人数、保险业营业总额等)、进出口总额;

(2) 反映国民经济结构的指标有:所有制结构及其变化、三次产业结构及其变化、行业结构及其变化(包括基础设施和基础产业、瓶颈产业、支柱产业、高新技术产业等在国民经济中的比重及其变化)、地区结构(国内生产总值中东部、中部、西部比例及其变化);

(3) 反映国民经济质量和效益的指标有:综合经济效益指标(各生产要素效益的综合)、总供给与总需求差率、通货膨胀率、投资增长率、工业产品产销率、财政收入增长率、能源消耗定额下降

率、原材料消耗定额下降率、产品合格率、产品优质品率;

(4) 反映国民经济发展能力和后劲的指标有:外贸依存度、人均固定资产投资、基础产业投资占全社会投资的比重、农业基本建设投资占全社会固定资产投资的比重、人均铁路长度、人均公路长度。

(二) 资源领域

自然资源与人类社会的关系非常密切。自然资源是社会物质财富的源泉,是社会再生产过程中不可缺少的物质要素,是人类赖以生存的自然基础。人类社会每时每刻都在消耗着自然资源,大量的不可再生资源的数量在减少;一些再生资源的生产条件在恶化,生产能力在减弱。保护和节约使用各种自然资源,提高各种自然资源的使用效率,使各种自然资源能够永续地为人类的子孙后代所利用,是摆在当代人面前的一项十分紧迫而艰巨的任务。

中国在资源方面面临情况和问题是:①人均资源相对不足。中国人均占有淡水、耕地、森林和草地资源分别只占世界平均水平的 28.5%、32.8%、14.2% 和 32%。②资源浪费严重。据计算,中国单位国民生产总值的能耗,为日本的 6 倍、美国的 3 倍、韩国的 4.5 倍。钢材、木材、水泥三材的消耗强度,分别为发达国家的 5~8 倍、4~10 倍和 10~30 倍,比印度也高出 2.5 倍、2.8 倍和 3.3 倍。在农业用水方面,许多国家已经发展为喷灌和滴灌,而中国则仍然是大水漫灌,跑水、漏水严重。中国的水力资源的开发利用程度还不到 10%,而美、加、英、德已达 40~90%。③生产模式陈旧、落后。生产模式落后,设备陈旧,原材料浪费大、污染排放物多。

中国的资源种类多,范围广,为了实现可持续发展,应该全面地保护和节约使用各种自然资源,不断开发新的替代资源,综合利用各种资源,充分回收和利用各种废旧物资,循环利用各种物品和资源等。

根据《中国21世纪议程》第14章设计的方案领域,资源领域的指标应包括水、土地、森林、海洋、矿产、草地六大资源数量与使用方面的指标。

第一,水资源。中国水资源面临的形势十分严峻:水资源人均占有量低、水利工程供水量不足、农业缺水量大,城市缺水日趋严重、全国水污染严重、地下水严重超采等等。中国水资源开发、保护、利用的近期目标是:积极开发利用水资源和实行全面节约用水,大力保护有限的水资源,维护城市和农村水环境质量、保证水资源的可持续利用。要实现水资源的可持续利用,至少有以下几方面的工作:①保护并增加蓄水基础设施,例如新建水库,旧水库的清淤等;②打深井,夏天雨季向浅地层灌水;③治理水源污染;④生产、生活中全面节约用水等。因此水资源可持续利用方面的指标应包括以上内容。

第二,土地资源。土地资源是指在目前的社会经济技术条件下,可以被人类利用的土地。中国人均土地占有量低,而且退化严重、利用不合理,主要表现在,全国土地总面积中的耕地、园地、林地、牧草地、交通建设用地、水域、未利用的土地之间的比例关系失调,造成耕地、林地、园地数量少、比重低,而包括沙漠、戈壁、石质山地、高原荒漠等在内的未利用土地数量大、比重高。中国在防治土地退化、实现土地资源的可持续利用方面应重点抓好以下几项工作：①防治土地的退化，减缓退化的进程；②改造劣质土地(受污染地、盐碱地等)提高土地肥力；③宜耕荒地的开垦、填海造田等，增加土地、耕地面积；④稳定农业用地；⑤严格控制城镇、工矿、交通建设等用地；⑥扩大草地、林地面积，等等。反映这方面的指标有耕地、林地、草地、城镇、工矿、交通占地等的面积，包括年末数、当年增(减)数。

第三，森林资源。森林资源原意是指林地及其以林地为载体所生长的各种动物、植物、微生物等各种资源。通常人们对森林资源的认识是为人类提供木材，满足国民经济和人民生活的需要。反映森林可持续利用的指标有森林面积、森林蓄积量、森林覆盖率、森林砍伐量、森林生长量等。森林可以更新，属于可再生资源，但再生的周期长，特别是一些经济价值高的木材，生长更加缓慢。因此需要节约使用木材，提高木材的使用率；大力开发木材代用品，减少木材的消耗。

第四，海洋资源。海洋资源是指海洋中的生物、能源、矿产及化学品等资源的总称。由于海洋中的能源、矿产、化学品等资源已在矿产资源中得到了全面反映，例如石油资源，不论在大陆还是在海洋，均在全国石油资源中得到反映，这里不再重复列出。此处海洋资源仅指海洋中特有的资源，主要包括以鱼虾为主的生物资源以及从海水中提取的淡水、各种化学元素及盐等。反映海洋资源可持续利用的指标有海岸线长度、海域面积、海洋鱼虾等蕴藏量、海水养殖面积、海洋自然保护区、海洋生物捕捞量与生长量等等。

第五，草地资源。草地资源对发展畜牧业、保护生物多样性、保持水土和维护生态平衡具有重要作用。中国草地资源具有面积大、分布广、类型多的特点;同时存在着利用率低,过牧超载,乱开滥垦,沙化、退化、碱化严重,生产力低下等问题。为了实现草地资源的可持续利用,必须新增人工草场,改良原有草场、大力发展围栏草场,加强草场维护和保养,遏制退化、沙化、碱化趋势。反映草场资源可持续发展的指标有草地资源利用的百分比、草地面积、人工草场面积、改良草场面积、围栏草场面积及其变化等。

第六,矿产资源。中国矿产资源的基本情况是,种类多、储量大,但人均占有量低;贫矿多、富矿少,共生矿多、单一矿少;矿石成分结构复杂,难选矿多,开发技术条件复杂;许多矿产资源过度开采,利用效率低,浪费大等。矿产资源是不可再生资源,为了实现可持续利用,必须加强对矿产资源的保护,有计划地、高效益地开发利用,努力降低物质产品生产过程的矿产资源及原材料的消耗,大力开发物耗低的产品,加快开发不可再生资源的替代品。反映矿产资源可持续利用的指标主要有:主要黑色金属矿产(铁、锰等)、稀有和稀土等主要元素矿产、主要非金属矿产(化工、特种、建材等)的储量(按开采储量、设计储量、远景储量、地质储量分列)、开采量与使用量及其变化。若储量增加,开采量、使用量减少或降低,则体现了可持续发展的要求。

第七,能源。能源是一种特殊的矿产资源,在国民经济和人民生活中具有特别的重要作用。能源的储量及其使用效率的提高、能源结构的调整,对于实施可持续发展战略是不可缺少的。为此,我们将能源资源从矿产资源中区别出来,予以单列。

第八,综合利用。各种资源的综合利用能大大提高资源的使用效率,从而达到节约资源的目的。设置综合利用指标也是必要的。

根据以上所述,资源领域的可持续发展指标如下:

(1) 反映水资源的指标有:全国水资源总量、水资源使用量(农业、工业和城乡居民生活用水分列)、亿元 GDP 耗水量、水资源回收利用率、工业废水处理率、水资源节约量等;

(2) 反映土地资源的指标有:全国耕地、园地、林地、牧草地、交通建设用地、水域等的年末面积及其增、减面积等;

(3) 反映森林资源的指标有:全国森林面积、森林蓄积量、森林覆盖率、森林砍伐量、森林生长量、木材替代品量(折合成木材量)、木材砍伐量与生长量之比等;

(4) 反映海洋资源的指标有:海岸线长度、海域面积、海洋鱼虾等蕴藏量、捕捞量、生长量、海水养殖面积、海洋自然保护区、海盐蕴藏量与开采量、化学元素蕴藏量与开采量等;

(5) 反映草地资源的指标有:草地面积、人均草地面积、草地面积增加(减少量)、新增人工草场面积、草地资源利用的百分比、改良草地面积、围栏草场面积及其变化;

(6) 反映矿产资源的指标有:主要黑色金属(包括铁、锰等)储量、开采量、使用量及其变化,主要稀有元素的储量、开采量、使用量及其变化,主要稀土元素的储量、开采量、使用量及其变化,主要非金属矿产(包括化工、特种、建材等矿产)的储量、开采量、使用量及其变化;

(7) 反映能源资源的指标有:主要能源(包括煤、石油、天然气等)的储量、开采量、使用量及其变化,能源结构,新能源和可再生能源的增长(包括太阳热力、太阳光电、风力、水力、潮汐能、生物

量、地热、海洋能、畜力和人力),亿元 GDP 的耗能量,清洁能源占总能源的比例等;

(8) 反映综合利用的指标有:工业固体废物综合利用率等。

(三) 环境领域

环境恶化问题一直是困扰世界各国的一大问题。环境问题涉及的方面和范围十分广泛。联合国经济合作与发展组织确定并提出当前全球面临的重大环境问题及课题,其中有八个大问题、七个评价最重要的课题。中国的环境问题十分突出,主要表现在:大气污染严重,烟尘和酸雨危害最大;水污染普遍,给国民经济和居民生活带来严重影响;生产、生活排放的固体废物量大,处置和管理的任务艰巨;大陆生态、海洋生态的破坏十分突出;乡镇企业、城镇环境、城乡结合部往往是环境污染的集中地带。中国环境污染治理的重点是:城市环境、农村环境、区域性环境以及加强固体废物的无害化处理和管理等等。结合《中国 21 世纪议程》,环境领域的指标包括保护大气层、固体废物、水环境污染治理、荒漠化治理、防灾减灾、生物多样性保护等方面的指标。

环境领域方面的指标如下:

(1) 保护大气层方面的指标有:温室气体排放量、废气排放量、烟尘排放量、酸雨面积所占的比重、臭氧耗损物质的生产量与消费量、大气污染综合指数等;

(2) 固体废物方面的指标有:生产和生活中产生的废物量、废物积蓄量、废物处理率、废物再生利用率等;

(3) 水环境污染治理方面的指标有:污染河长的比重、湖泊水库污染面积的比重、废水排放量、废水处理率等；

（4）荒漠化防治方面的指标有：荒漠化土地面积、水土流失土地面积、盐碱地面积、易涝地面积、土地污染面积及其占全部土地面积的比重、土壤污染综合指数等；

（5）防灾减灾的指标主要应反映国家和政府为防止和减少各种自然灾害给国民经济和人民生活带来的损失而采取的各种措施、办法以及设施建设等方面的情况，包括地震预报监测网点的建设、防风防沙林的培育、大江大河堤坝的修筑及维护、年度各种灾害损失、成灾率、受灾面积等；

（6）反映生物多样性方面的指标有：濒危物种占本国、本地区物种的比例、珍稀濒危物种繁育基地数、自然保护区面积的比重等；

（7）反映噪声方面的指标有：城市噪声等效声级、公路噪声等效声级、铁路噪声等效声级。

（四）社会领域

总的说来，中国的社会事业的发展滞后于经济的增长。有的专家指出，中国是"有增长、无发展"，并不完全准确。但是中国社会事业的发展不适应各方面的需要确实是事实。中国社会发展的总体要求是：保持社会稳定，推动社会进步，积极促进社会公正、安全、文明、健康地发展。中国社会发展的主要任务是：控制人口增长，提高生活质量，扩大劳动就业，完善社会保障，加强环境保护。控制人口与环境保护已经单独列出，社会领域不再包括。因此，作为可持续发展中的社会性领域的指标大体包括：反映居民生活质量、失业就业、健康与卫生、社会保障、住区环境等方面的指标。反映居民物质文化生活质量的指标有：消除贫困、收入、消费、居住、行走、服务性消费、文化精神生活等方面的指标；反映居民失业、就业状况的指标有：城镇居民失业率、城镇失业职工再就业率、农村劳动年龄人口失业率等；反映健康与卫生的指标有：医疗卫生事业费用支出占 GDP 的比重、婴儿死亡率、享有医疗保险与医疗保健服务的人口数、城乡居民饮用水合格率、城乡居民吸烟率等方面的指标；反映社会保障的指标有：社会保障福利支出占 GDP 的比重、参加养老、失业、医疗保险的人数及金额、社会保障中国家拨款、社会集资所占的比重等方面的指标；反映住区环境质量与方便的指标有：城镇人均绿地面积、城镇、农村平均每万人拥有的道路长度、生活在受空气污染的环境中的城镇居民的比重、社区各类商业、服务业机构网点数等方面的指标。

综上所述，社会领域可持续发展方面的指标如下：

(1) 反映贫困方面的指标有：贫困人口数、贫困人口所占的比重、20%高收入人口总收入与 20%最低收入人口总收入之比等；

(2) 反映就业、失业方面的指标有：城镇居民登记失业率、实际失业率、妇女失业率、城镇失业职工再就业率、农村劳动年龄人口失业率等；

(3) 反映城乡居民生活水平与质量的指标有：全社会居民平均收入（城镇、乡村可以分列）、全社会恩格尔系数（城镇、乡村可以分列）、城镇与农村人均收入的比例、全社会基尼系数（城镇、农村可以分列）、城市人均居住面积、平均每一商业、饮食业与服务业网点所服务的人口数、城镇、乡村享有安全饮用水人口的比例、电话普及率、电视人口覆盖率、城镇、乡村人平均图书购买量、报刊杂志订阅量等；

(4) 反映卫生与健康的指标有：预期寿命、婴儿死亡率、完成全程免疫人数比率、平均每万人拥有的医生数、医疗卫生事业费用支出占 GDP 的比重、患心脏病、高血压、肝病等人的比例等；

(5) 反映社会保障的指标有：社会保障覆盖率、社会保障福利费用支出占 GDP 的比重、参加各种保险的人口总数及金额、社会保障福利支出中国家拨款、社会集资所占的比重等。

(五) 人口领域

人口问题本来属于社会问题中的一个重要组成部分，由于中国人口形势十分严峻，对各方面压力很大，国家制定了计划生育的基本国策。中国人口所面临的突出问题是：人口规模(基数)大，每年净增加一千多万人；人口素质低，文盲、半文盲比例高；人口年龄结构正在由成年型向老龄化过渡；人口的地区分布不平衡，3/4 的人口居住在农村，90% 以上的人口居住在占全国面积不到一半的东中部地区。中国政府在人口方面的对策是：实行计划生育，控制人口数量，提高人口素质，改善人口结构。人口方面的指标包括三方面的内容：人口总数及其增长、人口素质及其变化、人口结构及其变化等方面的指标。人口领域的指标如下：

(1) 反映人口总数及其变化的指标有：总人口数、人口自然增长率、妇女总和生育率、人口出生率、人口净增长率、人口死亡率等；

(2) 反映人口素质及其变化的指标有：反映身体素质的婴儿

死亡率、居民平均寿命、主要疾病发病率、呆残低能人口的比重、出生预期寿命等指标,反映文化知识素质的文盲、半文盲率、受过高等、中等、初等教育人口占全国总人口的比重、科研人员占总人口的比重、中等专业技术人员占总人口的比重、工人群体中技术等级构成等指标,反映思想道德素质的指标还在研究之中。

(3) 反映人口结构及其变化的指标有:年龄构成、性别构成、地区构成、城乡构成、农业非农业构成等。人口的年龄构成主要反映学龄前儿童、学龄人口、青壮年人口、老龄人口等在总人口中的比重及其变化。地区构成主要反映人口的地区分布。

(六) 科教领域

科学技术是第一生产力,实施可持续发展,科技进步起着重大作用,无论是经济的增长、社会的进步、保护环境、节约资源都离不开科学技术的进步。实施可持续发展还要靠全人类素质(包括身体素质、文化知识素质等)的不断提高,归根结蒂要靠教育事业的发展。因此,可持续发展指标中一定要有科学技术进步和教育事业发展的指标。反映科学技术进步的指标主要包括科技投入、科技产出成果、科技贡献、高新技术产业等方面的指标;反映教育事业发展的指标主要包括教育投入、初等、中等、高等教育结构、毕业生数量、在职、函授教育培训等方面的指标。科教方面的主要指标如下:

(1) 反映科学技术进步方面的指标有:全社会科技经费支出、研究与发展经费占GDP的比重、科技人员、工程师数量及其占全体劳动者的比重、专利受理量、科技进步对经济增长的贡献率、高新技术产业增加值及其占 GDP 的比重、高新技术产量出口额及其占 GDP 的比重等；

（2）反映教育事业发展的指标有：全社会教育培训经费支出、教育经费占 GDP 的比重、在校学生人数、中等专业与高等学校毕业生数量等。

六、中国可持续发展总态势评价方法简介

可持续发展从其实质上说涉及经济、资源、环境、社会、人口与科教六大领域的协调发展。这些领域的相互作用共同构成一个大系统。由于可持续发展的复杂性，评价其总的状况和走势，仅就某一种因素或某些因素进行测试和评价显然是不行的，而应采取分析—综合的系统方法进行综合评价。

综合评价的方法很多，目前应用比较普遍的主要有：专家评价法、经济分析法、层次分析法、综合指数法、因子分析法、模糊综合评判法、多目标效用综合法、熵值法等。我们所要分析和评价的中国可持续发展状况是一个多领域、多层次的复杂大系统，对其评价涉及到许多选择与判断问题，特别是各个层次或领域对总的可持续发展影响重要程度或权重的确定问题。层次分析法（AHP）是依据系统理论而提出的定性与定量相结合的一种方法，通过广泛的社会实践证实，对于判断和评价多变量、多层次的系统，进行决策，它是一种比较有效的工具。我们在评价中国可持续发展总态势时采用了这种方法。这种方法与可持续发展研究的方式是吻合的，

因为我们将可持续的整体优化的发展思想作为指标体系设置的核心原则,指标间关系存在层次上互相影响、互为条件,互为因果的关系,体现了分析—综合的系统的思维方式。下面介绍使用层次分析法对中国可持续发展状况进行综合评价的具体步骤:

第一步:确立评价层次结构

围绕中国可持续发展态势评价这一目标,根据本课题的研究成果,建立了如下的层次结构:

(1)最高层:即目标层,要求评价中国可持续发展状况

(2)中间层:该中间层又由如下六个准则层构成:

准则层1:由经济、资源、环境、社会、人口及科教

准则层2:在每一个准则层1的下面再设置准则层2(经济准则层2分别为规模、结构、效益、能力;资源准则层2分别为水、土地、森林、海洋、草地、矿产、能源、综合利用;环境准则层2分别为水、土地、大气、废物、噪声、自然灾害与生物多样性、环境保护;社会准则层2分别为贫困、就业、人民生活、卫生健康、社会保障;人口准则层2分别为规模、结构、素质;科教准则层2分别为投入、发展程度)

准则层3:在每个准则层2之下设置指标层,即准则层3(具体指标前面已经说明,这里不再重复)

第二步：将同一层次中各元素对于上一层次中某一准则的重要性进行两两比较，构造两两比较判断矩阵 $A=(a_{ij})$

这一步的实施是按照确定的调查表征询有关专家意见进行的，主要是用于确定各层次元素的权重。层次分析法中用两两比较判断方式来确定权重可以充分利用专家的知识，并避免系统性判断错误，降低个别判断失误的影响。两两比较判断的比例标度 a_{ij} 含义见表11。

表11　比例标度含义

标度	相对强度含义
1	相对上层准则，两个元素比较同样重要
3	相对上层准则，两个元素比较前者比后者稍重要
5	相对上层准则，两个元素比较前者比后者明显重要
7	相对上层准则，两个元素比较前者比后者突出重要
9	相对上层准则，两个元素比较前者比后者极其重要
2,4,6,8	界于上列标度的中间值
倒数 $A_{ij}=1/a_{ij}$	表示两个元素比较的相反关系

第三步：由判断矩阵计算被比较元素对于该准则的相对权重。使用特征根法并结合了多种加权平均综合判断矩阵法和加权平均综合排序向量法，综合多位专家的意见计算出各层的相对权重。

第四步：综合评价

对可持续发展总态势的综合评价最终是建立在确定的统计指标的基础之上的，在统计指标这个标准层下使用的是 AHP 评分标度法,即使用的是具体的指标数值来判断各元素的重要性或对之排序,而对其他层次的准则则使用两两比较判断的比例标度法来确定出各层次、各元素的相对权重。最后,通过逐层次加权汇总,得出各年各子系统的分值和综合得分值,并据此对一定期间的可持续发展状况变化进行全面的分析评价。

第五步:数据处理

本评价方法是以一定的年份为基点,以时间序列数据为线索,展示各个因素的发展变化趋势。指标层中的各个指标的取值采用定基指数计算每一年度的评价值,并按其对可持续发展的作用,区分为正指标和逆指标:正指标是指其变化趋势与可持续发展的要求与方向是一致的,即指标值越大越好;而逆指标正好相反。在加权汇总过程中,可将逆指标通过一定的方式转化为正指标。

通过广泛收集各部门的近年统计资料,计算各项指标,使用上述的评价方法,测算结果表明:从总体上看,中国的可持续发展各个领域正在缓慢地朝着好的方面变化,总指数与分指数都是呈上升的趋势;具体到不同领域,有的快些,有的慢些,个别的基本没有变化。这里需要说明几点:一、对可持续发展的评价十分困难和复杂。中国与发达国家相比,肯定存在的距离相当大,暂时还难以同这些国家进行总体及部分的对比评价,找出我们存在的问题;同已经确定的可持续发展战略目标相比,中国目前同样也还存在不小的差距,因缺乏可靠的、具体的数据也难以进行全面的评价。二、我们的评价只就目前的变化趋势作些评价和说明,但并不表明中国现在就处于可持续发展的状态,更不能说明中国在经济、资源、环境、社会、人口及科教诸领域的可持续发展方面就不存在问题,相反,都还存在着各种不同的问题、甚至还有严重的问题。三、由于使用数据的限制,有些数据只能反映局部的情况,不能代表整体的情况,得出的结论可能存在一定的片面性。目前尚需继续深入研究,尽快提出较为科学的方法,以便正确的评价和反映中国实施可持续发展战略的进展情况。

参考文献

1. 陈耀邦:《可持续发展战略读本》,中国计划出版社,1996。
2. 戴星翼:《环境与发展经济学》,上海立信会计出版社,1995。
3. 邓楠主编:《可持续发展:人类关怀未来》,黑龙江教育出版社,1998。
4. 樊平:"中国城镇的低收入群体",《中国社会科学》,1996年第4期。
5. 甘师俊主编:《可持续发展——跨世纪抉择》,中央党校出版社,广东科技出版社,1997。
6. 郭诚忠:"1997 我国信息化的现状与发展",第四届全国计算机应用联合学术会议,北京,1997.5。
7. 黄思铭等:《刚性约束》,科学出版社,1998。
8. 刘国光、沈立人:《中国经济的两个根本性转变》,上海远东出版社,1996。
9. 陆大道、薛凤旋等:《1997 中国区域发展报告》,商务印书馆,1997。
10. 苗长虹:《中国农村工业化的若干理论问题》,中国经济出版社,1997。
11. Salim Mehmud:"1994 亚太地区国家空间应用促进发展计划",陈述彭等主编:《亚太地区空间应用论坛》(第二辑),国家遥感中心编辑出版。
12. 尹希成等:《全球问题与中国》,湖北教育出版社,1997。
13. 曾培炎:《加快转变经济增长方式》,中国计划出版社,1995。
14. 张坤民:《可持续发展论》,中国环境科学出版社,1997。
15. 《中国21世纪议程——中国21世纪人口、环境与发展》,中国环境科学出版社,1994。
16. J.迪克逊:《扩展衡量财富的手段》,中国环境科学出版社,1998。
17. 中国科学院沈阳自动化研究所《简明信息技术百科辞典》编辑组:《1992简明信息技术百科辞典》,知识出版社,第785页。
18. 中国21世纪议程管理中心编著:《1998 Internet与可持续发展网络实用教程》,科学出版社,1998,第288页。
19. 中国自然资源丛书编撰委员会:《中国自然资源丛书》(综合卷),中国环境科学出版社,1995。
20. 《可持续发展:理论与实践——亚洲可持续发展问题中日研讨会论文集》,中央编译出版社,1997。
21. 杨树婷:"1996 中国信息产业驶入快车道",《信息产业报》,1996.11.25。
22. Carew-Reid, J. et al., *Strategies for national sustainable development—a handbook for their planning and implementation*, Earthscan, London, 1994.
23. Dalal-Clayton, B. et al., *National sustainable development strategies: experience and dilemmas*. Environmental Planning Issues No.6, IIED, London, 1994.
24. Globalization and Sustainable Development since Rio, *Third World Resurgence*, ISSUE No 81/82 KDN P6738/1/97.
25. H.M. Stewart, *Road from Rio*, *Industrialized countries*, *Capacity 21*, *SEED*, UNDP, 1997.
26. Hilderbrand, Mary E. and Merilee S. Grindle, *Building Sustainable Capacity: Challenges for the Public Sector*, Harvard Institute for International Development, Cambridge, Massachusetts, 1994.
27. Ponting, C., *A Green History of the World*, Sinclair-Stevenson, London, 1991.
28. Schmidheiny, S., *Changing Course—a global business perspective on development and the environment*, MIT Press, Cambridge, Massachusetts, 1992.
29. Stewart, H.M., *Capacity 21 Monitoring and Reporting Strategy*, UNDP, New York, 1995.
30. United Nations Development Programme, *Capacity 21 in Review—1996 Annual Report*, New York, 1996.
31. World Commission on Environment and Development, *Our Common Future*, Oxford University Press, Oxford, 1987.

后 记

"可持续发展"作为人类社会对自身发展的总结及其对环境与发展关系问题的深刻认识已被国际社会和各国政府所认同。1992年联合国环境与发展大会将可持续发展的价值观念推向了更广泛和更深刻的全球意义之中,并逐步向人类社会的各个方面渗透。中国在"发展经济提高人民生活水平"和"保护环境改善生态系统质量"的两难处境中选择了可持续发展的道路,这是中国社会、经济发展的必然选择,也是唯一的抉择。几年来,中国政府在贯彻实施可持续发展战略方面采取了一系列重大行动,取得了积极的进展。为了推动各地方可持续发展战略的研究和实施,中国21世纪议程管理中心组织国内有关单位的专家编著了这本《地方可持续发展导论》。参加本书编著工作的人员有中国21世纪议程管理中心的领导和研究人员以及来自中国科学院、中国社会科学院、国务院发展研究中心、北京大学、清华大学、北京师范大学、国家统计局等单位的知名专家学者。参加各章节编写的人员如下:

引　言　宁大同　王伟中;

第一章　周海林　樊　平;

第二章　第一节:黄　晶　高　詠,第二节:段丽平　任亚楠,
　　　　第三节:樊　平　周海林,第四节:樊　平　郭日生;

第三章　黄　晶　周海林;

第四章　第一节:周海林　周宏春,第二节:任亚楠　周宏春,
　　　　第三节:黄　晶　周海林,第四节:陈秀万,
　　　　第五节:沈正宁　傅小锋;

第五章　谢洪礼　赵玉川　宋雪清。

全书由王伟中、郭日生审阅定稿。

本书是在中国21世纪议程管理中心主任王伟中、副主任郭日生同志的策划与领导下完成的。在编写出版工作中得到了科技部农村与社会发展司、国家计委地区经济发展司的大力支持。在本书的撰写过程中还得到很多同志和专家的热情支持,对本书的初稿提出了许多宝贵的意见,在此一并表示衷心的感谢。中国21世纪议程管理中心战略研究处黄晶同志、中国科学院周海林同志为组织本书的撰稿、修改和出版作了大量的工作,中国21世纪议程管理中心战略研究处高詠同志为本书的资料翻译、整理以及书稿录入也作了很多工作。我们还非常感谢商务印书馆地理编辑室对本书编辑出版工作的大力支持和付出的辛勤劳动。

最后,我们特别要感谢科学技术部邓楠副部长在百忙之中为本书作序。

由于本书编写时间较短,文中定有不少不妥之处,敬请读者不吝指正,以便在本书再版及我们以后的工作中不断改进。

中国21世纪议程管理中心
一九九九年四月

图书在版编目（CIP）数据

地方可持续发展导论／王伟中主编．—北京：商务印书馆，2001

（可持续发展战略研究系列）
ISBN 7-100-03324-1

Ⅰ．地… Ⅱ．王… Ⅲ．区域-可持续发展-研究 Ⅳ．X22

中国版本图书馆 CIP 数据核字（2001）第 25274 号

所有权利保留。
未经许可，不得以任何方式使用。

DÌFĀNG KĚCHÍXÙ FĀZHǍN DǍOLÙN
地方可持续发展导论

主　编　王伟中
副主编　郭日生　黄　晶

商　务　印　书　馆　出　版
（北京王府井大街36号　邮政编码100710）
商　务　印　书　馆　发　行
北京中科印刷有限公司印刷
ISBN 7-100-02851-5/K·602

1999年5月第1版　　开本 850×1168 1/32
2006年8月北京第4次印刷　印张 15 1/2

定价：35.00元